DOMINICK S. HERNÁNDEZ

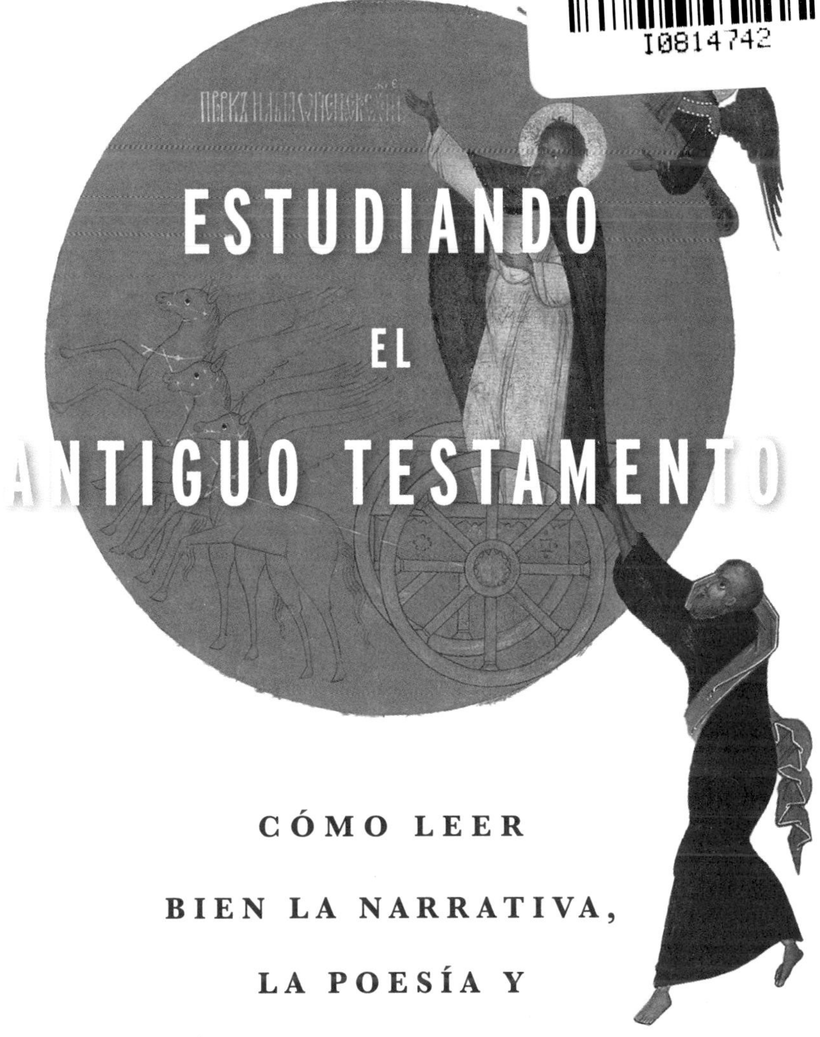

ESTUDIANDO EL ANTIGUO TESTAMENTO

CÓMO LEER BIEN LA NARRATIVA, LA POESÍA Y LA PROFECÍA BÍBLICAS

B&H
ESPAÑOL®
BRENTWOOD, TENNESSEE

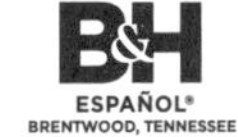

Estudiando el Antiguo Testamento: Cómo leer bien la narrativa, la poesía y la profecía bíblicas

B&H Publishing Group
Brentwood TN, 37027

Arte de portada: A. Burkatovski/Fine Art Images/Superstock
Diseño de portada: LOOK Design Studio

Clasificación decimal Dewey: 221.07
Clasifíquese: BIBLIA A.T.—LECTURA \ BIBLIA. A.T.—ESTUDIO Y ENSEÑANZA \ BIBLIA COMO LITERATURA

ISBN: 978-1-4300-8781-6

Impreso en EE.UU.
1 2 3 4 5 * 28 27 26 25

«Esta es una introducción creativa sobre cómo leer el Antiguo Testamento como un texto antiguo para la actualidad. Para abordar esta literatura adecuadamente, Hernández explica que necesitamos una actitud adecuada y sensibilidad literaria informada. A continuación, examina cuidadosamente varios textos del canon del Antiguo Testamento para demostrar los beneficios de sus exhortaciones. Sin ser excesivamente técnica, esta útil herramienta de un importante estudioso latino del Antiguo Testamento debería servir a un amplio público».

—**M. Daniel Carroll R.**, Wheaton College y Graduate School

«En este libro creativo y útil, Hernández nos anima a acercarnos al Antiguo Testamento como un interlocutor de honor, escuchando atentamente lo que tiene que decir. Hernández explica que acercarse al Antiguo Testamento significa leer con humildad, no suponer arrogantemente que ya conocemos su mensaje o significado. Significa leer sucesivamente, sin creer que una sola sección del Antiguo Testamento contiene toda la información sobre Dios y Sus planes. Significa leerlo en su totalidad, sin saltarse las secciones problemáticas o confusas. Y significa leer deliberadamente, sin prisas ni distracciones. Con capítulos que abarcan gran parte del contenido del Antiguo Testamento y analogías extraídas de la literatura, este libro demuestra las riquezas que podemos obtener mediante un auténtico compromiso con el Antiguo Testamento».

—**Sara M. Koenig**, Universidad Seattle Pacific

«¡Qué libro tan grato! Hernández invita a los lectores a una lectura virtuosa y cuidadosa de la Escritura. Bien escrito, honesto y accesible, el volumen forma e informa a sus lectores, para que puedan enfrentarse a los textos del Antiguo Testamento en todo su arte literario y profundidad teológica. Hernández se encuentra con los estudiantes principiantes allí donde están y les proporciona todas las herramientas necesarias para empezar a leer, a leer de verdad, el Antiguo Testamento».

—**Michelle Knight**, Trinity Evangelical Divinity School

«Este libro es ejemplar no solo porque consiste en una serie de ejemplos sobre cómo leer el Antiguo Testamento, sino también porque esas lecturas demuestran el compromiso humilde, sucesivo, completo y deliberado con la Escritura de Israel que Hernández afirma, con razón, que es necesario si queremos escuchar Su voz. Hernández combina una exégesis clara y cuidadosa con un entusiasmo contagioso por la lectura del Antiguo Testamento, transmitido en una prosa fresca y viva, llena de referencias literarias y culturales».

—**Will Kynes**, Universidad de Samford

«Leer e interpretar el Antiguo Testamento es una tarea de enormes proporciones, ya que los escritos tienen más de 2000 años de antigüedad y proceden de una cultura radicalmente distinta a la nuestra. Hernández ofrece una guía experta para entender la narrativa, la poesía y la profecía. Hernández nos aconseja sabiamente que leamos el texto bíblico despacio, y el libro está repleto de ejemplos en los que el autor ha seguido claramente su propia comisión. No se trata de un libro de texto común, porque no solo ofrece sabias orientaciones para principiantes, también ofrece audaces interpretaciones que incitarán al lector más experimentado a reflexionar de nuevo sobre el texto bíblico. Se trata de un libro de texto ideal tanto para nuevos estudiantes como para los que desean algo fresco y atractivo».

—**Thomas R. Schreiner**, The Southern Baptist Theological Seminary

«El título del libro de Hernández, *Estudiando el Antiguo Testamento*, lo dice todo. Este libro es verdaderamente una atractiva introducción al Antiguo Testamento como Escritura inspirada. El uso que hace Hernández de la literatura clásica y moderna fuera de la Biblia para ilustrar sus puntos es una manera creativa y eficaz de estimular el apetito de leer más la Biblia y de apreciar mejor su mensaje en nuestro contexto moderno. Este libro se convertirá en un estándar para las introducciones de la Biblia en los próximos años».

—**Seth D. Postell**, Escuela Bíblica Israelí

«Un gran recurso para interpretar el Antiguo Testamento, accesible y amplio. En contra de la corriente moderna de obtener resultados rápidos, Hernández invita a los lectores a ir más despacio y a escuchar atentamente el texto bíblico, todo con el propósito de tener comunión con Dios. Hernández guía pacientemente a los lectores a través de cada género del Antiguo Testamento con sabios consejos y ejemplos prácticos de cómo escuchar un texto antiguo que está vivo y activo. Este libro debería ser leído por todos los intérpretes que deseen tomar en serio el Antiguo Testamento».

—**Andrew M. King**, Seminario Teológico Bautista
Midwestern y Spurgeon College

Contenido

En memoria de mi querido padre,
Samuel Pérez Hernández
(10 de diciembre de 1945 al 27 de junio de 1985),
cuyo recuerdo perdura a través de sus hijos.

Agradecimientos

Este libro se desarrolló como resultado de que mis antiguos y actuales estudiantes sirvieran como encantadores compañeros de conversación, haciendo buenas preguntas y desafiando mis lecturas del Antiguo Testamento. Este libro comenzó en el primer curso de Introducción a la Biblia que impartí en el Moody Bible Institute-Spokane en 2016. En este curso, me esforcé por animar a los estudiantes universitarios cristianos a comprometerse con la *totalidad* del texto bíblico apelando a su reverencia por la Escritura. Mi defensa de un compromiso con la Escritura se centró en el Antiguo Testamento cuando me trasladé a The Southern Baptist Theological Seminary. En las clases de Introducción al Antiguo Testamento de este seminario, me encontré con un grupo de estudiantes que se preparaban para diferentes vocaciones, pero que aspiraban a basar su actividad profesional en principios derivados de la Escritura. Estos estudiantes de postgrado ya estaban familiarizados con la información *sobre* el Antiguo Testamento, por lo que juntos nos vimos obligados a examinar cómo abordar estos textos de manera que promovieran su relevancia en la vida de la comunidad cristiana. Mis estudiantes actuales en la Escuela de Teología Talbot me han desafiado de manera única a desarrollar una postura de lectura del texto bíblico con fidelidad, a pesar de las dificultades legítimas encontradas por los estudiantes serios de la Biblia en cursos como Temas complicados en estudios del Antiguo Testamento. Expreso mi más sincero agradecimiento a mis alumnos, que me han acompañado mientras elaboraba algunas de estas ideas, y a los que continúan el viaje a mi lado.

La visión, la paciencia y el aliento de Jim Kinney, vicepresidente ejecutivo de Baker Academic, han hecho posible la realización de este libro. Estoy muy agradecido al Sr. Kinney por la oportunidad de escribir para Baker Academic, por su cuidadosa atención a las fases iniciales del manuscrito. Otros ojos y manos también mejoraron este libro de diversas maneras. Melisa Blok aportó valiosos comentarios, lo que facilitó la lectura y mejoró la presentación del contenido. Agradezco al equipo de diseñadores y tipógrafos de Baker Academic la creación de un libro visualmente atractivo.

Estoy muy agradecido con los amigos que han escuchado incesantemente mis ideas sobre los temas tratados en este libro, han estudiado detenidamente mi trabajo y me han proporcionado valiosos comentarios que han afinado la expresión de mis pensamientos por escrito. Un agradecimiento especial merece Katie Merrifield, que leyó todo el manuscrito y cuyos agudos ojos me salvaron de muchos errores. También me gustaría dar las gracias a José Luis Quintana por su labor cotidiana como asesor, crítico severo pero afable y alentador de mis escritos durante la última década.

Quiero agradecerle a mi esposa Gaby, a nuestra hija Yael, y a nuestro hijo Yair, por dedicarse conjuntamente conmigo a la misión de crear espacio en nuestras vidas para que pudiera escribir este libro. Reconozco y aprecio su disposición a mudarse a diferentes partes del mundo y a aprender nuevos idiomas para facilitar mi oportunidad de perseguir el sueño de ser profesor y autor.

Mi mayor aspiración es que este libro sirva a los estudiantes de la Escritura para que el Dios de este texto sea honrado y glorificado en la vida de los lectores del mismo.

Prefacio

«Observa la Biblia. ¿Qué dice?».

Tras estas palabras, el profesor Ed Greenstein inclinaba su oído hacia la Biblia que sostenía en la mano y repetía la pregunta. Tras unas cuantas rondas de preguntas retóricas, aparecía una sonrisa de satisfacción en los rostros de algunos de los estudiantes presentes.

Durante mis estudios de doctorado en la Universidad de Bar-Ilan, asistí a todas las clases impartidas por mi asesor académico, el profesor Ed Greenstein. Así, en múltiples ocasiones lo vi colocarse al frente de la clase con su Biblia hebrea abierta, mirándola fijamente y preguntando con humor a la clase: «¿Qué dice? Díganme qué dice la Biblia».

El sentido de la dramática ilustración del profesor Greenstein quedó inmediatamente claro para todos los presentes en cada ocasión: los objetos inanimados no hablan. El papel y la tinta literalmente *no pueden* hablar. Más bien, los textos *hablan* cuando una persona se relaciona con ellos. Cuanto mejor se relaciona el lector con el texto, más claro y alto habla.

Los estudiantes de doctorado suelen adoptar las prácticas de sus asesores, y en mi caso no fue diferente, aunque el contexto en el que enseño es distinto al de la universidad israelí en la que completé mi doctorado. Las comunidades cristianas a las que pertenecemos mis estudiantes y yo tienen una sólida visión de la inspiración de la Escritura y afirman que la Biblia es la Palabra de Dios. Puesto que la Biblia es la Palabra de Dios, creemos que es invariablemente relevante para toda la humanidad. Sin embargo, en numerosas ocasiones me he encontrado ante una clase con la Biblia abierta, el oído inclinado hacia el texto, y preguntando a mis alumnos: «¿Qué dice la Biblia? ¿Escuchan? Díganmelo».

Esta ilustración es muy aplicable a las comunidades cristianas contemporáneas que defienden que la Biblia es la Palabra de Dios y, al mismo tiempo, dedican poco tiempo a considerar el genio de los escritores inspirados. Los cristianos modernos pueden declarar que la Biblia es la Palabra viva de Dios, pero el papel y la tinta del Antiguo Testamento permanecerá inanimado en nuestras vidas a menos que aprendamos a leer y escuchar bien esos textos. Ser un buen lector implica tender puentes entre la información derivada de los textos antiguos y la aplicación de los principios que contienen a las comunidades contemporáneas.

Es de esperar que este libro sea un recurso que promueva escuchar la Escritura en voz alta, fomentando el compromiso con el Antiguo Testamento de una manera que establezca conexiones significativas entre estos textos antiguos y la comunidad cristiana moderna. Disfrutar de la grandeza de la narrativa, la poesía y la profecía del Antiguo Testamento facilita la apreciación del genio de los autores bíblicos y proporciona a los lectores contemporáneos una visión de lo que los autores podrían haber estado tratando de enseñar y cómo eso habría impactado a los lectores antiguos. Al prestar atención al modo en que los escritores inspirados indicaron a sus lectores lo que intentaban comunicar, se nos muestra cómo las enseñanzas de aquellos textos antiguos siguen siendo aplicables en la actualidad. Puesto que este libro está destinado a todos los que deseen mejorar su lectura del Antiguo Testamento, me pareció contradictorio que participara en la práctica académica común de remitir a los lectores a un catálogo de lecturas secundarias de otros eruditos. Así pues, no he emprendido esta tarea en la mayor parte del texto y, en su lugar, me he esforzado por dirigir a los lectores a observar los fenómenos de otros escritos dentro del Antiguo Testamento. Además, presento lecturas de pasajes del Antiguo Testamento en las que me abstengo de entrar en detalles históricos, textuales, filológicos y otras cuestiones críticas. Confío en que los lectores me disculpen por, en aras de la sencillez y la claridad, evitar la convención de citar muchos recursos en el libro.

Mi deseo de relacionarme con los lectores ha sido un factor determinante en las múltiples referencias a obras literarias clásicas que aparecen en este libro. Confío en que muchos lectores vean fácilmente cómo la retórica y los ejemplos de la literatura clásica ilustran algunas de las técnicas de escritura y escenas del Antiguo Testamento examinadas en esta obra. Espero que el lector ya conozca muchas de las obras clásicas, pero si no es así, considera esto como una advertencia de lo que viene.

Cuando estés a punto de pasar la página del primer capítulo de este libro, te animo a que realices el siguiente ejercicio como recordatorio de la necesidad que tenemos todos de mejorar continuamente como lectores y oyentes del Antiguo Testamento: toma la Biblia que tengas más cerca, sujétala, ábrela por cualquier página del Antiguo Testamento, baja el oído hasta la página, y escucha con atención.

¿Qué dice la Biblia? ¿Puedes escucharla?

Si no escuchas nada, vuelve a dejar la Biblia en su sitio y pasa a la siguiente página de este libro. Entonces prepárate para escuchar el texto bíblico la próxima vez que te acerques a él.

Dominick S. Hernández
La Mirada, CA
15 de marzo de 2022

UNO

¿Qué tiene que ver conmigo el «Dios» del Antiguo Testamento?

¿Qué tiene que ver tu hombre conmigo?...
No quiero oír eso.
—Positive K, *«I Got a Man»* [Tengo un hombre]

La emergente cultura *hip-hop* de los años ochenta y noventa era un componente predeterminado de mi vida personal. Todos los hogares de mi vecindario (Lacey Park, Pensilvania) tenían un radiocasete en el cual poníamos a todo volumen la música de nuestros raperos favoritos hasta que los vecinos golpeaban las paredes para exigir un poco de silencio. Bailar sobre cajas de cartón aplastadas en medio de la calle en las calurosas y húmedas noches de verano era casi una actividad diaria durante los meses sin escuela. Era mi juventud y me encantaba.

Durante las primeras etapas del movimiento *hip-hop*, muchas canciones populares presentaban una retórica hábil y humorística con la que los artistas divertían y entretenían ingeniosamente a los oyentes jugando con las palabras. Yo tenía una extraña habilidad para memorizar grandes partes de las canciones de rap. Lo atribuyo a mis aspiraciones de convertirme en rapero combinadas con el hecho de que la música rap es particularmente repetitiva.

Esta repetitividad podría ser la razón por la que la canción «*I Got a Man*» del rapero Positive K sigue fija en mi memoria décadas después de que llegara a la lista Billboard. Esta canción retrata una conversación entre un donjuán que se insinúa repetidamente y una joven que tiene novio. Aunque la protagonista comunica una y otra vez que tiene novio, el rapero expresa que no le importa su novio y pregunta repetidamente: «¿Qué tiene que ver tu hombre conmigo?». Cuando la joven reitera que está en una relación, el joven, como era de esperar, toma la palabra y declara: «No quiero oír eso». Positive K está irónicamente «seguro» de que la joven será más feliz con él que con su novio. El exceso de confianza de Positive K provoca un rechazo tras otro; de ahí el carácter repetitivo de la canción.

> «¿Qué tiene que ver tu hombre conmigo?»
> (Rechazo)
> «No quiero oír eso».
> (Rechazo hasta el cansancio, hasta el infinito)

La naturaleza repetitiva de esta canción contiene otra ironía evidente. Al oír a Positive K despreciando el rechazo perpetuo de la joven, uno podría admirar su aparente persistencia y fortaleza interior frente a la decepción. Sin embargo, lo que la canción revela en realidad es que el rapero se marcha con su orgullo y su ego, pero sin novia, porque es necio. Se niega a reconocer una información fundamental para entender por qué se encuentra en un atolladero: ¡la mujer con la que está coqueteando tiene novio!

El rapero recibe esta información una y otra vez y la ignora, actuando como si no fuera importante para él. En realidad, la información debería inquietar profundamente a este supuesto valiente semental. No puede reconocerlo, o debilitará su autoestima. Positive K pasa por alto intencionadamente una verdad fundamental tantas veces que parece que llega a creer que no es importante.

Es probable que muchos de nosotros no podamos identificarnos con la irreflexiva atracción de Positive K a un interés amoroso no correspondido. Pero, ¿alguna vez te has encontrado con un obstáculo tan difícil de superar que has intentado sortearlo ignorándolo constantemente? ¿Alguna vez has descartado repetidamente información crucial para afrontar un problema, hasta el punto de empezar a dudar de su importancia para la situación?

¿Y en tu lectura de la Biblia?

Los lectores de la Biblia tropiezan una y otra vez con obstáculos textuales, teológicos, históricos y de otro tipo. Cuando se enfrentan a estos problemas, a veces surge información que revela la mejor manera de resolver el dilema. Esta información no se materializa, de hecho, en muchos casos no puede materializarse, si el lector elude intencionadamente la dificultad. Para los lectores de la Biblia, es cómodo ignorar secciones desagradables o complicadas del texto simplemente preguntándose: «¿Qué tiene que ver eso conmigo?». Es doloroso lidiar con las dificultades bíblicas, especialmente las teológicas, e intentar reconciliarlas con nuestra experiencia. Evadir perpetuamente las dificultades bíblicas ignorándolas es el mismo patrón de comportamiento exhibido por Positive K: la información que los lectores consideran difícil se trata como si no tuviera importancia y, por lo tanto, se convierte en algo intrascendente para el lector, a pesar de que en realidad es bastante significativa para la situación.

Un enigma cristiano

Para muchos lectores cristianos de la Biblia, puede resultar tentador tratar la Escritura del Israel antiguo, a la cual los cristianos llaman «Antiguo Testamento»,[1] como menos significativa que los documentos del Nuevo Testamento. Una de las razones para ello es la dificultad de reconciliar la percepción del carácter de Dios en el Antiguo Testamento con la representación de Dios (especialmente por medio de Jesús) en el Nuevo Testamento. Las lecturas rápidas del Antiguo y del Nuevo Testamento en yuxtaposición parecen relacionar descripciones desconcertantes de quién es Dios y cómo se comporta con la creación. Resulta conveniente prescindir de uno de estos testimonios para desarrollar creencias esenciales sobre el Dios de la Biblia. Para los cristianos, la sección abandonada suele ser el Antiguo Testamento, en aras de comprender verdades fundamentales sobre el cristianismo que se establecen en las páginas del Nuevo Testamento.

En efecto, hay numerosas doctrinas fundamentales para el cristianismo que se enseñan en el Nuevo Testamento. En las páginas del Nuevo Testamento se revela a Jesús como Hijo de Dios y se lo muestra como Dios y humano (Juan 1:1, 14; Col. 2:9; Heb. 1:3). Jesús es retratado como el Mesías elegido por Dios, que sirve como culminación del plan redentor de Dios. Por medio de Dios Hijo, la humanidad es restaurada

1. En el capítulo 4 de este libro analizaremos con más detalle lo que los cristianos entienden por «Antiguo Testamento» y las implicaciones de utilizar este título para la Escritura del Israel antiguo.

y reconciliada con Dios Padre (Juan 3:16-17; 14:6; Rom. 3:23-26; 5:10-12). Jesús vivió una vida sin pecado (2 Cor. 5:21; Heb. 4:15; 1 Ped. 2:22; 1 Jn. 3:5), tuvo una muerte injusta (Juan 19:4) y conquistó la tumba resucitando de entre los muertos (Mat. 28:1-10; Mar. 16:1-8; Luc. 24:1-7; Juan 20:1-9). La resurrección de Jesús es esencial para dar testimonio de Su divinidad (Rom. 1:4). Jesús es divino y reina sobre la muerte. Por lo tanto, quienes creen en Jesús también mantienen una esperanza en la resurrección de sus cuerpos porque, mediante el poder de Jesús, quienes creen en Él también vencerán la muerte (1 Cor. 15:12-28).

Esta no es en absoluto una lista exhaustiva de las doctrinas fundamentales de la fe cristiana. Son, sin embargo, algunos ejemplos de dogmas cristianos que están claramente iluminados en el Nuevo Testamento. Sin estas doctrinas, el cristianismo sería una religión completamente diferente.

Igualmente cierto para estas doctrinas cristianas, es el hecho de que el advenimiento de Jesús se produce al final del período en el que se escribieron las Escrituras. Todo el Antiguo Testamento, aproximadamente 75 % de la Biblia, se escribió antes de la encarnación de Jesús. Este desequilibrio da testimonio de la indispensable historia de fondo que relaciona los registros históricos, sociopolíticos, religiosos y literarios que conducen a la revelación definitiva de Dios en la persona de Jesús el Mesías y a través de Su obra. La Escritura del Antiguo Testamento, que cultiva la aparición del Nuevo Testamento, es por tanto crucial para interpretar íntegramente el acto culminante de Dios por medio de Jesús (2 Tim. 3:16-17; ver también el cap. 2 de este libro). No podemos descartar o eludir ninguna parte de estos textos por ningún motivo y estamos obligados a comprometernos con ellos como lo haríamos con el Nuevo Testamento.

Esta acusación es pertinente en lo que se refiere a las secciones del Antiguo Testamento que podemos encontrar confusas, problemáticas o incluso complicadas. El Nuevo Testamento es donde muchos cristianos comienzan a leer la Biblia y, en consecuencia, es también la parte de la Biblia donde muchos cristianos desarrollan su comprensión de Dios. Al hojear el Antiguo Testamento, los cristianos se encuentran inevitablemente con partes de la Escritura del Israel antiguo que pueden resultar desconcertantes a la luz de las claras enseñanzas del Nuevo Testamento. Al leer «hacia atrás» desde el Nuevo Testamento hasta el Antiguo Testamento, los lectores se topan a menudo con obstáculos al buscar equilibrar la representación de Dios en los textos del Antiguo Testamento con la forma en que Dios se revela, especialmente a través de Jesús, en el Nuevo Testamento.

El Testamento sin relación

Debido a algunas de las posibles dificultades teológicas que los cristianos pueden encontrar al leer el Antiguo Testamento, algunos de nosotros podemos dudar a la hora de considerarlo como parte de la Escritura. Comprendemos que haya quien se pregunte: «¿Qué tiene que ver conmigo el "Dios" del Antiguo Testamento?». En otras palabras: «¿Qué tiene que ver este Dios extraño y arbitrario, como se retrata en el Antiguo Testamento, conmigo, un cristiano, a la luz de la posterior revelación de Dios en y a través de Jesús?».

Además, si el Dios del Antiguo Testamento puede ser eliminado o redefinido, ya sea evitando el Antiguo Testamento o leyendo selectivamente el Antiguo Testamento y reemplazando las secciones desagradables con ideas del Nuevo Testamento, entonces los cristianos podrían estar justificados al preguntar: «¿Qué tiene que ver el Antiguo Testamento conmigo?». O, «¿qué tiene que decir realmente esta antigua compilación de libros repletos de leyes anticuadas, poesía difícil y visiones de monstruos (por ej., Dan. 7) a los cristianos modernos, que pueden limitarse a leer la culminación de estas cosas en el Nuevo Testamento?». Ya sea por premeditación o no, cuando evitamos una lectura completa de la Escritura, nos apropiamos de las palabras de Positive K:

> «¿Qué tiene que ver el Antiguo Testamento [Dios] conmigo?».
> (El lector cristiano se salta secciones del Antiguo Testamento y afirma...)
> «No quiero oír eso».

Cuanto más ensayan los cristianos esta respuesta, ya sea conscientemente o simplemente pasando por alto textos y temas difíciles del Antiguo Testamento, más marginamos aproximadamente 75 % de la Biblia. A pesar de las dificultades que presenta el estudio del Antiguo Testamento, la respuesta a nuestras preguntas es sorprendentemente obvia: ¡el Antiguo Testamento tiene todo que ver con el cristianismo contemporáneo!

Si los cristianos pasamos por alto esta verdad fundamental e ignoramos o renunciamos a atributos del carácter revelado de Dios (ya sea en el Antiguo o en el Nuevo Testamento), entonces necesariamente ignoramos partes del plan de redención y, por tanto, abrazamos una fe cristiana fragmentada.

Entonces, ¿cómo podemos resolver algunas de estas cuestiones? Abordaremos esta cuestión en el próximo capítulo.

DOS

El compromiso de leer *de verdad*

> Pero esta es una de las recompensas de leer regularmente el Antiguo Testamento. Descubres cada vez más las referencias de las que está lleno el Nuevo Testamento.
>
> —C. S. Lewis, *Reflexiones sobre los Salmos*

En el capítulo anterior hablábamos de la tendencia a leer poco el Antiguo Testamento y mucho más el Nuevo Testamento. Propuse que una de las principales razones por las que leemos menos el Antiguo Testamento está relacionada con las difíciles cuestiones teológicas que surgen cuando comparamos cómo se representa a Dios en los dos testamentos. Para poder hacer este tipo de comparación, los cristianos tienen que estar al menos familiarizados con algunas partes del Antiguo Testamento. Si este es el caso, ¿experimentamos dificultades para entender y aplicar el Antiguo Testamento porque nos involucramos menos con esta Escritura, o nos involucramos menos con el Antiguo Testamento porque lo percibimos como difícil y, por lo tanto, menos aplicable a nuestras vidas? ¿Cuál de las dos situaciones es la causa de la otra?

Esta pregunta podría ser tan compleja como la del huevo y la gallina. De hecho, del mismo modo que en la actualidad hay pollos y huevos en el mundo, a pesar del debate en curso sobre la secuencia exacta de su existencia, nos encontramos con la realidad de que muchos cristianos estudian menos el Antiguo Testamento y luchan con su aplicación contemporánea debido a su dificultad. Analicemos las razones por las que esta situación es irónica y consideremos el mejor camino a seguir.

Analicemos la ironía

Cuestionar la relevancia del Antiguo Testamento para el cristianismo moderno es sorprendentemente irónico por al menos dos razones.

En primer lugar, los autores del Nuevo Testamento basaron sus enseñanzas en los escritos del Antiguo Testamento. Obtuvieron una concepción integral de Dios teniendo en cuenta tanto lo revelado a través de Jesús como la lectura de los textos entregados a sus antepasados. A partir del Antiguo Testamento, los primeros cristianos derivaron y desarrollaron las creencias que son fundamentales para el cristianismo hasta nuestros días, ya que la incipiente comunidad cristiana comenzó a recibir los documentos emergentes del Nuevo Testamento como fidedignos. Los primeros creyentes en Jesús fueron instruidos sobre el plan de redención de Dios, comprendieron las profecías sobre el nacimiento de Jesús (ver Isa. 7:14; Mat. 1:22-23), lo recibieron como el Mesías elegido (ver Dan. 9:26; Mar. 8:29; Hech. 18:28), comprendieron el simbolismo relacionado con Su muerte (ver Ex. 12; Lev. 16; Isa. 52:13–53:12; Juan 1:29; 1 Cor. 5:7; Heb. 10:1-10) y reconocieron otros fundamentos del cristianismo naciente mediante un astuto estudio del Antiguo Testamento. Los autores del Nuevo Testamento recibieron y elaboraron doctrinas que han influido profundamente en la Iglesia hasta nuestros días. Esto indica necesariamente la responsabilidad que tenemos como lectores contemporáneos de estudiar detenidamente las fuentes primarias de los primeros escritores cristianos.

En 2 Timoteo 3:16-17 vemos uno de los ejemplos más conocidos de cómo se instruía a la Iglesia primitiva para que se basara en el Antiguo Testamento, a fin de explicar el movimiento cristiano emergente: «Toda la Escritura es inspirada por Dios, y útil para enseñar, para redargüir, para corregir, para instruir en justicia, a fin de que el hombre de Dios sea perfecto, enteramente preparado para toda buena obra». Estos versículos son especialmente importantes y merecen un análisis detenido. Pablo está animando a su discípulo, Timoteo, a comprometerse con la Escritura inspirada por Dios con el fin de producir una enseñanza cristiana eficaz, reprensión, corrección y formación en la justicia. La referencia de Pablo a textos escritos reales para enseñar y guiar en las prácticas del movimiento cristiano primitivo plantea la pregunta: ¿A qué textos escritos se refería Pablo?[1]

El apóstol parece referirse al Antiguo Testamento. Dado que tradicionalmente se considera que 2 Timoteo es la última carta de Pablo, es *posible* que se esté refiriendo a otras partes del Nuevo Testamento que tal vez ya estuvieran escritas cuando escribió a Timoteo por segunda vez. En apoyo de esta idea está el hecho de que tanto Pedro como Pablo parecen referirse a otras secciones del Nuevo Testamento como «Escrituras» (1 Tim. 5:18; 2 Ped. 3:16). Así pues, Pablo puede haber estado aludiendo a textos adicionales, pero, dado el predominio del Antiguo Testamento en los demás escritos de Pablo, no parece que Pablo esté implicando nada menos que las Escrituras hebreas.

Continuando, es principalmente el Antiguo Testamento lo que Pablo afirma que está «inspirado por Dios». Observa que argumenta que «toda» la Escritura (es decir, un texto escrito) es «útil para enseñar, para redargüir, para corregir, para instruir en justicia». Pablo comunica a Timoteo que el texto escrito del Antiguo Testamento está completamente inspirado por Dios y, por tanto, debe utilizarse para la enseñanza y la aplicación dentro de la vida de la comunidad de fe. Para algunos lectores contemporáneos, esto puede resultar difícil de creer.

Algunos podrían plantearse preguntas como estas: «¿Creía realmente Pablo que incluso las genealogías eran inspiradas?». (Bueno, sí, dijo que «toda» la Escritura era inspirada). «¿Es Eclesiastés realmente aplicable a la iglesia?». (Según Pablo, evidentemente sí. Le dijo a Timoteo que «toda» la Escritura es útil). «¿Son las palabras del Levítico *realmente* tan importantes como las letras rojas de Jesús en las Biblias modernas?». (Puesto que «todas» estas palabras están registradas como Escritura inspirada por Dios, la respuesta, según Pablo, es sí).

Este pasaje de 2 Timoteo 3:16-17 es quizás el más famoso por comunicar la fiabilidad de toda la Escritura, ya que se describe como el mismo aliento de Dios (es decir, inspiradas) y aplicables a múltiples áreas de la vida y el ministerio. Lo que a menudo se pasa por alto es que este pasaje también demuestra que la comunidad cristiana primitiva recibió instrucciones del propio Pablo de profundizar en el Antiguo Testamento

1. Pablo tenía acceso a otros dichos de Jesús que no estaban escritos, que también tenía en alta estima. Por ejemplo, la cita de Pablo de las palabras de Jesús en Hechos 20:35: «Más bienaventurado es dar que recibir». Sin embargo, en el contexto de 2 Tim. 3:16-17, Pablo se refiere específicamente a los escritos inspirados por Dios. Esto es evidente a través de la mención de la γραφὴ (*grafé*), una palabra que se refiere a los textos escritos, en este pasaje.

como método principal para aprender en qué creer y cómo actuar como cristianos. Según Pablo, los textos del Antiguo Testamento eran inspirados, independientemente de lo aplicables que la comunidad cristiana primitiva los considerara a sus circunstancias o situaciones. Pablo ordenó a Timoteo que enseñara a partir de las páginas del Antiguo Testamento porque estos textos estaban inspirados por Dios y, en consecuencia, eran incuestionablemente aplicables a la vida de los primeros cristianos. Este modelo de entender el Antiguo Testamento como fundamental para la vida y la práctica de la comunidad cristiana es lo que Pablo dejó para que lo vivieran todos los cristianos que se adhirieran a su guía pastoral a Timoteo. Así pues, cuestionar la relevancia del Antiguo Testamento para nuestras vidas en la época actual tiene un punto de ironía, ya que los escritores del Nuevo Testamento y los primeros cristianos sobre los que tanto nos gusta leer ahora se inspiraron ampliamente en los textos con los que nosotros luchamos por comprometernos.

El segundo punto de ironía se refiere a los dilemas teológicos que se propagan por sí mismos y que surgen cuando se estudia seriamente solo una parte de la Escritura. Ya he aludido a esta cuestión, pero es importante dejar claro que centrarse principalmente en el Nuevo Testamento para obtener orientación sobre la vida y la práctica cristianas, consultando mínimamente el Antiguo Testamento, podría ser en realidad una de las principales razones por las que los lectores perciben aparentes discrepancias entre las representaciones de Dios entre los dos testamentos. Privilegiar el Nuevo Testamento en la lectura de la Biblia facilita una percepción errónea de la naturaleza de Dios al abarcar solo una parte de cómo se ha revelado. Este hábito crea expectativas en los lectores sobre el carácter de Dios y cómo «debería» comportarse que, francamente, no se cumplen con las lecturas cristianas del Antiguo Testamento.

Aunque los escritores del Nuevo Testamento presentan a Jesús como la cúspide de la revelación progresiva del carácter divino de Dios a la humanidad (Heb. 1:1-2), no hay pruebas de que los autores de estos textos percibieran sus escritos como de mayor importancia que los del Antiguo Testamento. Al contrario, parece como si los escritores del Nuevo Testamento reconocieran que la validez y autoridad de sus escritos se basaban en la conciencia de que continuaban la tradición de los escritos del Antiguo Testamento. Los escritores del Nuevo Testamento no demuestran ningún problema con respecto a cómo Dios es retratado en la Escritura del Israel antiguo en comparación con cómo Jesús refleja a Dios en los escritos del Nuevo Testamento. Evidentemente, esto no supuso ningún problema para los escritores del Nuevo Testamento;

esto sugiere que los dilemas relativos a cómo se describe a Dios en el Antiguo y el Nuevo Testamento se generan por cómo nos relacionamos con los textos bíblicos, no por el texto en sí. Curiosamente, el Nuevo Testamento ayuda a los cristianos contemporáneos a reconocer que los principales problemas no residen principalmente en las páginas del Antiguo Testamento, sino en la forma en que los lectores se relacionan con los textos sagrados, a través de la siguiente paradoja: podríamos esperar que centrarnos en el Nuevo Testamento mejorara nuestra comprensión del carácter y el plan de Dios. Sin embargo, esta expectativa se ve frustrada cuando nos damos cuenta de que dedicarnos mayoritariamente a secciones de un texto solo aumenta la dificultad con las porciones de la Escritura que no comprendemos.

Hacia una solución: Cómo abordar bien el Antiguo Testamento

Los cristianos están obligados a abordar el Antiguo Testamento desde una postura que, por un lado, defienda las preguntas legítimas y, por otro, evite que los temas pendientes se olviden en sus corazones como comida en el fondo de la alacena. Si se olvida el tiempo suficiente, la comida puede convertir la alacena en un almacén de residuos tóxicos, creciendo y echando a perder otros artículos a su alrededor. Algo parecido ocurre cuando los lectores de la Biblia encuentran dificultades en el Antiguo Testamento sin un plan para superarlas. Una pregunta legítima puede convertirse en una toxina teológica maliciosa con capacidad para extenderse e influir en otras áreas de la teología (por ej., en la visión que uno tiene de Dios y la Palabra revelada). Algunas cuestiones relativas al Antiguo Testamento que crecen de forma enfermiza se ven facilitadas por una lectura incompleta e inadecuada de la Escritura, y podrían abatirse con una lectura más completa.

Cuatro compromisos básicos de lectura

Leer bien la literatura es una cuestión de organización. La Biblia es literatura por excelencia, lo que significa que estamos inequívocamente llamados a ser buenos lectores de sus textos, especialmente de aquellas secciones que podrían considerarse difíciles. Si aprendemos a hacer una lectura responsable de los textos del Antiguo Testamento, comprenderemos que son sumamente aplicables a nuestra vida cotidiana.

En lo que queda de este capítulo, expondré cuatro compromisos fundamentales que sitúan al lector cristiano en la trayectoria correcta para leer y aplicar el Antiguo Testamento a su vida, a pesar de algunas de las dificultades que podamos encontrar al leer. Estos cuatro compromisos fundamentales son leer con humildad, leer sucesivamente, leer en su totalidad y leer deliberadamente.

Leer con humildad

Una disposición humilde engendra enseñanza, que constantemente refina y mejora nuestra comprensión del texto bíblico. En la predicación de Apolos en Éfeso narrada en Hechos 18 se retrata a una persona con una disposición ejemplar para recibir nueva instrucción y llevar a cabo su ministerio de forma excelente gracias a ello. Apolos era un cristiano judío del siglo I que hace un cameo en Hechos 18. Durante esta breve escena, Apolos aparece como un maestro dotado. Sin embargo, Apolos no conoce bien el mensaje que enseña. Al oír las enseñanzas de Apolos, Priscila y Aquila, una pareja judía que también había llegado a la fe en Jesús, se enfrentan a él y le proporcionan información sobre cómo explicar el camino de Dios de forma más completa. El texto relata este suceso, en Éfeso, de la siguiente manera: «Llegó entonces a Éfeso un judío llamado Apolos, natural de Alejandría, varón elocuente, poderoso en las Escrituras. Este había sido instruido en el camino del Señor; y siendo de espíritu fervoroso, hablaba y enseñaba diligentemente lo concerniente al Señor, aunque solamente conocía el bautismo de Juan. Y comenzó a hablar con denuedo en la sinagoga; pero cuando le oyeron Priscila y Aquila, le tomaron aparte y le expusieron más exactamente el camino de Dios» (Hech. 18:24-26).

Este pasaje muestra varias correspondencias con el estudio del Antiguo Testamento por parte del cristiano moderno. Apolos es un valiente y dedicado creyente en Jesús, un evangelista incluso. Apolos es un maestro dotado que habla con elocuencia en la sinagoga sobre las cosas del Señor. Parece que Apolos tiene un «ministerio exitoso». Sin embargo, el ministerio de Apolos no es tan edificante como podría ser porque su enseñanza es incompleta. Apolos enseña fielmente todo lo que sabe de una manera precisa, pero no está enseñando todo el mensaje que necesita ser comunicado a sus oyentes. Por eso Priscila y Aquila «le tomaron aparte y le expusieron más exactamente el camino de Dios» (Hech. 18:26).

Tras la conversación con Priscila y Aquila, Apolos tiene que tomar una decisión. Tiene la opción de ser receptivo a los consejos de ellos, aunque apenas los conoce. Después de todo, esta es la única vez que se le retrata interactuando con esta pareja en el Nuevo Testamento. Apolos también tiene la opción de desdeñar la humildad, ignorar la instrucción y fingir que una información más comprensiva no es importante para su ya exitoso ministerio.

Apolos opta por escuchar humildemente cuando se le presenta información más completa sobre el mensaje que, en cierto modo, ya ha estado enseñando con éxito. El libro de Hechos no describe la conversación entre estos tres discípulos de Jesús, por lo que el lector no sabe cómo cambió el contenido del mensaje de Apolos. Más bien, el narrador muestra al lector cómo el ministerio de enseñanza de Apolos sigue siendo eficaz con un conocimiento más amplio del camino de Dios. «Y queriendo él pasar a Acaya, los hermanos le animaron, y escribieron a los discípulos que le recibiesen; y llegado él allá, fue de gran provecho a los que por la gracia habían creído; porque con gran vehemencia refutaba públicamente a los judíos, demostrando por las Escrituras que Jesús era el Cristo» (Hech. 18:27-28).

La predicación de Apolos es la respuesta humilde a una nueva información relativa a un mensaje incompleto que, en cierto modo, podría tener cierto éxito si se enseñara por sí solo. La reacción de Apolos a la enseñanza de Priscila y Aquila constituye un ejemplo supremo de humildad que conduce a la enseñanza y, por tanto, sirve de modelo de disposición para comprometerse con el Antiguo Testamento. El aprecio cristiano por el Antiguo Testamento crece en proporción a la medida en que los cristianos actúan como Apolos: comportándose con humildad, aceptando la instrucción y profundizando en la comprensión de estos textos antiguos para entender mejor el carácter de Dios y Su plan divino.

Leer sucesivamente

El segundo compromiso fundamental que ayudará a mejorar nuestra lectura del Antiguo Testamento es el compromiso de leer el texto sucesivamente. La lectura sucesiva no significa necesariamente empezar por el principio de la Biblia, ni siquiera por el principio de un libro determinado. Más bien significa que consideremos dónde estamos leyendo en términos de una sucesión de información revelada. No podemos obtener toda la información que necesitamos o deseamos en un momento; a veces, debemos esperar (ver la siguiente sección: «Leer en su totalidad»). Los lectores comprometidos con la lectura sucesiva del Antiguo

Testamento reconocen que se revela más información sobre el carácter de Dios y Sus planes cuando simplemente seguimos leyendo.

A lo largo del extenso período de tiempo que abarcan las páginas del Antiguo Testamento, desde la creación del universo hasta el período persa, los autores del Antiguo Testamento revelan progresivamente aspectos particulares del carácter de Dios y proporcionan razones específicas para las acciones divinas. Cuando consideramos que este descubrimiento progresivo de nueva información forma parte de la experiencia de lectura del Antiguo Testamento, prosperaremos en nuestra lectura. Si reconocemos que vamos descubriendo información sobre Dios y Sus planes poco a poco, podremos interpretar mejor lo que se dice exactamente sobre estos importantes temas en distintos momentos del Antiguo Testamento. En última instancia, esto nos llevará a formar perspectivas completas sobre diversos temas que inicialmente pueden parecer confusos.

La lectura sucesiva contrasta con las lecturas basadas en el resultado, es decir, dedicar mucho tiempo a las últimas partes del texto bíblico (el Nuevo Testamento) y, en consecuencia, intentar dar sentido a las ricas, pero a veces desconcertantes, composiciones anteriores.[2] Como ya se ha dicho, este tipo de «lectura a la inversa» podría ser, irónicamente, fuente de diversos problemas teológicos para los cristianos, ya que podría facilitar la comprensión de un preferible «Dios del Nuevo Testamento» que parece incongruente con el Dios descrito en el Antiguo Testamento. Dado que los autores de la Escritura revelaron información sobre Dios y Su plan de una manera progresiva (es decir, hacia el futuro), los cristianos deben esforzarse por comprender que la revelación se hace de ciertas maneras, en ciertos momentos y por razones distintas que se relacionan principalmente con un momento. La lectura sucesiva es una de las mejores maneras de comprenderlo. Los lectores pueden entonces incorporar esta información a lo que la Biblia revela sobre el carácter y el plan de Dios. A medida que los lectores de la Biblia se abren paso sucesivamente a través del Antiguo y del Nuevo Testamento, el carácter de Dios no cambia, pero el lector va conociendo más detalles relacionados con quién es Dios y qué hace. Desde el relato de

2. A veces, los autores utilizan ciertos recursos estéticos para invitar intencionadamente al lector a seguir leyendo y luego para incitarle a reinterpretar lo ya leído (por ej., la prefiguración). No me refiero a los recursos literarios en sí, sino a la dificultad de seguir el hilo argumental de cualquier documento (o recopilación de documentos) destinado a ser leído como un todo, cuando nos centramos principalmente en el material que aparece hacia el final de la composición.

la creación, observamos que el Dios del universo posee ciertos atributos que nunca cambian. Por ejemplo, Dios es omnisciente, omnipresente y omnipotente. Sin embargo, la caracterización de Dios se desarrolla y se completa a medida que la Escritura avanza de una escena a otra, de un estilo literario a otro y de un recurso estético a otro. Nuestra percepción del carácter general de Dios se transforma a medida que continúa el proceso de lectura, aunque sepamos que Dios posee ciertos atributos que son esenciales para el carácter divino y que no cambian.

Al leer la Biblia con humildad y sucesivamente, se hacen inteligibles algunas de las razones por las que Dios hace cosas que podríamos considerar peculiares. Además, algunas de las diferencias que percibimos en el carácter de Dios entre los dos testamentos disminuyen. Seamos claros: no todas las dificultades son fáciles de resolver o descifrar. Sin embargo, las dificultades deben abordarse de manera que se reduzcan los problemas interpretativos innecesarios y se facilite la comprensión de algunos temas. La lectura con visión al futuro, reconociendo que se dispondrá de más información, ofrece a los lectores del Antiguo Testamento la esperanza de que al menos algunos temas se resolverán si perseveramos en nuestra lectura.

Leer en su totalidad

En su célebre libro *Cristianismo... ¡y nada más!*, C. S. Lewis señala brillantemente el ingenio de saltarse ciertas secciones de las composiciones al leer. Afirma: «Es una idea casi infantil la de que al leer un libro no se puedan saltar páginas. Todas las personas sensatas lo hacen con toda libertad cuando llegan a un capítulo que consideran que no les ayuda en nada».[3] Echar un vistazo a los pasajes, juzgar su relevancia para nuestros objetivos y seguir adelante es una forma de administrar bien nuestro tiempo y, a la vez, leer con eficacia. El consejo de Lewis es eminentemente útil, a menos, claro está, que todas las secciones de una composición concreta sean igualmente valiosas para el argumento general y la trama de la obra, y a menos, claro está, que todas las secciones de una obra sean crucialmente importantes para la caracterización general del protagonista de la obra. En este caso, no sería aplicable el astuto consejo ofrecido por el ingenioso escritor C. S. Lewis.

Una de las principales formas de superar las legítimas dificultades relacionadas con el Antiguo Testamento es leer realmente toda la Biblia,

3. C. S. Lewis, *Cristianismo... ¡y nada más!* (Miami, FL: Editorial Caribe, 1977), 162.

tanto el Antiguo como el Nuevo Testamento. Saltarse intencionadamente secciones «aburridas», repetitivas, confusas o complicadas resulta en desintegrar deliberadamente partes de una entidad que se pretende entender como un todo integrado. Por supuesto, es posible desarrollar una comprensión parcial del conjunto leyendo solo algunas partes. Sin embargo, pasar por alto y descartar intencionadamente secciones del Antiguo Testamento es ignorar la información de fondo de una historia, el desarrollo de los personajes de un drama y los motivos sutiles, aunque vitales, que acompañan una narrativa. Francamente, podemos hacernos una idea general de lo que ocurre en la Biblia leyendo partes de ella, pero será una idea general parcialmente informada que, en ocasiones, puede llevarnos a desconcertantes dilemas teológicos.

Existe una correlación entre cómo se lee y comprende la Biblia y cómo se leen y comprenden los escritos de un diario ajeno. Las entradas de un diario suelen tener cierta autonomía, en el sentido de que los relatos individuales pueden entenderse *básicamente* sin saber lo que se escribió en entradas anteriores o posteriores. Así, si el lector quiere saber exactamente lo que ocurrió en la vida del autor en un momento concreto de la historia, es completamente apropiado leer una entrada del diario. A partir de ella, podría ser posible averiguar lo que ocurría en el estado, el país o el mundo en el momento en que el autor escribió. Incluso es posible descubrir ciertos atributos del personaje y algo sobre la personalidad del autor. Si está bien escrito, un diario puede comunicar mucho sobre el autor y el mundo que lo rodea.

Sin embargo, sería extraño pensar que una sola entrada de un diario de gran tamaño escrito durante un largo período de tiempo pueda proporcionar un relato exhaustivo del carácter o las circunstancias vitales del escritor. Tomemos, por ejemplo, el que quizás sea el diario más famoso de todos los tiempos, *El diario de Ana Frank*. Este clásico diario convertido en libro consiste en una colección de entradas de Ana Frank mientras ella y su familia judía se ven lamentablemente obligadas a esconderse de los nazis en un anexo secreto de un edificio comercial en Holanda durante la Segunda Guerra Mundial. Ana dirigía sus entradas a su diario personificado, al que llamaba por el nombre de «Kitty», y casi todas las «cartas» que Ana escribe a Kitty son comprensibles si se leen por sí solas.

Ana Frank escribió con gran sinceridad sobre las violentas circunstancias que llevaron a su familia a esconderse, sobre sus sentimientos a veces desagradables hacia los demás y sobre su incipiente curiosidad por su adolescencia. Dados estos temas tan maduros, no es de extrañar que exista una versión abreviada de esta importante obra destinada para ser leída por niños. Si están bien acotadas, las versiones abreviadas pueden ser de gran ayuda para ofrecer una parte de un texto completo a un público concreto. Sin embargo, hay que admitir que la menor cantidad de entradas que aparecen en cualquier versión abreviada impide necesariamente que los lectores capten la totalidad de la persona que hay detrás de la obra. Lo que el lector aprende del autor de un diario depende de la cantidad de entradas que lea. Al leer solo una parte de las entradas de un diario determinado, especialmente si se analiza exclusivamente la última parte de los relatos, los lectores no tienen acceso a muchas de las piezas fundamentales que se desarrollan en otros períodos de la vida del escritor. Por ejemplo, si las entradas que contienen las duras palabras de Ana fueran eliminadas de su diario, el lector no podría seguir las turbulencias emocionales relacionadas con la creciente frustración de Ana hacia su madre y, a la inversa, la adoración que sentía hacia su padre. Si se suprimieran las entradas relativas a la familia Van Daan, sería difícil apreciar la relación que Ana mantiene con Peter, que pasa de la amistad a una relación y a un enamoramiento aparentemente unilateral. Si el editor eliminara todas las entradas que pudieran percibirse como de naturaleza sensual, el lector no podría observar cómo percibe Ana su adolescencia, que comunica relatando con curiosidad su desarrollo entre las tiernas y formativas edades de trece y quince años.

El diario de Ana Frank detalla las experiencias de una persona que se presenta a sí misma desde diversos ángulos. Así, la perspectiva del lector sobre quién es ella se desarrolla en proporción al número de entradas individuales que leemos. Estas entradas pueden ser coherentes por sí solas, pero cuando se leen sucesiva e íntegramente, actúan de forma sinérgica para presentar una imagen completa de la vida y las circunstancias de Ana Frank. A medida que las anotaciones individuales se consideran a la luz del conjunto, el lector puede hacerse una idea integral de los personajes mencionados en el diario y del estado de cosas que motivó su redacción.

Es posible que los cristianos entiendan mucho sobre la Biblia centrándose solo en partes del texto bíblico, especialmente si esas partes están hacia el final (es decir, el Nuevo Testamento). Sin embargo, si solo leemos parcialmente, nos perderemos mucho. Si solo leemos instantes de ciertas secciones de una obra más amplia, es difícil ver cómo se desarrollan los personajes bíblicos; es un reto rastrear los principales motivos e imágenes que los escritores bíblicos utilizan y reutilizan para lograr sus propósitos teológicos; es difícil entender por qué Dios se relaciona de determinadas maneras con ciertos grupos de personas a lo largo del dilatado período de tiempo representado en los textos del Antiguo Testamento; y, lo que quizás sea más importante, es difícil descubrir conexiones entre los textos bíblicos relativos al carácter y la obra de Dios para observar cómo se desarrolla Dios como persona y cómo lleva a cabo los planes divinos.

La dedicación a la lectura humilde, sucesiva y completa del Antiguo Testamento facilita una comprensión más profunda de la estructura y la trama generales de toda la Biblia. La lectura de este modo también amplía nuestra conciencia del desarrollo de los personajes principales. Esto es especialmente evidente al observar cómo se representa al protagonista principal, Dios, a lo largo del texto.

Leer deliberadamente

Leer deliberadamente consiste en ralentizar intencionadamente el proceso de lectura para prestar especial atención al «cómo», «qué» y «porqué» que comunican los escritores bíblicos para provocar una respuesta en sus lectores. La lectura deliberada se coloca al final de esta lista de compromisos básicos con la lectura bíblica porque es un objetivo ambicioso que deben perseguir constantemente incluso los lectores más dedicados del Antiguo Testamento. En otras palabras, los lectores que están totalmente comprometidos con el texto del Antiguo Testamento de forma humilde, sucesiva y completa deben esforzarse *conscientemente* por considerar en su totalidad lo que los autores están haciendo exactamente con sus palabras.

Este último compromiso de lectura enfatiza la palabra «conscientemente». Debemos leer despacio para centrarnos cuidadosamente en cómo un autor utiliza la retórica para comunicarse con su audiencia y llamarla a responder. Esta es una práctica que no resulta natural para muchos lectores del Antiguo Testamento hoy en día. Tal vez sea porque creemos que hay un mensaje vivo y actual en las palabras de las Escrituras, y estamos ansiosos por buscarlo; tal vez sea porque deseamos rápidamente más información que pueda ayudarnos en el proceso de interpretación; tal vez sea por el desalentador tamaño del Antiguo Testamento y nuestro anhelo de conquistarlo como proyecto de lectura. Sea cual sea la razón, incluso los lectores comprometidos tienden a leer el Antiguo Testamento demasiado rápido.

Aunque la lectura apresurada de la Biblia tiene sus ventajas, como adquirir rápidamente información sobre la Biblia y sentirse animado por haber leído un texto tan extenso, una desventaja importante es la posibilidad de perderse la observación extraordinaria del autor. Si vamos más despacio y observamos la creatividad y el ingenio de los autores bíblicos, podremos plantearnos las preguntas a las que intentaban dar respuesta. Leer deliberadamente nos permite leer el Antiguo Testamento en los términos de los escritores.

Los autores del Antiguo Testamento escribieron para ser leídos. Nosotros, como lectores contemporáneos, les debemos una buena lectura. Leer bien implica permitirles comunicar exactamente lo que deseaban transmitir. Esto difícilmente puede lograrse apresurándose a través de la cuidadosa retórica y los recursos estéticos que utilizan para comunicar sus mensajes.

Los cuatro compromisos fundamentales de leer con humildad, leer sucesivamente, leer en su totalidad y leer deliberadamente animan a los cristianos a abordar de forma integral el Antiguo Testamento como Escritura.

Leer deliberadamente, sin embargo, es un compromiso que trasciende los obstáculos cristianos de no interactuar suficientemente con el Antiguo Testamento y luchar por comprender algunas de sus partes más difíciles. Se trata de una disposición hacia la lectura que todos los cristianos pueden adoptar para mejorar sus interpretaciones del Antiguo Testamento. Este compromiso fundamental habla menos de la cantidad que los lectores *deben* leer y más de la calidad de la lectura que pueden *recibir* del texto escrito.

Como lectores cristianos contemporáneos, estamos motivados a comprometernos con el Antiguo Testamento porque es una comunicación escrita y verbal de Dios. Dios ha confiado Su Palabra a Su comunidad, y leerla deliberadamente es nuestra responsabilidad. En el próximo capítulo profundizaremos en el texto del Antiguo Testamento como Palabra de Dios y, por tanto, en el mandato de leerlo deliberadamente.

TRES

De hablar, a las tablas, al tabernáculo, a nuestros días

El habla es la forma de acción más específicamente humana.

—Assnat Bartor, *Reading Law as Narrative* [La lectura del derecho como narración]

De Narnia a Louisville

«Estimado Sr. Roberts...» comienza la correspondencia.

Miré fijamente esta carta, que actualmente se encuentra en la biblioteca del Seminario Teológico Presbiteriano de Louisville, e intenté descifrar el considerable número de palabras borrosas y la escritura cursiva apenas legible. A pesar de que había una versión transcrita y mecanografiada de la carta con una explicación junto al original en el mismo marco, estaba decidido a distinguir las palabras de la original. Me encontraba en presencia de la grandeza, de un modo muy real, por el solo hecho de estar frente a la carta. Mi veneración por las palabras escritas en esta correspondencia tenía que ver con su autor.

La carta era del eminente novelista y apologista cristiano del siglo xx, C. S. Lewis. La correspondencia, dirigida al Reverendo Dr. F. Morgan Roberts, estaba fechada el 31 de julio de 1954, justo cuando Lewis se hallaba en plena redacción de las aclamadas *Crónicas de Narnia*. Me sentí como si Lewis hubiera salido de Narnia y entrado en Louisville cuando me di cuenta de que había escrito esta carta durante ese período de tiempo.

Al distinguir la letra de C. S. Lewis pude observar, en un sentido limitado, el resultado de cómo su mente ordenaba a su mano formar los caracteres, cómo esos caracteres creaban palabras que tenían significado y cómo Lewis utilizaba esas palabras juntas para comunicar el mensaje exacto que quería que recibiera el Dr. Roberts. El magistral uso que Lewis hace de las palabras para incitar al lector a la acción queda patente en la frase final de la carta dirigida al Dr. Roberts. La carta concluye con la humilde y conmovedora petición: «¿Quizás orarías alguna vez por mí?». Lewis invitó al Dr. Roberts a entrar en comunión con él situando estas sencillas, pero convincentes, palabras en el lugar adecuado al final de su breve composición. Contemplar los escritos de Lewis, especialmente las palabras de comunicación privilegiada que llegan a través de la correspondencia personal, es contemplar a C. S. Lewis, cuya presencia continúa entre nosotros a través de sus palabras décadas después de que fueran escritas.

Del mismo modo, Dios invita a las personas a entrar en comunión con Él a través de las palabras escritas. Estas palabras también son portadoras de la presencia de Dios en la medida en que revelan lo que Dios desea comunicar, revelando así el carácter y el plan divinos. Comprometerse con las palabras que Dios ha dejado es, de una manera muy real contemplar la presencia de Dios, milenios después de que esas palabras fueran escritas.[1] La Torá narra la historia de cómo Dios se acerca en comunión a las personas a través de diversos medios que relatan la comunicación verbal de Dios. Dios utiliza Su voz divina audible para demostrar Su cercanía a la humanidad. La proximidad de Dios demuestra Su cuidado e imparte la responsabilidad de responderle adecuadamente.

Sin embargo, la voz audible de Dios no es la única forma que Él tiene de comunicarse con los hombres. Dios recurre cada vez más a la correspondencia escrita en la Torá para dejar una palabra duradera a Su pueblo, sobre todo después del período patriarcal. El propio texto escrito sirve como recordatorio continuo de que Dios mantiene una relación

1. Estoy profundamente influenciado por el modelo de comunicación de John Frame, que subraya que la comunicación de Dios hacia los seres humanos en la Escritura es esencialmente una palabra personal de Dios, como si una persona hablara con otra. Ver Frame, *Doctrine of the Word of God*, especialmente págs. 3-7, pero este punto se repite a lo largo de todo el libro. La Palabra escrita de Dios implica el deseo de Dios de comunión con la humanidad e invoca una respuesta de los receptores de la Palabra divina.

única con los seres humanos, y estos tienen la capacidad de disfrutar de la comunión con Dios a través de las palabras. La Palabra escrita de Dios atestigua la cercanía de Dios y Su deseo de comunión con los hombres. La presencia de la Palabra de Dios escrita provoca una respuesta al contenido del texto. Este hecho nos llama a comprometernos con el Antiguo Testamento, a pesar de lo distante que pueda parecernos.

De la voz al texto

La cercanía de Dios a través de la Palabra divina constituye el núcleo temático y literario de Éxodo. Esto resulta especialmente evidente en la escena en la que Dios se encuentra con el pueblo de Israel en el monte Sinaí y le entrega Su ley (Ex. 19–24). El encuentro divino en el Monte Sinaí formaliza la relación entre Dios y el pueblo de la alianza, Israel (19:1-6), y muestra dos formas adicionales en que Dios se comunica con ellos. En primer lugar, Moisés es designado mediador divino entre Dios y la humanidad, transmitiendo las órdenes de Dios a la comunidad. En otras palabras, Moisés actúa como profeta de Dios. En segundo lugar, Dios utiliza la mediación de Moisés para comunicarse a través de la Palabra escrita.

En el Monte Sinaí comienza el paso de la voz al texto. En el Monte Sinaí, Dios autoriza las palabras escritas como comunicación divina dada al pueblo de Israel para su instrucción. Posteriormente, la comunidad puede acceder a la instrucción de Dios en situaciones futuras en las que ellos necesiten orientación o simplemente que se les recuerde el carácter de Dios, Sus promesas y Su comunión con ellos. Moisés desempeña un papel monumental al relatar la correspondencia audible y escrita de Dios al pueblo, sirviendo así de facilitador de la voz al texto. Esto es especialmente evidente en las escenas en las que Dios llama a Israel al Monte Sinaí y da al pueblo de la alianza Su palabra a través de diversos medios: Su voz audible, Moisés como mensajero y la palabra escrita.

En Éxodo 19, Dios nombra a Israel Su nación santa (vv. 1-6) y le ordena reunirse en la base del Monte Sinaí, donde Dios planea descender en una densa nube para hablar con Moisés (vv. 7-15). Mientras están reunidos, el pueblo de Israel oye truenos y toques de trompeta; ve relámpagos y humo cuando Dios desciende sobre el Monte Sinaí y llama a Moisés a Su encuentro (vv. 16-20). La primera vez que Moisés sube al Monte Sinaí para encontrarse con Dios, Dios ordena a Moisés que regrese al campamento y comunique al pueblo la gravedad de la situación; no debían subir al monte, o habría graves consecuencias. Moisés desciende, comunica la palabra de Dios al pueblo y vuelve a subir, presumiblemente con su hermano Aarón (vv. 21-25).

Dios revela los Diez Mandamientos a Moisés a oídos de todo el pueblo durante la siguiente escena (Ex. 20:1-17). Llegados a este punto de la narración, el pueblo ya ha visto y oído bastante; ya no puede soportar la imponente presencia de Dios. Lo que sucede en el Monte Sinaí realmente asusta al pueblo, por lo que llegan a la conclusión de que no vivirán si vuelven a experimentar algo tan abrumador. Su disposición hacia la palabra de Dios es de obediencia, pero, debido a su temor, exigen categóricamente un cambio en el medio de comunicación. Así, la congregación se acerca a Moisés y le exige: «Habla tú con nosotros, y nosotros oiremos; pero no hable Dios con nosotros, para que no muramos» (v. 19; comp. Deut. 5:28-31). El espíritu de esta declaración unificada del pueblo tras observar la impresionante escena en el Monte Sinaí es esencialmente una reiteración de lo que los ancianos israelitas comunicaron a Moisés antes del descenso de Dios sobre el Monte Sinaí. Los líderes de Israel estaban a favor de la mediación de Moisés (Ex. 19:7-8; 20:18-21). Dios acepta el arreglo propuesto por el pueblo[2] y comienza a utilizar cada vez más intermediarios como Moisés para comunicar Su palabra. Ciertamente, Moisés ya había hablado antes en nombre de Dios (por ej.: 6:1-9) y Dios ya le había ordenado escribir antes del episodio del Monte Sinaí (17:14-16). Sin embargo, a partir de este momento, Moisés es algo más que un simple intermediario; Moisés es el heraldo de la palabra audible y escrita de Dios, así como un autor divinamente designado.

Un paso notable en la dirección de que Dios utilice textos escritos para comunicar Su palabra se produce cuando Dios encarga a Moisés un texto de autoría divina: «Sube a mí al monte, y espera allá, y te daré tablas de piedra, y la ley, y mandamientos que he escrito para enseñarles» (Ex. 24:12). La afirmación de Dios de haber escrito los textos que delega en Moisés indica la total autoridad y responsabilidad de Dios sobre los textos escritos. Estos textos eran un medio práctico para que las generaciones de la comunidad de Dios aprendieran de la Escritura que llevaban la autoridad divina. La cercanía que Israel experimentaba con Dios ya no dependía exclusivamente de oír la voz de Dios, que temían. Ahora, el pueblo de Israel podía experimentar la comunión con Dios a través de la proclamación de un texto divinamente ordenado. Este iba a ser un modelo duradero para el pueblo de Israel y para los

2. Frame, *Doctrine of the Word of God,* 83.

posteriores lectores de los textos a través de los cuales el Dios de Israel se revelaba.

Después de que Moisés recibiera más instrucciones en la cima del Monte Sinaí, Dios le entrega finalmente las tablas. En esta escena, el narrador indica específicamente que las tablas fueron inscritas con el propio dedo de Dios: «Y dio a Moisés, cuando acabó de hablar con él en el monte de Sinaí, dos tablas del testimonio, tablas de piedra escritas con el dedo de Dios» (Ex. 31:18). ¿Por qué es importante que el narrador incluya este antropomorfismo (es decir, «el dedo de Dios») en 31:18, cuando el capítulo 24:12 ya indica claramente que las tablas procedían de Dios?

La razón de la información adicional es enfatizar un punto teológico con respecto a la palabra previa de Dios: Éxodo 31:18 reitera el hecho de que la palabra escrita, que debía usarse para la instrucción entre la comunidad, venía con la autoridad de Dios, Dios era el autor. Pero no se trata de una mera reiteración de los hechos; también amplía lo mencionado anteriormente. La sorprendente forma utilizada para relatar que Dios escribió esta instrucción con el dedo divino deja absolutamente claro que Dios está en medio mismo del pueblo dondequiera que se proclame ese texto. Estos mismos puntos se repiten en lo que parece ser una innecesaria repetición de información similar en 32:15-16: «Y volvió Moisés y descendió del monte, trayendo en su mano las dos tablas del testimonio, las tablas escritas por ambos lados; de uno y otro lado estaban escritas. Y las tablas eran obra de Dios, y la escritura era escritura de Dios grabada sobre las tablas».

La vida útil de las tablas es, por desgracia, excepcionalmente breve. Después de ser advertido por Dios de la infidelidad de Israel, Moisés desciende del Monte Sinaí y observa que el pueblo de Israel ha sido infiel a su Dios fabricando un becerro de oro. Esta traición fue dirigida nada menos que por el hermano de Moisés, el primer sumo sacerdote de Israel, Aarón. Ver al pueblo danzando alrededor de un ídolo es demasiado para Moisés, que arde de ira y arroja las tablas al pie de la montaña, haciéndolas añicos (Ex. 32:7-19). La destrucción de las tablas ilustra la condición de la comunidad en ese momento: no están especialmente interesados en someterse a la autoridad de la Palabra de Dios, que prohíbe explícitamente hacer ídolos (20:3-6); y su absorción con la presencia de su becerro de oro indica claramente que no están interesados en la comunión con el Dios verdadero.

No obstante, Dios vuelve a tender la mano al pueblo de Israel tomando la iniciativa de reescribir las tablas: «Y Jehová dijo a Moisés:

Alísate dos tablas de piedra como las primeras, y escribiré sobre esas tablas las palabras que estaban en las tablas primeras que quebraste» (Ex. 34:1). ¿Por qué insiste Dios en proporcionar al pueblo un texto escrito (presumiblemente, al menos de forma parcial) inscrito con el dedo divino una vez más? (Deut. 4:13; 9:10).[3] Parece como si estas dos tablas tuvieran que servir como un recordatorio autorizado, tangible y próximo de la palabra de Dios entre el pueblo, que reflejara Su cuidado por él. La provisión de la palabra escrita al pueblo de Israel fue un acto de comunión divina, ya que fue a través de las dos tablas que Dios proporcionó al pueblo del pacto un recordatorio permanente de Su palabra veraz y fiable, así como de Su presencia constante con ellos.

El ministerio de Moisés se expande a un área más esencial para nuestro estudio. Moisés es el heraldo de la palabra hablada de Dios, y Moisés presenta a la comunidad la palabra escrita de Dios (Ex. 31:18; 34:1; Deut. 4:13), pero Moisés también funciona como escritor de la palabra de Dios. Desde la perspectiva de la comunidad, Moisés comienza como transmisor de material dictado, pasa a ser distribuidor de la palabra escrita de Dios y, por último, se convierte en escritor de los datos recibidos. Todo este proceso se produce por orden divina. Dos ejemplos de la escritura de Moisés serán útiles en este punto:

> Y Jehová dijo a Moisés: Escribe tú estas palabras; porque conforme a estas palabras he hecho pacto contigo y con Israel. Y él estuvo allí con Jehová cuarenta días y cuarenta noches; no comió pan, ni bebió agua; y escribió en tablas las palabras del pacto, los diez mandamientos. (Ex. 34:27-28)
>
> Moisés escribió sus salidas conforme a sus jornadas por mandato de Jehová. (Núm. 33:2)

En ambos pasajes, el narrador establece que Moisés escribió en virtud del mandato de Dios, lo que refleja la conformidad de la palabra de Moisés con la palabra de Dios. En esto, el proceso de la voz de Dios al texto de Moisés es completo: La voz audible de Dios que demostraba la presencia de Dios entre el pueblo se convirtió en el dedo de Dios en el Monte Sinaí; el dedo de Dios se convirtió en la mano de Moisés a lo largo del peregrinaje por el desierto.[4]

3. Parece que Moisés también escribió en estas mismas tablas (comp. Ex. 34:27-28).

4. Para otros versículos de la Torá que representan a Moisés escribiendo, ver Deut. 31:9,22,24.

De Moisés al tabernáculo

Los escritos de Moisés, que con el tiempo se identificaron como «el libro de la ley de Moisés» (Jos. 8:31; 23:6; 2 Rey. 14:6; Neh. 8:1) o simplemente «el libro de la Ley», fueron venerados por la comunidad durante la vida de Moisés.[5] Hacia el final de su vida, se describe a Moisés instruyendo a los levitas sobre prácticas destinadas a garantizar que la Palabra de Dios siguiera siendo el componente central de la vida espiritual de la comunidad (Deut. 31:9-13,24-29). Al dar estas instrucciones, Moisés ordena a los levitas: «Tomad este **libro de la ley**, y ponedlo al lado del arca del pacto de Jehová vuestro Dios, y esté allí por testigo contra ti» (31:26). La petición de Moisés de colocar sus escritos no solo en el tabernáculo, sino en el lugar santísimo junto al arca de la alianza, en la misma cámara en la que moraba la gloria de Dios, podría parecer al lector presuntuosa, absurda, injustificada e incluso un deseo de muerte. A menos, claro está, que los levitas identificaran el texto escrito de Moisés como la comunicación de Dios a la comunidad. Entonces la petición de Moisés es una demostración del reconocimiento por parte de la comunidad de que los escritos de Moisés llevan esencialmente la autoridad divina. Contemplar los escritos de Moisés era como estar delante de una carta escrita con el dedo divino y, por tanto, era como estar en presencia de Dios.

Moisés incluye una adición crítica a su instrucción. Expresa específicamente la razón de colocar el libro de la ley junto al arca añadiendo las palabras «esté allí por testigo contra ti» (Deut. 31:26). ¿Cómo es posible que una composición inanimada pueda servir de testigo? Los pergaminos no «atestiguan»; no proporcionan activamente conocimiento de un acontecimiento ni dan testimonio de una situación observada. Solo un ser personal puede hacer tal cosa. El hecho de que la Palabra de Dios sirva de testigo contra el pueblo sugiere que los escritos de Moisés deben ser una demostración de la presencia misma de Dios con el pueblo, animándoles a prestar atención a la palabra.[6] La proximidad

5. Es cierto que no es posible demostrar que el conjunto de escritos denominados como libro de la ley y libro de la ley de Moisés sea la totalidad del Pentateuco tal como se transmitió en la tradición masorética. El objetivo de esta sección es señalar que a Moisés se le representa directamente escribiendo y que sus escritos fueron rápidamente venerados como la Palabra de Dios por la comunidad.

6. Esta misma idea se describe en los versículos anteriores (Deut. 31:19-22). Dios ordena a Moisés que escriba un cántico que sirva de testimonio contra el pueblo de Israel. Pero, ¿cómo puede un cántico servir de testigo? El dicho parece sugerir que la palabra tiene su origen en un ser personal que da testimonio del cumplimiento o incumplimiento

de la palabra escrita a la presencia de Dios en el tabernáculo es una indicación de la aprobación de Dios de esas palabras, su autoridad entre el pueblo, y la forma única en que Dios está manifiestamente presente con el pueblo y cuida de él.

En última instancia, como heraldo de la voz audible, mediador de la palabra escrita de Dios y escritor de la correspondencia divina, Moisés llama repetidamente al pueblo a la Palabra de Dios para que les provea en todos los aspectos de su vida. Esto se nota particularmente en la exhortación de Moisés al pueblo de Israel a obedecer la Palabra de Dios, ya que aprendieron la volubilidad de sus corazones a través de sus luchas en el desierto. Moisés subraya que la comunión con Dios a través de Su Palabra es la principal demostración de la bondad de Dios con el pueblo, a pesar de su angustia. Tomemos, por ejemplo, las palabras de Moisés en Deuteronomio 8:1-3:

> Cuidaréis de poner por obra todo mandamiento que yo os ordeno hoy, para que viváis, y seáis multiplicados, y entréis y poseáis la tierra que Jehová prometió con juramento a vuestros padres. Y te acordarás de todo el camino por donde te ha traído Jehová tu Dios estos cuarenta años en el desierto, para afligirte, para probarte, para saber lo que había en tu corazón, si habías de guardar o no sus mandamientos. Y te afligió, y te hizo tener hambre, y te sustentó con maná, comida que no conocías tú, ni tus padres la habían conocido, para hacerte saber que no solo de pan vivirá el hombre, mas de **todo lo que sale de la boca de Jehová vivirá el hombre** [literalmente: «toda salida (es decir, expresión) de la boca del Señor»].

El pueblo de Israel dependía completamente de la comunicación verbal de Dios para su sustento. No habría habido maná, codornices ni agua de la roca si Dios no hubiera hablado. Sin las palabras del Monte Sinaí, el pueblo no habría conocido la condición de sus corazones y su necesidad de caminar con Dios. Israel habría sido derrotado por sus enemigos y diezmado en el desierto de no ser por la instrucción divina (Núm. 21:31-35; Deut. 3:1-11). Y lo que es más significativo, el pueblo

---

de esa palabra por parte del pueblo. Dios da la canción y dice a Moisés que la enseñe al pueblo y la escriba. En este sentido, la presencia de Dios estará perpetuamente presente a través de estas palabras, evaluando la reverencia de la comunidad hacia la correspondencia divina. Esta misma idea de que la Palabra de Dios está animada queda patente en Heb. 4:12: «Porque la palabra de Dios es **viva** y **eficaz**, y más cortante que toda espada de dos filos; y **penetra** hasta partir el alma y el espíritu, las coyunturas y los tuétanos, y **discierne** los pensamientos y las intenciones del corazón».

no habría conocido a Dios en absoluto si este hubiera permanecido en silencio.

Hay una lección perdurable para los lectores a través de estos textos selectos relacionados con la colocación de la palabra escrita junto al arca, en el tabernáculo, en medio del campamento. Este acto era otro medio por el que Dios mostraba a Israel Su anhelo de comunión con ellos: quería estar en el centro geográfico de su campamento y en el corazón espiritual de su comunidad. En la Torá, la Palabra de Dios se describe como fuente de vida física y espiritual y de provisión para el pueblo.[7] La provisión física fue sumamente importante para preservar al pueblo durante su peregrinación por el desierto. Sin embargo, las lecciones espirituales que aprendió el pueblo de Israel y los lectores modernos se obtienen volviendo constantemente a la palabra escrita y alimentándose devotamente «de toda palabra que sale de la boca de Dios».

De Moisés a Josué

El viaje de Israel a la tierra prometida concluye con una transición de liderazgo hacia el final de la Torá. A Moisés, el mensajero de la palabra de Dios, no se le permite entrar en la tierra debido a un incidente en el que él y su hermano Aarón, irónicamente, no representan adecuadamente a Dios ante la comunidad de la alianza (Núm. 20:10-13).[8] Josué recibe el encargo de liderar al pueblo justo antes de la muerte de Moisés. La promesa que Dios hizo a Abraham cientos de años antes sobre la innumerable cantidad de descendientes suyos que poseerían la tierra está a punto de cumplirse bajo el liderazgo de Josué.

A medida que el relato de la Torá continúa en el libro de Josué, el autor no deja ninguna duda de que Dios espera que la comunidad

7. El hecho de que la Palabra de Dios sea la fuente de la vida física y espiritual parece ser a lo que se refiere Jesús en Su referencia a Deut. 8:3 en Mat. 4:4 y Luc. 4:4. En estos pasajes, Jesús es tentado a sacrificar Su provisión espiritual en favor de aceptar la provisión física. Al referirse al peregrinaje de Israel por el desierto, Jesús prioriza la provisión espiritual de Dios sobre la aceptación de la tan necesaria provisión física combinada con la desobediencia.

8. El texto que comunica por qué no se permite a Moisés entrar en la tierra prometida es impreciso. Mi conclusión de que la cuestión tenía que ver con que Moisés representó mal a Dios se basa en una comparación entre lo que Dios le dice a Moisés, Su representante, que haga para proporcionar agua a la comunidad y lo que Moisés hace *en realidad* (Núm. 20:6-11). Es razonable sugerir que las diferencias entre las órdenes de Dios y las acciones de Moisés retratan una ilustración diferente de la que Dios quería retratar a través del acontecimiento.

reverencie y responda adecuadamente a la Palabra divina, tal como se esperaba que lo hicieran en tiempos del predecesor de Josué, Moisés. Al principio del libro, el Señor se le aparece a Josué y, por medio de la voz audible, asegura al nuevo líder de Israel la promesa divina de que el pueblo de Israel heredará la tierra: «Solamente esfuérzate y sé muy valiente, para cuidar de hacer conforme a toda la ley que mi siervo Moisés te mandó; no te apartes de ella ni a diestra ni a siniestra, para que seas prosperado en todas las cosas que emprendas. Nunca se apartará de tu boca este libro de la ley, sino que de día y de noche meditarás en él, para que guardes y hagas conforme a todo lo que en él está escrito; porque entonces harás prosperar tu camino, y todo te saldrá bien» (Jos. 1:7-8).

La orden de Dios a Josué de ser fuerte y valiente va acompañada de múltiples repeticiones de estímulos para que Josué se adhiriera a la palabra escrita:

> «para cuidar de hacer conforme a toda la ley»;
> «no te apartes de ella»;
> «Nunca se apartará de tu boca este libro de la ley»;
> «meditarás en él»;
> «para que guardes y hagas conforme a todo lo que en él está escrito».

Las alusiones al libro de la ley al principio y al final de Josué (1:8; 23:6) son especialmente importantes, ya que se refieren a la comunicación de Dios a través de la palabra escrita. El discurso de Dios a Josué al comienzo del libro parece asociar el libro de la ley con el libro de Moisés que se menciona en Deuteronomio 31:24-26, que se colocó junto al arca del pacto para que sirviera de testigo.[9] En Josué 1:7-8, Dios parece considerar este libro como Su palabra. Debe estar siempre en la mente, el corazón y los labios de Josué y debe guiar siempre su acción. Esta respuesta reverente al libro de la ley es lo que dará éxito a Josué en el cumplimiento de la misión que Dios le ha encomendado. La palabra escrita de Moisés al pueblo de Israel es recibida como la palabra escrita de Dios; este libro es un medio por el cual el pueblo puede saber que Dios está con ellos, dándoles poder para llevar a cabo su misión.[10]

9. También puede tratarse de la ley que Moisés escribe y entrega a los levitas en Deut. 31:9. Estos textos sugieren que *al menos* el núcleo de la enseñanza en la que se basaron las generaciones posteriores fue escrito por Moisés.

10. La identificación de los mandatos de Moisés con las palabras de Dios parece corroborarse aún más en Josué cuando construye un altar al Señor «como Moisés siervo

Hacia el final de su ministerio como líder, Josué aplica este mensaje a todo el pueblo de Israel. Al hacerlo, Josué utiliza un lenguaje similar al de 1:7-8 para recordar al pueblo que Dios está con ellos. La obediencia al libro de la ley de Moisés es decisiva para que el pueblo recuerde a su Dios y se sienta capacitado para llevar a cabo la misión que Él les ha encomendado.

> He aquí os he repartido por suerte, en herencia para vuestras tribus, estas naciones, así las destruidas como las que quedan [...] Y Jehová vuestro Dios las echará de delante de vosotros, y las arrojará de vuestra presencia; y vosotros poseeréis sus tierras, como Jehová vuestro Dios os ha dicho. Esforzaos, pues, mucho en guardar y hacer todo lo que está escrito en el libro de la ley de Moisés, sin apartaros de ello ni a diestra ni a siniestra [...]. Mas a Jehová vuestro Dios seguiréis, como habéis hecho hasta hoy. (Jos. 23:4-6,8)

La Palabra de Dios es un medio por el cual la comunidad puede estar segura de que Dios va a estar con ellos en todo momento. La palabra escrita es la prueba de que Dios desea tener comunión con el pueblo, trayéndole éxito y prosperidad como prometió a sus antepasados. La comunidad tendrá éxito en la misión que Dios le ha encomendado en la medida en que reconozca que la reverencia a la palabra escrita es indispensable para su existencia. La comunidad pudo aferrarse al Señor por medio del apego a la palabra escrita.

Las instrucciones de los escritos de Moisés que sirven a Josué son especialmente importantes, ya que el libro de Josué refleja la continuación de una transición iniciada en tiempos de Moisés. El pueblo pasa de escuchar la palabra autorizada de la voz audible de Dios a recibir la palabra divina a través del texto escrito. En la época posterior a Moisés, el pueblo de Israel puede aprender de la palabra escrita y reflexionar sobre el modo en que Dios se había comunicado anteriormente con el pueblo y se había manifestado en medio de él.[11]

---

de Jehová lo había mandado a los hijos de Israel, como está escrito en el libro de la ley de Moisés» (Jos. 8:31). La ley de Moisés refleja los mandatos de Dios respecto a la importantísima cuestión de construir un altar, y Josué sigue lo que Moisés tenía que decir al respecto. Después de sacrificar ofrendas de paz en ese altar, Josué hace su propia copia de la ley de Moisés, evidentemente en obediencia al mandato reflejado en Deut. 27:2-4.

11. Sin duda, los escritos de Moisés son venerados como la Palabra de Dios por la comunidad más tardía de la historia del pueblo de Israel. Por ejemplo, observa la reacción del rey Josías al oír las palabras del libro de la ley durante su reinado: «Id y preguntad a Jehová por mí, y por el pueblo, y por todo Judá, acerca de las palabras de este libro que se ha hallado; porque grande es la ira de Jehová que se ha encendido

De la Torá al lector actual

Este repaso de porciones seleccionadas de la Torá y del libro de Josué ilustra que la cercanía de Dios a Su pueblo se evidencia en la comunicación verbal divina. A lo largo de los libros iniciales de la Biblia, Dios pasa de comunicar Su palabra principalmente de forma audible a utilizar una combinación de la palabra audible y la palabra escrita. Llegados a este punto, tenemos que preguntarnos: ¿Cómo afecta el hecho de que Dios se comunicara con Israel a través de texto, la percepción del lector actual del Antiguo Testamento?

El libro de Moisés y los demás textos del Antiguo Testamento han llegado hasta nosotros como la Palabra de Dios escrita. Leer la Biblia como correspondencia escrita de Dios es similar a contemplar la carta de C. S. Lewis en la biblioteca del Seminario de Louisville: contemplamos la presencia misma del autor a través de sus palabras. Dios está presente en Su palabra escrita, demostrando que sigue anhelando la comunión, que sigue cumpliendo Sus promesas y que sigue estando en medio de Su pueblo cuando se proclama Su Palabra. Por tanto, nuestra actitud hacia el Antiguo Testamento debe ser de reverencia, ya que estamos en presencia de Dios cuando nos acercamos a esos textos.

Nuestro temor a Dios nos obliga a leer Su comunicación de manera deliberada y a explorar lo que Dios desea enseñarnos a través de estos textos antiguos, pero siempre tan actuales. Toda la comunicación verbal de Dios demuestra que Dios desea la comunión con la humanidad y crea la obligación de que el receptor de la palabra divina responda adecuadamente. Nuestra forma contemporánea de venerar la Palabra de Dios es comprometernos deliberadamente con todos los textos escritos, honrándolos como honraríamos la voz divina en el Monte Sinaí, y esforzándonos por aplicar a nuestras vidas los mensajes perdurables que se enseñan a lo largo de la Biblia. John Frame afirma: «A diferencia de cualquier otro libro antiguo, la Escritura se escribió con el propósito de instruir a quienes vivirían muchos siglos en el futuro, para darles instrucción, resistencia, aliento y esperanza».[12] La Escritura se escribió

---

contra nosotros, por cuanto nuestros padres no escucharon las palabras de este libro, para hacer conforme a todo lo que nos fue escrito» (2 Rey. 22:13). El rey reconocía que la irreverencia pasada hacia el libro de la ley los ponía bajo la ira del Señor. En otras palabras, no seguir lo escrito por Moisés era despreciar la Palabra de Dios. Considera la reacción de Josías a la luz de los requisitos establecidos para el futuro rey de Israel (en relación con la ley) en Deut. 17:18-20.

12. Frame, *Doctrine of the Word of God*, 230.

para quienes no estaban en el Monte Sinaí, y demuestra que el Dios que habló en lugares específicos a lo largo del Antiguo Testamento sigue deseando tener comunión con la humanidad.

Hasta ahora, nuestra conversación se ha centrado principalmente en por qué los cristianos están obligados a leer el Antiguo Testamento como la palabra divina, y por eso hemos dedicado poco espacio a *cómo* los cristianos deberían leer estos textos deliberadamente. Esta es la cuestión hermenéutica a la que ahora nos referimos.

CUATRO

Leer desde la actualidad de regreso al texto

La Biblia habla en hebreo.

—Edward L. Greenstein,
Essays on Biblical Method and Translation
[Ensayos sobre el método bíblico y la traducción]

Es por la gracia de [...] la composición infalible de la Biblia que tales sublectores extremos aún logran captar lo esencial de la trama y del juicio, sin sufrir nada peor que el aburrimiento.

—Meir Sternberg, *The Poetics of Biblical Narrative*
[La poética de la narrativa bíblica]

Se puede afirmar que muchos problemas interpersonales tienen su origen en malentendidos. Por eso, por supuesto, siempre es bueno saber exactamente lo que alguien comunica antes de responder. Hay un elemento de humildad inherente en hacer una pausa y asegurarnos de que entendemos lo que dice nuestro interlocutor, o el autor que estamos leyendo, antes de reaccionar. El instinto humano natural es algo realmente bueno en muchos ámbitos de la vida, pero rara vez es una buena herramienta a la hora de considerar una respuesta a palabras importantes.

Por ejemplo, consideremos cómo los hispanohablantes de distintas zonas del mundo deben, de vez en cuando, detenerse y contemplar lo que otros, que hablan el mismo idioma, están intentando comunicar *en realidad*. Para ilustrarlo, tomemos algunas palabras de uso común en Puerto Rico y observemos cómo podrían entenderse en México. Como se puede ver en el siguiente cuadro, algunas de las palabras en español de Puerto Rico tienen significados completamente diferentes en México, mientras que otras palabras son incomprensibles.

Palabra en Puerto Rico	**Palabra o frase comúnmente usada en México**	**Significado del término puertorriqueño en México**
guagua	autobús	término incomprensible
ahorita	al rato	inmediatamente
china	naranja	China (país)
chavo	dinero	joven
maceta	tacaño	recipiente que sirve para cultivar plantas
habichuela	frijol	término raramente usado
mahones	pantalones de mezclilla	término incomprensible

Todo es diversión y juegos hasta que alguien de Puerto Rico intenta hablar en México usando algunas de estas palabras básicas para comunicarse de forma cotidiana. He utilizado estas palabras en oraciones que alguien que habla español de Puerto Rico podría decir en una conversación con un amigo. En las traducciones, observa las diferencias entre lo que el hispanohablante puertorriqueño está tratando de transmitir y cómo un hispanohablante de México probablemente entendería (o *no*) la misma frase exacta en español.

1. Ahorita, voy a subirme a la guagua y voy a comerme la china.

   Puerto Rico: Dentro de un rato voy a subirme al autobús y comerme la naranja.

   México: Ahora me voy a subir a la (palabra incomprensible), y a comerme al país de China.

2. Le pedí chavo a Miguel para comprar habichuelas, pero no me dio nada porque es una maceta. Había gastado todo su chavo en sus nuevos mahones.

   Puerto Rico: Le pedí dinero a Miguel para comprar frijoles, pero no me dio nada porque es un tacaño. Se había gastado todo su dinero en sus nuevos pantalones de mezclilla.

México: Le pedí dinero a Miguel para comprar (palabra ininteligible), pero no me dio nada porque es un florero. Se gastó todo su chico en sus nuevos (palabra ininteligible).

Este tipo de comparación humorística no es exclusiva del español de Puerto Rico y del de México; también se puede hacer yuxtaponiendo varios términos en español de otros países del mundo. Cuando comparamos solo estos dos ejemplos que contienen palabras comunes para un hispanohablante puertorriqueño, el punto principal es claro: generalmente no es prudente que los hispanohablantes usen solo su intuición cuando tratan de descifrar lo que otros hispanohablantes de diferentes áreas del mundo podrían estar tratando de comunicar. No tenemos intrínsecamente la capacidad de entendernos sin utilizar otras facultades y hacer las preguntas adecuadas. A veces, no podemos utilizar nuestro instinto para descifrar un lenguaje que creemos que *debería* ser intuitivo para nosotros. Confiar demasiado en nuestra capacidad para entender rápida y fácilmente lo que dice alguien puede llevarnos a pasar vergüenza o tener graves consecuencias en una situación en la que la comunicación es de gran importancia.

El texto escrito de la Biblia es la forma en la que Dios sigue comunicándose verbalmente con los lectores de hoy. Por lo tanto, debemos ser conscientes de evitar trampas de interpretación cuando leemos el Antiguo Testamento, ya que existen distancias prácticas (mucho mayores que las que hay entre los dialectos regionales hispanos) entre nosotros y quienes recibieron originalmente el texto bíblico. Del mismo modo que dos hispanohablantes de distintas zonas del mundo carecen de la intuición necesaria para entender exactamente lo que dice el otro en todo momento, nosotros estamos obligados a ralentizar nuestras lecturas del Antiguo Testamento y plantearnos preguntas sobre el significado de los matices del texto.

En cualquier contexto, hacer preguntas sobre la comunicación verbal es la mejor manera de evitar confusiones. Todas las preguntas deben formularse sabiendo que el lenguaje no siempre se ajusta a las expectativas del oyente o lector. Más bien, el receptor de la comunicación debe ajustar sus expectativas a la forma en que las palabras, frases y modismos están estructurados para comunicar. Del mismo modo, una interpretación razonable del Antiguo Testamento depende de que reconozcamos que estamos alejados del texto y comprendamos que el texto bíblico no se ajusta a nuestras expectativas. Nuestras interpretaciones deben ajustarse a cómo se nos presenta el texto. Como lectores modernos, tenemos la responsabilidad de «trabajar para volver al texto» en la medida de lo posible desde nuestra posición actual. La lectura retrospectiva implica el ejercicio un tanto humillante de refrenar nuestra intuición en aras de una lectura deliberada y del aprendizaje del autor antiguo.

Intuición *versus* humildad

La lectura del Antiguo Testamento tiene que ver con la «lectura» y con el «Antiguo Testamento». Para comprender el o los mensajes del Antiguo Testamento y aplicar sus enseñanzas a nuestra vida, debemos comprometernos juiciosamente con las palabras de los pasajes específicos, así como con todo el Antiguo Testamento. Leer textos individuales del Antiguo Testamento, y observar cómo funcionan en conjunto, es emocionante y conlleva una considerable responsabilidad para los estudiantes del Antiguo Testamento.

Las palabras no se encuentran simplemente escritas en una página; los lectores escuchan cómo hablan a través del genio creativo de un autor. Las palabras tienen la capacidad de proporcionar información, evocar imágenes vívidas, estimular una amplia gama de sentimientos y permitir vislumbrar mundos que de otro modo nos resultarían inaccesibles. Los autores dan vida a las palabras colocándolas de forma que comuniquen profundamente y sean más atractivas que la simple suma de las partes que las componen. Sin embargo, para que los autores tengan el mayor impacto a través de sus palabras, los lectores (es decir, aquellos que son capaces de descifrar correctamente y leer en voz alta las palabras de una página) deben ser humildes interlocutores dispuestos a percibir con sensibilidad lo que el autor quiere comunicar al público.

La lectura del Antiguo Testamento comienza por reconocer las palabras de las páginas de la Escritura y avanza hacia la comprensión de los mensajes comunicados a través de la retórica de estas composiciones. Una ironía inherente a la lectura es la posibilidad de leer correctamente las palabras, pero no comprender el mensaje que transmiten. Además, es posible comprender palabras, frases y secciones de una obra literaria y, al mismo tiempo, malinterpretar el significado de la obra.

A menudo usamos la intuición para inmediatamente emitir juicios sobre los textos que leemos. A veces, subconscientemente, elaboramos interpretaciones de lo que leemos sin ser conscientes de lo que *realmente* hemos leído. En este sentido, la intuición puede ser nuestra mejor amiga cuando nos enfrentamos a una literatura que nos resulta directa y familiar. La intuición puede ayudarnos a entender rápidamente el significado de palabras, frases e incluso obras enteras que armonizan con nuestras preferencias y están destinadas a un público que comparte características con nosotros (nuestro idioma preferido, costumbres culturales, etc.).

Sin embargo, la intuición *no* es el mejor medio para desarrollar una interpretación responsable del Antiguo Testamento como instrumento principal al leer el texto. La capacidad de comprender rápidamente palabras y frases sin, tal vez, considerar todo lo que pueden comunicar dentro de una composición podría, irónicamente, convertirse en nuestro peor enemigo. Un breve y conocido ejemplo del libro de Job debería bastar en este punto para demostrar que el lenguaje de un texto no siempre puede interpretarse como podríamos intuir inicialmente.

Job 13:15 comienza así: «He aquí, aunque él me matare, en él esperaré».[1] Dados los tremendos sufrimientos de Job, muchos lectores contemporáneos entienden que las palabras de Job significan algo así como: «Confiaré en Dios pase lo que pase, incluso hasta la muerte». Siguiendo esta línea de pensamiento, el mensaje de este versículo podría entenderse como un estímulo para confiar en Dios en tiempos difíciles. Se trata, sin duda, de un mensaje invaluable que resulta aplicable a quienes experimentan pruebas inexplicables, y especialmente aquellas que conducen a una angustia física aguda.

La cuestión no es tanto si esta lectura alentadora de Job 13:15 se aplica a nuestras vidas contemporáneas, sino si el texto está comunicando realmente esperanza. Un par de interrogantes cuestionan esta interpretación de las palabras de Job:

- En primer lugar, la siguiente línea del mismo versículo afirma: «No obstante, defenderé delante de él mis caminos» (13:15b). El contexto inmediato sugiere que Job está decidido a discutir con Dios. Si Job confía tanto en Dios que le parece bien que Dios lo mate, ¿por qué iba a discutir con Dios? La lectura sucesiva ayuda a descubrir esta incoherencia.
- En segundo lugar, Job ha demostrado anteriormente un grave desprecio por Dios. Por ejemplo, en Job 9:20-24, Job llama a Dios

1. Ver las traducciones comparables en la NVI («¡Que me mate, en él tengo mi esperanza!»), la NTV («Dios podría matarme, pero es mi única esperanza») y la NBLA («Aunque Él me mate, En Él esperaré»).

juez injusto y afirma que «Se ríe del sufrimiento de los inocentes» (9:23). ¿Parece este alguien que en su siguiente discurso se va a dar la vuelta y decir: «Confío tanto en Él que creo que todo lo que me está haciendo está bien»? La lectura completa del libro de Job nos ayuda a entender sus discursos a la luz del resto y nos revela esta disparidad.

- En tercer lugar, se trata de un versículo complicado, no solo en español, sino también en hebreo.[2] El texto tradicional no contiene la frase preposicional «en él» en la oración «aunque él me matare, en él esperaré». Más bien, el texto tiene la palabra hebrea de sonido similar «no» en lugar de la frase «en él». ¿Cómo debería afectar esta cuestión textual la forma en que los lectores contemporáneos entienden el texto? Bueno, otra traducción aceptable de este versículo podría ser: «¡He aquí! Él me matará. No tendré esperanza [es decir, no tengo esperanza]».[3] Job *realmente* podría estar expresando su falta de esperanza debido a su percepción de que ¡Dios lo está matando!

Tomando en cuenta estos tres puntos, Job está probablemente comunicando exactamente lo contrario del mensaje que algunos podrían entender basándose en las palabras utilizadas en la traducción. Teniendo en cuenta el contexto inmediato del versículo, el marco del libro de Job en su conjunto y la cuestión textual de este versículo, Job podría estar transmitiendo una visión pesimista hacia su futuro porque la mano divina ha provocado su ruina. Estas cuestiones ponen en duda la prudencia de echar un vistazo rápido a las palabras de Job, el que sufre, y escribirlas de inmediato en una tarjeta de «Mejórate pronto». Nuestro empeño en ir más despacio y leer todo el texto en su contexto nos lleva a plantearnos preguntas eficaces sobre la interpretación del pasaje.

Job 13:15 ilustra adecuadamente por qué necesitamos considerar deliberadamente lo que el texto del Antiguo Testamento está diciendo

2. Mencionar la cuestión de la lengua hebrea no es, desde luego, sugerir que las opiniones de las personas que conocen las lenguas bíblicas sean siempre correctas en sus interpretaciones. Más bien, estoy afirmando que es estrictamente inaceptable mantener y promover interpretaciones erróneas sobre pasajes del Antiguo Testamento que se desarrollan mediante la comprensión intuitiva de la lengua traducida o como resultado de la aceptación de tradiciones interpretativas comunes con un mínimo o nulo análisis del pasaje en su contexto.

3. La BLPH traduce este versículo de la siguiente manera: «Aunque quiera matarme, no me queda otra esperanza; quiero defenderme en su presencia».

realmente y, por tanto, lo que los escritores bíblicos están «haciendo».[4] Esforzarse por dejar de lado nuestra intuición en la medida de lo posible para leer despacio puede parecer contraintuitivo, especialmente dada la suposición predominante de que la destreza académica se establece parcialmente por la capacidad de leer con rapidez. Leer el Antiguo Testamento es diferente. La aptitud de un intérprete no viene determinada por la rapidez con la que puede leer, sino más bien por cómo responde a las preguntas que le inspira el texto.

Muchas de las preguntas que los lectores modernos se hacen sobre el Antiguo Testamento están relacionadas con la naturaleza de la compilación de los libros del Antiguo Testamento, cómo hemos recibido el texto y las lagunas que existen debido a nuestra distancia del texto. Estas cuestiones merecen una explicación más detallada. Para saber más, empezaremos revisando la estructura del Antiguo Testamento y considerando cómo hemos recibido el texto que tenemos actualmente.

La terminología es importante

Los nombres y títulos concisos tienen el potencial de comunicar mucho sobre identidades y creencias. Como cristianos, hacemos una declaración sobre quiénes somos y en qué creemos utilizando el título «Antiguo Testamento»[5] para referirnos a la sección inicial de la Biblia cristiana. La designación cristiana tradicional «Antiguo Testamento» no es un término completamente intercambiable por la Biblia hebrea. Aunque en la tradición protestante el Antiguo Testamento es, en general, el mismo texto que la Biblia hebrea, hacemos una declaración sobre cómo leemos la Biblia al postular que el «Nuevo Testamento» continúa las trayectorias literarias y teológicas que se establecieron en lo que llamamos el «Antiguo Testamento».

El hecho de que el término «Antiguo Testamento» sea intrínsecamente teológico y signifique la creencia en un «Nuevo Testamento» nos obliga a reconocer los grados de separación entre nosotros (que tenemos acceso al Nuevo Testamento) y la audiencia implícita original del texto del Antiguo Testamento. Por un lado, las distinciones entre

4. En el próximo capítulo analizaremos con más detalle lo que están «haciendo» los escritores bíblicos y su relación con el significado.

5. Con el término «Antiguo Testamento» me refiero específicamente al canon protestante tradicional, que coincide con el canon judío histórico. El debate sobre qué libros deben incluirse en el canon del Antiguo Testamento no es un debate contemporáneo ni exclusivamente occidental entre católicos y protestantes.

los destinatarios del Antiguo y del Nuevo Testamento podrían exagerarse fácilmente. Los escritores del Nuevo Testamento dan a entender que escriben en beneficio de la comunidad de fe y que continúan la trayectoria trazada por los autores del Antiguo Testamento.[6] Por otra parte, es evidente que existen considerables grados de separación entre nosotros y el público del Antiguo Testamento, en su mayoría antiguos israelitas/judíos. Esta separación provoca lagunas en la familiaridad con el texto del Antiguo Testamento que debemos esforzarnos por entender en la medida de lo posible.

¿Creados iguales? El Antiguo Testamento y la Biblia hebrea

El Antiguo Testamento consiste en una recopilación de veinticuatro libros, según el recuento tradicional judío de los libros de la Biblia hebrea.[7] Pero en la Biblia cristiana, el Antiguo Testamento se divide en treinta y nueve libros. Algunas diferencias en la división de los libros:

- Los libros secuenciales de 1–2 Samuel, 1–2 Reyes y 1–2 Crónicas en el Antiguo Testamento son solo un libro cada uno en la Biblia hebrea.
- Esdras y Nehemías se consideran una sola composición en la Biblia hebrea.
- Los doce escritos proféticos a los que los cristianos se refieren con frecuencia como los «Profetas Menores» cuentan como un solo libro en la Biblia hebrea.

Además, los libros aparecen en un orden diferente en el Antiguo Testamento y en la Biblia hebrea. El Antiguo Testamento sigue esencialmente una disposición histórica de los libros bíblicos, colocando en primer lugar el Pentateuco, seguido de los libros históricos, la literatura poética y, por último, los Profetas Mayores y Menores. La disposición de la Biblia hebrea consta de tres secciones principales que se denominan por sus títulos hebreos: la Torá (Ley), los *Nevi'im* (Profetas) y los *Ketuvim* (Escritos). La primera letra de las palabras que nombran cada sección de la Biblia hebrea forman el acrónimo *TaNaK* (*Tanaj*). Los

6. Ver, por ej., 1 Cor. 14:37, 2 Ped. 3:15-16 (donde Pedro se refiere a los escritos de Pablo junto a las «otras Escrituras») y Heb. 1:1-2.

7. Este recuento de libros se menciona explícitamente en el libro no canónico de 2 Esdras 14:45-46.

judíos suelen referirse a la Biblia hebrea con este epíteto, aunque los cristianos también lo utilizan con frecuencia para reflejar la división de los libros bíblicos aceptada por los primeros creyentes en Jesús, en su mayoría judíos.[8]

A pesar de las diferencias en el orden y la división de los libros del Antiguo Testamento y de la *Tanaj*, las diversas traducciones modernas que leen los cristianos y los judíos proceden, en general, del mismo manuscrito primario en hebreo: *El códice de Leningrado*. Este heredó la última parte de su nombre de su ubicación actual en San Petersburgo, Rusia, antiguamente conocida como Leningrado. La palabra «códice» transmite que este famoso manuscrito existe en forma de libro que incluye todas las composiciones de la Biblia hebrea.[9]

El códice de Leningrado fue redactado en El Cairo, Egipto, el año 1008 d. C. por un escriba judío llamado Shmuel Ben-Yaakov y fue copiado de los manuscritos asociados con Aaron ben Moshe ben Asher, lo que significa que el manuscrito representa la tradición escriba de la familia ben Asher. La familia ben Asher formaba parte de un grupo de escribas llamados masoretas, eruditos judíos de la época medieval que asumían la responsabilidad de preservar la tradición (*mesoret*) del texto hebreo de la Biblia con la mayor fidelidad posible mediante sus anotaciones tradicionales (*masorah*).[10] Esta tradición masorética se ejemplifica en el códice de Leningrado, que es la versión completa más antigua de la Biblia hebrea. Este códice sirve como documento maestro para la edición crítica moderna titulada *Biblia Hebraica Stuttgartensia* (BHS), a la que con frecuencia se hace referencia como Texto Masorético (TM). La versión crítica contemporánea lleva el nombre de *Biblia Hebraica*

8. En pasajes del Nuevo Testamento aparecen divisiones similares. Ver, por ej., Mat. 5:17; 7:12; 22:40; Luc. 24:27,44; Juan 1:45.

9. El códice fue un desarrollo posterior al período del segundo templo que demostró ser un método de escritura y transmisión del texto de la Biblia superior al uso de pergaminos. Los códices utilizaban menos material de escritura que los pergaminos, ya que era posible escribir en ambas caras de la página; los códices eran más prácticos que los pergaminos porque podían compilarse y así transportar varios libros bíblicos en un códice, en lugar de distribuirlos y transportarlos en varios pergaminos.

10. El texto masorético, que sirve de base a nuestras traducciones contemporáneas, procede evidentemente de una tradición de copia anterior a la época de Jesús. Ver Gentry, «Text of the Old Testament». Basándose en un análisis de la transmisión de las versiones antiguas del Antiguo Testamento (es decir, el Pentateuco samaritano, las versiones griegas antiguas y las versiones latinas), Gentry sugiere que «el texto del Antiguo Testamento en cuanto a disposición, contenido y estabilidad estaba fijado en la época de Ben Sira o, más probablemente, a finales del siglo V a. C.» (19). Esta afirmación es contraria a la opinión común de que el texto bíblico y el canon eran fluidos (es decir, no estaban estandarizados) hasta finales del siglo I d. C.

Stuttgartensia porque fue publicada por la Sociedad Bíblica Alemana, con sede en Stuttgart, Alemania.[11]

Este conciso esbozo de la procedencia compartida y las diversas características del Antiguo Testamento y el *Tanaj* se ha relatado de forma selectiva con el propósito de destacar algunos puntos. Este resumen saca a la luz el hecho básico de que las traducciones modernas del Antiguo Testamento se basan efectivamente en la tradición textual del *Tanaj*. En otras palabras, el Texto Masorético del *códice de Leningrado* —impreso en la edición crítica como *Biblia Hebraica Stuttgartensia*— es la composición a partir de la cual se traduce predominantemente el Antiguo Testamento, aunque los libros canónicos estén divididos y numerados de forma diferente. En este sentido, las traducciones del Antiguo Testamento y del *Tanaj* son iguales. Que el texto se denomine Antiguo Testamento o *Tanaj* tiende a decir más sobre la tradición y los compromisos de la persona que lee el texto que sobre el contenido real del volumen.

Sin embargo, el Antiguo Testamento y el *Tanaj* mantienen tradiciones diversas que se reflejan en su estructura interna. Además, las traducciones modernas del Antiguo Testamento/Biblia hebrea dependen principalmente de las tradiciones textuales de los escribas judíos medievales. Estos hechos hacen que los lectores se detengan y reflexionen sobre las diferencias que persisten entre los lectores cristianos modernos del Antiguo Testamento y los antiguos lectores israelitas/judíos del *Tanaj*. Reconocer que leemos a distancia facilita la autoconciencia necesaria para una interpretación responsable.

Lectura a distancia

Leer a distancia no es en sí malo; no provoca necesariamente lecturas inexactas o poco razonables. Por el contrario, no admitir las lagunas de comprensión causadas por los largos intervalos de evolución lingüística, las diferencias culturales y el paso del tiempo es un acto de negligencia y puede facilitar una confianza errónea en nuestra interpretación de los textos antiguos. La lectura a distancia aumenta nuestra responsabilidad como lectores de ser intérpretes cuidadosos y sensibles al acercarnos al texto, reconociendo la posibilidad de una interpretación errónea debida

11. Ya se han publicado varias partes de la próxima generación de la Biblia hebrea, titulada Biblia Hebraica Quinta (BHQ). Para más información sobre el texto y la transmisión del Antiguo Testamento, ver Würthwein, *Text of the Old Testament*, 15-43.

a nuestra falta de familiaridad con las convenciones de la escritura antigua y los matices del lenguaje y otras costumbres.

No debemos desesperarnos al admitir nuestra lejanía con los textos antiguos. En cierta medida, nos vemos obligados a trabajar con lagunas de conocimiento causadas, entre otros factores, por el extenso intervalo de tiempo transcurrido desde la composición del texto original. No solo «trabajaremos» con la lectura a distancia, sino que puede resultar ventajosa. La interpretación se desarrolla considerando nuestra distancia respecto a los textos antiguos. Analicemos tres ejemplos de cómo leemos a distancia el Antiguo Testamento. Esperemos que el hecho de señalar estas lagunas en el lenguaje, el espacio y el tiempo aumente nuestra autoconciencia y nos anime a ralentizar el proceso de lectura.

La distancia lingüística

El Antiguo Testamento fue escrito predominantemente en hebreo, con una pequeña parte escrita en arameo (Gén. 31:47; Esd. 4:8–6:18; 7:12-26; Jer. 10:11; Dan. 2:4–7:28). Se escribieron en estos idiomas porque eran las lenguas principales de los destinatarios originales. No hay hablantes nativos contemporáneos de hebreo o arameo bíblicos en todo el mundo. Esto no significa que todas las derivaciones del hebreo y del arameo no sean útiles. El hebreo moderno y los dialectos neoarameos proporcionan una visión del mundo lingüístico de la Biblia y contribuyen a la comprensión de estas lenguas en etapas anteriores. Sin embargo, dado que los hablantes de hebreo moderno y neoarameo se encuentran a más de 2000 años de distancia de los últimos escritos del Antiguo Testamento, incluso los hablantes contemporáneos de estas lenguas antiguas deben ser cuidadosos a la hora de utilizar la intuición en su interpretación de los textos bíblicos.

En relación con esto, un ejemplo evidente de nuestro distanciamiento del público antiguo se refiere a las lenguas modernas en las que leemos la Escritura hoy en día. La mayoría de los cristianos leen una traducción del Antiguo Testamento en una lengua materna moderna. No es una crítica. El debate sobre cómo leer bien la Biblia no debería plantear un elitismo académico que privilegie las interpretaciones de los eruditos con formación lingüística como más razonables y, por tanto, superiores, a las de los lectores sin este tipo de formación.[12] Las traducciones

12. La capacidad de acceder a datos procedentes de múltiples campos relacionados con el estudio del Antiguo Testamento (por ej., lingüístico, histórico, literario) puede ser ciertamente útil en el proceso de interpretación, pero no conduce *necesariamente* a

contemporáneas del Antiguo Testamento son realizadas por eruditos de gran formación que, sin duda, se esfuerzan por traducir con precisión el hebreo y el arameo a la lengua de destino. Llevan a cabo la tarea de traducción utilizando su formación lingüística tanto en la lengua en que inician (fuente) como con la que finalizan (meta). Los eruditos utilizan diversos estilos lingüísticos en las traducciones que reflejan la composición de la audiencia a la que se dirigen, además de la filosofía traductora de los responsables del trabajo. A veces, los traductores incluso intentan reflejar la disposición del texto bíblico en las páginas de las traducciones, con el fin de retratar los textos hebreo y arameo lo más fielmente posible.

La realidad es que la mayoría de los estudiantes modernos de la Biblia no son expertos en lenguas semíticas y, por tanto, no tienen en cuenta los matices de estilo y significado que podrían introducirse mediante un análisis lingüístico del Antiguo Testamento. Meir Sternberg señala que «el intérprete de la Biblia debe hacer de lingüista mucho más a menudo de lo que necesita hacerlo el intérprete de la literatura moderna».[13] Los lectores de traducciones de la Biblia se dan cuenta de que no tienen los conocimientos técnicos necesarios para participar en el análisis de la lengua original de los textos sencillos o, lo que es especialmente frustrante, de los textos complicados. La conciencia de que leemos traducciones de la Biblia (de hecho, nadie lee los textos originales en su lengua materna) debería frenar nuestra intuición de avanzar por los textos lo más rápidamente posible y de depender en gran medida de la intuición a la hora de interpretar palabras tan importantes como la Escritura.

La distancia en espacio y tiempo

El Antiguo Testamento está formado, en su mayoría, por composiciones originariamente independientes que se escribieron sobre todo en Asia occidental desde mediados del segundo milenio hasta mediados del primer milenio antes de Cristo. El intervalo temporal de más de 2000 años transcurrido desde la redacción de estos textos hace que, en ocasiones, el mundo literario de los autores de la Biblia nos quede oculto, al menos parcialmente.

---

una interpretación razonable, ya que toda información adicional está a su vez sujeta a interpretación. El acceso a más material no indica necesariamente una evaluación o un uso adecuados de la información de la que se dispone.

13. Sternberg, *Poetics of Biblical Narrative*, 21.

Esta distancia en espacio y tiempo es evidente en la poesía hebrea, que está repleta de metáforas e imágenes que presumiblemente fueron comprensibles en su día para el antiguo público del Cercano Oriente, pero que, en algunos casos, ahora nos resultan difíciles de descifrar. Para comprender muchas de las metáforas empleadas en la Biblia[14] y concebir las vívidas imágenes que aparecen en el Antiguo Testamento, debemos estar familiarizados con los conceptos predominantes que circulaban en las lenguas y la literatura del Cercano Oriente antiguo (por ej.: el arameo, el acadio y el ugarítico). Dado que nos encontramos tan alejados del mundo literario del Antiguo Testamento, nos resulta útil adentrarnos en composiciones escritas en lenguas similares durante el mismo período de tiempo y en la vecindad general. Estos textos nos ayudan a conocer mejor el entorno literario antiguo y nos proporcionan un conocimiento más profundo del contexto y el lenguaje del Antiguo Testamento. Incluso después de estudiar obras afines, las distancias entre nosotros y el público antiguo a menudo resultarán demasiado amplias para una comprensión rápida y fácil de lo que el antiguo escritor israelita se esforzaba por comunicar.

Las distancias que nos separan de los destinatarios originales del Antiguo Testamento nos impiden acercarnos a esos textos del mismo modo que leemos libros modernos escritos en lenguas conocidas y en vecindades geográficas cercanas en las últimas generaciones. Como ya se ha dicho, la cercanía a los textos permite a los lectores depender efectivamente de la intuición de un modo que no siempre es buena en la lectura de textos antiguos. Reconocer este hecho resulta irónicamente beneficioso para nosotros, ya que establece la base para una interpretación deliberada del texto bíblico. Cuando somos sinceros sobre nuestra propensión a lecturas imprudentes, damos un primer paso difícil y colosal en el desarrollo de métodos interpretativos especialmente atentos a los detalles.

Cuanto mayores sean las distancias y las lagunas, más intencionadas deberán ser nuestras lecturas contemporáneas para que captemos lo que los escritores de antaño decían en su contexto, y lo que el texto significa para nosotros ahora. Una lectura calculada y metódica del Antiguo Testamento evita que lo introduzcamos de forma rápida en nuestro mundo. Nuestra responsabilidad es leer desde donde nos encontramos hoy hasta el texto, mientras trabajamos con las lagunas naturales de conocimiento que existen debido a nuestra distancia.

14. Trataré más a fondo las metáforas en el capítulo 15 de este libro.

La incomodidad de la lectura

Estas lagunas no hacen inaccesibles las lecturas contemporáneas de los textos del Antiguo Testamento. John Frame subraya con razón que los seres humanos tenemos que trabajar con nuestros límites en el proceso de lectura: «Nuestros límites nos impiden un conocimiento exhaustivo del mundo de Dios, del curso de la naturaleza y de la historia. Nos resulta difícil comprender culturas como las descritas en la Biblia, alejadas de la nuestra en espacio y tiempo. No nos resulta fácil comprender el funcionamiento social de las culturas tribales y monárquicas, las costumbres que subyacen en los relatos bíblicos, la naturaleza de la poesía bíblica, el modo en que el significado del texto se ve afectado por las prácticas literarias».[15] No podemos superar los límites humanos en la interpretación del Antiguo Testamento, pero podemos reconocerlos y utilizarlos para impulsarnos a un estudio más cercano y más profundo del Antiguo Testamento. Los límites humanos impulsan a los lectores humildes y cercanos a formular constantemente preguntas al texto con la aspiración de llenar las lagunas que provoca la lectura a distancia.

Admitir nuestras distancias con el Antiguo Testamento nos deja la gran responsabilidad de interpretarlo bien para aplicar sus enseñanzas a nuestra vida. Esta toma de conciencia es solo el principio para mejorar como lectores. Proporciona lo que parece ser un comienzo incongruente para un proceso de aprendizaje, porque invoca incomodidad. Estar llamado a lo que parece antinatural y arduo es incómodo. Leer bien el Antiguo Testamento incluye una y otra vez reconocer y recorrer las distancias de los textos al estudiarlos para aplicar el mensaje que Dios tiene para nosotros. Leer a distancia debe producir una incomodidad que nos motive a mejorar en el arte de leer el Antiguo Testamento. Por el hecho de tener la Palabra escrita, conocemos el deseo de Dios de tener comunión con nosotros. Leyendo bien estos textos, experimentamos la comunión con Dios.

Ser sinceros sobre las lagunas en nuestra comprensión que no podemos llenar del todo nos obliga a considerar varias admisiones más en relación con lo que creemos como cristianos sobre el texto del Antiguo Testamento. Ser transparentes en nuestras interpretaciones exige admitir quiénes somos y qué creemos sobre el texto que encontramos en las páginas del Antiguo Testamento. En el próximo capítulo repasaremos la inspiración del Antiguo Testamento y discutiremos por qué es tan importante que entendamos lo que tiene que decirnos hoy.

15. Frame, *Doctrine of the Word of God*, 180-81.

CINCO

Las confesiones de un lector atento

> Con un rápido movimiento, se arrancó la banda ministerial de su pecho. ¡Se había revelado! Pero sería irreverente describir esa revelación.
>
> —Nathaniel Hawthorne, *The Scarlet Letter* [La letra escarlata]

Aunque somos responsables de comprometernos a fondo con el Antiguo Testamento, debemos interpretarlo con cuidado. Un paso importante al comienzo del proceso de lectura es reconocer que nos encontramos a cierta distancia de los textos antiguos. La interpretación cristiana del Antiguo Testamento implica algo más que reconocer *dónde nos encontramos* a la luz de la audiencia original (como se comentó en el último capítulo); también incorpora *quiénes somos* a la luz del texto. Para ser buenos lectores del Antiguo Testamento, es decir, para interpretar responsablemente el mensaje de los textos, debemos ser capaces de interpretarlos. Para ser buenos lectores del Antiguo Testamento —es decir, para interpretar responsablemente el mensaje de los textos— debemos empezar por admitir, en la medida de lo posible, que nuestra lectura se ve afectada por quiénes somos, cómo vemos el texto y cómo percibimos estas cosas.

Anticipándonos a la lectura

Todos abordan la literatura con suposiciones. Los lectores suponen *algo* sobre lo que leen antes de iniciar la interpretación del texto. Podemos suponer que lo que estamos leyendo expresa opiniones; en cualquier caso, no llegamos a la literatura completamente en blanco.

Este debate es especialmente importante respecto del Antiguo Testamento, ya que ciertas suposiciones contribuyen a importantes desacuerdos sobre cómo debemos entender las afirmaciones del texto. Por ejemplo, algunos suponemos que los milagros no pueden ocurrir y no ocurrieron. Los que se acercan al texto de esta manera son más propensos a entender el Antiguo Testamento como una antología de la versión israelí de los antiguos mitos del Cercano Oriente, una historia fantasiosa convertida en propaganda política, y la profecía contada después de los hechos.

Otros menos antagonistas de lo sobrenatural probablemente concluyamos que el Antiguo Testamento vuelve a contar a propósito la historia del antiguo Israel y recopila sus escritos religiosos desde el pasado lejano hasta principios del período del segundo templo. Los cristianos, como atestigua nuestro título, creemos que algunos componentes del Antiguo Testamento se realizaron en la persona y la obra de Jesús. Por lo tanto, somos más propensos a buscar cómo los textos del Antiguo Testamento forman parte del plan redentor que se cumple a través de Jesús. Independientemente de que se defiendan estos puntos de vista, una combinación de ellos o perspectivas totalmente diferentes, la cuestión sigue siendo la misma: todos suponemos algo sobre el Antiguo Testamento cuando lo leemos, y nuestras suposiciones influyen en nuestras lecturas. Edward L. Greenstein afirma con razón: «Nuestras observaciones, y no solo nuestras interpretaciones, están determinadas por las suposiciones, hipótesis y fondos de conocimiento que poseemos».[1]

No es posible ser conscientes de todo lo que suponemos sobre un texto, pero sí es posible admitir las suposiciones de las que somos conscientes. De hecho, es nuestra responsabilidad admitirlas, no solo ante nuestros interlocutores, sino también ante nosotros mismos. Cuando admitimos nuestras suposiciones sobre el Antiguo Testamento, es posible criticarlas y reevaluar nuestra dependencia de ellas. Perfeccionar las suposiciones nos ayuda a interpretar los textos escritos, ya que nos permite matizar y mejorar las creencias fundamentales que subyacen a

1. Greenstein, *Essays on Biblical Method and Translation*, 54.

nuestra lectura de los mismos.[2] Si no confesamos lo que creemos sobre el Antiguo Testamento, minimizamos la posibilidad de ser justos en nuestras lecturas y eliminamos una parte crucial de las conversaciones relativas a la interpretación.

El escándalo de la confesión

Hacia el final del clásico libro de Nathaniel Hawthorne *La letra escarlata*, el reverendo Dimmesdale está preparado para hacer su confesión. Abrumado por la culpa de una aventura adúltera que mantuvo años antes, Dimmesdale sube a un estrado con su hija, Pearl, y Hester Prynne, la cómplice de su fechoría, y allí confiesa su participación en el gran escándalo que ha cautivado al pueblo durante años. Cuando Dimmesdale se desploma tras su confesión, se rasga las vestiduras y revela que él también tiene una señal de su acto impropio, igual que la letra escarlata de Hester. Después de años de hacerse pasar por un clérigo recto y casto, Dimmesdale se expone por completo al descubrir las pruebas de sus fechorías, permitiendo que la multitud que antes lo tenía en alta estima se dé cuenta de quién es *en realidad*.

Existe la percepción de que admitir las suposiciones sobre el Antiguo Testamento se asemeja al acto final de Dimmesdale. En este sentido, confesar las suposiciones es un escándalo; es análogo a rasgar las honorables vestiduras de lectores justos y de mente abierta y revelar quiénes son realmente, sometiéndolos a la vergüenza pública. Esto se basa en percepciones comunes de los métodos académicos, de que es posible evaluar los datos de manera neutral y, en consecuencia, llegar a conclusiones imparciales basadas en un análisis imparcial de la información.

Esto no es así cuando leemos el Antiguo Testamento. Nuestras lecturas no reflejan simplemente el producto de datos examinados de forma imparcial. No nos avergüenza admitir que somos sobrenaturalistas y que esto afecta a la forma en que leemos los numerosos acontecimientos milagrosos registrados en el Antiguo Testamento. No hay deshonor en admitir que nuestra creencia en Jesús como culminación de la revelación de Dios a la humanidad afecta nuestra forma de ver ciertos pasajes cuando leemos el Antiguo Testamento sucesivamente hacia la actividad redentora de Dios. Hay una gran integridad en revelar *quiénes somos*

2. Greenstein afirma: «Es útil tomar conciencia de nuestras suposiciones para poder someterlas a crítica y reconsiderar nuestra confianza en ellas. Pero incluso cuando no nos damos cuenta, están ahí». Greenstein, *Essays on Biblical Method and Translation*, 57.

realmente, a pesar de la posible disensión de quienes no comparten nuestras suposiciones. Al menos, al revelar nuestras suposiciones sobre el Antiguo Testamento, podremos cuestionarlas y mantener conversaciones abiertas sobre lo que realmente está en juego en nuestras lecturas. Es precisamente por lo que creemos sobre el Antiguo Testamento que nos esforzamos en leerlo bien y en encontrar su máxima aplicación a nuestras vidas como lectores contemporáneos.

Inspiración orgánica

Nuestra perspectiva sobre la inspiración bíblica marca el camino de nuestra lectura del Antiguo Testamento. En el Antiguo Testamento, los narradores afirman con frecuencia que hablan en nombre de Dios; los profetas afirman que hablan en nombre de Dios; y los escritores afirman que escriben en nombre de Dios. El hecho de que los lectores contemporáneos identifiquen o no estas palabras como palabras de Dios determina si los textos del Antiguo Testamento se leen como literatura inspirada o en otros términos.

Se ha discutido mucho sobre el tema teológico de la inspiración bíblica. La definición concisa de John Frame es adecuada en este aspecto. Frame explica que la inspiración es la «identidad entre las palabras de Dios y las palabras humanas».[3] La implicación de esta definición en relación con la redacción del Antiguo Testamento se resume en la afirmación de que «lo que dicen las palabras humanas, lo dice Dios».[4] Sin embargo, la inspiración no se produjo de tal manera que los escritores humanos se convirtieran en holgazanes sin nada que hacer, quienes esperaban que el dedo divino moviera la pluma sobre el pergamino. Más bien, la inspiración se produjo orgánicamente de tal manera que «Dios utilizó todas las cualidades personales distintivas de cada escritor, [...] y el resultado final es exactamente lo que quería decirnos».[5]

La inspiración es orgánica, ya que la Palabra de Dios se expresa armoniosamente en palabras humanas, incorporando auténticamente no solo los estilos sino también el ingenio de los autores al escribir. Puesto que los autores de la Biblia articulan de forma natural la Palabra de Dios para la humanidad, cuanto mejor comprendamos su arte retórico, mejor entenderemos el mensaje perdurable para la comunidad de Dios. Nuestra

3. Frame, *Doctrine of the Word of God*, 82.
4. *Ibid.*, 82.
5. *Ibid.*, 142-43. Frame toma prestado de Abraham Kuyper y Herman Bavinck.

visión de la inspiración no es algo de lo que debamos avergonzarnos; más bien, la opinión de que la inspiración bíblica surgió orgánicamente es precisamente la razón por la que nos vemos obligados a leer concienzudamente incluso los textos más desafiantes del Antiguo Testamento.

Otro aspecto de este concepto de inspiración orgánica puede ilustrarse con el uso habitual de la palabra «orgánico». Se asocia con frecuencia a los alimentos y generalmente designa artículos que se cultivan sin ningún agente artificial. Estos alimentos no están adulterados y, en cierta medida, se consideran beneficiosos para el cuerpo humano. La pureza de los alimentos es una de las principales razones por las que la gente está dispuesta a pagar más al comprar alimentos orgánicos; su pureza asegura a los clientes que están consumiendo un producto mejor que los alimentos con aditivos artificiales. Del mismo modo, la inspiración orgánica de la Escritura relaciona la convicción de que Dios identifica las palabras divinas con las palabras humanas de tal manera que ningún agente humano ha añadido ningún aditivo artificial a la Palabra, a pesar de escribirla empleando sus facultades. La inspiración orgánica implica que los lectores se enfrentan a un texto orgánico en el sentido de que no hay nada antinatural en él; es la Palabra de Dios plenamente sintetizada y la escritura de los autores. El producto resultante es un texto sumamente beneficioso para la lectura y la aplicación.

La inspiración orgánica implica que Dios se comunicó a través de las páginas del Antiguo Testamento en un lenguaje que los lectores (y oyentes) originales habrían comprendido, aunque ese lenguaje nos resulte difícil hoy. Por lo tanto, no debería sorprendernos que algunas de las retóricas, imágenes, historias, poesías, proverbios y demás del Antiguo Testamento suenen sorprendentemente similares a otros documentos del antiguo Cercano Oriente de la misma época. Es razonable esperar que la Biblia tenga la misma textura, lenguaje e incluso estructura que algunas de estas otras composiciones del antiguo Cercano Oriente (por ej.: *Enuma Elish*, *Atrahasis, Gilgamesh*, el *Código de Hammurabi*, las *Instrucciones de Amenemope*). Estos documentos antiguos, entre otros, revelan a los lectores modernos asuntos en los que pensaban los habitantes del antiguo Cercano Oriente y cómo los contemporáneos del antiguo Israel evaluaban estos temas (por ej., la creación del universo, una gran inundación, la regulación de una sociedad, la pobreza).

La inspiración orgánica es exclusiva de la Biblia, pero el concepto facilita notablemente la comprensión de que la inspiración del Antiguo Testamento no siempre implica la exclusividad de todo su contenido. Equiparar inspiración y exclusividad puede provocar dilemas teológicos innecesarios, sobre todo cuando uno se encuentra con otros documentos del antiguo Cercano Oriente que suenan parecidos al Antiguo Testamento. Los defensores del punto de vista orgánico de la inspiración prevén similitudes entre la Biblia y composiciones del antiguo Cercano Oriente que abordan cuestiones similares, y abrazan el texto bíblico como la Palabra escrita de Dios, incluso a la luz de su correspondencia con textos no bíblicos. Una vez más, los comentarios de Frame son útiles: «Exigir que la Escritura sea absolutamente única en su contexto frente a las tradiciones de otras naciones es confusión. Nada en la doctrina bíblica de la Escritura requiere ese tipo de exclusividad [...]. "Salir de la Biblia" no es salir de la revelación de Dios. Es más bien pasar de la esfera de la revelación especial a la esfera de la revelación general».[6]

¿Qué significa entonces la inspiración orgánica en la lectura del Antiguo Testamento? Dios comunica Su Palabra a los lectores modernos a través del Antiguo Testamento como comunicó Su Palabra al pueblo de Israel en el Sinaí, en un lenguaje que podían entender, en un lenguaje plenamente humano. Esa palabra fluye de las páginas del Antiguo Testamento a nuestras mentes y corazones por medio de la lectura. Nuestra visión de la inspiración nos lleva a darnos cuenta de que la comunicación de Dios está unida a la creatividad del autor bíblico en el contexto literario del antiguo Cercano Oriente. El arte del autor en su contexto forma parte integral del significado del texto. La inspiración orgánica empuja a los lectores modernos del Antiguo Testamento a apreciar el ingenio de los autores, que a menudo se manifiesta en el uso de recursos estéticos. Nuestra lectura deliberada de estos textos meticulosamente elaborados debe realizarse de forma responsable y equilibrada, para captar las enseñanzas de la Biblia y aplicarlas en la comunidad creyente contemporánea.

Leer con equilibrio

La inspiración orgánica implica la obligación de ser un lector equilibrado. Por un lado, este punto de vista respalda plenamente la Escritura como Palabra de Dios. Los principios duraderos que los lectores contemporáneos aprenden de la Palabra escrita tienen tanta autoridad como los mandamientos de la palabra divina pronunciados al pueblo de Israel en el Sinaí. Por otra parte, la inspiración orgánica obliga a los

6. Frame, *Doctrine of the Word of God*, 195, 232.

lectores a tener en cuenta cómo los escritores humanos elaboraron sus composiciones para llevar a cabo sus objetivos literarios y teológicos.

Esta fusión orgánica de la palabra divina y humana impone al lector la obligación de interpretar cuidadosamente las palabras para prestarles atención, permitiendo que el mensaje divino afecte la vida del lector. No basta con entender lo que significan las palabras del Antiguo Testamento. Cualquier buen lector es capaz de desarrollar interpretaciones razonables del Antiguo Testamento, independientemente de sus suposiciones o convicciones religiosas; los lectores cristianos pueden aprender mucho de los buenos lectores del Antiguo Testamento que no comparten las mismas suposiciones. Sin embargo, no basta con leer bien. El Antiguo Testamento, como Palabra de Dios escrita, exige una respuesta fiel a las palabras que contiene. Esta respuesta, sin embargo, no puede darse a cualquier forma de lectura, pues es irresponsable someterse a palabras que no se comprenden correctamente. Los principios permanentes que son relevantes para todas las edades de los creyentes surgen a través de un compromiso equilibrado con los textos del Antiguo Testamento.

El equilibrio en el proceso de lectura del Antiguo Testamento puede ser difícil. Cuando leemos estas Escrituras, nuestras suposiciones nos llevan, generalmente, a «subinterpretar» o «sobreinterpretar» el texto. Ambas son problemáticas y no hacen justicia a la Palabra de Dios escrita como medio integral de comunicación divina con los seres humanos.

La subinterpretación es un problema para los que tienen una hermenéutica más fundamentalista, así como para algunos estudiosos bíblicos. Uno podría preguntarse: «¿Cómo es posible que tanto los fundamentalistas como los estudiosos bíblicos lean de manera similar, siendo tan divergentes sus puntos de vista sobre la Biblia?». La subinterpretación de la Biblia se caracteriza, con frecuencia, por silenciar al autor y no permitir que el escritor hable a través de técnicas literarias que el lector podría no esperar. Algunos lectores fundamentalistas y eruditos críticos tienden a sofocar la voz del autor bíblico cuando no se corresponde con lo que ellos esperan del texto. En este sentido, los fundamentalistas y los eruditos críticos son susceptibles de leer de forma similar, a pesar de diferir en lo que en última instancia creen que es la Biblia.

Las lecturas fundamentalistas tienden a considerar la Biblia como un producto *exclusivamente* divino y pueden descuidar involuntariamente, o ignorar intencionadamente, las ingeniosas técnicas que los autores humanos, a veces astutos y otras veces sutiles, utilizan para atraer a su público. Para algunos, incluso la idea de examinar cómo los autores humanos podrían haber elaborado sus escritos para atraer y moldear a sus lectores parece irreverente, un ejercicio de autoridad o razón humana sobre el texto bíblico. Los lectores fundamentalistas se acercan a la Biblia como si estuvieran con el pueblo de Israel en el Sinaí, esperando a que la voz divina hable sin intervención humana.

Sin embargo, no es así como se compuso la Palabra escrita ni cómo se transmitió a las manos de los lectores contemporáneos. El Antiguo Testamento fue escrito de forma creativa, utilizando todo tipo de recursos estéticos que podríamos esperar —así como métodos inesperados— para comunicar las intenciones de los autores antiguos. El Antiguo Testamento se elaboró, recopiló y transmitió a las generaciones posteriores para que lo leyeran como una compilación de composiciones bien pensadas. Una lectura que tenga esto en cuenta no es en absoluto irreverente; de hecho, se puede argumentar que los lectores no dan a la Biblia lo que se merece cuando niegan el tipo de análisis que requiere. No hay nada de piadoso en subanalizar intencionalmente el Antiguo Testamento, cuya astucia de escritores humanos se alinea orgánicamente con las intenciones divinas. Puesto que el texto es una fusión de palabras divinas y humanas, descuidar el genio de los autores humanos va en detrimento de escuchar la voz divina.

Los eruditos bíblicos difieren claramente de los fundamentalistas. Algunos eruditos leen partes del Antiguo Testamento como un producto humano tan fragmentado que el ingenio de los autores humanos —o incluso compiladores y redactores (es decir, editores)— puede pasarse por alto.[7] Descartar el ingenio de los autores bíblicos puede llevar a percibir cuestiones que podrían no ser problemáticas para quienes se inclinan por observar la creatividad del autor. Con frecuencia, las soluciones propuestas por los eruditos a problemas retóricos inesperados, cambios de escenario y otros puntos en cuestión acaban siendo la confirmación de un documento fuente adicional, otro autor o una redacción

7. Es cierto que algunos aspectos de los últimos procesos de composición de los distintos libros, y del Antiguo Testamento en su conjunto, siguen siendo un misterio. Sin embargo, una de las claves para leer partes del Antiguo Testamento, así como la composición completa, es suponer un sentido de coherencia a pesar de algunos de los factores desconocidos relacionados con la composición. Por ejemplo, en la redacción de varios libros de la Biblia, como Proverbios y Salmos, se recurrió a múltiples fuentes. Sin embargo, los compiladores de estos salmos y proverbios no eran escribas novatos que ensamblaban textos de forma inconexa, sino autores creativos que elaboraban documentos para un público concreto. Con el término «autor» me refiero tanto a los autores singulares de libros (por ej.: Nehemías) como a los redactores de libros que, al final, eran recopilaciones de textos (por ej.: Salmos, Proverbios).

radical.[8] En cambio, otros eruditos podrían considerar que los mismos problemas son maniobras literarias del autor bíblico y, por tanto, son propensos a investigar los propósitos a través de la lectura. En realidad, el fundamentalista y el crítico terminan con un tipo similar de Biblia, una que satisface sus expectativas.

Sin embargo, los grandes autores nunca satisfacen las expectativas de los lectores, sino que las superan. Los escritores bíblicos cautivan a su público y lo mueven hacia la verdad teológica que se esfuerzan por enseñar, pero solo si sus lectores son humildes y están abiertos a ser instruidos. Ese mismo público tiene la capacidad de pasar por alto el llamado de los autores, convirtiéndolos en marionetas divinas o en escribas confundidos. En cualquier caso, el problema es el mismo: el lector con poca comprensión establece expectativas y explica el Antiguo Testamento de maneras que no tienen en cuenta adecuadamente la naturaleza estética de la escritura de los autores bíblicos y cómo utilizaron su retórica para influir en su audiencia. Con frecuencia, estas expectativas se pasan por alto o incluso se ignoran. El resultado final es que perder de vista las convenciones de la escritura puede convertir los textos bíblicos en ficción fantasiosa e ideas religiosas piadosas, por un lado, o en un arma fundamentalista, por otro.

Algunos lectores reconocen plenamente el hecho de que las composiciones bíblicas fueron concebidas para ser leídas de manera deliberada, y se esfuerzan por honrar los objetivos del autor. Sin embargo, en la búsqueda del sentido del texto, es posible cometer el error de la sobreinterpretación. La sobreinterpretación consiste en atribuir significado a aspectos de la composición que tal vez no pretendían transmitir. Por ejemplo, a veces los lectores se esfuerzan por descubrir un significado exegético en la forma de las letras hebreas o incluso en el valor numérico de las palabras utilizando el sistema hebreo de la gematría (es decir, el valor numérico de las palabras hebreas). Estos métodos rara vez producen lecturas convincentes para el público contemporáneo, ya que generalmente promueven la búsqueda de un significado latente que probablemente no pretendían los autores.

8. Con frecuencia, la propuesta de documentos fuente adicionales y los argumentos a favor de múltiples autores no son en reacción, sino una suposición de una metodología de análisis de los textos del Antiguo Testamento. Los comentarios de Adele Berlin son útiles en este sentido: «Muchos eruditos han observado que el problema de la crítica tradicional de las fuentes es que comienza con la suposición de que el texto está compuesto de una serie de fuentes, y luego procede a encontrarlas. Metodológicamente hablando, es más correcto empezar por el texto, y encontrar fuentes solo si una lectura cuidadosa así lo indica». Berlin, *Poetics and Interpretation*, 116.

La sobreinterpretación también puede consistir en poner excesivo énfasis en el análisis de las técnicas literarias empleadas en la Biblia, despojándolas de todo mérito espiritual práctico. Esta forma de leer eleva el análisis literario del lector a la máxima importancia, y así la lectura del texto se vuelve más importante que lo que se puede aprender del texto y aplicar a la vida de las personas de la comunidad creyente. Si los lectores dan prioridad a su creatividad e imaginación, a veces pueden añadir un significado a un texto que quizás no haya sido la intención del autor.[9] A quienes sostienen el punto de vista de la inspiración orgánica de la Escritura no les apetece elevar nuestras lecturas creativas por encima de los objetivos del escritor, ya que el significado está ligado a la intención real del autor. Es responsabilidad del lector prestar atención al genio del escritor y deleitarse con él, y al mismo tiempo escuchar y prestar atención a la voz divina.

Leer con propósito

Debemos esforzarnos por acercarnos a la Biblia tal como es: como literatura inspirada y dirigida por Dios para Sus fines divinos y como literatura humana creativa. Esta actitud nos permite acercarnos a la Biblia con la expectativa de escuchar a Dios y, al mismo tiempo, analizar seriamente el genio humano que se manifiesta en el texto. Cuanto mejor comprendamos lo que los escritores humanos decían, mejor entenderemos lo que Dios comunica, y mejor podremos aprender lecciones contemporáneas de la Palabra. Defender la inspiración orgánica acaba con el modelo de leer la Biblia como literatura sagrada y religiosa que se profana si se analiza de forma crítica. Precisamente por la creencia de que las palabras de los autores humanos son también palabras de Dios, nos vemos obligados a abordar críticamente estos documentos sagrados, examinando la retórica, el estilo y los recursos que los autores utilizaron para conmover a sus lectores. Este tipo de análisis es el que

9. Quienes analizan la Biblia principalmente como literatura pueden obtener muchos conocimientos sobre lo que los autores bíblicos comunican a través de sus técnicas retóricas. Así, es posible que personas que parten de supuestos diferentes sobre la Biblia lleguen a lecturas similares del mismo texto bíblico, ya que sus métodos de análisis coinciden (al menos parcialmente). Las lecturas similares realizadas por estudiosos de convicciones diferentes, rara vez tienen las mismas implicaciones para sus respectivas comunidades. Sin embargo, estudiar la Biblia exclusivamente para analizar una obra de arte literaria facilita un método de lectura que puede hacer demasiado hincapié en los aspectos literarios de un texto, ya que la lectura propia es de suma importancia, sin el componente divino.

conduce a una aplicación duradera de esas composiciones que sigue siendo relevante hoy en día.

Averiguar qué hacían estos autores con sus lectores no siempre es tarea fácil. Como se ha dicho, hay distancias que nos separan del Antiguo Testamento que no nos permiten comprender intuitivamente partes del texto. Estas lagunas a veces provocan dificultades textuales, lingüísticas, históricas, arqueológicas e incluso teológicas. Quienes sostienen la inspiración orgánica de la Escritura esperan este tipo de problemas, ya que en el análisis del texto se hace hincapié en el componente humano real.[10] Sin embargo, a pesar de las posibles dificultades, nuestra posición predeterminada es leer el texto con una interpretación con propósito, en contraposición a una de sospecha. Esta interpretación con propósito nos permite ver algunas de las discontinuidades potenciales en los textos como reflejo de la actividad creativa intencionada del autor.[11]

La decisión de leer el texto con una interpretación con propósito no equivale a hacer la vista gorda ante cuestiones legítimamente difíciles; sin embargo, nos lleva a buscar el diseño en lugar de la discordia en el texto bíblico. Esta disposición afecta a nuestra lectura de composiciones bíblicas individuales, así como a la Biblia en su conjunto. El diseño de la Biblia en su conjunto trasciende a los libros y autores individuales, que escribieron con objetivos supervisados por Dios y naturalmente alineados con los propósitos divinos.

Los escritores del Antiguo Testamento escribieron con un propósito.

La forma en que escribieron fue a propósito.

Entonces, nosotros tenemos que leer el Antiguo Testamento con un propósito, decididos a poner en práctica la Palabra antigua en nuestros días. Nosotros somos ahora la audiencia a la que el antiguo escritor se está comunicando a través de las narraciones, la poesía y la profecía del Antiguo Testamento.

10. La Biblia no es exhaustiva en cuanto a los temas que aborda. A veces encontramos dificultades en los textos porque los escritores no nos dan toda la información que nos gustaría tener como lectores contemporáneos. Los escritores bíblicos comunicaron lo que los lectores necesitaban saber de acuerdo con sus propósitos al escribir. Más sobre esto en el capítulo 6.

11. Con frecuencia, las incongruencias percibidas —como la ubicación de la narración de Judá y Tamar en Gén. 38, supuestamente interpolada en la «narración de José»— nos hacen bajar el ritmo y leer de forma deliberada. A medida que disminuimos el ritmo, somos capaces de captar la poética de un texto determinado. Estas incongruencias nos ayudan a evaluar cómo se cuenta la historia del Antiguo Testamento.

SEIS

Cómo se narra el Antiguo Testamento

Narrativa

> Excepto por el veto a las imágenes esculpidas, Dios no parece un crítico de arte.
>
> —Meir Sternberg, *The Poetics of Biblical Narrative* [La poética de la narrativa bíblica]

Es el año 3522 d. C. y unos excavadores han encontrado una fina lámina de sustancia fibrosa, aparentemente de pulpa de madera, durante una excavación de unas ruinas que datan de hace unos 1500 años. Tras una inspección minuciosa, los analistas se dan cuenta de que en este material se escribían palabras con una especie de estilete que permitía que la tinta se desprendiera y manchara la hoja. A medida que los investigadores tratan de discernir la escritura, resulta evidente que se han encontrado con lo que parece ser una lista de mandado. Los artículos de la lista están anotados de la siguiente manera: «Manzanas, plátanos, cerezas, donas, berenjenas, patatas fritas, judías verdes». Justo debajo de la lista, hay otra declaración que dice: «A primera hora del viernes, ve a buscar comida; porque tu familia está hambrienta».

A primera vista, parece que los excavadores hubieran encontrado simplemente un fragmento antiguo poco excepcional, sin rasgos distintivos ni emocionantes. Sin embargo, a medida que los científicos estudian detenidamente el trozo de papel, empiezan a percibir la forma tan intencionada en la que fue elaborado. Los alimentos se enumeran en plural. Además, hay siete artículos en la lista que están organizados de forma simétrica: los tres primeros son frutas dulces y los tres últimos son alimentos no dulces procedentes de plantas. El elemento central de la lista sirve de eje y es un tipo de alimento completamente diferente: la comida chatarra.

Aunque los excavadores encuentran este documento cientos de años después de que se escribiera, se ven obligados a reconocer las escasísimas posibilidades de que este fragmento estuviera fortuitamente dispuesto de forma tan organizada. Esto les obliga a plantearse la siguiente pregunta: *¿Por qué* se escribió este texto con un estilo tan marcado? Al fin y al cabo, si la lista se limitaba *solo* a anotar los comestibles, no tenía por qué estar ordenada ni ser simétrica. La lectura de este documento tan estilizado y las preguntas que provoca llevan a la conclusión razonable de que el autor del fragmento se esforzaba por ser artístico en la redacción de la lista. Pero, ¿con qué fin?

El estilo es inherente a todos los tipos de escritura. Cuando los autores escriben documentos que van desde listas de compras hasta relatos o poesía, tienden a considerar cómo diseñarán esa composición concreta para darle un aspecto distintivo y cómo determinadas palabras llevarán a cabo el efecto que pretenden en sus lectores. Si nos fijamos en la lista de mandado, vemos que los recursos estéticos utilizados por el autor hacen imposible clasificar este fragmento como una *simple* lista de mandado. Al mismo tiempo, la creatividad del escritor no cuestiona la realidad que subyace a la lista de mandado y a la orden. El estilo artístico y la comunicación de la verdad no se excluyen mutuamente. El fragmento es, como mínimo, una lista de mandado, pero se ha elaborado intencionadamente para fomentar la participación del lector. Por ejemplo, si el fragmento lo compusiera un padre para sus hijos, tal vez el orden de la lista es un recurso pensado como recordatorio para que los adolescentes olvidadizos se aseguraran de comprar todos los artículos. Tal vez la orden final es un gesto para suavizar el golpe de la orden de completar esta tarea con excelencia.

El Antiguo Testamento muestra este tipo de diseño intencionado en cada página. Los escritores utilizaron técnicas que siguen persuadiéndonos para que reconozcamos que estamos participando en algo más profundo que la simple lectura de fragmentos antiguos. Al leer deliberadamente el texto bíblico, podemos captar las intenciones del autor. Su objetivo era guiar e instruir a los lectores, influir en su forma de pensar sobre un asunto concreto, incitarlos a la acción y, a veces, incluso jugar con sus emociones. Los escritores bíblicos utilizaron su astucia, ingenio e inventiva tanto para comunicar de forma estéticamente agradable como para influir en sus lectores.

Artistas inspirados

La afirmación de Meir Sternberg utilizada en el epígrafe de este capítulo suena verdadera a la luz del hecho de que los escritores bíblicos nunca demostraron una dicotomía entre comunicar la Palabra de Dios y ser creativos. Ciertamente creían que escribían en nombre de Dios.[1] Al mismo tiempo, eran escritores inspirados que atraían creativamente al lector utilizando recursos estéticos para añadir belleza a sus composiciones, al tiempo que conducían al lector a sus destinos literarios y teológicos.[2]

Por tanto, la lectura del Antiguo Testamento es activa, no pasiva. La aventura de la lectura está guiada por el autor inspirado, pero el lector no es solo un acompañante, como tampoco lo son los niños en un largo viaje en carro. Por lo general, a los niños les cuesta estar a oscuras en lo que respecta al destino de los viajes largos. No es raro que pregunten una y otra vez: «¿Adónde vamos?», «¿Por qué estamos aquí?» y, la más famosa, «¿Ya llegamos?». Cuando las respuestas a estas preguntas no satisfacen su curiosidad, los padres, agotados, pueden encontrar a sus hijos asomados por la ventana del carro tratando de dar sentido a todo lo que pasa y adivinando repetidamente el destino basándose en las pistas. Ciertamente, los niños no marcan el rumbo del viaje, pero

1. Siempre es prerrogativa de los lectores rechazar lo que afirman los escritores, pensar que están locos y no creer nada. Nunca es derecho del lector cambiar lo que el escritor se ha esforzado en comunicar, lo que a la mínima violaría el genio creativo del autor. En el caso de la inspiración y la Biblia, los lectores honestos pueden rechazar la veracidad de la identificación que los autores del Antiguo Testamento hacen de sus palabras con las de Dios, pero no pueden negar que los escritores indicaron realmente que escribían en nombre de Dios. En muchos casos a lo largo del Antiguo Testamento, el concepto de inspiración fue asumido por los autores mientras hablaban en nombre de Dios, aunque puede que no se declarara explícitamente.

2. Edwin Good afirma que «hemos estado tan preocupados (y correctamente preocupados) por su verdad [es decir, la de la Biblia], tanto factual como religiosa, que no hemos investigado los medios literarios que los escritores bíblicos utilizan para transmitir su verdad [...]. En otras palabras, hemos estado tan ansiosos por interpretar la Biblia que a veces nos hemos olvidado de leerla». Good, *Irony in the Old Testament*, 9.

participan en él, y tal vez incluso lo disfrutan más, buscando activamente información sobre adónde los llevan, por qué los llevan allí y cuándo llegarán.

Del mismo modo, los lectores del Antiguo Testamento reconocen que los escritores creativos e inspirados los guían en un viaje con un destino final. Durante esta aventura, los lectores activos se preguntan: «¿Hacia dónde nos dirige este texto?». «¿Por qué me lleva aquí el autor?» y «¿Ya hemos llegado?». Además, los lectores buscan pistas para sus preguntas observando su entorno y esforzándose por dar sentido a lo que encuentran en su lectura. Estas observaciones se basan en las pistas que el escritor ha dejado para que los lectores las exploren mientras leen. Los lectores no marcan el rumbo del texto, pero son capaces de disfrutar de la experiencia y comprender el texto mientras buscan activamente información sobre hacia dónde se les conduce. Así es como los lectores pueden discernir el propósito del viaje y reflexionar sobre lo que han aprendido al llegar al destino final. La pasividad en este viaje podría compararse a quedarse dormido en el metro: podrías perder la parada y acabar perdido.

En términos generales, los autores del Antiguo Testamento conducen a los lectores hacia el destino final de tres formas: (1) los autores crean narradores que cuentan historias, (2) los autores escriben poesía que cautiva al público por su evidente esplendor artístico, o (3) los autores relatan profecías por escrito. La narración, la poesía y la profecía son medios a través de los cuales los autores bíblicos comunican significado al lector, utilizando recursos retóricos algo distintos para cada categoría. A veces, en una misma composición aparece una mezcla de narrativa, poesía y profecía, y otras veces no siempre está claro cómo clasificar el texto.[3] Sin embargo, las distinciones entre narrativa, poesía y profecía son generalmente evidentes, y los lectores observan el significado en el texto siguiendo los matices de cómo los escritores utilizan las características que son comunes a la literatura que escriben.

La narrativa, la poesía y la profecía del Antiguo Testamento se diseñaron para transmitir información importante de manera que invitara al lector a participar en el texto, disfrutarlo y aplicarlo. Las narraciones

3. No es razonable sugerir que libros enteros del Antiguo Testamento puedan siempre clasificarse en géneros. Está claro que a veces aparecen distintos tipos de escritura dentro de las mismas composiciones. Por ejemplo, gran parte de la profecía bíblica consiste en poesía y debe analizarse como tal. Sin embargo, estas secciones también son profecía, porque generalmente comparten otras características empleadas por los profetas —como oráculos, tipología y parábolas— que son menos comunes en la poesía que no es profecía.

relatan las principales historias de numerosos personajes del Antiguo Testamento; pero a través de sutilezas en la forma de contar la historia, el autor también puede provocar la participación del lector en las lecciones que se enseñan. La poesía del Antiguo Testamento expresa las ideas y los sentimientos de los autores bíblicos, pero lo hace de un modo que invita al lector a compartir la experiencia emocional del escritor. La profecía relata los oráculos y visiones de los profetas del antiguo Israel, pero, en muchos casos, el autor narra las palabras del profeta de modo que sus mensajes trascienden el contexto histórico inmediato y se abren camino directamente en el mundo del lector.

Cuanto más descubramos sobre el modo en que los autores bíblicos nos invitan como lectores a entrar en sus escritos, mayor será nuestro compromiso con su arte y la comprensión de su significado. Al tratar de averiguar cómo influyen los autores en su público, los acompañamos activamente a su destino. En la siguiente sección resumiré brevemente el modo en que los autores de narrativa invitan a los lectores a participar en sus textos.[4]

Cómo narran la narrativa los narradores del Antiguo Testamento

Gran parte del Antiguo Testamento, desde Génesis hasta Ester (en la disposición tradicional cristiana de los libros), consiste en relatos interconectados relativos a la aparición, el desarrollo y el destino final del pueblo de Israel. Los distintos libros de esta sección se componen generalmente de relatos selectos de acontecimientos, artísticamente elaborados por los autores para perseguir sus objetivos particulares. Las secciones individuales de los libros bíblicos que narran historias suelen denominarse «narrativa».[5]

4. Analizaré cómo los poetas escriben poesía y los profetas profetizan en los capítulos 14-19 de este libro. Además, es importante señalar aquí un par de puntos importantes: (1) El siguiente resumen de las técnicas que utilizaron los narradores bíblicos para invitar a sus lectores a participar en la lectura no es en absoluto exhaustivo. Los autores utilizaron la retórica para influir de muchas otras maneras en su público. (2) Varias de las características señaladas a continuación son compartidas por distintos tipos de literatura. La cuestión no estriba en si determinados recursos literarios se utilizan en distintos tipos de escritos, sino en cómo se utilizan los recursos literarios en las diversas composiciones.

5. El término «narrativa» puede referirse a una de las historias individuales o a la metanarrativa general de toda una obra literaria. Es frecuente oír emplear el término «narrativa» en relación con el argumento de la Biblia, ya que toda ella está interconectada. En este libro, suelo utilizar el término «narrativa» para referirme a relatos individuales, a menos que se indique lo contrario.

Una de las principales características de la narrativa bíblica es la presentación del personaje que cuenta la historia: el narrador. A veces el narrador es ignorado involuntariamente por el lector, es pasado por alto como personaje, o se convierte en una parte prescindible de la historia debido a nuestra preocupación por lo que el autor está tratando de comunicar a través de la narración. Sin embargo, el narrador es un personaje real que el autor desarrolla para contar la historia de una manera determinada a lo largo de la narración.

Pasar por alto la función del narrador no sería problema si el objetivo del autor fuera contar una historia de forma neutral. Pero en la narración bíblica no hay neutralidad en el relato de los acontecimientos del pasado, sobre todo porque esos acontecimientos se refieren a la forma en que Dios ha intervenido en la historia para llevar a cabo los propósitos divinos. El escritor hace que el narrador tenga su personalidad y forma de contar la historia para que el autor pueda guiar a los lectores hacia los objetivos principales de la narración. Por eso, seguir la descripción que hace el autor del narrador —y, por tanto, la descripción selectiva y artística que hace el narrador de los acontecimientos de la narración— es crucial para captar los puntos principales del autor.

Varias características de los narradores bíblicos son útiles para observar cómo los autores los utilizan para conducir a los lectores hacia sus objetivos.

1. El narrador suele ser *anónimo*.[6]
2. El narrador se presenta como *omnisciente* (es decir, que todo lo sabe). El narrador, con frecuencia, proporciona al lector una visión que los seres humanos normales no tendrían.
3. El narrador es *selectivo* en cuanto a la cantidad y el momento en que comparte la información. Por ejemplo, a veces el narrador oculta información intencionadamente para dejar huecos o añade información con buen criterio para crear presagios o suspenso.

Analicemos brevemente estas características de la narración bíblica y por qué es útil prestarles atención en la lectura.

6. Está claro que el anonimato del narrador no se da en los relatos en primera persona de Esdras y Nehemías, en los que los escritores apelan a sus experiencias y observaciones personales para contar sus historias.

El narrador anónimo

En el mundo de la narrativa bíblica, el anonimato de la persona que cuenta la historia (el narrador) rara vez fascina a los lectores; más bien, con frecuencia pasa desapercibido. Los lectores apenas prestan atención al hecho de que cuando leen narrativa, quien les está contando una historia es un personaje *de* la historia. Sternberg afirma que «el arte verbal de la Biblia, sin precedentes en la historia de la literatura e inigualable desde entonces, opera haciendo pasar su arte por falta de arte».[7] La narración de la historia por un narrador anónimo es una de las razones por las que ciertas secciones de los relatos bíblicos pueden parecer intrascendentes a primera vista. Si se examinan con más detenimiento, el lector descubrirá con frecuencia que el autor utiliza al narrador para obtener una respuesta del público y establecer su autoridad como representante literario de Dios.

Concebir al narrador como un personaje anónimo que relata la historia es una maniobra literaria creativa y productiva. En la narrativa bíblica, el autor escribe en nombre de Dios. En la mayoría de los casos, el autor es reacio a volver a contar la historia en primera persona, aunque el escritor aparezca en el relato. Así, el autor desarrolla un narrador, que rara vez se identifica, para comunicar en nombre del autor, que escribe en nombre de Dios. El narrador hace de embajador del autor, que actúa como portavoz de Dios.[8] A través del narrador, el autor es capaz de expresar opiniones con astucia y conducir al lector a los principios significativos de los relatos. Esta forma de narrar provoca la participación del lector con más eficacia que si el autor expusiera directamente los hechos históricos y recitara detalles imparciales en primera persona. Cuando un narrador anónimo cuenta una historia a los lectores, estos pueden dedicar su atención al propósito divino del relato. Los narradores pueden destacar a los personajes sin desviar la atención hacia ellos mismos como narradores. De este modo, un amplio grupo de lectores posteriores puede leer los mismos textos y discernir cómo los principios de la narración podrían aplicarse a las generaciones futuras.

Como ejemplo de ello, volvamos brevemente al «Libro de Moisés». En el capítulo 3, comentamos que la Torá describe a Moisés como

7. Sternberg, *Poetics of Biblical Narrative*, 53.

8. Ver de nuevo a Sternberg, quien afirma: «El narrador bíblico es un plenipotenciario [es decir, un embajador] del autor, que sostiene los mismos puntos de vista, goza de la misma autoridad, se dirige al mismo público, persigue la misma estrategia, abnegación incluida». Sternberg, *Poetics of Biblical Narrative*, 75.

autor de un «libro» que posteriormente se colocó en el tabernáculo junto al arca del pacto (Deut. 31:9,26). Tomada al pie de la letra, la escena parece indicar que el libro de Moisés, en cierta medida, relaciona algunas de las secciones anteriores de la Torá, especialmente el libro del Deuteronomio. Si este es el caso, la pregunta que queda desde la perspectiva del lector es: ¿Por qué se hace referencia repetidamente a Moisés en tercera persona si la Torá lo identifica como el autor de (al menos) algunas de esas secciones? Sin duda, la identificación del libro con Moisés dotó al texto de autoridad entre su público. Sin embargo, existe una función literaria para abstenerse de identificar explícitamente a Moisés como narrador, a pesar de que en la narración se le describe como la fuente de parte del texto: la representación de Moisés en tercera persona lleva al lector del texto directamente al mensaje permanente de Dios para la comunidad sin la intervención del conocido autor. El mediador de la narración es el narrador anónimo que, en muchos casos, apenas es percibido por el lector.

Podría parecer intrascendente, o incluso inaceptable, *no* presentar a Moisés como narrador de algunas partes de la Torá, ya que se le presenta como portavoz de Dios. Sin embargo, la Torá se presenta a sí misma como de origen divino, no solo como proveniente de Moisés. Moisés es un personaje crucial en la comunicación de la palabra de Dios al pueblo, pero el narrador anónimo acerca al lector un paso más a los orígenes divinos de la narración y amplía su aplicación a una comunidad más amplia después de la época de Moisés. Esto es precisamente lo que reflejan durante el período de Esdras los exiliados de Judea que han regresado a Israel: «Y habitaron los sacerdotes, los levitas, los porteros, los cantores, los del pueblo, los sirvientes del templo y todo Israel, en sus ciudades. Venido el mes séptimo, los hijos de Israel estaban en sus ciudades; y se juntó todo el pueblo como un solo hombre en la plaza que está delante de la puerta de las Aguas, y dijeron a Esdras el escriba que trajese el libro de la ley de Moisés, la cual Jehová había dado a Israel» (Neh. 7:73–8:1).

Observa que este pasaje de Nehemías comunica específicamente que el libro de la ley de Moisés fue ordenado por el Señor a Israel. El libro no se identifica como el informe que Moisés dio a Israel, lo que se habría deducido necesariamente si las narraciones de la Torá fueran contadas exclusivamente por Moisés en primera persona. El pasaje de Nehemías identifica el libro con Moisés, pero el contenido del libro procedía del Señor y, por tanto, era aplicable continuamente a toda la comunidad. El libro de la ley de Moisés seguía siendo relevante cientos de años después de Moisés, al menos en parte, debido al anonimato del narrador en la Torá. En el libro de la ley de Moisés no se trata solo de que Moisés le cuente al pueblo historias de sus antepasados o le dé leyes divinamente ordenadas en el contexto histórico original. Más bien, el anonimato del narrador incluye a Moisés en una historia mucho más grande y amplia, y relata la importancia de los mensajes permanentes de los textos para las generaciones futuras.

Hay muchas otras secciones de la narrativa bíblica en las que los lectores no tienen ni idea de quién está contando realmente la historia que están leyendo (por ej., Jueces, 1 y 2 Samuel, 1 y 2 Reyes). Al leer estos textos, debemos recordar que el autor está utilizando el personaje narrador como herramienta para atraer al lector a la narrativa. Independientemente de que ese narrador deba identificarse o no con el autor histórico, la narración anónima centra al lector en el texto, le hace plantearse preguntas y, finalmente, lo conduce a las lecciones divinamente motivadas por el autor.

El narrador sabelotodo

La expresión «sabelotodo» tiene una connotación bastante negativa, ya que generalmente se refiere a alguien que finge poseer información que en realidad no tiene. Por lo general, los sabelotodos suelen ser molestos, no solo porque son impostores, sino porque insisten en hacer notar a los demás lo mucho que suponen saber. Por el contrario, las personas que en realidad saben mucha más información de la que divulgan suelen ser respetadas por sus proezas intelectuales una vez que se descubre su conocimiento. La naturaleza clandestina de los sabelotodos de buena fe en cualquier disciplina aumenta el aprecio por su conocimiento, ya que estos sabios tienen la capacidad de revelar información antes imprevista.

Los narradores bíblicos son presentados como auténticos sabelotodos, sin ofender. El narrador posee un conocimiento privilegiado que trasciende lo que el lector, o cualquier ser humano, podría tener sin la autorización de Dios. Por ejemplo, el narrador bíblico tiene acceso a información sobre escenas del consejo divino (Gén. 1:26-27; Job 1–2), proporciona relatos detallados de historias que sucedieron muchos años antes de que fueran documentadas (por ej., Gén. 6–9; comp. 1 Crón. 9–10), es un espectador en las interacciones más privadas (por ej., Onán y Tamar en Gén. 6–9; comp. con 1 Crón. 9–10), es un espectador en las interacciones más privadas (por ej., Onán y Tamar en

Gén. 38:9), e incluso conoce los pensamientos de los personajes sin que ellos hablen (Ex. 3:3).[9] Al igual que la característica del anonimato, la omnisciencia del narrador no se declara explícitamente y solo es perceptible leyendo y observando cómo el narrador proporciona a los lectores una visión de las narraciones, al compartir lo que sabe.

La omnisciencia del narrador establece de forma natural la autoridad del autor al conectar el carácter del narrador con una de las características más fundamentales de Dios: Su omnisciencia. Como lectores, nos vemos obligados a creer en el relato de los hechos al darnos cuenta de que el narrador está al tanto de información que solo Dios debería conocer. De este modo, el autor inspirado es capaz de utilizar su conocimiento para influir en cómo debemos pensar, sentir y/o reaccionar ante los acontecimientos narrados en la historia.

Tomemos, por ejemplo, la conocida historia de los malos tratos del rey David a Betsabé, su asesinato de Urías y la reprimenda que recibió del profeta Natán, que se narran magistralmente en 2 Samuel 11–12. Se trata de una historia compleja, en la que el profeta Natán se burló de David. Se trata de una historia compleja que merece un amplio debate.[10] Sin embargo, a modo de ilustración, me gustaría llamar nuestra atención sobre una concisa sección en mitad de la narración, en la que el narrador exhibe su omnisciencia y provoca al lector a la acción.

En 1 Samuel 11, el narrador relata cómo el rey David presiona a Betsabé para que acuda a la residencia real. El rey David mantiene relaciones con Betsabé, asesina al marido de Betsabé, Urías, y conspira con su comandante militar, Joab, para cubrir sus huellas. Justo cuando el rey David piensa que se ha librado literalmente del asesinato (por no mencionar el adulterio, el falso testimonio y la soberbia), el narrador anónimo y omnisciente hace una declaración que sirve de eje sobre el que gira la narración para revelar la gravedad de las acciones del rey David y evocar una reacción por parte de los lectores: «Pero lo que David había hecho era malo a los ojos del Señor» (2 Sam. 11:27b, traducción personal).

En esta breve y poderosa declaración, el narrador habla en nombre de Dios, afirmando conocer la valoración extremadamente negativa de Dios sobre lo que David había hecho. Es evidente que las acciones de David son perversas según la Torá (Ex. 20:14; Lev. 18:20; Deut. 5:18;

9. Algunas de estas ideas están adaptadas de Sternberg, *Poetics of Biblical Narrative*, 12, 83.

10. Volveremos a esta narración y la analizaremos con más detalle en el capítulo 12 de este libro.

22:22), pero el narrador no lo señala específicamente. El narrador se centra en ofrecer al lector la opinión de Dios sobre las acciones del rey David: Dios considera que el comportamiento de David es perverso. El narrador proporciona al lector una visión de la mente divina al expresar la opinión de Dios sobre la situación en cuestión, incluso antes de que al protagonista, el rey David, se le comunique la opinión oficial de Dios sobre el asunto.[11] Por ejemplo, los lectores deberían estar de acuerdo con Dios y pensar que lo que hizo el rey David fue malvado; deberían sentirse terriblemente mal y empatizar con aquellos a los que el rey David maltrató; y deberían reaccionar esperando que llegue el día del juicio final para el rey David.

En un plano más personal, el hecho de que el narrador aluda al día del juicio final del rey David mueve a todos los lectores a considerar si están utilizando su propia autoridad e influencia para abusar de los que ocupan posiciones más débiles en la sociedad. A través de este comentario de medio versículo, se exhorta a los lectores antiguos y contemporáneos a evitar el tipo de inmoralidad que llevó al rey David a su terrible problema y afectó negativamente a muchos otros a su alrededor. El hecho de que el narrador sepa y comunique lo que Dios piensa crea en el lector la obligación de estar de acuerdo con Dios y actuar en consecuencia.

Mantener el anonimato de los narradores bíblicos y presentarlos como omniscientes son ingeniosas maniobras literarias de los autores bíblicos. Una simple narración de los hechos desde la perspectiva de un ser humano común podría hacer que el lector cuestionara la validez de la historia. Además, todos los seres humanos son finitos, lo que significa que los relatos de testigos presenciales solo pueden transmitir relatos naturales de cualquier narración. Al ocultar la identidad del narrador y caracterizarlo como omnisciente, los autores bíblicos enseñan las lecciones de sus composiciones al tiempo que demuestran su autoridad divina.

11. Cuando el narrador proporciona información que los lectores saben que no deberían tener, en ocasiones se preguntan cómo la obtuvo el escritor histórico. Averiguar cómo obtuvieron la información los autores bíblicos es, sin duda, una tarea valiosa. Sin embargo, en la mayoría de los casos, no es eso lo que el autor pretende que nos preguntemos al ofrecernos información privilegiada. Si el autor quisiera que los lectores conocieran esa información, la habría proporcionado. En cambio, en muchos casos, el autor simplemente proporciona información a través del narrador que refuerza la autoridad del autor ya que, desde la perspectiva del lector, la información debe haber venido de Dios. Los autores bíblicos de narrativa provocan con frecuencia que sus lectores se pregunten *por qué* se revela cierta información y no necesariamente *cómo* se obtuvo.

Estas astutas maniobras del autor promueven la naturaleza divina del mensaje de los textos narrativos.[12]

El narrador selectivo

Un lienzo en blanco apoyado en un caballete invita a la profunda contemplación del pintor que se sitúa frente a él. Mientras el artista imagina la obra que va a crear en breve, reflexiona sobre los colores que añadirá al lienzo y la secuencia en que los utilizará para hacer realidad su visión. Cada vez que añade un color determinado al lienzo, mide la cantidad de pintura en su pincel y la aplica de manera que produzca el trazo y el diseño que desea. Cada pincelada es importante, ya que forma parte de una imagen mayor, una expresión más amplia de lo que quiere comunicar. Los artistas suelen terminar sus cuadros con pintura sobrante en la paleta, lo que significa que poseen más material del que necesitaban para realizar su visión. Los pintores utilizan sus recursos de forma selectiva para diseñar una obra que represente lo que querían comunicar a los aficionados al arte.

Principios similares de selectividad se aplican a la forma en que los narradores relatan artísticamente la narración bíblica. El narrador omnisciente tiene información más que suficiente sobre cada historia con la que bombardear al lector. Sin embargo, los narradores se abstienen de sobrecargar sus historias con detalles, lo que sería similar a un artista que pinta con todos los colores de la paleta al mismo tiempo. En su lugar, los narradores eligen selectivamente lo que comparten. Así se crean pinceladas de información que se comunican en el momento justo. Estas pinceladas se combinan con los demás movimientos del pincel para representar el panorama que el autor imaginó. Los autores de las narraciones bíblicas eran artistas que, al igual que los pintores, tenían que discernir el tipo, la cantidad y el momento de los materiales que utilizaban. Incluían y excluían sustancia de sus relatos con el fin de llevar al lector a sus propósitos finales.[13]

Aunque los narradores bíblicos se presentan como omniscientes, no son omnicomunicativos cuando cuentan sus historias. Gran parte de lo

12. Sternberg menciona cómo el anonimato y la omnisciencia trabajan juntos, afirmando que «el anonimato en la cultura antigua valida los poderes sobrenaturales de la narración». Continúa afirmando que «la omnisciencia en la narrativa moderna asiste y señala la ficción, mientras que en la tradición antigua no solo se acomoda, sino que también garantiza la autenticidad». Sternberg, *Poetics of Biblical Narrative*, 33, 34.

13. Adele Berlin afirma: «La narrativa es producto de una representación selectiva. No es necesario presentar cada escena o acontecimiento en su totalidad; algunos pueden resumirse y otros omitirse por completo». Berlin, *Poetics and Interpretation*, 97.

que podrían habernos contado se ha excluido intencionalmente para que puedan narrar historias que no solo tengan sus propias lecciones, sino que también funcionen dentro del ámbito más amplio del argumento bíblico. Las narraciones del Antiguo Testamento reflejan aspectos importantes de la historia de la redención. Los actos de Dios se registran de forma selectiva y creativa en relatos del Antiguo Testamento que dan testimonio de la actividad de Dios en el tiempo y en el espacio, tanto por medio de hechos poderosos como mundanos, con el objetivo de dirigir progresivamente a los lectores hacia la culminación del plan redentor.[14]

La narración de estos relatos está necesariamente condicionada por el tiempo. Cuando contemplamos una obra de arte acabada, no podemos saber cuándo el artista realizó cada pincelada. Pero si leemos sucesivamente los relatos bíblicos, podemos percibir y apreciar cómo el narrador va revelando la información en el momento oportuno para conmover al público, al tiempo que crea una obra maestra del arte. En este sentido, la lectura de la narración puede compararse al famoso programa de televisión de Bob Ross *The Joy of Painting* [La alegría de pintar]. Uno de los atractivos de este programa era que Ross hablaba de sus técnicas de pintura mientras demostraba cómo pintar sobre lienzo ante la cámara. Una de las razones por las que el modesto montaje de Ross y su actitud tranquila fascinaban a los telespectadores era que el programa añadía el elemento del tiempo a la creación de obras de arte. El espectáculo comenzaba con la cámara apuntando a un lienzo en blanco; sin embargo, pincelada tras pincelada, el espectador podía observar cómo se desarrollaba la obra de arte y cómo el artista unía los movimientos individuales. Al final de la exposición, el lienzo contenía una pintura. El tiempo era un componente crucial de la experiencia del espectador y se utilizaba en la exposición para mantener su atención creando expectativas sobre la obra de arte final.

Del mismo modo, los narradores bíblicos no revelan todo el panorama que están creando de una sola vez; de hecho, no pueden hacerlo, ya que la narración tarda en desplegarse, del mismo modo que la obra de Ross tardaba en pintarse. Los narradores se aprovechan del hecho de que las historias se desarrollan gradualmente.[15] El tiempo es

14. John Frame define la historia redentora como «esa serie de acontecimientos por los que Dios redime a las personas del pecado, una narración cumplida por Jesús [...]. La historia redentora constituye los poderosos actos de Dios que realiza por el bien de Su pueblo, aquellos actos por los que la gente llega a saber que Él es el Señor (Ex. 7:5; 14:18)». Frame, *Doctrine of the Word of God*, 79.

15. Esto no significa necesariamente que todas las narraciones bíblicas relaten los acontecimientos en el orden exacto en que sucedieron históricamente. Como afirma Adele Berlin: «es mucho más eficaz dar información al lector cuando es más útil o significativa,

un componente crucial de la experiencia del lector porque los autores revelan información en un continuo temporal, lo que capta la atención del lector, lo mantiene interesado y crea expectativas sobre la obra del artista.[16] El desarrollo gradual de las historias también aumenta el efecto de los recursos retóricos. Por ejemplo, el narrador bíblico podría:

- retener información, creando intencionadamente lagunas en la narración que los lectores se ven obligados a interpretar;
- proporcionar información a cuentagotas, lo cual cree tensión para que los lectores la procesen;
- proporcionar lo que podría parecer un exceso de información para presagiar un acontecimiento futuro; contar una historia desordenada para sorprender e incitar a los lectores a la acción; u
- ofrecer u ocultar información con el fin de introducir ambigüedad en la narración para causar un mayor impacto en los lectores del que habría sido posible si el narrador se hubiera limitado a contar la historia sin rodeos.

Sin duda, hay otras técnicas que los narradores pueden utilizar y otras razones por las que pueden ofrecer o retener información y decidir el momento de su divulgación.[17] Lo que es importante señalar en este momento es que la selectividad es una de las principales formas que tienen los narradores de influir en su público.

El libro de Jonás es un ejemplo de cómo el narrador oculta información para influir en la visión que los lectores tienen de Dios y moverlos a la acción. Al principio de la historia, el narrador informa de las órdenes de Dios a Jonás para que vaya a Nínive y se enfrente con sus habitantes: «Levántate y ve a Nínive, aquella gran ciudad, y pregona contra ella; porque ha subido su maldad delante de mí» (Jon. 1:2). En el versículo siguiente, el narrador relata sorprendentemente la total desobediencia de Jonás a la orden de Dios de ir a Nínive, afirmando:

---

enlazarla con otra información relevante, que presentarla en forma de anuario o crónica». Berlin, *Poetics and Interpretation*, 95-96.

16. Sternberg afirma: «La Biblia explota el hecho de que la literatura es un arte del tiempo, en el que el continuo textual se aprehende en un continuo temporal y las cosas se desarrollan secuencialmente y no simultáneamente». Sternberg, *Poetics of Biblical Narrative*, 198.

17. Esta es simplemente una lista representativa de algunas de las técnicas que emplean los narradores para llevar a los lectores hacia sus puntos principales. Otras técnicas se abordarán en capítulos posteriores, cuando hablemos de narraciones bíblicas concretas.

«Y Jonás se levantó para huir de la presencia de Jehová a Tarsis [...], lejos de la presencia de Jehová» (1:3). Nínive estaba tierra adentro y al noreste de Israel; cualquier barco que partiera de Jope probablemente habría navegado hacia el oeste. Jonás está absolutamente decidido a no hacer lo que Dios le ha ordenado.

Los lectores observan la curiosa reacción de Jonás ante las directrices de Dios y se preguntan: «¿Por qué demonios huiría Jonás de Dios después de oír explícitamente Su mandato?» Esta pregunta se plantea una y otra vez a medida que los lectores avanzan en el capítulo 2 y consideran las terribles circunstancias en las que se encuentra Jonás: en el vientre de un gran pez. Finalmente, en el capítulo 3, Jonás recibe de nuevo la orden de ir a Nínive, pero esta vez obedece. Aun así, cuando Jonás grita a los ninivitas: «De aquí a cuarenta días Nínive será destruida» (Jon. 3:4), los lectores naturalmente se preguntan: «¿Por qué Jonás no hizo esto la primera vez que fue llamado?». Entonces los ninivitas responden favorablemente al mensaje de Jonás, en lo que podría parecer un giro inesperado de la historia. El rey de Nínive también se arrepiente y emite una proclama para que todos se abstengan de comer y beber, se vistan con cilicio y se conviertan de sus malos caminos (3:5-8). Dios ve el arrepentimiento de los ninivitas y renuncia a la destrucción que había amenazado (3:10).

Luego, hay otra sorpresa en la historia: Jonás se resiente por el resultado de su ministerio. El arrepentimiento de los ninivitas debería ser motivo de gran emoción y regocijo para un mensajero del Dios de Israel. Sin embargo, los lectores encuentran a Jonás haciendo berrinches, a pesar de que hubo una respuesta abrumadoramente positiva a su mensaje: «Pero Jonás se apesadumbró en extremo, y se enojó» (Jon. 4:1). Esta representación de Jonás evoca el recuerdo del profeta desobediente del principio del libro y obliga al lector a preguntarse: «¿Cuál es el problema de este tipo?». Es en este momento cuando el autor revela *por fin* información crucial para comprender la ira y el comportamiento rebelde del profeta. El narrador hace gala de su omnisciencia y revela el contenido de una oración privada que Jonás hizo al Señor, en la que se desvela el motivo de su comportamiento: «Y oró a Jehová y dijo: Ahora, oh Jehová, ¿no es esto lo que yo decía estando aún en mi tierra? Por eso me apresuré a huir a Tarsis; porque sabía yo que tú eres Dios clemente y piadoso, tardo en enojarte, y de grande misericordia, y que te arrepientes del mal» (4:2).[18] Jonás estaba profundamente arraigado en la

18. Sobre los narradores omniscientes, Meir Sternberg afirma: «Las revelaciones del narrador nos ponen [a los lectores] en situación de desentrañar sus pensamientos y

antigua tradición israelita, lo que resulta evidente en que su valoración del carácter de Dios es extremadamente similar a las palabras de Moisés en Éxodo 34:6b-7: «¡Jehová! ¡Jehová! fuerte, misericordioso y piadoso; tardo para la ira, y grande en misericordia y verdad; que guarda misericordia a millares, que perdona la iniquidad, la rebelión y el pecado...». Jonás conocía el carácter del Dios de Israel y confiaba en que sería quien Moisés reveló que era, incluso para los malvados habitantes de Nínive, si se arrepentían. Cuando los ninivitas se arrepienten, Jonás se indigna porque sabía que Dios los perdonaría desde el momento en que Dios lo llamó para que fuera allí. Es evidente que a Jonás no le interesa en absoluto que los ninivitas se arrepientan.

Nosotros, como lectores, agradecemos que el narrador nos cuente por fin lo que le ocurre a Jonás, pues explica parte de su comportamiento y aporta claridad a los acontecimientos precedentes. Sin embargo, satisfacer la curiosidad de los lectores no es el único efecto que tiene la divulgación de esta información. Revelar la razón de la desobediencia de Jonás tras el arrepentimiento de los ninivitas enseña uno de los puntos teológicos más profundos del libro: el Dios de Israel, que llamó a Jonás desde la tierra de Israel, no solo es el Dios del relativamente pequeño grupo de personas y de la tierra de Israel, sino también el Dios de los ninivitas, los habitantes de la ciudad que con el tiempo se convirtió en la capital del poderoso Imperio asirio, que conquistó casi la totalidad de la Medialuna fértil (es decir, Mesopotamia, a través del Levante, y hasta Egipto).

Jonás enseña que el único y verdadero Dios de Israel está dispuesto a perdonar a todos los pueblos en la medida en que se vuelvan a Él arrepentidos. Este mensaje no habría quedado tan claro si el motivo de la huida de Jonás se hubiera explicado al principio del libro, ya que el lector no sabe aún si los ninivitas responderán al mensaje de Dios. Al observar la sorprendente respuesta de los ninivitas al Dios de Israel y, posteriormente, ver cómo Jonás se altera, los lectores pueden comprender lo que Jonás sabía desde el principio: el Dios del (pequeño) Israel es el Dios de los mayores imperios y está dispuesto a perdonar a todos, independientemente de su etnia, los que se dirijan a Él.[19]

---

designios secretos, o rastrear o incluso prever sus actos, burlarnos o afligirnos por sus intentos equivocados de ocultación, conspiración, interpretación». Sternberg, *Poetics of Biblical Narrative*, 164.

19. La posición del libro de Jonás en la Biblia hebrea es especialmente importante en relación con el mensaje general de los Doce (es decir, los Profetas Menores). La profecía de Nahum es posterior a la de Jonás en la Biblia hebrea, y Nahum pronuncia un

Los narradores facilitan la aplicación

Cuando los lectores contemporáneos se adentran en la narrativa del Antiguo Testamento, nuestra atención puede desviarse a veces a considerar los acontecimientos históricos que subyacen a la narración y las personas responsables de la redacción de un relato concreto. Se trata de intereses legítimos que tienen su lugar a la hora de explorar el trasfondo de los textos y facilitar la comprensión del mundo que rodea las narraciones del Antiguo Testamento. Sin embargo, algunas de nuestras preocupaciones modernas no eran prioritarias para los narradores. Responder a las posibles preguntas del lector sobre todo lo que sucedió históricamente, quién escribió sobre ello y quién contó la historia no era lo que los narradores consideraban más importante, ya que relataban, en muchos casos, versiones extremadamente abreviadas de sus historias. En la narrativa del Antiguo Testamento, los narradores cuentan versiones estilizadas de los acontecimientos que encajan en la historia redentora. Los lectores dedicados a leer la Biblia en su totalidad son los más capacitados para ver el propósito de la selectividad de los autores del Antiguo Testamento, ya que su lectura considera la totalidad de la historia de la salvación.

Las narraciones bíblicas se comunican en retratos historiográficos que tocan muchos temas y plantean muchos puntos teológicos, pero también dirigen al lector hacia la obra que Dios está realizando para redimir a la humanidad. Al seguir la información que nos proporcionan los narradores, podemos rastrear la mano divina que guía la mano humana y nos enseña las lecciones atemporales que se exponen en el texto. En este sentido, los narradores facilitan la aplicación de las narraciones bíblicas.

A continuación, nos adentraremos en una serie de narraciones del Antiguo Testamento y examinaremos cómo nos hablan hoy. Comenzaremos examinando las secciones legales de la Torá y debatiendo cómo leer las leyes bíblicas como partes esenciales de la historia general.

juicio sobre la ciudad de Nínive. Al leer Nahum, los sucesivos lectores pueden observar que el Dios clemente y misericordioso de Israel también dicta sentencia contra quienes presumen de Su bondad.

SIETE

¿Aprender a amar la *ley*?

Es útil pensar en la Torá como una gran narración, desde la creación del universo hasta la muerte de Moisés en el monte Nebo.

—Seth Postell, Eitan Bar y Erez Soref, *Reading Moses, Seeing Jesus* [Leer a Moisés, ver a Jesús]

El conocido libro infantil israelí *Abba Oseh Bushot* [Mi padre siempre me avergüenza] relata de forma poética y humorística la historia en primera persona de Efraín, un niño pequeño. Efraín cuenta en primera persona cómo su padre lo avergüenza constantemente. Efraín percibe a su padre como un niño que necesita constantemente que el propio Efraín actúe como padre. La inmadurez del padre se relaciona especialmente con su falta de conciencia social; canta en público y muestra afecto a su hijo delante de sus compañeros de clase. Efraín a veces ignora a su padre por vergüenza, simplemente porque no sabe cómo lidiar con el malestar que le produce el comportamiento de su padre. Efraín desearía que su padre se pareciera más a su madre, que trabaja como reportera de noticias, cumple un horario y es más civilizada que su padre.

Un día, hay un concurso de repostería en la escuela de Efraín. La responsable madre de Efraín está demasiado ocupada con su trabajo como para participar en el concurso de repostería, por lo que el joven confía a regañadientes en su padre para hacer un pastel. El padre de Efraín se pasa toda la noche horneando y, por la mañana, elabora un objeto circular marrón poco atractivo que parece más una llanta de coche que algo comestible. Naturalmente, Efraín se avergüenza al ver los exquisitos manjares que han creado las madres de otros alumnos. La humillación de Efraín persiste hasta que el padre corta el pastel y las partes interiores emergen del núcleo como una flor, convirtiendo el simple bloque de masa cocida en la creación culinaria más bella del concurso. No es necesario decirlo, Efraín ya no se avergüenza.

Los cristianos tendemos a ver las secciones legales de la Torá[1] de forma parecida a como Efraín ve a su padre en esta historia; los lectores modernos sentimos afecto por la Torá, pero a veces nos avergonzamos de sus peculiaridades y, por lo tanto, con frecuencia la ignoramos o simplemente no sabemos qué hacer con ella. Del mismo modo que Efraín se considera más maduro que su padre, nosotros podemos considerarnos a nosotros mismos y a las normas de la sociedad contemporánea más maduros que una colección de más de 3000 años de antigüedad. En consecuencia, al igual que Efraín desearía que su padre fuera más sofisticado como su madre, los lectores modernos tienden a considerar las leyes de la Torá como incultas y luchan por desarrollar lecturas que sean aplicables a nuestras sociedades contemporáneas y progresistas.

Completar una lectura aplicable de la Torá[2] es una tarea difícil porque estas leyes comunican valores que avergüenzan y dejan perplejos

1. Es fácil confundirse con la terminología relativa a la «ley». Esta confusión se basa generalmente en cómo cristianos y judíos han utilizado tradicionalmente esta terminología. Como se menciona en el capítulo 4, los judíos suelen llamar «Torá» a los cinco primeros libros de la Biblia, y los cristianos, «Pentateuco». La diferencia en el nombre puede atribuirse al hecho de que la Torá se tradujo al griego a mediados del período del segundo templo y, en consecuencia, pasó a conocerse como los «cinco» (*penta*) «rollos» o «estuches para rollos de papiro» (*teuchos*). A veces, la totalidad de la Torá (también conocida como Pentateuco) se denomina simplemente «ley», ya que consta de grandes secciones de leyes. La definición de la «ley» también se complica un poco por pasajes del Nuevo Testamento como Rom. 3:21, en el que la palabra griega para ley (*nómos*) se utiliza aparentemente para referirse a las leyes individuales de la Torá, así como a todo el libro: «Pero ahora, aparte de la ley (*nómos*), se ha manifestado la justicia de Dios, testificada por la ley y por los profetas». En este libro, me refiero a la totalidad de los cinco primeros libros de la Biblia utilizando los términos «Torá» y «Pentateuco», y a los preceptos individuales que forman parte de esta composición de cinco libros como (en minúscula) «ley(es)» (comp. Gál. 3:17) o «textos legales». Entendida de este modo, la Torá (también conocida como Pentateuco) es la historia unificada de cinco libros que consiste parcialmente en leyes dadas a la comunidad de Israel como parte de esta narración. Más información a continuación.

2. Según la tradición judía, Dios entregó al pueblo de Israel en el Sinaí una Torá oral (también conocida como «Ley oral») separada de la Torá escrita. Esta Torá oral no fue registrada por escrito hasta mucho más tarde, probablemente a principios del siglo II d. C. por el famoso rabino Akiva y formalizada en la Mishná (siglo III d. C.). Esta Torá oral, que suele ser un territorio desconocido para los lectores cristianos de la Torá

a la mayoría de nosotros. Por ejemplo, Dios ordena la pena de muerte para quien trabaje en sábado (Núm. 15:32-36); Dios se muestra preocupado por la muerte de los bueyes (Ex. 21:28-29,32); y Dios permite una ley que ordena al hermano de un muerto tener un hijo con su cuñada (Deut. 25:5-10). La peculiaridad de estas leyes está ligada a nuestra inclinación a considerar los textos legales como anticuados e irrelevantes. Suponemos que los lectores modernos saben *realmente* cómo debe funcionar una sociedad madura, desarrollada y refinada; los lectores modernos saben cómo deben comportarse los ciudadanos cultos. Estas leyes no parecen encajar en ningún paradigma contemporáneo ilustrado.

Entonces, ¿cómo podemos leer estos antiguos textos legales bíblicos de manera que nos permitan considerar cómo se dirigen a un público contemporáneo, teniendo en cuenta las diferencias reconocibles entre las sociedades modernas y las del segundo milenio a. C.?[3] Para responder a esta pregunta, volvamos a Efraín. Al ver el pastel abierto, Efraín se da cuenta de que había estado viendo a su padre en términos de cómo lo hacía sentir, y no en términos de lo que podía aprender de él. Además, Efraín aprende que las apariencias son una forma superficial de juzgar a las personas; su padre tiene verdadero talento, que solo podría observarse permitiendo a su padre expresarse. Al final del libro, Efraín llega a identificarse abiertamente con su padre y reconoce que este, aunque a veces peculiar, es una parte inestimable de su vida.

A medida que pasamos más y más tiempo con las secciones legales de la Torá, podemos llegar a ver belleza allí si estamos dispuestos a dejar que el texto hable por sí mismo. Al igual que Efraín, debemos adoptar una actitud hacia el texto que dé prioridad a escuchar sus enseñanzas, en lugar de centrarnos en las rarezas que podamos sentir debido a nuestra distancia de las leyes que contiene. Al igual que el padre de Efraín (y al

---

escrita, a menudo es denominada simplemente «Torá» por los judíos. Para distinguir las dos «Torás», los judíos se refieren a los libros de la Biblia como la «Torá escrita». Utilizo los términos «ley» y «Torá» para referirme exclusivamente a la Torá escrita y no a la ley oral.

3. Esta pregunta es un poco irónica, ya que los textos legales de la Biblia no son solo literatura antigua para nosotros. Estos textos legales han formado parte de la Escritura de las comunidades judía y cristiana durante miles de años, lo que significa que múltiples comunidades han analizado su relevancia para sí mismas muchos años después de que fueran escritos originalmente. Muchos lectores anteriores a nosotros también pueden haber sentido que estas secciones de la Torá parecían «primitivas» a la luz de los avances contemporáneos en la vida práctica. Así pues, el intento de dar sentido a las leyes bíblicas no es exclusivo de ninguna generación de lectores. Espero que, en lo que sigue, pueda ofrecer un estímulo práctico para que la comunidad cristiana lea las leyes de la Torá de un modo que ponga en evidencia su importancia para nuestra vida actual.

igual que el pastel), las secciones legales de la Torá son hermosas, no por cómo aparecen a primera vista, sino por su rico contenido cuando las leemos detenidamente. Amar la ley (es decir, las secciones legales de la Torá) no es un resultado automático de que el texto sea canónico, igual que amar de verdad a un miembro de la familia no depende de compartir la casa. Más bien, los lectores desarrollan un verdadero afecto e identidad con las leyes bíblicas leyéndolas humilde, sucesiva, completa y deliberadamente.

La vergüenza de la ley: Leer con humildad

Para empezar, es importante ser honestos como lectores cristianos modernos de las leyes bíblicas: algunas leyes pueden parecernos extrañas. Mantener la conciencia de uno mismo en este sentido es fundamental para estudiar estas secciones legales, porque nos ayuda a identificar y luego a trabajar realmente en uno de los principales problemas de la lectura: la expectativa de que el texto debe cumplir las normas de las sociedades contemporáneas, las iglesias y otras comunidades interpretativas. Nos ponemos nerviosos cuando percibimos que el texto bíblico no se ajusta a las normas modernas de conducta o, lo que es aún más grave, no refleja nuestras expectativas sobre quién es Dios y cómo debería comportarse. El distanciamiento del texto por parte de los lectores modernos a veces puede causar tal vacío de conocimiento que nos sentimos avergonzados de que la Biblia sea el texto fundacional de nuestra fe. No podemos comprender cómo Dios pudo permitir, e incluso ordenar, leyes tan «primitivas».

El tipo de autoconciencia que se muestra al admitir la incomodidad que causan algunas leyes bíblicas impide que se desarrolle la arrogancia. La autoconciencia facilita una comprensión adecuada de nuestro lugar en el curso de la interpretación. Admitir que ciertas leyes bíblicas nos resultan extrañas, nos recuerda que no somos responsables de crear un texto cómodo ni de idear un Dios que los hombres modernos aprobarían más fácilmente. Por el contrario, la incomodidad evoca nuestra responsabilidad de evaluar lo que el texto puede haber estado diciendo a la comunidad que lo recibió y cómo ese mensaje corresponde a las situaciones contemporáneas. Recibir del texto —en lugar de imponer expectativas actuales a pasajes difíciles— requiere cierto nivel de humildad; esta humildad nos obliga a resistir la tentación de desanimarnos cuando la extrañeza de las leyes bíblicas *se siente* como una afrenta a nuestras emociones e incluso a nuestro intelecto.

Leer con humildad nos anima a colmar eficazmente algunas lagunas de conocimiento, porque nos lleva a leer sucesiva, completa y deliberadamente. Ralentizar y leer las leyes bíblicas de esta manera alivia la carga que podríamos sentir de tener que proponer apresuradamente soluciones a las vergüenzas que surgen de las leyes o conformar el texto a nuestra imagen y semejanza contemporáneas al encontrarnos con versículos desconcertantes. No tiene sentido leer y analizar las leyes bíblicas a menos que estemos dispuestos a admitir la vanidad de imponer nuestras normas y suposiciones modernas sobre lo que las leyes *deberían* comunicar y cómo las leyes *deberían* representar nuestra percepción de Dios. Se necesita humildad para acercarse a las difíciles leyes de la Torá esperando aprender más de Dios, especialmente si sentimos que debemos corregir estas leyes.

Si damos prioridad al aprendizaje sobre Dios al leer las leyes bíblicas, entonces nos veremos obligados a considerar lo que *realmente* significa ser un receptor moderno de la Torá. Por supuesto, esto puede sonar contradictorio, ya que la mayoría de los cristianos profesan que toda la Biblia es eminentemente relevante para la vida moderna. No leemos la Biblia simplemente para obtener más información; la leemos porque creemos que la Palabra de Dios sigue hablando a nuestras vidas. En consecuencia, muchos de nosotros nos inclinamos a aplicar rápidamente el texto bíblico sustituyéndonos a nosotros mismos como interlocutores de Dios (o de Moisés), en lugar de reconocer que las leyes bíblicas tenían un destinatario principal (es decir, el pueblo de Israel). Sustituir rápidamente la audiencia original por una moderna es una forma casi segura de malinterpretar los textos bíblicos. Al hacer esto, estamos obligados a realizar preguntas que el texto no fue escrito para responder, desarrollando aplicaciones equivocadas para nuestra comunidad. Reconocer y resistir la tentación de incorporar nuestra comunidad cristiana moderna en la Torá como si fuéramos los destinatarios originales es una característica de la lectura humilde.

No obstante, la pregunta sigue en pie: Si debemos abstenernos de incorporarnos en la Torá, ¿cómo debemos estudiar las leyes que contiene? Esta pregunta nos lleva a otro resultado positivo de leer las leyes de la Torá con humildad: leer con humildad nos lleva a comprender los diversos contextos en los que se escribieron las leyes (por ej., histórico, literario, sociológico). Este punto requiere una pequeña explicación.

Al entrar en contacto con las secciones legales de la Torá, nos daremos cuenta rápidamente de que estas secciones se leen como mandatos directos. Dada nuestra tendencia a pasar por alto el hecho de que las narraciones se narran (ver cap. 6) y que las leyes de la Torá se dan en el contexto de una narración (ver más adelante), nos inclinamos a considerar exclusivamente las secciones de la ley como mandatos sancionados divinamente o a pensar que estas secciones se escribieron solo para regular el comportamiento de las personas. Esta manera de leer, que se esfuerza principalmente por comprender la práctica normativa de las antiguas leyes bíblicas, nos lleva naturalmente a cuestionar el comportamiento cristiano moderno en relación con estos mismos temas. Por ejemplo, preguntas como: «¿Deben los cristianos comer solo alimentos bíblicamente *kosher*? o ¿Deben los hombres cristianos llevar borlas?» son resultados de leer las leyes bíblicas centrándose exclusivamente en cómo deben regular el comportamiento de la comunidad de fe.

Sin embargo, este tipo de lectura resta importancia al hecho de que las leyes específicas fueron dadas y luego *escritas* en una variedad de contextos (por ej., literario, histórico, sociológico, religioso). Las leyes de la Torá encajan en estos contextos y, por lo tanto, debemos abstenernos de calibrar la sofisticación de las leyes o sus aplicaciones modernas en relación con las expectativas contemporáneas de cualquier comunidad. Esto significa que, por un lado, no debemos suprimir las leyes porque no respondan a nuestras expectativas. Por otro lado, debemos abstenernos de defender que la aplicación estricta y directa de determinadas leyes bíblicas en el seno de la comunidad de fe moderna fue la principal razón por la que se escribieron. La humildad evita los extremos de hacer caso omiso de las leyes bíblicas o de amplificar excesivamente nuestra importancia en la narración de la Torá. En la medida en que podamos encontrar una posición equilibrada entre estos extremos, seremos lectores humildes que se identifican con orgullo con la totalidad del texto bíblico como Palabra de Dios.

Leyes extrañas: Leer sucesivamente

Leer con humildad es solo el primer paso para que nos identifiquemos con orgullo con todas las leyes de la Torá como nuestra Escritura. Una vez que aceptamos el hecho de que no podemos imponer expectativas a las leyes para sentirnos más cómodos con ellas, estamos preparados para abordar el siguiente tema: *todavía* hay algunas leyes extrañas en la Torá. Leer las leyes bíblicas sucesivamente y dentro de sus contextos facilita la comprensión de sus significados y puede ayudar a aclarar algunas de las cuestiones que nos parecen extrañas.

Como ya se ha dicho, leer las leyes del antiguo Israel y aplicarlas inmediatamente a nuestra vida contemporánea o a una sociedad determinada sin contemplar lo que podrían haber comunicado en sus contextos originales no es una lectura especialmente sabia de los textos. Las leyes no fueron concebidas para ser leídas de esa manera, ya que se incorporan en una narrativa más amplia (ver más adelante). Aunque algunas leyes pudieran trasladarse directamente a una sociedad moderna, otras nunca serían aceptadas por una comunidad contemporánea como parte de ningún sistema moderno de derecho en la forma en que se presentan en la Torá. Esto es especialmente cierto en el caso de las leyes que establecen consecuencias relativamente duras para lo que parecen ser delitos comparativamente menores. Las leyes relacionadas con el sábat entran en esta categoría, ya que, según la Torá, violar el sábat se castigaba con la muerte.

Números 15:32-36 relata una ocasión en la que un hombre violó la ley del sábat recogiendo leña. Posteriormente fue condenado a muerte por su transgresión: «Estando los hijos de Israel en el desierto, hallaron a un hombre que recogía leña en día de reposo. Y los que le hallaron recogiendo leña, lo trajeron a Moisés y a Aarón, y a toda la congregación; y lo pusieron en la cárcel, porque no estaba declarado qué se le había de hacer. Y Jehová dijo a Moisés: Irremisiblemente muera aquel hombre; apedréelo toda la congregación fuera del campamento. Entonces lo sacó la congregación fuera del campamento, y lo apedrearon, y murió, como Jehová mandó a Moisés».

A primera vista, el hecho de que el hombre que quebrantó el sábat fuera castigado con una pena de muerte por mandato divino parece ser la definición del uso excesivo de la fuerza. La prohibición de abstenerse de trabajar un día de la semana puede parecer razonable a algunos lectores modernos, pero esto rara vez prohíbe a la gente realizar actividades que la mayoría consideraría mundanas, como recoger leña. ¿Cómo se supone que los lectores modernos deben entender la ley del sábat que lleva a Dios a ordenar la pena de muerte? El compromiso de leer la Biblia sucesivamente nos ayuda a resolver esta cuestión.

La pena de muerte por recoger leña no se decidió por capricho divino, sino que es el resultado de una serie de leyes y acontecimientos que se registran en los contextos inmediato y más amplio de la Torá. Comencemos por el principio del Antiguo Testamento y leamos sucesivamente varios pasajes que arrojarán luz sobre las consecuencias de violar el sábat. En Génesis 1:2-4, se describe a Dios creando el mundo en seis días. En lugar de terminar convenientemente la semana después del sexto día, Dios añadió otro día en el que descansó (en hebreo: *Shabát* [sábat]; ver Gén. 2:3). Los que han leído hasta este punto del relato de la creación en Génesis saben que no hay necesidad de que el Omnipotente (es decir, «el Todopoderoso») descanse para recuperar Sus fuerzas. Así surge la pregunta: ¿Qué consigue Dios absteniéndose de seguir creando en este séptimo día?

Existen diversas opiniones sobre el propósito y la función del sábado tal y como se describe en el relato de la creación. Como mínimo, parece que el descanso de Dios en el séptimo día sirve de ejemplo a los antiguos lectores; si Dios descansa, ellos también deberían hacerlo. Además, el día de reposo era especial porque, junto con el descanso, se describe explícitamente a Dios bendiciendo y apartando el sábado de todos los demás días de la semana. El hecho de que Dios bendijera explícitamente el sábado al término de Su actividad creadora lo convierte en uno de los momentos culminantes del relato de la creación. El lector sale del relato de la creación sabiendo que el sábado es importante, pero sin saber por qué Dios ha designado expresamente un día enteramente para el descanso.

El propósito del sábado se aclara cuando el pueblo de Israel recibe los Diez Mandamientos en el Sinaí. En esta narración, Dios invoca explícitamente el orden de la creación como la razón por la que llamaba a Su comunidad a descansar un día: «mas el séptimo día es reposo para Jehová tu Dios [...]. Porque en seis días hizo Jehová los cielos y la tierra, el mar, y todas las cosas que en ellos hay, y reposó en el séptimo día; por tanto, Jehová bendijo el día de reposo y lo santificó» (Ex. 20:10-11).[4] Al llegar a este pasaje, el lector se entera de una información que no aparece en Génesis. Dios no creó un día de descanso porque estuviera cansado y esperara que los humanos estuvieran cansados. En lugar de ello, Dios estableció un modelo fundamental en el relato de la creación que incluía un día de descanso, y ordenó a Su pueblo que imitara este modelo como forma de representarle.

Dios quería que el pueblo fuera como Él. Quería que su actividad reflejara la suya. El hecho de que Dios llamara al pueblo de Israel a

4. El mandamiento del sábat de Deut. 5:13-14 se amplía para incluir otra razón: se prohíbe al pueblo trabajar en sábado porque habían sido esclavos en Egipto. Dios liberó al pueblo de Israel de una vida de servidumbre constante, y deben recordarlo tomándose un día a la semana para descansar de su trabajo.

representarlo de alguna manera a través de la observancia del sábado es un elemento importante de las leyes del sábat, y coincide con las expectativas de Dios sobre Israel en otras partes de la Biblia. Israel estaba llamado a ser santo como su Dios era santo, y la observancia del sábado estaba inextricablemente ligada a este llamamiento (Lev. 11:44; 19:2-3; ver también 1 Ped. 1:14-16). Israel debía identificarse con el único Dios verdadero y representarlo mediante el cumplimiento de Sus estatutos (Lev. 18:1-5,24-25), en particular los que, como las leyes del sábado, describen expresamente el carácter incomparable del Dios Creador. De este modo, Israel podía beneficiarse del plan perfecto de Dios para ellos establecido en la creación, así como servir de testimonio de Dios a las naciones politeístas de su entorno.[5]

Ser designados representantes del único Dios verdadero entre los demás dioses del Cercano Oriente antiguo no era poca cosa. Por ello, las leyes como las que regían el sábado, que eran específicas para representar el orden de Dios, eran algo muy importante, aunque los lectores contemporáneos quizás no las percibieran intuitivamente como tales.[6] Una violación intencionada de esto acarreaba graves consecuencias para quienes habían sido especialmente apartados por Dios para Sus propósitos (Ex. 31:13). Este severo juicio por violar el sábado es precisamente lo que observamos al seguir leyendo las secciones legales de Éxodo:

> Seis días se trabajará, mas el día séptimo es día de reposo consagrado a Jehová; cualquiera que trabaje en el día de reposo, ciertamente morirá. (31:15)

> Seis días se trabajará, mas el día séptimo os será santo, día de reposo para Jehová; cualquiera que en él hiciere trabajo alguno, morirá. (35:2)

5. Isaías afirma posteriormente que Israel será una «luz de las naciones» (Isa. 42:6; comp. 60:3). Esta terminología posterior representa lo que el pueblo debía ser desde el principio de su existencia como pueblo del pacto de Dios. Ver el análisis de la frase en el capítulo 19.

6. Es posible argumentar que la ley nunca estuvo destinada a ser cumplida por nadie excepto por el pueblo de Israel en el sentido normativo. Fue dada a Israel para Israel con un propósito único: apartar a Israel como pueblo de Dios, hacer de Israel una luz para las naciones. Postell, Bar y Soref aclaran brevemente que, aunque la Palabra de Dios es eterna, las leyes de la Torá no pretendían ser la norma definitiva para ninguna comunidad para siempre. «Estas leyes no son el ideal divino permanente para todos los pueblos en todas partes y en todo momento. Son específicas para un pueblo con su necesidad específica en esa época antigua». Postell, Bar y Soref, *Reading Moses, Seeing Jesús*, 101.

La lectura sucesiva nos permite considerar pasajes sobre el mismo tema de la sección que nos ocupa y tener en cuenta el contexto del pasaje. Números 15:12-16 debe entenderse a la luz de los versículos que le preceden. En este contexto, Dios dice a través de Moisés: «Mas la persona que hiciere algo con soberbia, así el natural como el extranjero, ultraja a Jehová; esa persona será cortada de en medio de su pueblo. Por cuanto tuvo en poco la palabra de Jehová, y menospreció su mandamiento, enteramente será cortada esa persona; su iniquidad caerá sobre ella» (15:30-31).

Estos versículos proporcionan una situación clara en la que uno de los miembros del pueblo de Israel sufriría consecuencias extremas (es decir, sería cortado) al cometer intencionadamente un acto de transgresión al desobedecer voluntariamente la Palabra del Señor. Las duras consecuencias incluidas en estos versículos coinciden con el contexto que rodea los mandamientos relacionados con el sábado (ver Ex. 31:15; 35:2 anteriormente). La declaración de Números 15:30-31 proporciona el contexto para la narración del castigo del infractor del sábado. Lo que a primera vista podría parecernos un pequeño pecado debe entenderse como una afrenta intencionada y directa al orden de la creación de Dios y un rechazo del propósito divino para el pueblo de Israel. El texto afirma explícitamente que una persona que desprecia la Palabra del Señor le falta totalmente al respeto a Dios y ya no puede permanecer en el campamento. La lectura sucesiva ayuda al lector a comprender que las leyes del sábado quizás no eran tan extrañas, ni tan indiscriminadas, como podían parecer en un principio.

Los bueyes y la imagen de Dios: Leer completamente

La lectura humilde y sucesiva facilita una mejor comprensión de las leyes bíblicas porque nos anima a seguir leyendo —especialmente después de encontrar un texto difícil— sin imponer a la Escritura nuestras expectativas actuales. Al continuar leyendo con una disposición abierta a la instrucción, encontramos información relevante y útil sobre las leyes bíblicas que las hace más comprensibles para nosotros como lectores modernos. Además, las leyes bíblicas no fueron dadas en el vacío, por lo que es importante considerarlas en todo su contexto. Al leer la totalidad de la Escritura, descubriremos que incluso algunas de las leyes más peculiares comunican más teológicamente en su contexto bíblico de lo que inicialmente parece.

Tomemos, por ejemplo, las leyes bíblicas contra las cornadas, esbozadas en Éxodo 21:28-32. Es seguro decir que estas leyes son mucho menos convencionales para nuestras comunidades modernas de lo que eran para los antiguos pueblos del Cercano Oriente, incluido Israel. La Torá registra que Dios proporciona al pueblo de Israel normas específicas relativas a la conducta de sus bueyes y las consecuencias de que sus animales hirieran a seres humanos. Muchas comunidades contemporáneas simplemente *no pueden* incorporarse a esta historia como interlocutores; los bueyes domésticos que cornean a las personas no son un problema para muchos de nosotros. Sin embargo, leyes mesopotámicas similares permiten comprender mejor los preceptos bíblicos y observar varios matices importantes del antiguo pensamiento israelita. Una breve sección de las antiguas leyes de Hammurabi (siglo XVIII a. C.) relativa a los bueyes sirve de contexto a las leyes bíblicas.

Éxodo 21:28-29,32	**Leyes de Hammurabi, 250-52**
28 Si un buey acorneare a hombre o a mujer, y a causa de ello muriere, el buey será apedreado, y no será comida su carne; mas el dueño del buey será absuelto.	250 Si un buey mata de una cornada a un hombre mientras pasa por la calle, ese caso no tiene base para una demanda.
29 Pero si el buey fuere acorneador desde tiempo atrás, y a su dueño se le hubiere notificado, y no lo hubiere guardado, y matare a hombre o mujer, el buey será apedreado, y también morirá su dueño.	251 Si el buey de un hombre es un conocido degollador, y las autoridades del barrio de su ciudad le notifican que es un conocido degollador, pero él no le despunta los cuernos ni controla a su buey, y ese buey mata de una cornada a un miembro de la clase *awīlu* (privilegiada), él (el dueño) deberá dar treinta siclos de plata.
32 Si el buey acorneare a un siervo o a una sierva, pagará su dueño treinta siclos de plata, y el buey será apedreado.	252 Si es el esclavo de un hombre (que es corneado mortalmente), dará veinte siclos de plata.

Nota: Las citas de las leyes de Hammurabi están adaptadas de Roth, *Law Collections*, 128.

Las leyes de Éxodo 21 son bastante sencillas, pero algunos lectores modernos podrían no entender intuitivamente las implicaciones de estas leyes para nuestras comunidades actuales. Como podemos ver al leer las leyes bíblicas junto a las leyes de Hammurabi, la comunicación verbal de Dios llegó al pueblo de Israel en un lenguaje que habría sido comprensible y aplicable para ellos. Por extraño que pueda sonar para algunos de nosotros, el hecho de que los bueyes acorneasen a las personas era evidentemente un problema que surgía en el antiguo Cercano

Oriente. Por lo tanto, los propietarios de bueyes debían rendir cuentas por el comportamiento de sus animales e indemnizar a las víctimas por su conducta viciosa, especialmente si era previsible que se produjera un ataque. La rendición de cuentas consistía en la ejecución del animal —y potencialmente de su dueño— en las leyes bíblicas, y una sanción económica en las leyes de Hammurabi.

Estas diferencias entre las consecuencias para los bueyes y su dueño descritas en los dos conjuntos de leyes alertan al lector sobre un aspecto extremadamente importante de las leyes bíblicas sobre los bueyes. Una diferencia importante entre las dos leyes se refiere al hecho de que en las leyes de Hammurabi se permitía una compensación monetaria por la muerte de un ser humano, pero en las leyes bíblicas el animal responsable de la cornada debía ser condenado a muerte. Según la Torá, la muerte del animal era la única pena apropiada por quitar la vida a un ser humano. Si se sabía que el animal había tenido tendencias violentas en el pasado, la ley bíblica es aún más extrema: Éxodo 21:29 declara la pena de muerte para el dueño del animal como consecuencia de las acciones de la bestia.

Esto plantea la pregunta: ¿Por qué las antiguas leyes israelitas exigían la muerte del culpable en lugar de permitir que el dueño del animal resarciera económicamente la muerte causada por sus bueyes, como en el caso de las leyes de Hammurabi? Pareciera que ley bíblica relativa a los bueyes tratara de ilustrar una enseñanza más profunda, exclusiva de los valores de Israel: los seres humanos fueron creados a imagen de Dios y, por tanto, matar sin sentido a un ser humano es un atentado contra la imagen divina que se castigaría con las consecuencias más severas (Gén. 1:26-27; 9:6). La Torá desarrolla este ideal subrayando el significado de la sangre desde la perspectiva divina: la sangre humana es considerada preciosa para Dios porque representa la vida. Dios es el responsable de la vida, por lo que los seres humanos tienen prohibido comer sangre (Lev. 3:17; 7:26; 17:10-14; 1 Sam. 14:32-35). Greenstein resume afirmando: «Puesto que la sangre, que simboliza la vida, es el elemento de Dios, y el ser humano es un clon mortal de Dios, la Torá impone la mayor pena al derramamiento de sangre humana [...]. Mientras que los códigos mesopotámicos, supuestamente más "avanzados", permiten compensaciones monetarias, la Torá no puede poner precio a la vida o a una extremidad».[7]

7. Greenstein, *Biblical Law*, 92.

Entendiendo de este modo las divergencias entre las leyes bíblicas y las mesopotámicas, vemos que las leyes bíblicas sobre la cornada de buey no tratan tanto de la restitución. Más bien, reflejan una imagen teológica mucho más importante que se extiende por toda la Biblia en relación con la santidad de las vidas humanas, ya que los seres humanos están hechos a imagen de Dios (Gén. 5:1-2; Sant. 3:9). En relación con esto, la Escritura considera sistemáticamente que quitar una vida humana es algo muy serio, porque todos los seres humanos son portadores de la imagen divina (Ex. 20:13; Deut. 5:17; Mat. 5:21; 19:18; Luc. 18:20; Rom. 13:9; Sant. 2:11; 1 Jn. 3:15). La lectura completa de la Biblia nos ayuda a comprender la aplicación inmediata de las leyes de los bueyes a las comunidades actuales: los seres humanos están hechos a imagen de Dios y, por tanto, la pérdida de la vida es una tragedia absoluta, sobre todo si puede evitarse.

Leer la ley como narrativa: Leer deliberadamente

Leer las leyes bíblicas en el contexto de toda la Biblia facilita a los lectores la comprensión de cómo ciertos preceptos encajan en un motivo teológico más amplio que recorre toda la Biblia. Sin embargo, incluso al leer las leyes de la Torá con humildad, sucesivamente y en su totalidad, los lectores podrían seguir preguntándose: ¿Cómo podemos tomar cada una de las palabras de las leyes bíblicas como la palabra misma de Dios y como aplicables, en última instancia, a nuestras comunidades creyentes contemporáneas, a pesar de las distancias que inevitablemente impiden una comprensión completa de todos los matices de cada una de las leyes? Intuitivamente, tendemos a reconocer que, por muy importantes que fueran todas y cada una de las leyes de la Torá en su contexto histórico, puede ser que hubiera principios más profundos en juego a la hora de dar las leyes individuales. Entonces, ¿cómo leemos las secciones legales de la Torá de forma que nos permitan aprender de ellas sin esforzarnos insensatamente por mantener «a raya a nuestros animales»?

La respuesta a estas preguntas es la misma: leemos deliberadamente. Cuando nos detenemos y hacemos preguntas al texto, nos damos cuenta de que la Torá en su conjunto, así como las leyes bíblicas que contiene, se presentan en última instancia al lector como una narración en dos sentidos: (1) la totalidad de la Torá funciona como una historia extendida que abarca desde la creación hasta el umbral de la conquista de Canaán, y (2) muchas de las leyes individuales están escritas en realidad como narraciones incluidas dentro del contexto literario de la Torá.[8] Consideremos la ley como narración en estos dos sentidos sucesivamente.

Narrativa en dos tiempos

La Torá consiste en una serie de relatos interconectados que describen la actividad creadora del Dios de Israel, el surgimiento del pueblo de Israel y su consagración como pueblo del pacto de Dios. En los cinco primeros libros de la Biblia están representados diversos tipos de literatura (por ej., la música poética en Ex. 15:1-18, 21). Sin embargo, dada la interrelación de los relatos históricos, la aparición de motivos similares, el desarrollo de los personajes y los objetivos generales compartidos por cada una de las unidades textuales, puede decirse que la Torá en su conjunto es una narración. La Torá (es decir, toda la narración continua) incluye una sección en la que el pueblo de Israel recibe leyes específicas relativas a multitud de cuestiones (por ej.: el tabernáculo, los días sagrados, los sacrificios, la pureza y la impureza, etc.). A Israel se le ordenó obedecer estas leyes con el propósito de ser apartado como la comunidad que representaría a su Dios entre los demás pueblos de su tiempo y su región. Todas estas leyes individuales formaban parte de una historia más amplia que abarcaba toda la Torá y, en última instancia, toda la Biblia.

Ver la Torá como una narración, y las leyes individuales como parte de la historia general, es crucial en términos de la aplicación de la totalidad de la Torá a los lectores modernos. Una aplicación adecuada de las leyes individuales para los cristianos de hoy se basa en comprender cómo diferenciaban al pueblo de Israel en sus contextos religiosos, sociales e históricos. Nosotros, como lectores contemporáneos, debemos preguntarnos deliberadamente cómo el corazón de una ley dada al antiguo Israel puede llevarse a cabo en nuestro contexto.[9] Esto solo es posible en la medida en que podamos salvar adecuadamente algunas de las distancias entre las audiencias originales y nosotros. A pesar de nuestras lagunas de conocimiento, esta forma de leer facilita la apreciación de cada una de las palabras de cada una de las leyes como Escritura dada

8. Ver Bartor, *Reading Law as Narrative*, 18, para el concepto de relato incluido. Una historia incrustada es una historia contada por los propios personajes, que lleva la narración a un nivel más profundo que la «historia marco» que vuelve a contar el narrador.

9. Esta forma de leer las leyes bíblicas como narración es especialmente útil cuando consideramos las «leyes apodícticas», mediante las cuales los preceptos se describen como ordenados explícitamente por Dios.

por Dios, ya que toma todas las palabras de la ley como componentes indispensables de la historia de la Torá.

La ley es literatura

Otra forma de leer la ley como narrativa surge cuando nos detenemos y prestamos atención a cómo se cuenta la Torá. Hay breves secciones de texto dentro de la Torá que a primera vista parecen simplemente leyes, pero que en realidad son narraciones en las que el autor utiliza un narrador y, aunque brevemente, desarrolla personajes. Estas leyes funcionan, en esencia, como narraciones dentro de narraciones, y debemos leerlas como tales. Las leyes de la Torá, leídas como narraciones, comunican algo más que la normalización de las prácticas en el antiguo Israel. Muchas leyes bíblicas se retratan para que los lectores puedan percibir cómo los autores crean escenarios para llevar a cabo propósitos teológicos.[10] En este sentido, hay un buen solapamiento entre cómo se narran las narraciones tradicionales y cómo se presentan ciertas secciones de la ley bíblica.

Antes de continuar, deberíamos dejar de lado un par de posibles ideas erróneas. En primer lugar, es erróneo extraer las secciones legales de la narrativa general de la Torá y etiquetarlas como la «ley», independientemente de dónde se encuentren. Sin duda, las secciones legales resuenan de forma diferente a la narrativa a lo largo de la lectura, ya que suelen consistir en instrucciones concisas que comunican principalmente el comportamiento que se espera de la comunidad de Israel. Sin embargo, las leyes bíblicas se dieron en un marco narrativo y no pueden entenderse adecuadamente sin sus contextos literarios. Dicho sin rodeos, no hay ningún «género legal» en la Torá que pueda analizarse al margen de la narración más amplia en la que se incluye. Por lo tanto, crear una dicotomía completa entre los géneros jurídico y narrativo de la Torá es una distinción literaria inexacta, como si fuera posible separar las leyes y convertirlas en un tipo de literatura propio.

Además, es importante reconocer que, puesto que las leyes bíblicas se comunicaron por escrito como parte de una narración más amplia, los autores que las redactaron utilizaron los mismos recursos estéticos que emplearon en otros escritos. No hay razón para esperar que las secciones

10. Esta manera de leer las leyes bíblicas como narración es especialmente útil en los casos de «leyes casuísticas» en las que los estatutos se establecen por casos y hay un elemento condicional en la ley (también conocido como «jurisprudencia»). Más información a continuación.

legales de la Torá carezcan por completo de las herramientas literarias que los autores emplearon en otras partes de la Biblia. Las secciones legales de la Torá también se escribieron con la intención de captar la atención de los lectores y moverlos a la acción adecuada. Podemos leer la totalidad de la Torá como literatura bíblica relevante al reconocer que las leyes bíblicas no pueden extraerse de las narraciones en las que se cuentan, y que las secciones legales de la Torá también emplean los recursos estéticos que aparecen en otras partes de la literatura bíblica. Leídas de este modo, las leyes ya no forman vergonzosas secciones anticuadas de la Torá que interrumpen las historias de las matriarcas y los patriarcas de Israel. Por el contrario, somos capaces de ver cómo son fundamentales para la historia de Dios que se narra en la Torá.

Las leyes bíblicas no solo se dan en el contexto de una historia, sino que muchas de ellas (sobre todo las casuísticas) se presentan como historias en sí mismas. Assnat Bartor define útilmente la ley casuística como «el tipo de ley que describe un caso hipotético, en el que se detalla un determinado problema y al que la ley proporciona una solución».[11] Cuando las leyes casuísticas se presentan en la Torá, acaban funcionando como historias en miniatura, en contraste con las leyes apodícticas (mandatos divinos), que invitan mucho menos a una lectura narrativa.[12]

Leer las leyes casuísticas como minirrelatos es útil para los lectores modernos, ya que algunos de esos casos son especialmente extraños a la luz de las convenciones modernas. Tomemos, por ejemplo, la aparentemente extraña situación relacionada con lo que se conoce como «levirato»:

> Cuando hermanos habitaren juntos, y muriere alguno de ellos, y no tuviere hijo, la mujer del muerto no se casará fuera con hombre extraño; su cuñado se llegará a ella, y la tomará por su mujer, y hará con ella parentesco. Y el primogénito que ella diere a luz sucederá en el nombre de su hermano

11. Bartor, *Reading Law as Narrative*, 6.

12. Sea como fuere, las leyes apodícticas siguen formando parte de la narrativa más amplia de la Torá, así como de toda la Biblia, y también deben entenderse como pequeñas secciones de una historia más amplia. Assnat Bartor señala útilmente que las «leyes desempeñan un papel en el avance de la historia principal, ya que constituyen una condición necesaria para la realización del plan divino. Las propias leyes, incluso si ignoramos su contenido, motivan la trama de la historia, ya que la supervivencia continuada de la nación depende de su recepción y observancia [...]. El lector de la narración bíblica escudriña cómo la aceptación y la (no) observancia de las leyes afectan el destino de los hijos de Israel». Bartor, *Reading Law as Narrative*, 20.

> muerto, para que el nombre de este no sea borrado de Israel. Y si el hombre no quisiere tomar a su cuñada, irá entonces su cuñada a la puerta, a los ancianos, y dirá: Mi cuñado no quiere suscitar nombre en Israel a su hermano; no quiere emparentar conmigo. Entonces los ancianos de aquella ciudad lo harán venir, y hablarán con él; y si él se levantare y dijere: No quiero tomarla, se acercará entonces su cuñada a él delante de los ancianos, y le quitará el calzado del pie, y le escupirá en el rostro, y hablará y dirá: Así será hecho al varón que no quiere edificar la casa de su hermano. Y se le dará este nombre en Israel: La casa del descalzado. (Deut. 25:5-10)

Los lectores observan el hecho de que se trata de una solución bastante dilatada para una cuestión que podría haberse resuelto con un mandato divino conciso con consecuencias para quienes lo incumplan. Algo como «Si un hermano muere sin hijos, entonces el hermano del muerto debe tener un hijo con la mujer del muerto o su cara recibirá escupitajos» habría funcionado perfectamente bien para disuadir a los hombres de incumplir esta ley. Siendo así, ¿por qué se presenta un escenario ejemplar con un diálogo cuando todo lo que se necesita es la solución legal? Bartor da una razón: «Lo único que falta [solo con la solución legal] es la actitud de las partes ante su nueva posición, ante la difícil situación que se ha producido tras la muerte del marido o del hermano, y ante los demás. Esta actitud solo puede encontrarse en su discurso».[13] En otras palabras, el caso hipotético se presenta para que el narrador demuestre los posibles sentimientos de unas personas hacia otras que se encuentran en esta situación. El modo en que se regula la costumbre del levirato en Deuteronomio 25:5-10 sirve al propósito general del narrador de tratar de captar las emociones del lector para moverle a la acción.

El narrador actúa de la siguiente manera: el narrador indica que el hombre no quiere criar hijos para su hermano. A continuación, da voz a la mujer hipotéticamente agraviada para demostrar cómo una mujer en ese escenario podría percibir las acciones de un hombre que no quiere cumplir con el deber del hermano del marido. El hombre tiene entonces la oportunidad de cambiar su comportamiento pero, en lugar de ello, se reafirma en su falta de deseo de tomar a la mujer. La mujer condena sus acciones, solo después de tomar la sandalia y escupirle a la cara. Entonces declara: «Esto es lo que se le hace al hombre que no continua la línea familiar de su hermano». El narrador concluye esta sección afirmando que toda la comunidad llamará al infractor con un desagradable y largo apodo: «La casa del descalzado».

13. Bartor, *Reading Law as Narrative*, 107.

Al dar a conocer las actitudes y emociones de los personajes, el narrador retrata vívidamente una situación en la que a una mujer que no tiene familia se le niega intencionadamente la reivindicación que podría tener dentro de su comunidad. Observa que la antigua ley israelita concede a la mujer en este escenario la licencia de solicitar que su cuñado le proporcione un descendiente para su hermano fallecido.[14] En esta situación, el hombre implicado sigue manteniendo la prerrogativa de rechazar la participación en la práctica de la comunidad. No obstante, al dar a conocer los sentimientos de los personajes en tal situación, el narrador ilustra dos puntos importantes. En primer lugar, en el antiguo Israel, no se culpaba ni se avergonzaba a la mujer por no tener hijos. Por el contrario, la humillación recaía sobre su cuñado, que se negaba a participar en la práctica de la comunidad a costa de la mujer. En segundo lugar, era completamente detestable que un hombre dejara voluntariamente a esta mujer en una situación tan precaria, sin marido, sin hijos y tal vez sin poder ser dada en matrimonio de nuevo por su familia, puesto que ya había estado casada. El comportamiento del hombre que provoca esta situación es percibido como reprobable por la mujer, pero también es visto con extrema desaprobación por los ancianos, por todos los demás miembros de su comunidad, por el narrador y, finalmente, por Dios.

El levirato *aún* puede seguir pareciendo extraño a nuestros sentidos modernos, incluso después de este breve análisis. Sin embargo, la lectura de esta ley como una mininarración proporciona al autor el espacio para ilustrar principios que son sumamente aplicables a todas las personas, en todas partes y en todo momento. En esta situación, describe a una mujer a la que una persona de su comunidad, que debería preocuparse por su bienestar, deja intencionalmente de lado. Visto así, se elimina parte de la rareza que depende del contexto cultural de la ley, y este texto puede considerarse entonces como una mininarración sobre la justicia y la importancia de cuidar a los desposeídos de la familia. La relevancia de estas lecciones trasciende el tiempo, el espacio, las culturas y los grupos humanos individuales.

14. El hecho de que la mujer tenga derecho a exigir esto a la familia de su difunto marido diferencia la iteración bíblica del levirato de otras leyes comparables del antiguo Cercano Oriente. Otras leyes del antiguo Cercano Oriente describen a la mujer como pasiva, y la responsabilidad de criar a los hijos del difunto recae sobre la familia de este.

Abrazando la Torá

Al final de *Mi padre siempre me avergüenza*, la actitud de Efraín hacia su padre cambia. La escena en la que el interior del pastel muestra su belleza ilustra cómo Efraín debe ver a su padre; es decir, si Efraín solo se hubiera centrado en la apariencia de su padre, nunca habría podido darse cuenta de la belleza de quien era realmente su padre y del beneficio de aprender de él. Al observar la aptitud culinaria de su padre, Efraín no solo aprendió a apreciar la creatividad de su padre, sino que también dejó de desear que su padre se convirtiera en otra persona para que Efraín se sintiera mejor consigo mismo. Efraín vio por fin quién era realmente su padre, y dejó de avergonzarse; de hecho, Efraín se sintió orgulloso de su relación con él y empezó a desear identificarse con él.

Sentirse incómodo al leer algunas de las leyes de la Torá es completamente natural, dadas nuestras distancias con el texto. Sin embargo, si imponemos nuestras expectativas modernas a la ley bíblica (y a Dios), deseando que fuera algo que no es, inevitablemente nos sentiremos avergonzados. Esta vergüenza proviene del mismo problema que tenía Efraín, a saber, el problema de imponer expectativas que no se pueden cumplir a algo de lo que se supone que debemos aprender y que se supone que debemos aceptar. Se necesita humildad para evaluar honestamente la disposición de uno hacia las leyes bíblicas y para cambiar esa disposición si encontramos margen de mejora. En el caso de las leyes bíblicas, nos conviene leerlas con ojos que se centren en su disposición literaria intencionada y sus enseñanzas únicas en sus contextos, en lugar de considerarlas una afrenta a nuestras sensibilidades modernas. Del mismo modo que Efraín acabó por cambiar su forma de ver a su padre, dándose cuenta de su brillantez artística y descubriendo la necesidad de aprender de él, nosotros podemos optar por leer todas las leyes como Escritura de inspiración divina. Podemos decidir apreciarlas como partes integrantes hábilmente compiladas para formar la narrativa más amplia de Israel, de la que podemos aprender cómo Dios ha tendido la mano a la humanidad. Una vez que empecemos a ver las leyes de la Torá con los lentes adecuados, aprenderemos a amarlas todas, igual que Efraín aprendió a abrazar todo lo que era su padre.

OCHO

Semillas del recuerdo

> El control del pasado depende, sobre todo, del entrenamiento de la memoria.
>
> —Emmanuel Goldstein, en *1984* de George Orwell

Uno de los componentes más brillantes de la clásica novela distópica de George Orwell, *1984*, es el artificio del lenguaje *Newspeak* [neolengua]. La neolengua es una ingeniosa creación del Partido, aunque atroz para sus ciudadanos, ya que proporciona una terminología que solo relaciona el dogma ortodoxo del Partido. De este modo, el Partido es capaz de controlar los pensamientos de la gente regulando su lenguaje. El «doble pensamiento» es un término de la neolengua que se refiere a la capacidad de aceptar a sabiendas información contradictoria y, al mismo tiempo, ignorar inconscientemente el hecho de que los datos contradictorios deberían llevar al reconocimiento de la falsedad. El lenguaje utilizado por el Partido y adoptado por las masas conduce inevitablemente al doble pensamiento como forma en que la gente está dispuesta a aceptar todas y cada una de las afirmaciones del Partido, sean coherentes o no.

El doble pensamiento de las masas es la principal forma que tiene el Partido de reescribir el pasado y, en última instancia, controlar la memoria de los habitantes de Oceanía, la patria del protagonista de *1984*, Winston Smith. Al Partido le preocupa especialmente manipular la narración histórica como forma de demostrar que siempre ha tomado las decisiones correctas y ha previsto perfectamente el futuro. El Partido irradia un aura de perfección, cuando, en realidad, el objetivo primordial es coaccionar al pueblo y hacer realidad uno de los principales lemas del Partido: «Quien controla el pasado controla el futuro; quien controla el presente controla el pasado».

La tentación del doble pensamiento

A diferencia del Partido en *1984*, el Dios de Israel no es partidario del doble pensamiento. Dios es todopoderoso y, sin embargo, no afirma Su autoridad mediante la coacción o la manipulación de la narrativa del pasado. El hecho de que el pueblo de Israel no fuera coaccionado para obedecer a Dios es inherente a las leyes que Dios dio a Israel, ya que Israel tenía las opciones genuinas de obedecer o desobedecer los mandatos de Dios (Deut. 28:1,15). Además, la relación de Israel con Dios estaba fundamentalmente arraigada en las verdades del pasado y, por tanto, un recuerdo preciso de la historia era clave para la relación entre Dios y el pueblo. Por ejemplo, en el relato del Sinaí se alude a la Pascua y al éxodo cuando Dios santifica al pueblo de Israel y le da Su Palabra: «Yo soy Jehová tu Dios, que te saqué de la tierra de Egipto, de casa de servidumbre» (Ex. 20:2). Reconocer el carácter de Dios y obedecerlo basándose en realidades pasadas era importante para el antiguo Israel.

La actividad de Dios en el pasado de Israel también demostraba quién sería Dios para ellos en el futuro. El pueblo de Israel debía confiar en que el carácter de Dios sería coherente con Su naturaleza, que se había exhibido, por ejemplo, a través de los principales acontecimientos como la Pascua y el éxodo. La relación cotidiana y permanente de Israel con Dios, y su esperanza futura en Él, se basaban en la realidad de lo que Él había sido antes para ellos. Por estas razones, el pueblo de Israel no tenía libertad para reescribir su pasado. De hecho, fue recordando activamente su pasado como pudieron recordar quién era su Dios, quién seguía siendo y quién sería para ellos en el futuro.

Las secciones legales de la Torá esbozan la estrategia de Dios para proteger a Israel de aislarse del pasado y reescribir inevitablemente la historia. Si el pueblo de Israel se desconectara de los recuerdos de Dios proveyendo para ellos y protegiéndolos, podría llegar a preguntarse si estos hechos sucedieron realmente o si se trataba de leyendas fantasiosas que circulaban en su comunidad. Esta evolución de la conciencia de Dios sería especialmente problemática en lo que se refiere a acontecimientos importantes y forjadores de la comunidad, como la Pascua y el éxodo.

Sería igualmente inquietante para Israel dejar que el recuerdo de la provisión de Dios en el desierto desapareciera de su memoria colectiva. Sería preocupante que la comunidad olvidara de alguna manera que Dios estableció repetidamente una conexión con ellos, a pesar de sus grandes transgresiones (por ej., el becerro de oro en Ex. 32), y estableció un sistema divinamente ordenado a través del cual la comunidad reconocería y respondería a la santidad de Dios (por ej., Lev. 16).

Si Israel olvidara su pasado, inevitablemente olvidaría a su Dios. Para evitar que esto ocurriera, Dios plantó «semillas» de recuerdo: marcas en la Torá que hacían referencia a sus acciones en favor del pueblo de Israel.[1] Estas semillas no solo se convertirían en parte de la vida y la práctica comunitaria diaria de Israel, sino que también se conservarían y desarrollarían en secciones posteriores de la Biblia, convirtiéndose en aspectos fundacionales de la fe incluso para los cristianos modernos.

Las fiestas como conmemoraciones

Las prácticas que simbolizaban la relación de la comunidad con su Dios estaban integradas en las leyes del antiguo Israel. Estos recordatorios llevaban implícita la idea de que el pueblo de Israel sería propenso a reescribir su pasado y a olvidar a su Dios si dependiera de ellos. Con el paso del tiempo, el pueblo podría emplear un doble pensamiento sobre sí mismo, tratando de aferrarse a las tradiciones de su pasado y, al mismo tiempo, sustituyéndolas por sus conflictivos caprichos actuales. Las leyes de la Torá debían convertirse en costumbres para la comunidad; debían formar hábitos mediante los cuales el pueblo de Israel recordara activamente quién era su Dios para ellos y quiénes eran ellos a la luz de su Dios.[2] Israel debía recordarlo todo, desde las poderosas hazañas de Dios hasta Su provisión diaria, sin dejar de mirar adelante para ver cómo seguiría obrando en ellos y a través de ellos en el futuro. Al obedecer los preceptos que Dios les había dado, el pueblo de Israel estableció un modo de vida que le prohibiría reescribir el pasado.

1. Esta idea es una adaptación de Kaiser, *Old Testament Documents*. Kaiser afirma que «el mensaje del Pentateuco es algo más que el mero comienzo de la narración de la nación de Israel y el pueblo de Dios [...]. A menudo contiene en forma de semilla la idea de lo que más tarde se desarrollará en la totalidad organizada del mensaje de la Biblia» (131-32).

2. Por ejemplo, el sábado se considera técnicamente una fiesta de Israel y se practicaba semanalmente en vista del relato de la creación (Lev. 23:3). Ver los comentarios relativos al sábado en el capítulo 7.

Dios rechazaba que el pueblo de Israel relatara su pasado de forma diferente a como había ocurrido. Dios era celoso con el pueblo de Su pacto (Ex. 20:5) y, por tanto, en la Torá estableció tiempos señalados (es decir, las fiestas de Israel; Lev. 23:2) a lo largo del año que servirían como formas tangibles de que Israel evocara su pasado y recordara conscientemente a su Dios. Durante las fiestas, la comunidad reconocía que Dios había cuidado de ellos en el pasado y cuidaría de ellos en el futuro, independientemente de la situación presente (por ej.: las fiestas de los Tabernáculos, las Trompetas, las Primicias y el Pentecostés); el pueblo reconocía su distancia de Dios y la gravedad de su pecado, y demostraba agradecimiento por la redención y el amor inquebrantable de Dios hacia ellos (por ej.: la Pascua y el día de la Expiación).[3]

Las fiestas no solo estaban repletas de recordatorios de lo que Dios había hecho en el pasado, sino que también incorporaban señales que apuntaban a lo que Dios haría en el futuro: cómo Dios iba a utilizar al pueblo de Israel de maneras únicas para cumplir Sus promesas a Abraham, Isaac y Jacob de darles una tierra, multiplicarlos y convertirlos en una bendición para todas las naciones (Gén. 12:3; 18:18; 22:18; 26:4; 28:14). Si el pueblo de Israel observaba las fiestas correcta y genuinamente, entonces descuidar a Dios y aceptar una narrativa contradictoria con las realidades de su relación pasada con Él sería sencillamente imposible.

En el resto de este capítulo, hablaremos brevemente de una de las principales fiestas que Israel tenía que cumplir perpetuamente: la Pascua. Comenzaremos con un repaso de la historia que conduce al acontecimiento, el simbolismo en el cumplimiento de ese día, y la progresión y materialización de algunos de esos signos, que son perceptibles cuando leemos el texto sucesiva e íntegramente. La narración de la Pascua manifiesta principios en forma de semilla que son cultivados por escritores bíblicos posteriores y que acaban floreciendo a lo largo de toda la Biblia.

El dilema de la Pascua

Desde la perspectiva del lector, las promesas de Dios a Abraham (Gén. 12:1-7; 15:5-7) se ponen en peligro casi inmediatamente después de ser declaradas. La montaña rusa que sigue a la puesta en peligro de

3. La Pascua y la fiesta de los Panes sin levadura son técnicamente dos fiestas que se celebran en un solo evento de ocho días. Ver Ex. 12:14-20; 13:1-16; Lev. 23:4-8; Núm. 28:17; Deut. 16:3.

las promesas de Dios a Israel alcanza su punto más bajo con la salida de Moisés de Egipto. No parece haber esperanza terrenal para el pueblo de Israel. Su única esperanza es la intervención divina sin mediación.

Ahora Dios tiene al pueblo de Israel, y al lector, exactamente donde quiere.

A través de la eficaz narración hasta este punto de la Torá, todos los lectores se ven obligados a reconocer la impotencia de Israel para llevar a cabo los propósitos divinos. Moisés está exiliado; Israel está esclavizado; Dios es la única esperanza de Israel. Tendrán que ocurrir hazañas extraordinarias para lograr la salvación del pueblo, hasta el punto de que todos se verán obligados a reconocer a Dios como el libertador definitivo y el guardián de la promesa. La fase inicial de liberación y seguridad se produce cuando Dios arranca a Israel de las garras de su destructor en el acontecimiento conocido como «la Pascua».

Con el propósito de cumplir la promesa de la tierra que hizo a los antepasados de Israel (Ex. 13:11), Dios llama a Moisés para que regrese a Egipto y sea un instrumento de liberación (3:7-8). Al principio, Moisés se muestra reacio,[4] pero Dios le muestra Su autoridad sobre las leyes naturales, realizando señales y milagros para demostrar que Israel será salvado por el poder divino y no por otros medios (4:2-9). El hecho de que Dios permita a Moisés realizar milagros es crucial para dar a Moisés, a Israel y, por supuesto, a los lectores, la esperanza de que la salvación de Israel se hará realidad. Esta esperanza es necesaria porque casi inmediatamente surge otro problema en la narración que pone en peligro el cumplimiento de las promesas de Dios: los egipcios, representados por Faraón, se niegan a permitir que el pueblo de Israel abandone Egipto. Incluso después de una serie de nueve plagas devastadoras, Faraón continúa obstinado (7:15–10:29). El hecho de que Dios esté implicado y utilice a Moisés para llevar a cabo Sus maravillosos actos predice un resultado exitoso. Sin embargo, Faraón no cede, lo que significa que solo Dios debe intervenir sobrenaturalmente para salvar a Israel y encaminarle hacia el cumplimiento de Su promesa.

Moisés da a conocer la intervención divina a todos en Egipto anunciando que la plaga final de Dios provocará la muerte de todos los primogénitos de Egipto (¡incluidos los animales! [Ex. 11:1-8]). Aunque la muerte de los primogénitos será llevada a cabo por su Dios, al pueblo de Israel se le ordena marcar sus casas para mantenerlas a salvo de

4. Otros profetas bíblicos también se muestran reacios a aceptar el llamado de Dios. Ver, por ej.: Isa. 6:5; Jer. 1:6; Jon. 1:3.

la décima plaga. Se ordena a la comunidad que mate un cordero sin mancha y ponga su sangre en los dos postes y el dintel de la casa en la que coman el animal. Parece como si el cordero hubiera de matarse en el umbral de la casa,[5] lo que constituye una imagen vívida: la entrada de toda vivienda israelita queda completamente cubierta por la sangre del animal. Esta grotesca escena ilustra de manera sorprendente que la obediencia al mandato de Dios salva vidas (ver más abajo). Dios promete ver la sangre y «pasaré de vosotros», es decir, no infligir la muerte a esa familia (12:1-7, 12-13, 22). Aquellos que no tienen la señal de la sangre están sujetos a la horrible décima plaga en la noche de la Pascua: «Y aconteció que a la medianoche Jehová hirió a todo primogénito en la tierra de Egipto, desde el primogénito de Faraón que se sentaba sobre su trono hasta el primogénito del cautivo que estaba en la cárcel, y todo primogénito de los animales. Y se levantó aquella noche Faraón, él y todos sus siervos, y todos los egipcios; y hubo un gran clamor en Egipto, porque no había casa donde no hubiese un muerto» (12:29-30).

Tal vez el aspecto más perturbador de la historia de la Pascua es que el Dios de Israel, que hizo a la humanidad a Su imagen y semejanza, es ahora descrito como el completo responsable de la muerte de los primogénitos de Egipto. Este detalle se subraya repetidamente a lo largo del relato de la Pascua: Comienza con Dios declarando, en primera persona, que traerá la espantosa plaga final sobre Faraón y Egipto (11:1); Moisés también afirma que los primogénitos morirán porque Dios saldrá hacia Egipto (Ex. 11:4-5; 12:12-13,23,27). A continuación, Dios revela una razón para la plaga que enfatiza Su responsabilidad: Faraón no quiso escuchar, por lo que Dios provoca la muerte de los primogénitos como otra «maravilla» en Egipto (11:9). Tras el suceso, el narrador afirma de forma concluyente que Dios mató a todos los primogénitos de Egipto en la noche de la Pascua (12:29; 13:15). Solo como resultado de la pesada mano de Dios que cae sobre los egipcios, o sea, la intervención directa de Dios que resulta en la muerte de los primogénitos, los egipcios están finalmente dispuestos a dejar ir al pueblo de Israel.

Lectura del relato de la Pascua

Los lectores contemporáneos no tienen acceso a la mente de los antiguos y, por lo tanto, no sabemos qué pensaba el pueblo de Israel al oír la

5. La palabra hebrea que se traduce «dintel» en algunas traducciones también puede referirse al «umbral» en la parte inferior de una entrada.

orden de Moisés de sacrificar un cordero, untar de sangre las entradas de sus casas y esperar a que todos los primogénitos de Egipto murieran por orden divina. Sin embargo, tenemos acceso a las palabras que se utilizaron en el relato selectivo del narrador de la historia de la Pascua. La narración relata detalles específicos que se volvieron a contar para enfatizar aspectos importantes de la historia para las futuras generaciones de lectores. Al menos dos aspectos de esta historia se acentúan para nosotros: (1) la Pascua iba a ser celebrada perpetuamente por la comunidad a partir de entonces, y (2) el simbolismo en la matanza del cordero y su sangre.

El primer Día de los caídos de Israel

Muchos países del mundo reservan anualmente un tiempo para honrar a los soldados caídos y a otras personas perdidas en conflictos militares. A menudo se le conoce como «Día de los caídos». Para el pueblo de Israel, la Pascua debía ser una especie de Día de los caídos que se les ordenaba celebrar continuamente (Ex. 12:14; Lev. 23:3-4; Deut. 16:1). Sin embargo, en lugar de honrar a los soldados caídos, Israel debía recordar que ninguno de los suyos había muerto en Egipto. Dios se había enfrentado a los egipcios y a sus dioses en nombre de Israel (Ex. 12:12). Por lo tanto, Israel debía reservar un período de remembranza para no olvidar nunca que una vez fueron esclavos indefensos en una tierra extranjera, pero que solo Dios derrotó a su opresor y los condujo hacia el cumplimiento de todas las promesas que les había hecho.

Aunque el lector podría esperar cierto énfasis en la necesidad de Israel de recordar lo que Dios hizo por ellos en Egipto, la forma en que el narrador destaca la conmemoración de la Pascua la hace aún más importante para el lector. En dos momentos distintos de la narración de la Pascua, el narrador cambia bruscamente el tono de la comunicación para ordenar al pueblo de Israel que celebre la Pascua en el futuro.

La primera vez que esto ocurre es cuando Moisés da a Israel las instrucciones iniciales sobre la noche de la Pascua. Moisés pide al pueblo que mate un cordero, que unte su sangre en los postes de las puertas y que permanezca dentro de su casa para evitar la plaga. De repente, el discurso de Moisés se convierte en un mandato sobre cómo el pueblo debe celebrar la Pascua a perpetuidad cuando se establezca en su tierra (Ex. 12:24-25). Se trata de un cambio incómodo en el discurso, similar al de un líder militar moderno que se encuentra entre sus tropas antes de una batalla y da instrucciones a los soldados sobre cómo celebrar el

Día de los caídos al regresar a casa. La Pascua aún no ha tenido lugar, pero la campaña de Israel en Egipto ha terminado a los ojos de Moisés, porque Dios está directamente implicado en sus asuntos y dispuesto a cumplir Sus promesas. El Dios de Israel derrota inesperadamente a Egipto sin que Israel forme el ejército que Faraón temía (1:10). En consecuencia, se ordena a Israel que recuerde activamente lo que Dios ha hecho por ellos.

La segunda vez que se llama al pueblo a conmemorar la actividad de Dios en la Pascua implica un cambio aún más brusco en la narración. Tras el relato de la noche de la Pascua, el narrador resume brevemente el éxodo de Israel de Egipto (Ex. 12:33-42). En este punto, una extensa sección de instrucciones divinas precede a la esperada continuación del relato del éxodo de Israel (12:43–13:16). Esta sección parece casi fuera de lugar. La primera parte de los mandamientos de Dios se refiere específicamente a la forma de celebrar la Pascua en la misma noche del acontecimiento, así como en las generaciones futuras (12:43-49). Es casi como si Dios dijera a través de Moisés: «Antes de seguir adelante en nuestra historia, tienes que entender una de las moralejas: Israel, ¡debes obedecer mis mandatos para recordar adecuadamente tu pasado!».

El llamado al pueblo de Israel para que conmemorase para siempre su historia cumpliendo los mandamientos particulares de Dios tenía una finalidad práctica y beneficiosa para el futuro de su comunidad. Recordar el pasado, así como cumplir los mandamientos específicos de Dios y su simbolismo, era la forma en que el pueblo de Israel debía instruir a sus hijos. La celebración de la Pascua tenía por objeto incitar a los hijos de Israel a preguntar por la razón de los signos, especialmente el signo de la sangre en los postes de las puertas; las preguntas de los niños sobre la señal de la sangre debían provocar respuestas de los padres que relataran la historia de cómo Dios pasó por alto las casas cubiertas con la sangre del cordero inmaculado; este intercambio debía evocar el recuerdo y, en última instancia, la adoración. El acto de recordar perpetuamente la historia de Israel y cómo Dios utilizó la sangre para salvarlos sería especialmente importante una vez que el pueblo de Israel hubiera heredado la tierra y se encontrara en ella (Ex. 12:25-28).[6]

6. El hecho de que el simbolismo se pusiera en práctica con la intención de enseñar a los niños aparece explícitamente en las instrucciones para la observación de la fiesta de los Panes sin levadura (comp. 13:8-16).

Señales en el sacrificio de la Pascua

Resulta cómico sugerir que el Dios de Israel hubiera necesitado una señal real en los postes de las puertas del pueblo de Israel para recordar dónde se encontraban durante la noche de la Pascua. En este pasaje, Dios hace gala de omnisciencia y omnipotencia divinas al predecir la Pascua, saber exactamente cómo reaccionarán Faraón y los egipcios ante la plaga y llevarla a cabo. Así pues, la sangre del cordero pretende ser una señal para el pueblo de Israel en ese momento, así como para los lectores posteriores (Ex. 12:13-14). La pregunta que queda en el aire es la siguiente: ¿Por qué ordenó Dios al pueblo de Israel que manchara las puertas de sus casas con la sangre de un cordero inmaculado la noche de la Pascua? La respuesta a esta pregunta no aparece de forma directa o completa en el relato de la Pascua, pero las razones de esta imaginería surgen cuando leemos la Escritura de forma sucesiva, completa y deliberada.

La tradición comunitaria de Israel anterior a la Pascua incluía relatos en los que sus antepasados realizaban sacrificios. Noé y Abraham sacrificaron animales en distintas ocasiones como respuesta a la bondad de Dios hacia ellos (Gén. 8:20; 15:7-11). También estaba arraigada en la tradición de Israel la enseñanza relacionada con la santidad de la sangre; la sangre representaba la vida, y el control de la vida era jurisdicción exclusiva de Dios. El pueblo podía comer animales, pero no consumir su sangre (Gén. 9:2-6). En el caso de la Pascua, debía sacrificarse y comerse un cordero sin mancha, pero la sangre, que representaba la vida, no se eliminaba; manchaba la parte más visible de la casa como señal para el pueblo: Israel solo podía escapar al sufrimiento y al derramamiento de sangre si se marcaba con la sangre de un cordero.

En la Pascua, las ofrendas y la sangre se asociaban con la preservación de la vida humana. La idea de que se quitara una vida para preservar otra es digna de mención porque demuestra un cambio crucial en la forma de sacrificar animales hasta ese momento en la tradición de Israel. El monumental acontecimiento de la Pascua mostraba a la comunidad que la sangre derramada en nombre de las personas podía preservarlas de algún modo de la muerte: que la obediencia al aplicar la sangre del cordero a los postes de sus puertas las protegía de ser abatidas por Dios. En la Pascua, el cordero representaba la muerte del primogénito; la sangre en el dintel de la puerta era señal de que se había quitado una vida. Posteriormente, se ordenó a Israel que apartara al primogénito de cada vientre como forma de recordar intencionalmente que se habían salvado gracias a la aplicación efectiva de la sangre del cordero en los postes de sus puertas, mientras que los primogénitos de los egipcios perecieron (Ex. 13:2). En general, de esta narración surgen imágenes que relacionan la noción de sustitución: un ser vivo (es decir, el cordero) muere en lugar de otro (es decir, el primogénito). La sangre del muerto protege al vivo de la ira de Dios, que castiga la desobediencia.

Las imágenes proyectadas en la ofrenda de la Pascua no representan simplemente la sustitución en un sentido vago, ya que se proporcionan detalles específicos sobre la naturaleza del animal que se iba a ofrecer. El cordero que se ofrecía debía ser sin defecto (Ex. 12:5; Núm. 28:19). Se trata de un punto importante, pero no exclusivo de la Pascua, ya que más adelante, en la historia del antiguo Israel, Dios prohibió explícitamente ofrecer animales defectuosos (Lev. 22:19-21; Deut. 17:1). Sin embargo, lo que parece ser exclusivo de la ofrenda en la Pascua era que no se permitía a la comunidad romper ninguno de sus huesos, ni al ofrecerlo ni al consumirlo (Ex. 12:46; Núm. 9:12), es decir, el animal debía estar intacto antes y después del sacrificio. Se trata de un detalle especialmente importante para el lector, que se amplía al seguir leyendo la Biblia y considerar esta imaginería a la luz de otros pasajes.

Recepción del sacrificio de la Pascua

La naturaleza y los procesos prescritos para las ofrendas se exponen de forma significativa en las secciones levíticas de la ley de Moisés. En consecuencia, el sistema de sacrificios se convirtió en una parte central de la conciencia cultural y religiosa del pueblo de Israel (Lev. 1–7). De este modo, las imágenes de la Pascua funcionaron como semillas que se desarrollaron en el contexto de la ley y luego fueron adoptadas y ampliadas de forma única por escritores bíblicos posteriores.

Por ejemplo, Isaías retrata aspectos de la imaginería sacrificial a través del siervo sufriente, que en última instancia es emblemático de una persona que sufriría aflicción en nombre de otros como si fuera un sacrificio animal (Isa. 53). La ilustración de Isaías funciona como una especie de puente entre la imaginería sacrificial empleada en la Torá y parte de la retórica y la imaginería utilizadas en referencia a Jesús en el Nuevo Testamento.[7] Por fin podemos ver cómo las semillas que se plantaron en el relato de la Pascua florecen en las páginas del Nuevo Testamento.

7. Estas ideas se expondrán en nuestra discusión de los pasajes del siervo del Señor en el cap. 19 de este libro.

Los cristianos tienden a captar intuitivamente la imagen del «Cordero de Dios» del Nuevo Testamento porque se aplica generosamente a Jesús en los círculos cristianos modernos. Quizás el pasaje más conocido en el que esta imagen se relaciona con Jesús sea la escena del bautismo de Jesús. Juan el Bautista ve acercarse a Jesús y exclama: «He aquí el Cordero de Dios, que quita el pecado del mundo» (Juan 1:29). A pesar de que los lectores modernos suelen oír y tal vez procesar intuitivamente este tipo de lenguaje sobre Jesús, los lectores deliberados de la Biblia siguen viéndose obligados a preguntar: «¿Por qué llama Juan «cordero» a Jesús? Seguramente se trata de una metáfora, pero ¿de dónde procede y qué significa?». La respuesta parece ser que esta imaginería tiene su origen en la Pascua. Juan el Bautista identificó a Jesús como un cordero sacrificial metafórico que moriría en lugar de los seres humanos, para que estos no sufrieran la ira de Dios. En la aplicación que Juan el Bautista hace de esta metáfora del cordero a Jesús está implícita la declaración de que la muerte sacrificial de Jesús, y la aplicación efectiva de Su sangre, liberaría a los seres humanos de la esclavitud. El pecado esclaviza y, en última instancia, causa la muerte (Rom. 3:23); Jesús protegería a la humanidad quitando el pecado del mundo para que, mediante Su muerte, muchos pudieran ser liberados de la esclavitud. El Evangelista Juan se refiere a Jesús como el cordero pascual durante la escena de la crucifixión.

Juan informa que el gobernador romano, Poncio Pilato, está a punto de pedir que le rompan las piernas a Jesús, a instancias de los dirigentes judíos, para que Jesús no permanezca en la cruz durante el sábado. Los soldados romanos rompen las piernas de las otras dos personas que fueron crucificadas con Jesús, pero cuando llegan a Jesús, se dan cuenta de que ya está muerto. Para comprobarlo, un soldado atraviesa el costado de Jesús con su lanza, haciendo brotar sangre y agua. Esto provoca que Juan afirme: «Porque estas cosas sucedieron para que se cumpliese la Escritura: No será quebrado hueso suyo» (Juan 19:36). Aunque no es una cita exacta, el lenguaje de Juan suena llamativamente similar a los mandamientos de la Torá de no quebrar ninguno de los huesos de la ofrenda de la Pascua, ni antes ni después del sacrificio (Ex. 12:46; Núm. 9:12).[8] La referencia de la Torá a un cordero perfecto cuyos huesos nunca se quebrarían fue una semilla que finalmente floreció en

8. Parece como si Juan mezclara la idea de un cordero de Pascua intachable con el lenguaje personal relativo a la persona justa descrita en Salmos 34:20. Al hacer esto, Juan personaliza la ilustración del cordero como Jesús, el sacrificio justo.

la representación de Jesús como un cordero, muriendo en lugar de otros en la crucifixión.

Todos los Evangelios establecen una conexión entre Jesús y la Pascua, representando a Jesús conmemorando la fiesta con Sus discípulos y siendo crucificado poco después (Mat. 26:17-35; Mar. 14:12-31; Luc. 22:7-13; Juan 13-17; 19:14,31). El apóstol Pedro afirma que la sangre de Jesús rescata a las personas como la sangre del cordero pascual sin mancha (1 Ped. 1:18-19); el autor de la carta a los Hebreos afirma que la sangre de Jesús santifica y purifica a Su pueblo porque Jesús se ofreció a sí mismo como sacrificio sin mancha a Dios (Heb. 9:14); de igual modo, el apóstol Pablo llama a los corintios a desechar los comportamientos pecaminosos porque Jesús, el cordero pascual, fue sacrificado en su nombre (1 Cor. 5:6-8).[9] Los escritores del Nuevo Testamento sugieren que la culminación de la obra de Jesús en la tierra solo puede comprenderse de forma integral cuando la consideramos a la luz de las imágenes representadas en la escena de la Pascua.

Recordando la Pascua

Dios ordenó al pueblo de Israel que recordara perpetuamente su historia porque el pasado de Israel era crucial para comprender la relación de Israel con su Dios en cualquier momento. Israel debía recordar que su salvación había sido obra de Dios y que la tierra que se le había prometido como herencia era el resultado de la intervención divina en el espacio y el tiempo, para rescatarlo de un peligro inminente. La ofrenda que se presentaba anualmente durante la conmemoración de la Pascua ilustraba el hecho de que los primogénitos de Israel estaban exentos de la muerte: los pequeños a los que vieron crecer durante su estancia en el desierto no murieron porque la sangre del cordero los perdonó la noche en que Dios atravesó Egipto y todos los hogares no marcados experimentaron la muerte.

Además, el pasado de Israel señalaba un futuro glorioso para su pueblo. El pasado llamaba la atención sobre su relación única con el Dios de

9. El pasaje de 1 Corintios 5:6-8 es un ejemplo de cómo otra semilla de la narración de la Pascua es recibida y ampliada por escritores posteriores. Al pueblo de Israel se le ordenó celebrar la fiesta de los Panes sin levadura durante siete días después de la Pascua, tiempo durante el cual no se le permitía consumir levadura alguna (Ex. 12:8,15-20; 13:3-10; comp. 12:33-34,39). Pablo utiliza la levadura como metáfora del pecado y ordena a los corintios que se deshagan de ella como reflejo de lo que Jesús había hecho por ellos.

su pacto y el cumplimiento de las promesas que les hizo a través de su antepasado Abraham (Gén. 12:1-3). A pesar de que las promesas de Dios parecían estar en peligro desde el principio, Él siempre las cumplió. Dios ya había convertido a Israel en un grupo numeroso (Ex. 12:37); tenía la intención de llevarlos a su tierra y, en última instancia, todas las naciones serían bendecidas a través de ellos. Israel no podía caer en un doble pensamiento, creyendo en última instancia una falsa narrativa de que se habían rescatado a sí mismos o que las bendiciones que finalmente se les concedieron eran el resultado de sus propios logros. La Pascua es el relato de la salvación de Israel de la esclavitud y la transición al cumplimiento de las promesas de Dios. Cualquier otro relato es incompatible con su condición de pueblo de Israel.

Jesús salió del pueblo de Israel y llevó el mensaje del amor y el perdón de Dios a toda la humanidad (Juan 3:16-17). En Jesús, Israel ha bendecido a todas las naciones. La correlación entre la muerte sacrificial de Jesús en el Nuevo Testamento y la muerte del cordero de la Pascua sugiere que la relación de uno con Dios se determina mirando hacia atrás, hacia el sacrificio de Jesús. La sangre de Jesús funciona como la sangre del cordero de la Pascua, perdonando la vida de los que creen en Él. Las promesas futuras de Dios (la resurrección de los muertos, la vida eterna, etc.) para los marcados por la sangre de Jesús están seguras, a pesar de que puedan *sentirse* en peligro a lo largo de su viaje. Los cristianos no podemos olvidar la Pascua y lo que ilustra, o podríamos ser propensos a un doble pensamiento y a olvidar las profundidades de la desesperación que precedieron a la redención. Jesús como Cordero de la Pascua es la narración del cristiano, que relata un traslado del cautiverio como esclavos indefensos y desesperados del pecado y la muerte al reino de Dios para esperar el cumplimiento de las promesas. Cualquier otro relato es incompatible con ser seguidor de Jesús.

NUEVE

La redención de Rahab, la conquistadora

> Nadie sabía qué forma de intimidación empleaba el señor Radley para mantener a Boo fuera de la vista, pero Jem supuso que el señor Radley lo mantenía encadenado a la cama la mayor parte del tiempo.
>
> —Scout Finch, en *To Kill a Mockingbird* [Matar a un ruiseñor] de Harper Lee

En la novela de Harper Lee *Matar a un ruiseñor*, Arthur «Boo» Radley representa todo lo que los niños como Scout Finch y su hermano mayor, Jem, deben temer. Durante sus años de infancia en el pueblo de Maycomb, Alabama, contaba la leyenda que Boo Radley solo salía por la noche para asomarse a las ventanas del vecindario y mutilar a los animales de la gente. Boo era un recluso al que su padre había confinado en su casa durante años tras cometer delitos infantiles relativamente insignificantes. La residencia de los Radley, que colindaba con los terrenos de la escuela de Maycomb, era un territorio inexplorado y, por lo tanto, Scout y Jem se aterrorizaban cada vez más ante la perspectiva de acercarse a la casa a medida que transcurrían los días de sus años de escuela primaria. La obsesión por la casa de los Radley desaparece de la narración cuando el padre de Scout y Jem, Atticus, se ve envuelto en una feroz batalla legal. Abogado de profesión, Atticus se convierte en el abogado de oficio que defiende a un hombre negro llamado Tom Robinson contra los cargos de agresión a una mujer blanca, Mayella Ewell. El padre de Mayella, Bob Ewell, promete vengarse de Atticus por defender a Tom y por avergonzar a su hija en el proceso.

Una noche, Scout y Jem sienten que los siguen mientras caminan a casa a través del oscuro patio de la escuela después de un evento escolar. Mientras se detienen para comprobar que los sonidos que oyen son reales, Scout y Jem son brutalmente atacados. El atacante incapacita a Jem y empieza a dejar sin aliento a Scout. Justo cuando ella está casi ahogada, él la deja caer inesperadamente. El asaltante cae al piso, jadea y luego, se calla.

El asaltante está muerto; los niños se han salvado de alguna manera. En este punto, un detalle importante de la historia empieza a cobrar sentido: ¡la propiedad de los Radley está junto a los terrenos de la escuela!

Boo Radley, que Scout y Jem temían que algún día pudiera atacarlos si se lo encontraban en persona cerca de los terrenos de la escuela, los ha salvado inesperadamente de su adversario y perpetrador, Bob Ewell. Scout acaba dándose cuenta de que Boo ha estado al tanto de las actividades de los niños durante años. Boo ha desarrollado un afecto por los niños, lo que le motivó a ayudarlos cuando cayeron en peligro. Arthur «Boo» Radley, la persona más inverosímil de todas —el hombre que representa todo lo que los niños típicos como Scout y Jem temen a lo largo de su juventud—, los salvó cuando más lo necesitaban.

Como Boo, el personaje bíblico Rahab es tabú. Rahab no solo está «fuera de los límites», como la residencia Radley, sino que también representa todo lo que el pueblo de Israel debería temer legítimamente como sociedad al comienzo de su conquista de Canaán: Rahab es cananea; los cananeos son adoradores de ídolos. Rahab es una prostituta; las prostitutas practican la inmoralidad sexual como profesión. Esta mujer ilustra claramente los peligros asociados con el territorio inexplorado de Canaán. El pueblo de Israel debe desconfiar absolutamente de todo lo que Rahab representa. Es la última persona, en este momento de la historia de Israel, de la que se podría esperar ayuda.

A pesar de ello, es Rahab quien interviene preventivamente en el conflicto de Israel para salvarlos, convirtiéndose en la improbable heroína de la narración de la conquista. Al igual que la reputación de Boo Radley, la de Rahab sufre una transformación en la narración: pasa de ser un personaje peligroso a ser una salvadora de vidas. Después de que Rahab salva a los israelitas, su testimonio se revela, lleva años siguiendo la historia de Israel. Rahab había desarrollado una devoción por el Dios de Israel e instintivamente facilitó el rescate del pueblo del pacto cuando se presentó la oportunidad. La disposición de Rahab hacia el Dios de Israel y Sus promesas anima al pueblo de Israel a cumplir su misión, lo que queda patente en la repetición de sus palabras al final de la narración.

En este capítulo analizaremos el papel de Rahab en la narración de la conquista, prestando especial atención al modo en que el narrador describe los acontecimientos de Josué 2 a la luz de la preparación de la conquista en la Torá. Consideraremos las cuestiones que se plantean desde hace tiempo en este relato en relación con la razón por la que los espías israelitas visitaron a una prostituta y cómo entender el discurso engañoso de Rahab a los enviados del rey de Jericó. Entendida de forma integral, la narración de Rahab describe una ocasión en la que Dios se sirve de circunstancias extrañas y de lo inesperado para cumplir los propósitos divinos de forma imprevista.

En la cúspide de la conquista

Moisés, el principal agente humano de la liberación de Israel y líder del pueblo durante su peregrinación por el desierto, muere al final de la Torá (Deut. 34:1-8). Antes de la muerte de Moisés, Dios le ofrece de forma sobrenatural una visión de toda la extensión de la tierra prometida. Cuando Moisés contempla Canaán desde la cima del monte Nebo, surge la voz de Dios, que reitera la garantía divina de esa tierra, hecha a Abraham más de 500 años antes. Sin embargo, ahora Dios incluye específicamente a los descendientes de Moisés como herederos. Independientemente del largo intervalo transcurrido entre la promesa inicial de Dios a Abraham y la época de Moisés, Dios es fiel a Su palabra y cumplirá Sus promesas. Cuando Moisés mira hacia abajo desde el monte Nebo, la garantía de Dios de que Israel se asentaría finalmente en una patria próspera se hace más tangible que nunca.

Israel está a punto de conquistar Canaán.

Esa es la buena noticia.

La mala noticia es que Moisés no va a entrar en Canaán con Israel. Puesto que Dios es fiel a Su palabra, se ve obligado por Su naturaleza a mantener las consecuencias de la desobediencia. Este es especialmente el caso de Moisés, el siervo de Dios, llamado a representarlo de manera única sirviendo como Su portavoz ante el pueblo de Israel.

Cuando Moisés se acerca a la muerte y Deuteronomio llega a su fin, Dios alude al incidente ocurrido en Meriba (Núm. 20:2-13). Allí, el pueblo de Israel se queja por la escasez de agua e insiste obstinadamente en que prefiere morir antes que estar en el desierto. Dios responde a esta situación ordenando a Moisés que tome su vara, reúna a la congregación y ordene a una roca que proporcione agua para el pueblo y su ganado. Moisés obedece dos tercios de las instrucciones de Dios: toma su bastón y reúne al pueblo.

Pero, como dice el viejo adagio, «la obediencia parcial es desobediencia».

Las emociones de Moisés se desbordan antes de que fluya el agua. En lugar de *hablar a la roca* como Dios le había ordenado, Moisés *alza la voz al pueblo* diciendo: «¡Oíd ahora, rebeldes! ¿Os hemos de hacer salir aguas de esta peña?» (Núm. 20:10). En lugar de facilitar una escena milagrosa en la que sirve de portavoz de Dios y controla la naturaleza, Moisés se burla del pueblo, levanta el brazo y golpea la roca con su viejo bastón. Entonces brota agua de la roca, y la esperanza de Moisés de conducir a Israel a la tierra es arrastrada al mismo tiempo por la corriente. Moisés desobedece a Dios, no lo representa adecuadamente e interfiere en un prodigio divino que habría animado al pueblo a estimar al Señor por la provisión divina.

Con dos golpes y un grito, Moisés pierde el privilegio de conducir a Israel a la tierra prometida. Dios declara inmediatamente la consecuencia del hecho de Moisés: «Por cuanto no creísteis en mí, para santificarme delante de los hijos de Israel, por tanto, no meteréis esta congregación en la tierra que les he dado» (Núm. 20:12). A los 120 años, Moisés, lleno de fuerzas, muere en Moab, al este del Jordán, con la tierra prometida a la vista, pero no en ella (Deut. 34:6-7).

El nombramiento de Josué al final de la narración del entierro de Moisés (Deut. 34:9) y el recuerdo de Moisés al comienzo de la misión de Josué (Jos. 1:1) sugieren que la narración de la Torá continúa en el libro de Josué. El seguimiento de los acontecimientos históricos, los motivos teológicos y el argumento general de Josué dependen de la familiaridad con el contenido de la Torá. La narración continúa desde los libros de Moisés hasta el libro de Josué, aunque el personaje principal cambia de Moisés a Josué.

Quizás el hecho más importante en relación con el nuevo líder de Israel tenga que ver con la última vez que Israel estuvo a punto de conquistar Canaán. En Números 13, Moisés envió doce espías a Canaán para explorar la tierra e informar sobre sus habitantes. A su regreso a

Parán, en Cades, Josué y Caleb animan al pueblo a entrar en la tierra. Los otros diez espías desaniman a la comunidad, insistiendo en que la supervivencia de su pueblo estará en peligro si intentan asentarse en la tierra. La mayoría se impone, y el descontento entre la comunidad crece hasta el punto de que un grupo de israelitas amenaza con regresar a Egipto (Núm. 14).

Josué y Caleb insisten en declarar que Dios les dará la tierra y que el miedo es señal de desobediencia. Su osadía casi hace que los apedreen, una amenaza que es interrumpida bruscamente por una aparición de Dios en el tabernáculo de reunión. Dios expresa Su descontento ante la respuesta de la comunidad y declara que deben vagar durante cuarenta años, un año por cada día que los espías estuvieron en la tierra. Dios cumplirá Sus promesas divinas a través de los niños de Israel, aunque los aterrorizados adultos teman que sus pequeños sean consumidos por los habitantes de la tierra. Josué y Caleb son los únicos hombres mayores de veinte años a los que se les permitirá ser testigos del cumplimiento de las promesas de Dios a sus antepasados.

Cuando los lectores pasan la última página de la Torá y abren el libro de Josué, al nuevo líder de Israel se le presenta la oportunidad de ejercer de nuevo la fe que exhibió décadas antes en su regreso a Moisés y a la comunidad de Israel en Cades. Israel, con Josué como líder, está de nuevo a punto de conquistar Canaán. Sin embargo, la apariencia de cumplimiento no siempre resulta como se esperaba. En repetidas ocasiones a lo largo de la Torá, parece que Dios estuviera a punto de cumplir una promesa importante, pero alguna complicación retrasa su realización.[1] En este punto de la peregrinación por el desierto, el lector está bien preparado para esperar dificultades, especialmente relacionadas con la conquista de la tierra a la luz de la situación de espionaje anterior. Israel ya ha estado vagando durante cuarenta años cerca de la tierra de su herencia, dado que solo hay once días de viaje desde el

1. Por ej., la cuestión de la infertilidad parece poner en peligro el plan divino de una descendencia multitudinaria cuando Abraham y Sara luchan por concebir. Luego, a pesar del nacimiento de su hijo prometido en su vejez (Isaac), se ordena a Abraham que lo sacrifique (Gén. 22). Isaac escapa a duras penas, pero también tiene problemas de fertilidad con su esposa Rebeca, lo que pone en peligro los planes de Dios una vez más, hasta que Dios da a luz a dos gemelos, Esaú y Jacob (25:19-26). Esaú, el hermano mayor, vende su primogenitura a Jacob en un momento de gran desesperación (25:29-34) y posteriormente es engañado por Jacob, su hermano, y Rebeca, su madre, para quitarle la bendición de primogénito (Gén. 27). Esto es suficiente para que Esaú planee asesinar a Jacob, amenazando el cumplimiento de las promesas de Dios a través de Jacob (28:10-15).

monte Horeb (también conocido como Sinaí) hasta la frontera de la tierra prometida (Deut. 1:2).

Así pues, aunque el pueblo de Israel está geográficamente cerca de Canaán (Jos. 2:1); *y* Dios identifica explícitamente a Josué como el líder que guiará a Israel hacia la tierra (Deut. 3:28; 31:23; ver también Jos. 1:2-4, 6); *y* Josué está lleno del espíritu de sabiduría (Deut. 34:9); *y* Josué ha sido alentado y aprobado por su predecesor, Moisés (31:7-8); *y* Josué comunica específicamente al pueblo de Israel que cruzarán el Jordán en tres días (Jos. 1:11); *y* el pueblo de Israel reconoce a Josué como su nuevo líder (1:16-18), el lector sigue estando completamente justificado al preguntarse si el pueblo de Israel hará algo para estropear de algún modo la situación.

Al principio de Josué surgen otras preguntas relacionadas con la forma en que Israel conquistará la tierra. A Israel se le promete que la conquista tendrá lugar, pero no se le informa específicamente sobre *cómo* se llevará a cabo. Salvo por el informe de Josué y Caleb, Israel ignora por completo la geografía de la tierra y sus habitantes cuando Josué comienza su mandato como líder. El hecho de que a los israelitas les aguarden varios obstáculos y ninguna indicación clara de cómo podrá el pueblo cumplir su misión hace que los lectores busquen una vez más una intervención sobrenatural manifiesta. La intervención divina se materializa a su debido tiempo tanto en la división del río Jordán —permitiendo al pueblo cruzar a Canaán (Jos. 3)— como en la caída de la muralla de Jericó (Jos. 6).

Pero antes de esto, el pueblo de Israel experimenta una gran incertidumbre: Tienen un nuevo líder, serios obstáculos y antiguas promesas. No poseen un conocimiento profundo de la tierra ni de la gente que la habita, ni instrucciones definitivas sobre su misión. Nadie sabe si realmente tienen la confianza que se necesita para avanzar hacia su herencia en Dios. Como resultado de las faltas pasadas del pueblo, y a la luz de la enorme tarea que tienen por delante, los lectores se ven obligados a preguntarse si el pueblo de Israel vacilará una vez más, dada la tremenda fe necesaria para entrar en Canaán y heredar la tierra.

La acogida de Rahab

Con esta incertidumbre en mente, el comienzo del libro de Josué informa inmediatamente a los lectores que el pueblo de Israel está acampado en Sitim (Jos. 2:1; ver también Núm. 33:49). Josué envía espías a Canaán desde Sitim, repitiendo lo que hizo Moisés en Números 13. Sin embargo, a diferencia de Moisés, Josué envía solo dos espías y lo hace sin que toda la comunidad se entere de su empresa. Los hombres son responsables de informar directamente a Josué (Jos. 2:23-24), lo que le permite dirigir sin una voz disidente considerable dentro de la comunidad. El hecho de que solo dos espías le informaran directamente minimiza la posibilidad de desunión entre las tribus a su regreso, a diferencia de la situación de diez contra dos que ocurrió cuando Moisés envió espías a Canaán. Esa incursión inicial en Canaán ha influido evidentemente en Josué a la hora de ajustar la forma en que se recaba la información relativa a Canaán y a sus habitantes para evitar la resistencia de la comunidad.

Sea como fuere, a los lectores se les presenta al instante una peculiar escena protagonizada por los dos espías israelitas a su salida de Sitim. Los espías sin nombre abandonan el campamento israelita y enseguida se les describe llegando al interior de la casa de una prostituta cananea llamada Rahab. La residencia de una prostituta parece ser un extraño lugar de aterrizaje para los espías israelitas, dado que la prostitución difícilmente sería aceptable en el antiguo Israel (Lev. 19:29). Por ello, resulta intrigante que el narrador incluya esta historia, protagonizada por Rahab, como parte de la narración de la conquista. Esto es interesante dado que Josué 2 podría haberse omitido —junto con un par de versículos del capítulo 6— sin afectar la historia general de Josué. Sin embargo, el relato de Rahab aparece al principio de Josué, al comienzo de la conquista. ¿Por qué, entonces, se tomaría el autor la molestia de afirmar explícitamente que los espías partieron de Sitim y aterrizaron en la morada de una prostituta cananea?

Para poder explorar responsablemente las posibles explicaciones a esta pregunta, los lectores deben esforzarse por ser conscientes de sí mismos en sus interpretaciones. En este caso, los lectores podrían inclinarse, consciente o inconscientemente, a proteger la integridad de los espías israelitas, sobre todo porque en el capítulo 1 se reitera la promesa de Dios de entregar la tierra a Israel a través del liderazgo de Josué. Los lectores podrían suponer y defender la rectitud de las acciones de los espías porque parece que Dios va a utilizar inmediatamente a Josué, el noble líder de Israel, como intermediario de las promesas divinas.

No obstante, los relatos de la Torá demuestran que Dios no se ve obligado a cumplir las promesas divinas en un momento dado debido a un aumento de las expectativas al respecto. Las promesas de Dios quedan en suspenso una y otra vez por una u otra razón. Así pues, leer la narración de Rahab suponiendo que los espías israelitas toman una decisión adecuada al llegar a casa de una prostituta cananea porque Dios va a cumplir la promesa de la tierra a Israel es un ejemplo de sesgo de confirmación. En pocas palabras, si los lectores suponen que los hombres israelitas eran rectos, entonces su llegada a la residencia de una prostituta cananea servirá de alguna manera a un propósito justo en su misión; si los lectores suponen que los agentes de la victoria serán los espías israelitas, entonces lo serán. El hecho de que se instalaran en la casa de una prostituta cananea se racionalizará de alguna manera. Si se elimina este aspecto de la narración, la historia de Rahab servirá para demostrar cómo unos israelitas justos salvaron a una prostituta cananea desesperada. Aunque esta es una línea de interpretación común, no creo que sea la mejor lectura basada en la comprensión de Josué a la luz de la narración de la Torá, así como de la posterior interpretación de Rahab en la Escritura.

Reconocer la posible inclinación a idealizar a los espías israelitas en Josué 2 abre a los lectores a otras interpretaciones menos halagadoras de su decisión de visitar a Rahab. Como mínimo, los lectores concienzudos están obligados a abstenerse de propagar teorías fantasiosas sobre las razones por las que los espías fueron a visitar a la prostituta cananea. No se puede suponer con seguridad que los espías se limitaran a alojarse en casa de Rahab o que se instalaran en su residencia porque la personalidad relajada de la prostituta hubiera sido propicia para adquirir información sobre la ciudad. Quizás la casa de Rahab sirvió de albergue; quizás hablaba sobre los asuntos de Jericó. Sin embargo, este tipo de explicaciones se forman y transmiten de generación a generación como las tradiciones de las fiestas; parecen lo suficientemente razonables como para repetirlas, pero pueden o no estar basadas en algo sustancial. Estas tradiciones relativas a la narración de Rahab no pueden suplantar lo que el narrador bíblico sugiere sobre los hombres de Israel al mencionar Sitim en la misma narración que presenta a una prostituta no israelita. A esto nos referiremos brevemente.

El narrador no comunica expresamente por qué los espías israelitas llegan a casa de Rahab, pero tampoco guarda silencio al respecto. Los narradores bíblicos tienden a pintar cuadros con palabras para que los lectores los evalúen, en lugar de trascender el relato para emitir juicios explícitos. Al mencionar Sitim en Josué 2, el narrador trae a la memoria una ocasión en la que el pueblo de Israel se encontraba previamente en la cúspide de la conquista de Canaán. Años antes de los acontecimientos de Josué 2, Israel se encontraba en el mismo lugar cuando sobrevino el desastre: «Moraba Israel en Sitim; y el pueblo empezó a fornicar con las hijas de Moab, las cuales invitaban al pueblo a los sacrificios de sus dioses; y el pueblo comió, y se inclinó a sus dioses. Así acudió el pueblo a Baal-peor; y el furor de Jehová se encendió contra Israel» (Núm. 25:1-3).

Evidentemente, la ira del Señor se manifestó a través de una plaga que estalló entre el pueblo de Israel. Mientras los líderes de la comunidad lloraban ante el Señor por la traición de Israel, y una plaga hacía estragos en todo el campamento, un líder israelita llamado Zimri, de la tribu de Simeón, llevó desafiantemente a la hija del jefe de Madián, Cozbi, a sus aposentos privados. Finees, nieto del sumo sacerdote Aarón, mató tanto a Zimri como a Cozbi, poniendo fin a la plaga que causó la muerte de 24 000 personas (Núm. 25:4-18). En lugar de entrar en la tierra prometida desde Sitim en Números 25 —a pesar de estar tan cerca geográficamente— el pueblo de Israel entró en la prostitución espiritual y física.

Mientras tanto, en Josué 2:1 el narrador describe a Israel en circunstancias sorprendentemente similares. La simple mención de que Israel se encuentra en Sitim trae de nuevo a la memoria el desastre provocado por la adoración de los dioses extranjeros de la tierra, la inmoralidad sexual con mujeres no israelitas y la muerte de 24 000 israelitas.

Con este recuerdo en mente, los lectores se encuentran con que los dos espías salen de Sitim e inmediatamente llegan a la residencia de una prostituta cananea. Dios advirtió específicamente al pueblo de Israel que mezclarse con el pueblo de Canaán podría conducir a la adoración de sus dioses (Ex. 34:11-16; Deut. 7:1-5).[2] Teniendo en cuenta el incidente anterior en Sitim y las advertencias relacionadas con acercarse a los cananeos, es casi incomprensible que los espías israelitas eligieran visitar la casa de una prostituta cananea.

El relato de la conquista comienza con una gran incertidumbre. El lugar, Sitim, unido a la perspectiva de inmoralidad sexual con una mujer no israelita que puede adorar a dioses extranjeros, engendra un gran drama cuando Israel está a punto de recibir su herencia. Dado que las intenciones de los hombres israelitas son, en el mejor de los casos, dudosas tras la introducción de la historia, los lectores desvían su atención hacia Rahab. Si los hombres de Israel han vuelto a la inmoralidad, la reacción de Rahab es lo que puede hacer que esta situación sea diferente de la anterior en Sitim. Aunque Rahab representa todo lo que el pueblo

2. La condena de la relación de los israelitas con los pueblos locales a lo largo de la Torá está inextricablemente ligada a la adoración de dioses extranjeros. La cuestión principal, por ej., en Núm. 25 es que la inmoralidad sexual se combina con la idolatría, y no que Israel se relaciona con los moabitas.

de Israel debería haber temido, sus respuestas a los mensajeros del rey y a los israelitas son las que harán o desharán a Israel y determinarán su legado como heroína o villana de la narración.

El engaño de Rahab

El dramatismo de la narración aumenta cuando el rey de Jericó descubre que hay espías israelitas en su ciudad y envía gente directamente a casa de Rahab para buscarlos (Jos. 2:2-4). El narrador describe esta amenaza como legítima. El plan de Josué de enviar espías a la tierra ha fracasado por completo. La misión clasificada ha sido detectada de algún modo por el rey de Jericó, que averigua exactamente dónde se encuentran los espías israelitas. Dada la naturaleza de la actividad de espionaje, la captura de los espías podría haber supuesto su muerte y una amenaza legítima para la seguridad de toda la comunidad de Israel.

Otra preocupación es la estabilidad de la comunidad que aguardaba en Sitim. ¿Qué pasaría si la noticia de la captura de los espías israelitas llegara al pueblo? Dada la revuelta de Meriba años antes, cuando los espías infundieron miedo a la comunidad, ¿se produciría otro levantamiento en Israel contra la idea de entrar en la tierra de su herencia? Esta reacción podría poner en serio peligro la herencia de la tierra de Canaán en este momento y retrasar aún más el cumplimiento de las promesas de Dios.

La llamada a la puerta de la casa de Rahab por parte de los enviados refuerza el enfoque de la narración en la reacción de Rahab. Los hombres de Israel se encuentran en una posición de gran debilidad y necesitan ayuda inmediata. Mientras los siervos del rey siguen en la puerta de Rahab, toda la comunidad de Israel se ve cada vez más atrapada en una situación precaria, sean o no conscientes de ello, y necesita que alguien le ayude a salvar a sus espías. La información que los espías deben aportar a Josué es esencial para llevar a cabo la conquista de Canaán. A nivel práctico, Israel no tiene ninguna esperanza de heredar la tierra sin estos espías, lo que significa que todo el pueblo de Israel está, irónicamente, en extrema necesidad de que la prostituta cananea los ayude. Si los espías van a facilitar la conquista, Rahab tiene que proteger a los espías. Si Rahab protege a los espías, se convierte en la verdadera conquistadora cananea al facilitar la salvación del pueblo de Israel.

Rahab prevé una brecha en la seguridad y decide ganarse el favor de los israelitas protegiendo a los espías. Sabiendo de algún modo que los representantes del rey acudirán a su casa, Rahab esconde a los espías en su tejado (Jos. 2:4, 6). El narrador muestra a los lectores el carácter genuino de Rahab al describirla actuando en favor de los espías antes de que ella hable en la narración. El lector podría no saber exactamente qué pensar sobre el discurso posterior de Rahab si no fuera porque el narrador describe primero su voluntad de ponerse en peligro por el bien de los israelitas. El breve comentario que describe las acciones de Rahab antes de sus palabras comunica que es una persona de carácter recto, independientemente de su profesión hasta ese momento.

La representación de Rahab escondiendo a los espías antes de hablar es importante por la sección posterior de la narración en la que conversa con los emisarios del rey y los engaña descaradamente. El engaño de Rahab consta de tres partes.

1. Rahab admite que los hombres israelitas estuvieron en su casa, pero insiste en que desconoce su origen. Aunque es posible que Rahab no supiera el lugar exacto de procedencia de los espías israelitas, queda claro que, con toda seguridad, sabe que son del pueblo de Israel.
2. Rahab afirma que los hombres salieron de la ciudad antes de que se cerraran las puertas al atardecer. Esto no tiene sentido, ya que los hombres están en su tejado.
3. Rahab anima a los emisarios del rey a perseguir rápidamente a los espías israelitas antes de que tengan más tiempo para huir. Esto es una mentira descarada con la intención de engañar a los siervos del rey para que persigan en el extranjero a unos hombres que, de hecho, están dentro de los límites de la ciudad.

Los hombres del rey, convencidos por el engaño de Rahab, abandonan su casa y huyen al desierto para perseguir a los espías imaginarios en fuga. Mientras los hombres del rey persiguen a los fugitivos ficticios, surge un reto para los lectores observadores. Una lectura rápida de la Torá revela que Dios condena la falsedad (Ex. 20:16; ver también 23:1; Lev. 19:11; Deut. 5:20; 19:16-18). Decir la verdad es un requisito previo para edificar al prójimo y evitar la perversión de la justicia. Propagar deliberadamente información falsa es perjudicial para la vida en comunidad y no refleja la santidad del Dios de Israel. Visto de este modo, las palabras que Rahab utiliza para conseguir que los siervos del rey se marchen llevan implícita una cuestión ética: ¿Era aceptable que Rahab engañara intencionalmente a los siervos del rey?

¿Y si las declaraciones de Rahab reflejan un caso en el que el engaño podría ser aceptable? El engaño de Rahab no se lleva a cabo con la intención de pervertir la justicia o explotar a los débiles de la sociedad. Rahab no viola la Torá en estos sentidos. Más bien, su situación debe verse a la luz del hecho de que ella ya está en guerra; ha elegido un bando, y pone en práctica una maniobra preventiva. El engaño de Rahab es una táctica de guerra empleada tanto en defensa propia como para proteger a los impotentes espías israelitas.

Engañar a un enemigo es algo habitual y rara vez se considera inmoral durante una guerra. De hecho, la técnica de engaño de Rahab para despistar al enemigo es, más o menos, la misma técnica de batalla que Dios ordenó más tarde para conquistar la ciudad de Hai. Dios le ordena a Josué: «Pondrás, pues, emboscadas a la ciudad detrás de ella» (Jos. 8:2b). Siguiendo las instrucciones de Dios, Josué ordena a un grupo de soldados que se escondan cerca de la ciudad y esperen su señal antes de entrar en combate. Josué se acerca entonces a la ciudad, fingiendo que las tropas israelitas van a combatir contra los habitantes de Hai. Tan pronto como los combatientes de Hai son engañados, se ordena a las tropas israelitas que se den la vuelta y huyan de la ciudad, despistando intencionadamente a los combatientes de Hai. Mientras los de Hai corren detrás de los israelitas, Dios ordena a Josué que complete el engaño; este extiende su jabalina y los combatientes israelitas que están expectantes en una emboscada corren hacia la vulnerable ciudad, capturándola. Israel mata entonces a los 12 000 habitantes de Hai, quema la ciudad y cuelga a su rey de un árbol (8:3-29).

Esta narración de Josué 8 demuestra que utilizar el engaño para despistar es una táctica de guerra preventiva muy valiosa, que incluso Dios ordena. En Josué 2, Rahab está en una especie de guerra fría, pero reconoce que ya es una guerra *real*. Sabe que el pueblo de Israel está en camino y que su Dios les ha dado la tierra (ver Jos. 2:9-14; ver más adelante). A todos los efectos, está preservando su vida y salvando la de otras dos personas que han entrado en su casa. Rahab no tiene lanzas ni jabalinas para luchar contra los hombres del rey. Así que toma la única armadura que tiene que le beneficiará en esta situación: su astucia. Tiene que ser astuta en la batalla con los hombres que llegan a su puerta, o ella y sus dos visitantes israelitas serán, con toda seguridad, bajas en esta guerra.

La revelación de Rahab

Llegados a este punto, los lectores han observado *qué* ha hecho Rahab: esconder a los espías israelitas y engañar a los mensajeros del rey. Sin embargo, los lectores siguen sin conocer el *motivo* de las acciones de Rahab. Rahab revela esta información en un breve monólogo en el que declara a los espías israelitas:

> Sé que Jehová os ha dado esta tierra; porque el temor de vosotros ha caído sobre nosotros, y todos los moradores del país ya han desmayado por causa de vosotros. Porque hemos oído que Jehová hizo secar las aguas del Mar Rojo delante de vosotros cuando salisteis de Egipto, y lo que habéis hecho a los dos reyes de los amorreos que estaban al otro lado del Jordán, a Sehón y a Og, a los cuales habéis destruido. Oyendo esto, ha desmayado nuestro corazón; ni ha quedado más aliento en hombre alguno por causa de vosotros, porque Jehová vuestro Dios es Dios arriba en los cielos y abajo en la tierra. (Jos. 2:9-11)

Rahab da a conocer sus motivos en este conciso monólogo por medio de la repetición. En tres ocasiones, Rahab menciona el nombre del Dios del pacto de Israel, con tres reconocimientos diferentes: (1) el Señor dio a Israel la tierra de Canaán, provocando el temor de los habitantes de Jericó; (2) el Señor hizo maravillas en favor de Israel, provocando el derretimiento de los corazones de los habitantes de Jericó; (3) el Señor es el Dios de todos. Rahab repite tres veces el nombre de Jehová (el tetragrama YHWH) y, en última instancia, declara que cree que el Dios de Israel cumplirá Sus promesas.

Rahab expresa que ha tomado conciencia de los acontecimientos que tuvieron lugar más de cuarenta años antes de ese momento (es decir, el éxodo). Incluso ha oído hablar de las victorias militares que se produjeron durante el peregrinaje de la comunidad por el desierto (es decir, contra los amorreos). Al seguir las noticias de los israelitas, Rahab se ha convencido de que hay algo especial en su Dios y, por tanto, está obligada a ayudarlos. Así, cuando llega el momento de que Rahab viva su creencia en el Dios de Israel, actúa antes de hablar, demostrando su compromiso con el Dios de Israel antes de confesarse en Él. Los lectores pueden saber que Rahab es sincera porque el narrador describe sus acciones antes de transmitir sus palabras.

La salvación de Rahab

Dado que a Rahab se la llama repetidamente prostituta (Jos. 2:1; 6:17, 22, 25; ver también Heb. 11:31; Sant. 2:25), resulta irónico que su principal proposición a los hombres israelitas se refiera a un acuerdo sobre su futura salvación a la luz de cómo actuó con ellos (Jos. 2:12-14). A diferencia de los vagos motivos de los hombres de Israel, es evidente que Rahab no está interesada en facilitar otra situación física y espiritualmente precaria. Esta prostituta cananea aboga notablemente por las promesas del Dios de Israel y facilita la conquista de su propia ciudad obligando a los espías a jurar por el nombre del Señor, el Dios de Israel, que la salvarían a ella y a su familia al entrar en Canaán.

La culminación de la caída de Jericó se registra en Josué 6. Antes de ordenar al pueblo de Israel que tome la ciudad, Josué declara que solo Rahab y los de su casa vivirán (6:17-20). Al derrumbarse la muralla de Jericó, Josué ordena específicamente a los mismos espías israelitas que potencialmente comprometieron la conquista: «Entrad en casa de la mujer ramera, y haced salir de allí a la mujer y a todo lo que fuere suyo, como lo jurasteis» (6:22). De este modo, los espías cumplen personalmente el pacto que Rahab había hecho con ellos en nombre del Señor (2:12-14). Después de que Rahab y su familia quedan fuera del campamento de Israel, probablemente para un período de purificación (ver Lev. 13:46; Núm. 12:10,14-16), ella y su familia permanecen entre la comunidad hasta al menos la redacción del libro de Josué.

Pero la historia no termina aquí. El narrador hace un comentario más que es particularmente importante para describir la integridad de Rahab. Antes de pasar de su relato a contar el resto de la conquista militar de Canaán por Israel, el narrador se asegura de reiterar exactamente lo que *hizo* Rahab para salvar al pueblo de Israel. Escondió a los espías; demostró su fe con algo más que palabras (Jos. 6:25). Esta es una de las principales razones por las que Rahab es recordada en la historia redentora.

Rahab en la historia redentora

En el Nuevo Testamento, el hecho de que Rahab escondiera a los espías israelitas se interpreta como el ejemplo por excelencia de la fe genuina en el Dios de Israel. Santiago menciona a Rahab junto al patriarca Abraham para demostrar que la justificación ante Dios siempre va acompañada de buenas obras. Rahab manifestó su fe en el Dios de Israel no solo con palabras, sino también recibiendo a los espías, preparando una estrategia para salvarlos y poniendo en práctica el plan (Sant. 2:25). El escritor de Hebreos explica que Rahab no quiso morir con los suyos, que eran desobedientes; sino que acogió a los espías, demostrando así su fe en el Dios de Israel (Heb. 11:31). El escritor de Hebreos incluye a Rahab en una lista en la que figuran algunos de los antepasados y profetas más admirados del pueblo judío. Rahab figura en la lista porque su fe y astucia facilitaron la conquista de Canaán.

Ser enlistada con los otros grandes de la tradición de Israel no se compara con el honor de ser mencionada en la genealogía de Jesús el Mesías. Rahab fue antepasada de Jesús al ser acogida en la tribu de Judá. De hecho, los cristianos creen que Jesús, el Dios hecho hombre, llevaba en Su humanidad la sangre de una prostituta cananea. Rahab fue un excelente ejemplo de ser considerada justa como resultado de confiar en el Dios de Israel; independientemente de su grupo étnico, de dónde era o a qué se dedicaba (Mat. 1:5). La mención de Rahab en Mateo muestra al lector que Jesús hablaba en serio cuando llamaba a pecadores y a no israelitas a formar parte de Su pueblo (Mat. 15:21-18; Luc. 5:32; Juan 1:11-13). La ascendencia humana de Jesús consistía en un descendiente que poseía estas características. Antes de que leamos alguna de las palabras de Jesús en el Evangelio de Mateo, hay un indicio de esta buena noticia para todos por el simple reconocimiento de Rahab.

Reflexión sobre Rahab

Al final de *Matar a un ruiseñor*, Scout acompaña a Boo a su casa. Mientras Scout está en el porche de los Radley, recuerda que su padre le dijo una vez: «Nunca conoces de verdad a un hombre hasta que te pones en sus zapatos y caminas con él».[3] Para Scout, estar en el porche de Boo aquella tarde le sirvió para ver el mundo desde su perspectiva. Scout se da cuenta de que Boo había observado la actividad de los niños del vecindario durante años desde ese ángulo. Sabía lo que ocurría en sus vidas; había llegado a preocuparse por ellos y había decidido ayudarles si se presentaba la oportunidad.

Después de visitar a Rahab, los espías han llegado a ver su situación desde la perspectiva de Rahab. Ella ha seguido las hazañas del Dios

3. Lee, *To Kill a Mockingbird*, 321.

de Israel, ha creído en ese Dios y ha facilitado el cumplimiento de Sus promesas cuando se le ha presentado la oportunidad. Ver las cosas desde la perspectiva de Rahab influye profundamente en el punto de vista de los espías israelitas sobre su situación. Cuando los espías regresan a Josué en Sitim, su informe a Josué es una versión abreviada, pero sorprendentemente similar, del discurso de Rahab: «Jehová ha entregado toda la tierra en nuestras manos; y también todos los moradores del país desmayan delante de nosotros» (Jos. 2:24; 2:9-11). Los lectores no saben exactamente lo que piensan los espías al salir de Sitim para ir a Canaán, pero sus palabras comunican lo que piensan a su regreso a Sitim: han llegado a ver la conquista desde la perspectiva de Rahab.

Antes de los acontecimientos sobrenaturales que facilitan la conquista de Canaán, Dios utiliza (quizás) un medio aún más inesperado para llevar a cabo Sus promesas: la imprevista inteligencia de una prostituta cananea. Esta mujer de fe ejemplar es un agente que hace que las promesas de Dios fructifiquen dos veces: una a través de la conquista de Canaán y otra mediante el advenimiento del Mesías.

DIEZ

¿Por qué es tan extraño el libro de Jueces?

Todos los animales son iguales, pero algunos son más iguales que otros.
—George Orwell, *Animal Farm* [Rebelión en la granja]

Las cosas no son siempre lo que parecen, sobre todo en literatura. Con frecuencia, los escritores emplean técnicas literarias que parecen proyectar un significado; con el tiempo, los lectores pueden llegar a comprender que en el texto se está comunicando algo más que el significado aparente. Esto ocurre especialmente en la narrativa, ya que los narradores tienden a contar historias de forma que despiertan el interés de los lectores a un nivel superficial y, al mismo tiempo, incitan en ellos curiosidades profundas relacionadas con la interpretación de la historia. Muchas narraciones presentan historias legítimas que pueden entenderse por sí mismas y, al mismo tiempo, relatan un marco que corresponde a otra realidad.

Tomemos, por ejemplo, *Rebelión en la granja*, otra de las obras clásicas de George Orwell. Uno podría escoger esta novela corta, que normalmente se presenta con un animal ilustrado en la portada, y considerarla una lectura apropiada para alumnos de quinto o sexto año. Esta sospecha podría verse confirmada por la forma directa y poco sofisticada en que se narra la historia. Leída de manera ecuánime, *Rebelión en la granja* podría entenderse como el relato ficticio de un grupo de animales en una granja que intentan gestionar su comunidad sin ningún ser humano. La moraleja de la historia leída de este modo es bastante fácil de discernir: en la vida real, un grupo de animales no puede llevarse bien en una granja sin la intervención de seres humanos.

Sin embargo, a medida que los lectores pasan tiempo en *Rebelión en la granja*, surgen pistas que provocan la reflexión sobre una realidad más profunda que podría ilustrarse a través de la historia. Por ejemplo, la práctica de la igualdad animal en la granja se modifica repetidamente a lo largo del libro para beneficiar a un grupo de cerdos cada vez más separatista y coercitivo. Los miembros de este grupo de cerdos prepotentes dejan de ser compatibles entre sí, y Napoleón emerge como el único líder de la rebelión de los animales de la granja contra los humanos al expulsar violentamente a su adversario, Bola de nieve. El comportamiento de Napoleón es cada vez más astuto y reservado, y las intenciones que subyacen a sus decisiones son perpetuamente enigmáticas. Con el tiempo, se hace evidente que los animales comunes trabajan al antojo de Napoleón, que cada vez se parece más a los seres humanos que la revolución pretendía eliminar. Este patrón de comportamiento refleja innumerables escenarios políticos que se han desarrollado de forma similar a lo largo de la historia del mundo.

Desde el principio del libro, *Rebelión en la granja* insinúa que no es solo un cuento infantil sobre animales en una granja, sino más bien una alegoría que corresponde a ciertas sociedades en general. A pesar de que nunca se explica el significado del libro, una serie de indicios literarios incitan a los lectores con conciencia histórica y social a interpretar los sucesos e interacciones del libro como un relato paralelo del mundo real.

Como en *Rebelión en la granja*, la narración bíblica de Sansón —entendida en el contexto del libro de los Jueces— no es lo que *parece* ser. Al final, la historia de Sansón personifica la espiral descendente de Israel al describir su comportamiento de un modo que corresponde con las etapas de la trayectoria espiritual cíclica y descarriada de su comunidad. La historia de Sansón funciona como un microcosmos del pueblo de Israel, aunque, al igual que en *Rebelión en la granja*, la correspondencia de esta historia con su realidad nunca se aclara para el lector. No obstante, la forma en que se describe la espiral descendente de Israel desde el comienzo de Jueces incita a los lectores a preguntarse qué intenta comunicar el autor al destacar este patrón de mal comportamiento en la narración de Sansón.

A diferencia de *Rebelión en la granja*, una lectura directa de Jueces no es apropiada para el desarrollo de los niños. En este libro aparecen violaciones, asesinatos, desmembramientos y otros comportamientos extraños. En este capítulo, observaremos la espiral descendente del pueblo de Israel y prestaremos atención a las características únicas de las narraciones de los principales jueces. Por último, discutiremos la función literaria de destacar tantos sucesos desagradables en el libro. La espiral de desobediencia, la historia de Sansón y los demás jueces y acontecimientos menores están dispuestos en Jueces para demostrar que el pueblo de Israel se encuentra en una situación que empeora rápidamente sin un líder justo entre ellos.

El comienzo de la espiral

A pesar de las promesas que hizo el pueblo de Israel de seguir al Señor su Dios —desde su experiencia en el Sinaí (Ex. 19:8; 20:18-21) hasta el final del libro de Josué (24:16-28)—, Israel se olvidó de su Dios y se apartó de Él al entrar en la tierra prometida. Meir Sternberg señala con franqueza una cuestión, intrínseca a la frágil humanidad, con la que el pueblo de Israel luchó a lo largo de su historia en Canaán: «No importa lo duro que se haya ganado, lo profundo que sea, lo sincera que sea su expresión en ese momento, el aprendizaje tiende a evaporarse con una rapidez y una regularidad aterradoras».[1] En el libro de Jueces, se describe a Israel como un pueblo que ha olvidado lo que aprendió sobre el Señor, su Dios, a través de los principales acontecimientos registrados en la Torá.

La falta de atención a los caminos del Señor en Canaán se presagia antes de la época de los jueces (Jos. 24:20, 23) y se hace realidad a la muerte de Josué, el líder de Israel. Cuando Josué se acerca al final de su vida, amonesta a la congregación de Israel para que solo sirva al Señor, su Dios, y se mantenga alejada de los falsos dioses de la tierra (24:15, 23). El pueblo, a su vez, insiste en que solo adorará al Señor, que los liberó de Egipto y los estableció en la tierra en la que habitaban (vv. 16-28). A la muerte de Josué, el comentario final del narrador sobre la vida de Josué afirma: «Y sirvió Israel a Jehová todo el tiempo de Josué, y todo el tiempo de los ancianos que sobrevivieron a Josué y que sabían todas las obras que Jehová había hecho por Israel» (24:31).

Esto contrasta con el libro de Jueces, que comienza afirmando que el pueblo de Israel no expulsó a los habitantes de Canaán de las porciones que les había asignado Josué (Jue. 1:20-36). Este fracaso es condenado

1. Sternberg, *Poetics of Biblical Narrative*, 177.

por el ángel del Señor (2:1-3) y presagia el desastre, ya que refleja la desobediencia a un mandato que se comunicó repetidamente en la Torá (Ex. 23:31-33; 34:11-16; Núm. 33:50-56; Deut. 7:1-5,16-26; 20:1-20). La razón por la que Dios ordenó a los israelitas expulsar a los habitantes de la tierra estaba relacionada con la disposición religiosa de los habitantes: Dios no quería que los israelitas fueran presa de la adoración de los dioses de Canaán. No obstante, Dios advirtió al pueblo que no se desesperara, ya que la conquista se produciría lentamente (Ex. 23:29-30; Deut. 7:22-23). La obediencia para seguir adelante en la conquista de Canaán estaba indisolublemente ligada a la eliminación de los dioses cananeos de la tierra y a la pureza del culto de Israel a Dios. Sin embargo, Israel no resistió en su lucha por la tierra y, como era de esperar, los dioses de Canaán se convirtieron en su trampa perpetua (Jue. 2:3).

El libro de Jueces documenta la indefendible atracción del pueblo de Israel por las divinidades locales, así como una crisis de identidad que sufren respecto a su posición como pueblo del Señor. Esta combinación llevó a los israelitas a olvidar a su Dios. Jueces 2:10 es un comentario elocuente sobre cómo Israel se apartó del Señor, a pesar de todas las fiestas y símbolos que Dios incluyó en la Torá para ellos: «Y toda aquella generación también fue reunida a sus padres. Y se levantó después de ellos otra generación que no conocía a Jehová, ni la obra que él había hecho por Israel». Esta acusación condenatoria indica la trayectoria de Israel hacia la idolatría en el momento de la muerte de Josué.

La apostasía y el alejamiento de Israel de Dios descritos en Jueces 2:10 precipitan una espiral viciosa descrita una y otra vez en el libro de Jueces. El inicio de la espiral descendente se esboza en términos generales al principio del libro (2:11-23) y se alude a él cada vez que Israel renuncia a su Dios (por ej.: 3:7,12; 4:1; 6:1; 10:6; 13:1). Al igual que una espiral serpentea continuamente de forma circular, el pueblo de Israel sigue un patrón cíclico de descenso hacia la idolatría y las malas acciones, generalmente mediante la repetición de los siguientes seis pasos.

1. Olvido: El pueblo de Israel se aleja del Señor al no recordar activamente quién ha sido Dios para su pueblo. Este primer paso está implícito en cada ciclo, aunque no siempre se menciona.
2. Enajenación: Al olvidar a su Dios, el pueblo de Israel se aleja de Él. Este alejamiento se produce con frecuencia cuando Israel se vuelve hacia los dioses de los grupos étnicos de su entorno.

3. Consecuencias: Según las advertencias, el pueblo de Israel sufre una gran angustia al alejarse de su Dios del pacto. Las penurias que Israel experimenta durante el período de los jueces son normalmente el resultado de que otro grupo étnico gobierne sobre ellos y los someta a duras condiciones.
4. Súplica: Israel se aflige por las consecuencias de su desobediencia y clama a Dios por su salvación.
5. Liberación: Dios escucha el clamor de Israel y envía un juez para liberar al pueblo de las consecuencias de su alejamiento de Él.
6. Descanso: En varias ocasiones, el juez de Israel facilita un período de alivio de la opresión activa de sus enemigos. Durante este período de descanso, Israel comienza a olvidar al Señor una vez más y reinicia la espiral descendente.

Sigamos ahora brevemente esta espiral en los relatos de los cuatro jueces principales que preceden a la narración de Sansón. En el proceso pondremos de relieve una serie de características singulares y situaciones insólitas que contribuyen a la interpretación del libro en su conjunto. Luego reflexionaremos sobre el propósito de la repetición en serie de la espiral en el libro de Jueces.

Aod

A Aod, de la tribu de Benjamín, se le pide que salve al pueblo de Israel después de que este olvida a su Dios, se aleja de Él y lo desobedece, haciendo el mal a los ojos del Señor (Jue. 3:12-15). No se indica explícitamente la naturaleza de la mala conducta de Israel, pero la consecuencia es que Dios los somete a Eglón, el rey moabita, durante dieciocho años. La opresión de los moabitas resulta ser demasiado para Israel, que suplica ayuda a Dios. Dios levanta a Aod para liberar a Israel de Eglón matándolo a espada y, en consecuencia, proporciona a Israel un período de descanso del conflicto durante ochenta años (3:16-23,30).

Lo intrigante de la narración de Aod es el carácter innecesariamente gráfico con que se relata el asesinato de Eglón. El narrador indica que Aod es zurdo, lo que probablemente alude a sus tácticas engañosas (Jue. 3:15). También se dice varias veces a los lectores que Eglón tiene mucho sobrepeso (3:17,21-22). Este último hecho es clave para ilustrar la grotesca imagen de un pícaro juez perforando sigilosamente el vientre de Eglón con un cuchillo de un codo de largo, clavándolo más y más hasta que el mango de la espada quedara cubierto por el tejido adiposo del abdomen del obeso.

El narrador menciona explícitamente otro detalle repugnante de la escena del asesinato, al afirmar que «salió el estiércol» (Jue. 3:22). Este hecho parece una sátira, ya que los sirvientes de Eglón creen que está haciendo sus necesidades a puerta cerrada. En realidad, el estiércol *ha* salido, pero fue Aod quien alivió a Eglón en ese sentido, ya que lo había apuñalado antes de escapar astutamente. La naturaleza repulsiva de esta historia parece innecesaria, y los detalles podrían haberse evitado. Sin embargo, revelar los detalles específicos de las historias parece ser una de las características del libro de Jueces (4:21; 5:26-27; 9:53-54; 19:27-30) e ilustra la degradada situación en la que se encuentra el pueblo de Israel.

Débora

A pesar de que se le concede un período de tregua en el conflicto, Israel vuelve a olvidar al Señor y se aleja de Dios tras la muerte de Aod. Esta vez, la consecuencia de la desobediencia de Israel es el sometimiento al mismo pueblo al que se le ordena expulsar de la tierra: los cananeos. Jabín, el rey de Canaán, y Sísara, el comandante de su ejército, oprimen a Israel durante veinte años. El pueblo de Israel implora al Señor su liberación, y Dios responde a través del ministerio de Débora, una profetisa casada, que juzga a Israel debajo de una palmera en la región montañosa de Efraín (Jue. 4:1-5).

Débora convoca a Barac, un líder militar, y le ordena que siga el mandato del Señor de reunir tropas de Neftalí y Zabulón para luchar contra Sísara. Barac acepta obedecer, pero solo si Débora le promete acompañarlo en la batalla. Débora accede, pero profetiza que la gloria por derrotar a Sísara será para una mujer, no para Barac (Jue. 4:6-9). Este comentario despista un poco a los lectores porque, hasta este momento, Débora es la única mujer que aparece en la narración. Sin embargo, la heroína sorpresa se revela cuando el Señor derrota al ejército de Sísara y este corre a la tienda de Jael, la mujer de Heber el ceneo (4:17). Creyendo haber encontrado refugio en un cómplice (ver 4:11), Sísara pide de beber y se queda profundamente dormido. Entonces Jael se le acerca sigilosamente y le clava salvajemente una estaca de la tienda en la sien. Jael es el agente de Dios para traer el descanso a Israel durante cuarenta años (4:18-22).

El aspecto más singular de la sección de Jueces protagonizada por Débora y Jael es que los líderes y héroes son mujeres. Algunos podrían considerar la historia (y el poema) que refleja el liderazgo de Débora y la valentía de Jael como una ilustración de la inevitable «degradación» que se produce en las sociedades desfavorecidas, desprovistas de un auténtico liderazgo masculino. Este punto de vista pasa por alto uno de los puntos de la narración, a saber, la enfática afirmación de las capacidades de Débora y Jael para liderar bien y actuar con valentía a pesar de las desafortunadas circunstancias que las rodeaban.

Gedeón

A su debido tiempo, el pueblo de Israel vuelve a olvidarse de su Dios y cae en la idolatría (Jue. 6:25-35). Como consecuencia del abandono al Señor, Dios permite que los madianitas opriman al pueblo de Israel durante siete años. Los malos tratos a los israelitas los obligan a esconderse, les roban sus cosechas y los madianitas destruyen sus tierras (6:2-5). Cuando el pueblo de Israel se siente finalmente humillado, se dirige al Señor para pedir su liberación (6:6).

El ángel del Señor se le aparece a Gedeón, a quien se presenta mientras este sacude el trigo en un lagar por temor a que los madianitas saqueen sus provisiones (Jue. 6:11). A pesar de una reprimenda del Señor al pueblo apenas un par de versículos antes (6:7-10), Gedeón parece ser un israelita consciente de las obras que Dios ha realizado en favor de la comunidad del pacto. Gedeón concluye que Dios ha abandonado al pueblo, contrastando lo que ha oído sobre las obras anteriores del Señor con la actual situación de opresión de Israel bajo los madianitas (7:13). A continuación, el Señor se dirige a Gedeón y le pide que salve al pueblo de la opresión madianita (7:14,16).

Varios episodios de la narración de Gedeón anticipan cuestiones futuras de su vida. En primer lugar, Gedeón duda: Le pide repetidamente a Dios señales que demuestren que Él *realmente* llevará a cabo lo que *ya* dijo que haría (Jue. 6:17; ver el incidente del vellón en 6:36-40; ver también el temor del hijo de Gedeón en 8:20). Además, Gedeón teme a su enemigo, aunque el Señor le ha dicho que saldrá victorioso (6:27; 7:10-11). También es sorprendente que Gedeón acabe matando a su propio pueblo —los hombres de Sucot y Penuel— después de salvar a Israel de los madianitas (8:1-17).

Finalmente, el pueblo de Israel implora a Gedeón que reine sobre ellos. Gedeón se niega, pero pide oro al pueblo, con el que fabrica un efod —una prenda que llevaban en la parte superior del cuerpo los antiguos sacerdotes israelitas— y lo expone en Ofra (Jue. 8:22-27). A continuación, el narrador relata lo aberrante y detestable que es en realidad el escenario: «y todo Israel se prostituyó tras de ese efod en aquel lugar; y fue tropezadero a Gedeón y a su casa» (8:27b). Es casi como si el narrador interviniera hacia el final de la historia para decir: «Israel, ¿no te alegras de que *este tipo* no se convirtiera en rey?». Sin embargo, gracias a la liberación de Gedeón, la tierra descansó del conflicto durante cuarenta años.

Jefté

El efod de Gedeón es el predecesor de una mayor apostasía en Israel, ya que el pueblo pronto se vuelve completamente un adorador de Baal. Hacia el final de la historia de Gedeón, el narrador afirma directamente que el pueblo de Israel ya está reiniciando la espiral descendente: «Y no se acordaron los hijos de Israel de Jehová su Dios, que los había librado de todos sus enemigos en derredor» (Jue. 8:34). El olvido del Señor lleva al pueblo a alejarse de Él y a adorar a los dioses de Siria, Sidón, Moab, Amón y Filistea (10:6). La consecuencia que Dios les impone es permitir que los filisteos y los amonitas los opriman hasta que clamen a Dios y admitan el pecado de adorar a los baales (10:7-10). Dios responde inicialmente ordenando al pueblo que invoque a los otros dioses que adoraba. Sin embargo, de acuerdo con el carácter compasivo de Dios, nombra a Jefté para liberar al pueblo de Israel de las manos de su opresor (10:11-16; 11:1-10).

A Jefté se le presentan tres atributos personales importantes: (1) es galaadita, (2) es un guerrero poderoso y (3) es hijo de una prostituta (Jue. 11:1). Ser hijo de una prostituta causa problemas domésticos entre Jefté y sus otros hermanos, que comparten el mismo padre, Galaad, pero que nacieron de la esposa de Galaad. Obligan a Jefté a abandonar su comunidad y se niegan a compartir su herencia con él. El exilio de Jefté en la tierra de Tob dura solo hasta que los galaaditas necesitan su destreza militar para derrotar a los amonitas. Jefté negocia con los líderes de Galaad ser su gobernante tras liberar a Israel de la opresión, trato que los galaaditas aceptan rápidamente (11:2-11).

Ahora la historia se vuelve realmente extraña.

Como era de esperar, Jefté pide ayuda al Señor para derrotar a los amonitas. Sin embargo, sorprendentemente, Jefté jura ofrecer como holocausto lo primero que salga por las puertas de su casa al regresar a su hogar (Jue. 11:30-31). Jefté somete rápidamente al pueblo de Amón, y el lector deduce que la ayuda divina le fue concedida y que debe mantener su voto (11:32-33). Al regresar a su casa en Mizpa, su única hija sale alegremente a recibirlo. Jefté le cuenta su tristeza, revelándole que ha hecho un voto al Señor y que es imposible rescindir su promesa. A la hija de Jefté no se le informa del voto concreto de su padre, pero curiosamente lo anima a cumplirlo, aunque es consciente de que esto afecta su destino. La hija de Jefté solo pide permiso a su padre para ir a las montañas con sus compañeras para llorar por su virginidad. Jefté se lo concede. Cuando regresa a Mizpa, Jefté la sacrifica en holocausto (11:34-39).

No se describe ningún período de descanso en Israel después de este horrible suceso. Al contrario, Israel se entrega a una violencia doméstica aún mayor (ver Jue. 12:1-6). Después de que Jefté derrota a los amonitas, los efraimitas cruzan el Jordán y se pelean con Jefté por no haberlos convocado para luchar contra los amonitas. Este conflicto desemboca en una especie de guerra civil entre los efraimitas y los galaaditas en la que mueren 42 000 efraimitas. El hecho de que no haya un período de descanso tras el liderazgo de Jefté, sino más bien un conflicto civil, indica que la situación en Israel se deteriora en lugar de mejorar. Ibzán, Elón y Abdón juzgan a Israel entre el liderazgo de Jefté y el del último juez del libro, Sansón (12:8-15). Ninguno de estos jueces introduce un período de descanso en la tierra como los que siguieron al liderazgo de Aod, Débora y Gedeón. Esto da la impresión de que Israel está atrapado en una rápida espiral descendente, facilitada por las extrañas decisiones de líderes defectuosos.

Sansón: Un microcosmos de Israel

La repetición de la espiral descendente funciona como un impulso literario que exige interpretación. Esto es evidente ya que la mayor parte de la narrativa bíblica no se cuenta utilizando un patrón tan discernible en estrecha proximidad literaria como ocurre en Jueces. ¿Qué podría estar haciendo el narrador de Jueces al volver a contar varias de las historias de una manera tan uniforme?

El patrón repetido, combinado con las peculiaridades representadas en las escenas protagonizadas por los jueces, tiene una fuerza acumulativa que presagia el empeoramiento de la condición espiritual de Israel. Después de que el patrón se representa una y otra vez, el lector llega a aceptar el declive de Israel, que se acelera y desciende más profundamente hacia la autodestrucción. Esto crea la expectativa de que un líder fuerte detenga finalmente el declive de la comunidad. En su lugar, se presenta a los lectores a Sansón, el hombre fuerte por excelencia, que, irónicamente, servirá como ejemplo preeminente de lo debilitada que se vuelve una sociedad cuando se ve atrapada en la incesante espiral descendente. La narración de Sansón, como la de *Rebelión en la granja*, es más de lo que parece. Esta narración presenta a Sansón como un reflejo personal de las fases de la espiral descendente de Israel, que es paralela a la experiencia de Israel durante el período de los jueces.

Sansón se olvida de Dios

La historia de Sansón comienza con el único relato de nacimiento que se detalla en el libro de Jueces (ver Jue. 13:1-4). Manoa y su esposa son una pareja de la tribu de Dan, de Zora. No pueden tener hijos hasta que un ángel del Señor se aparece a la mujer de Manoa y le anuncia que va a concebir. El ángel del Señor revela específicamente dos importantes tareas relacionadas con el bebé que se espera: (1) el niño será apartado como nazareo desde su concepción, y (2) comenzará a liberar a Israel de su sometimiento filisteo.

Al llamar al futuro bebé a ser nazareo, el ángel del Señor invoca las normas del voto nazareo descritas en Números 6:2-8:

> Habla a los hijos de Israel y diles: El hombre o la mujer que se apartare haciendo voto de nazareo, para dedicarse a Jehová, se abstendrá de vino y de sidra; no beberá vinagre de vino, ni vinagre de sidra, ni beberá ningún licor de uvas, ni tampoco comerá uvas frescas ni secas. Todo el tiempo de su nazareato, de todo lo que se hace de la vid, desde los granillos hasta el hollejo, no comerá.
>
> Todo el tiempo del voto de su nazareato no pasará navaja sobre su cabeza; hasta que sean cumplidos los días de su apartamiento a Jehová, será santo; dejará crecer su cabello.
>
> Todo el tiempo que se aparte para Jehová, no se acercará a persona muerta. Ni aun por su padre ni por su madre, ni por su hermano ni por su hermana, podrá contaminarse cuando mueran; porque la consagración de su Dios tiene sobre su cabeza. Todo el tiempo de su nazareato, será santo para Jehová.

Apartar al niño como nazareo no es opcional para Manoa y su esposa. De hecho, el voto nazareo es inmediatamente operativo para la madre de Sansón, a quien se ordena abstenerse del fruto de la vid y de cualquier cosa impura desde el momento en que el ángel del Señor se le aparece (Jue. 13:3, 14). El famoso pelo largo de Sansón, que cumplía uno de los requisitos del voto nazareo, sugiere que los padres de Sansón tenían toda la intención de consagrar a su hijo para que sirviera al Señor y cumpliera su misión de liberar a Israel.

Sin embargo, el compromiso de los padres de Sansón de apartarlo no es automáticamente transferible a su hijo. Números 6 indica que el voto nazareo era voluntario, lo que significa que cada persona que hacía el voto tenía que adoptar de forma independiente las restricciones descritas en él durante un período de separación distinto. Así pues, los padres de Sansón no pueden cumplir el voto nazareo en su nombre. O Sansón acepta personalmente ser consagrado para liberar a los israelitas, o puede olvidar su vocación y descuidar el cumplimiento de su deber.

Sansón se aparta deliberadamente de su vocación de ser nazareo. Esto es evidente a través de su violación de los tres principios principales del voto:

1. Los nazareos tenían prohibido tocar cadáveres, pero Sansón toca un cadáver. Sansón ni siquiera se ve obligado a pasar por una crisis de conciencia por tener que tocar el cadáver de un pariente muerto, como en los ejemplos que se dan en Números 6. En lugar de ello, Sansón mata a un animal en defensa propia, pero luego es atraído de nuevo al cadáver por el solo hecho de querer gustar un simple bocado de miel. En este detalle, los lectores pueden estar seguros de que Sansón no cumple su voto nazareo (Jue. 14:5-9).
2. Los nazareos tenían prohibido beber vino, y sin embargo Sansón asiste a un banquete (Jue. 14:10). La palabra hebrea para banquete (*mishté*) procede de la misma raíz que la palabra «beber» (*shatá*) y puede significar una reunión en la que la gente consume vino (ver Est. 5:6; 7:2,7-8). La implicación de colocar a Sansón en un banquete sugiere que estaba participando en lo que significa la raíz de la palabra hebrea (es decir, beber).
3. A los nazareos se les prohibía cortarse el pelo, pero a Sansón, como es sabido, se lo cortan los filisteos (Jue. 16:18-22). Hacia el final de la narración, el largo cabello de Sansón resulta ser la única señal que queda del voto nazareo que sus padres habían hecho para consagrarlo a la obra de Dios. Al afeitarse la cabeza, Sansón pierde el poder de cumplir la misión para la que había sido llamado, lo que demuestra que su poder sobrehumano para liberar a Israel está directamente *relacionado* con su vocación de ser nazareo.

El olvido de Dios por parte de Sansón está implícito en su historia, al igual que el olvido del Señor por parte de Israel está implícito en todas las demás narraciones que describen su espiral descendente en el libro de Jueces.

Sansón se aleja

El narrador no dice nada sobre la juventud de Sansón, salvo que menciona que el Señor estuvo con él mientras crecía en el campamento de Dan, entre Zora y Estaol (Jue. 13:25). El hecho de que Sansón creciera en la zona de Israel tradicionalmente asignada a Dan es un detalle importante de la historia, dado que lo primero que hace Sansón por su cuenta es abandonar esta zona. Sansón se aleja abandonando la región de Dan, donde nació y creció, para descender a la ciudad filistea de Timnat.

Como era de esperar, una vez que Sansón se aísla de su pueblo, cae en la idolatría. Aunque igualmente peligrosa, la idolatría de Sansón es más moderada que la adoración a veces abierta de los íconos por parte de Israel. Cualquier compromiso que Sansón tuviera de adorar solo al Señor se evapora cuando pone los ojos en las mujeres filisteas, que se convierten en objeto de su afecto (Jue. 14:1; 16:1,4). La salida de Sansón de la región de Dan para ir detrás de mujeres filisteas corresponde con el comportamiento del pueblo de Israel, que repetidamente considera que lo que los dioses de la tierra tienen que ofrecer es mejor que las promesas del Señor, su Dios. En este sentido, el alejamiento de Sansón de su pueblo en Israel y sus uniones con tres mujeres filisteas ilustran la apostasía de Israel durante el período de los jueces. Edward L. Greenstein señala que «la historia de Sansón nunca polemiza abiertamente contra el culto filisteo. En realidad, lo hace de forma encubierta, mostrando cómo la relación de Sansón (o Israel) con mujeres filisteas (o cultos extranjeros) conduce a consecuencias desastrosas».[2]

En Timnat, Sansón es abandonado a su suerte para distinguir entre el bien y el mal. Durante su incursión inicial en Timnat, Sansón ve a una mujer filistea con la que quiere casarse y, en consecuencia, insiste a su padre tomarla como esposa. La devoción de Sansón por las mujeres filisteas crece, con gran desdén de su padre, que se esfuerza por persuadirlo para que permanezca entre el pueblo israelita, pero sin éxito. En una tajante réplica a la objeción de su padre, Sansón exige que su padre sea cómplice: «Tómame esta por mujer, porque ella me agrada» (Jue. 14:3).

2. Greenstein, *Riddle of Samson*, 250.

La frase de Sansón «me agrada» funciona como otra pista que señala a los lectores cómo su relato corresponde con la historia de Israel. Repetidamente a lo largo del libro de Jueces, el pueblo de Israel olvida al Señor, se aleja de él y hace lo malo ante los «ojos de Jehová» (Jue. 3:7,12; 4:1; 6:1; 10:6; 13:1). Ahora Sansón se olvida del Señor, se aleja de Dios y quiere lo que le agrada. Este aspecto de la historia de Sansón llama la atención sobre la extravagante trayectoria de Israel, en la que todo el pueblo acaba haciendo lo que le parece bien (17:6; 18:1; 19:1; 21:25; ver más adelante el pasaje «¿Por qué tan extraño?»).

Sansón sufre las consecuencias

El desprecio deliberado de Sansón por el hecho de que Dios lo apartara y lo llamara para llevar a cabo una misión especial acaba acarreando graves consecuencias e ilustra precisamente lo que sucedió en la historia de Israel. Dos de las uniones de Sansón con mujeres filisteas terminan en engaño, angustia y la muerte de muchas personas. Su primera esposa lo convence para que le diga la respuesta a un acertijo que planteó a sus despreciables compañeros. Esto sucede, por supuesto, después de que los «amigos» filisteos de Sansón amenazaran con quemar viva a su mujer e incinerar la casa de su padre. Para pagar por haber perdido la apuesta relacionada con el acertijo, Sansón desciende a Ascalón, mata a treinta filisteos y proporciona a los taimados respondedores del acertijo las prendas de sus compatriotas muertos. Mientras tanto, en casa de su suegro, la mujer de Sansón es entregada a otro hombre. Sansón se enfurece al perder a su mujer y se venga abrasando la tierra filistea. Los filisteos, a su vez, queman a la anterior esposa de Sansón, que inició este lío para que estos mismos filisteos no le prendieran fuego (Jue. 14:11-15:8). La ironía de esta historia es asombrosa.

Las mujeres filisteas son la kriptonita de Sansón. Tras la horrible muerte de la primera amante filistea de Sansón, este desciende a la ciudad filistea de Gaza y mantiene relaciones con una prostituta filistea. Tras un atentado fallido contra su vida en Gaza, Sansón se traslada al valle de Soreq, perseguido por los filisteos. Allí, Sansón se enamora de Dalila, a la que sus compañeros filisteos sobornan para que revele el origen de su fuerza sobrehumana. Al final, Sansón cae presa de la retórica manipuladora de Dalila y confiesa que el secreto de su potencia reside en su larga cabellera. Inmediatamente, los filisteos lo atacan, le quitan las fuerzas afeitándole la cabellera y le sacan los ojos. El cabello de Sansón es el último signo tangible de que ha sido apartado para la misión única de Dios. No más cabello significa no más misión única; no más misión única significa no más necesidad de fuerza única; no más fuerza única es una indicación de que el Señor ha abandonado a Sansón (Jue. 16:20).

Del mismo modo que Israel se vuelve una y otra vez a los dioses de la tierra y sufre horrendas consecuencias por su apostasía, así Sansón se entrega repetidamente a las mujeres filisteas que lo utilizan en sus estratagemas egoístas para beneficiar al pueblo que oprime a Israel. Sansón acaba mutilado, ciego y con el corazón destrozado. Sin embargo, hacia el final de la historia, el narrador proporciona a los lectores un poco de información de sentido común con la intención de presagiar la continuación del ciclo de Sansón: «Y el cabello de su cabeza comenzó a crecer, después que fue rapado» (Jue. 16:22).

La súplica de Sansón

Del mismo modo que afeitar el pelo de Sansón representaba una desviación de su misión única, el crecimiento de su cabello ilustra un cambio en su disposición hacia el Dios que lo apartó como el que liberaría a Israel de la opresión filistea. Al igual que el pueblo de Israel a lo largo del libro de Jueces, Sansón se encuentra finalmente en una situación en la que es dominado por sus enemigos. Sin otro lugar a donde ir, Sansón se dirige al Señor, su Dios, y ora, pidiendo su liberación (Jue. 16:28).

La escena de la súplica de Sansón resulta lamentable. Sansón, el prometedor libertador, es cegado, humillado, encarcelado y obligado a trabajar como esclavo por los filisteos enemigos de Israel. Para los filisteos, Sansón es la prueba viviente de que su dios, Dagón, es más poderoso que la fuente del poder de Sansón. Sansón es ahora un objeto de burla para los filisteos y un vestigio deplorable de lo que una vez fue. Es un perfecto objeto de deporte para que los filisteos se burlen de él cuando estén borrachos y necesiten reírse. Del mismo modo, cuando el pueblo de Israel da la espalda a su vocación y se aleja de su Dios, debilita su testimonio del Señor ante los pueblos que lo rodean y se convierte en una sátira de lo que se supone que debe ser como pueblo.

La cabellera de Sansón sigue creciendo, y con ella su confianza para invocar al Señor en busca de la fuerza necesaria para cumplir su misión original, divinamente asignada. Sansón recibió el poder de Dios cuando su larga cabellera era un signo tangible de un compromiso marginal con Dios (Jue. 13:25; 14:4,6,19). Ahora que le vuelve a crecer el pelo —ahora que está completamente degradado, ahora que depende por completo de la intervención sobrenatural para aliviarse de las consecuencias de su alejamiento de Dios— Sansón se acuerda de su Dios, acude a Él y le pide ayuda. Sansón, con la ayuda de un guía que le lleva de la mano, se abre paso hasta situarse entre dos de los pilares principales del templo de Dagón. Entonces alza la voz y suplica: «Señor Jehová, acuérdate ahora de mí, y fortaléceme, te ruego, solamente esta vez, oh Dios...» (16:28).

La liberación de Sansón

Siguiendo el patrón cíclico evidente en todo el libro de Jueces, los lectores esperan que Sansón libere a Israel de los filisteos. La liberación llega, pero solo en parte. En el relato del nacimiento de Sansón, se dijo a sus padres que su hijo «*comenzará a salvar* a Israel de mano de los filisteos» (Jue. 13:5). El amanecer de la salvación es lo que se describe tras las últimas palabras de Sansón. Sansón pide fuerza a Dios por última vez. Pone sus manos sobre los pilares adyacentes. Alza la voz y expresa su deseo de morir con los filisteos. Su petición es concedida.

La muerte de Sansón es una rareza, ya que varios otros héroes bíblicos piden a Dios que les quite la vida y no son escuchados (por ej.: Elías, Jeremías, Jonás, Job).[3] Sin embargo, el deseo de muerte de Sansón es diferente. En esta escena, Sansón da su vida y, al mismo tiempo, cumple la misión para la que nació. El narrador cuenta que Sansón mató a más filisteos en su muerte que en todos los conflictos que tuvo con ellos mientras estaba vivo. A diferencia de los personajes bíblicos que desean la muerte por abatimiento, Sansón desea la muerte y, al hacerlo, cumple su misión de comenzar la liberación de Israel de los filisteos.

A lo largo de las historias de los principales jueces, Israel es liberado de las consecuencias del alejamiento del Señor, su Dios, para que pueda recordar y apartarse de la idolatría de los pueblos que le rodean. Cuando Sansón muere en el templo de Dagón, demuestra que el Dios de Israel es más fuerte que los dioses de los filisteos. Greenstein afirma que «la historia de Sansón describe el abandono del ahora abominable extraño culto a través de la imagen de Sansón derrumbando el templo del dios filisteo».[4] El hecho de que Sansón comenzara el proceso de liberar a Israel de los filisteos derribando el templo de un dios rival serviría como recordatorio para todos los oyentes de su historia de que abandonaran la fragilidad de la idolatría y volvieran a la fuerza del Señor, su Dios.

3. Greenstein, *Riddle of Samson*, 242.
4. *Ibid.*, 253.

[Sin] descanso para Israel

A medida que avanza el libro de Jueces, el período de descanso de los conflictos políticos y militares que solía seguir a los primeros jueces brilla por su ausencia al final del ciclo. El hecho de que no haya un período de descanso sugiere que Israel vivía en un perpetuo estado de anarquía antes, durante y después del mandato de Sansón. Esta apreciación se confirma al observar el caos nacional que se desata tras la muerte de Sansón.

Otro objetivo literario se cumple al no mencionar un período de descanso tras la narración de Sansón. Como ya se ha dicho, Sansón es un juez que hace lo que le parece correcto. El alejamiento de Sansón de las promesas del Señor y del pueblo del pacto lo lleva a su lamentable juicio mientras hacía lo que le agradaba. La posición de la narración de Sansón en el libro de Jueces abre la puerta literaria para que todo Israel haga lo que es agradable a sus ojos. No hay más jueces después de Sansón. Más bien, hay múltiples escenas extrañas que incluyen idolatría, abuso sexual, desmembramiento de un cadáver humano y una guerra civil que le cuesta a Israel la vida de decenas de miles de su propio pueblo (Jue. 17–21). La pequeña moderación que el pueblo había logrado mostrar durante los períodos de los otros jueces de Israel ha desaparecido.

Sansón está dotado de todo lo necesario para liberar al pueblo sin ayuda, pero acaba marcando el comienzo de un período de desorden nacional. ¿Qué esperanza le queda a Israel si un líder como Sansón no puede crear un cambio duradero? La respuesta: un rey.

¿Por qué tan extraño? Del desastre a David

En la parte final del libro de Jueces, la falta de descanso para Israel está directamente relacionada con el hecho de que no había rey en la tierra. Esto se demuestra claramente cuando el narrador afirma no menos de cuatro veces en los últimos cinco capítulos que la anarquía reinaba cuando no había rey (Jue. 17:6; 18:1; 19:1; 21:25). Este punto se acentúa especialmente cuando el narrador declara explícitamente la condición de Israel en el último versículo del libro: «En estos días no había rey en Israel; cada uno hacía lo que bien le parecía» (21:25).

El comportamiento inmoral descrito hacia el final de Jueces, combinado con la reiteración de que no había rey, sugiere que el fiasco espiritual y político de Israel podría ser controlado si *hubiera* un rey en Israel. Dado que al pueblo de Israel se le ordenaba específicamente en la Torá que se abstuviera de hacer «cada uno lo que bien le parece»

(Deut. 12:8), tal vez un rey justo sería capaz de llevar a Israel del camino de la confusión religiosa y la anarquía de vuelta a la trayectoria de la Torá (17:18-19). El libro de Jueces fija las expectativas de los lectores para el día en que llegaría ese tipo de rey justo.

Estas observaciones nos devuelven a la sencilla pregunta planteada anteriormente en este capítulo: ¿Por qué es tan extraño el libro de Jueces? La respuesta está en la forma en que el libro se elaboró selectivamente para describir una situación espantosa en el antiguo Israel justo antes del advenimiento de la realeza. Para lograrlo, el narrador eligió historias que retrataban a varios de los personajes principales de forma bastante negativa. Al volver a narrar juiciosamente algunos de los sucesos más extraños de aquella época, el autor transmite la terrible situación de Israel cuando se ve privado de un liderazgo orientado por la Torá.

La narración selectiva de las historias de Jueces facilita una comprensión contemporánea de la (falta de) papel de los «jueces menores» del libro (por ej., Otoniel, Samgar, Tola, Jair). Mark Hamilton afirma perspicazmente que los jueces menores «hacen avanzar la narración al permitir que el relato salte en el tiempo sin profundizar en nuevos episodios, manteniendo así la atención centrada en otras historias, que el libro utiliza para explorar los temas principales que desea abordar».[5] Cualquiera que sea el papel que las historias de los jueces menores puedan haber desempeñado en otra narración, no se ajustaban a los propósitos del narrador en el relato que se cuenta en el libro bíblico de Jueces.

Reconocer que las historias de Jueces se cuentan de forma selectiva también simplifica la conciliación de cómo algunos de los personajes principales de Jueces pueden ser reconocidos como personas de fe en el Nuevo Testamento. A pesar de toda la información poco halagadora que se ofrece a los lectores en Jueces, el escritor de Hebreos honra con perplejidad a Gedeón, Barac, Sansón y Jefté (Heb. 11:32). Cuando comprendemos que Jueces pinta un cuadro del caos que condujo a la monarquía, podemos aceptar el hecho de que el autor de Hebreos evalúa a los personajes del Antiguo Testamento de una manera más amplia que la que se presenta en las historias específicas que se cuentan sobre ellos en Jueces.

Jueces cuenta historias poco halagadoras con un propósito. Estos horribles sucesos demuestran de manera única en qué fracasó el liderazgo de Israel cuando se distanciaron de Dios y cuán desesperadamente necesitaba Israel un gobernante justo. Por extraño que parezca, esto hace que Jueces sea un libro extraño y sagrado a la vez.

5. Hamilton, *Theological Introduction to the Old Testament*, 125.

ONCE

Ana y Rut: madres de la monarquía

> Con unos cuantos trazos hábiles, el autor bíblico, junto con la imaginación de su lector, construye un cuadro más «real» que si lo hubiera dibujado con todo detalle.
>
> —Adele Berlin, *Poetics and Interpretation of Biblical Narrative* [Poética e interpretación de la narrativa bíblica]

El argumento de *El señor de las moscas* va de mal en peor. Varados en una isla desierta, sin adultos que los rescaten de sí mismos, un grupo de chicos preadolescentes desciende a un estado de anarquía. Comenzando con un inoportuno conflicto entre los líderes, Ralph y Jack, la historia procede a retratar vívidamente escenas en las que participan los sanguinarios y voraces niños. Al final, la anarquía y el salvajismo reinan en la isla. Ralph y su amigo Piggy, un marginado social, son los únicos que luchan por mantener el orden. Después de que Piggy es cruelmente asesinado, Ralph se ve obligado a huir para salvar su vida de la implacable persecución de los sádicos niños salvajes, que parecen decididos a decapitarlo y exhibir su cabeza en una estaca como si fuera un jabalí. Durante la persecución, Ralph tropieza y se cae en la playa: «Luego cayó al suelo, revolcándose una y otra vez en la arena caliente, agazapado con el brazo para protegerse, intentando pedir clemencia».[1] Ralph se encuentra en la agonía de la muerte sin ninguna esperanza realista de sobrevivir.

Esperando que el ataque continúe, Ralph se levanta, abre los ojos y, para su sorpresa, reconoce a un oficial de la marina británica de pie frente a él en la playa. Tras el largo período de horribles sucesos durante el cual los jóvenes descienden al anarquismo absoluto, el oficial naval representa la esperanza de que se restablezca el orden en sus vidas. La trayectoria para que los niños vuelvan a ser niños se pone en marcha con la aparición de una persona que representa la estabilidad.

Los lectores de Jueces también sufren un tipo de confusión emocional, tras haber soportado una experiencia perturbadora del tipo de *El señor de las moscas*. El tenor general del libro va de mal en peor. Una escena perturbadora tras otra muestra al pueblo de Israel precipitándose hacia la anarquía y, finalmente, hacia su desaparición. Al final del libro, reina la anarquía, y el pueblo de Israel, como el revoltoso grupo de delincuentes juveniles en la isla desierta, es una facción apenas reconocible de lo que fueron constituidos para ser. La Torá ha sido abandonada. No existe un líder piadoso. Israel simplemente espera más violencia, caos y destrucción autoinfligidos.

¿Qué esperanza hay para Israel?

A medida que los lectores se adentran en las Escrituras sucesivamente, ellos, como Ralph, se levantan lentamente, se limpian la arena de los ojos y contemplan la esperanza de que se restablezca el orden. Sin embargo, hay un pequeño sobresalto: la esperanza de restauración no viene a través del liderazgo quizás esperado de un líder militar fuerte (por ej., Débora), un hombre fuerte (por ej., Sansón) o cualquier otro juez varón (por ej.: Aod, Gedeón, Jefté). Los jueces no lograron instaurar el tipo de unidad y orden necesarios para crear una sensación de estabilidad nacional, el tipo de estabilidad que correspondería a Israel para cumplir su llamado de ser un reino de sacerdotes y una nación santa para el Señor (Ex. 19:6). Cuando Israel mira hacia arriba en busca de ayuda para su precaria situación, encuentra esperanza para su futuro a través de las vidas de dos mujeres: Ana y Rut, las madres de la monarquía.

Las trayectorias reales de Ana y Rut

Los escenarios de los relatos de Ana y Rut, y el contenido de los mismos, indican que el mismo tenor social reflejado en Jueces debe entenderse

1. Golding, *Lord of the Flies*, 258.

como contexto de estas historias. Las ubicaciones de 1 Samuel y Rut en la Biblia parecen proponer las historias de Ana y Rut como la trayectoria hacia la solución del problema presentado en Jueces. En el orden tradicional judío de los libros bíblicos, el relato de Ana sigue inmediatamente al versículo final y condenatorio de Jueces (21:25). En el orden tradicional protestante, el libro de Rut va después de Jueces y seguido de 1 Samuel. Así pues, las historias de Ana y de Rut comienzan, más o menos, en la misma latitud y, en varios sentidos, emprenden viajes correspondientes hacia el destino final: la monarquía davídica.

Las historias de Ana y de Rut corresponden entre sí de forma paralela. La narración de Rut lleva al lector desde la época de los jueces hasta David de forma rápida y en línea recta (Rut 1:1; 4:17,22). En solo cuatro capítulos, los lectores observan cómo se desarrolla el linaje paterno del rey David, con solo un par de personajes principales y algunos cambios de escenario. Comenzando con la familia judaica de Elimelec, en la que finalmente se acoge a Rut la moabita, Israel se sitúa rápidamente en la trayectoria hacia la monarquía davídica, señalando el fin del tipo de caos descrito en Jueces.

La historia de Ana narra el camino entre Ana y David de forma más indirecta. La narración abarca una sección más extensa del texto (1 Sam. 1–16); hay varios personajes esenciales además de Ana; y se producen varios cambios de escenario antes de que aparezca David. No obstante, la estabilidad en el liderazgo de la que careció Israel durante los cientos de años representados en Jueces se inicia, en cierto sentido, gracias a la devoción de Ana a Dios. La dedicación del hijo de Ana, Samuel, al servicio del Señor durante toda su vida desencadena el tramo final de los jueces bajo Samuel, que sirve para poner orden en un período de caos y, finalmente, para ungir al rey David.

Dado que los relatos de Ana y de Rut avanzan hacia la monarquía davídica, no es de extrañar que existan puntos similares en cuanto a la forma en que se narran estas historias: ambos relatos tienen como protagonistas mujeres y registran acontecimientos que sucedieron durante el período de los jueces. Además, aunque no coinciden en lo particular, las narraciones de Ana y de Rut contienen varios puntos de correspondencia general en la presentación de las historias:

- Las escenas iniciales de los relatos de Ana y de Rut presentan de forma inmediata y concisa una situación extremadamente angustiosa para las mujeres.

- El desconcertante comportamiento de los hombres israelitas que actúan como personajes secundarios en las narraciones facilita las difíciles situaciones en las que se presenta a estas mujeres.
- Ana y Rut acaban convirtiéndose en madres por sorpresa, a pesar de que las circunstancias al principio de sus narraciones apuntan a lo improbable de la maternidad.
- Los primogénitos de Ana y Rut son cruciales para la formación de la monarquía davídica. Los descendientes de Rut forman la genealogía monárquica real, y el hijo de Ana lleva a cabo la coronación de David.

A lo largo del resto de este capítulo, realizaremos un estudio específico de las narraciones de Rut y de Ana, centrándonos en estos puntos de correspondencia general, con el fin de observar cómo los relatos reflejan la transición de Israel del período de los jueces al período de la monarquía. Consideraremos cómo Ana y Rut son agentes inesperados de cambio que facilitan esta transición y cómo el abatimiento de estas mujeres se convierte en la puerta de la esperanza futura para Israel. Rut y Ana no solo facilitan una solución al caos que supuso no tener rey, sino que sus historias también proporcionan a los lectores antiguos y contemporáneos la esperanza de que las personas más inverosímiles pueden ser utilizadas como actores clave en el plan divino.

El dilema de Ana

En realidad, la historia de Ana no empieza *realmente* con Ana, sino que comienza presentando a su marido, Elcana, de la tribu de Efraín, e inmediatamente presagia una cuestión doméstica problemática al comunicar que tiene dos esposas, Ana y Penina (1 Sam. 1:1-2). El hecho de que Elcana tenga varias esposas debería resultar desconcertante para los lectores de la Biblia a la luz del precedente matrimonial incluido en el antiguo relato israelita de la creación, que refleja la unión duradera de un hombre y una mujer (Gén. 2:24; ver la explicación más adelante). En el contexto del antiguo Israel no existe ninguna estipulación divina que autorice la existencia de parejas adicionales. Tanto los lectores antiguos como los modernos reconocen inmediatamente que la introducción de Elcana representa una situación doméstica defectuosa que probablemente causará problemas. Esta expectativa aumenta cuando leemos que Penina tiene hijos, pero Ana no (1 Sam. 1:2).

El narrador caracteriza la gravedad de la situación doméstica de Ana dejando lagunas en la narración. En lugar de recibir del narrador detalles sobre la complicada vida doméstica de Ana, deja que el lector imagine las complejidades de su poco ortodoxo matrimonio a través de piezas de información que se ofrecen a lo largo de un par de versículos (1 Sam. 1:2-8). A partir de esta sección relativamente breve, los lectores comprenden la confusión que aflige perpetuamente a Ana debido a su falta de hijos y desarrollan compasión por ella al conceptualizar lo difícil que puede ser su situación familiar al compartir a su marido con otra mujer que sí puede concebir.

Sin embargo, el hecho de que Ana no pueda concebir no tiene nada que ver con Penina, Elcana o Ana. Es el Señor quien ha permitido esto (1 Sam. 1:5). Comunicar que el Señor permite esto, refleja la percepción del narrador de un plan divino detrás de la infertilidad, que se desarrolla a medida que continúa la narración. Este detalle también permite a los lectores darse cuenta de cómo otros seres humanos de la historia podrían malinterpretar la situación de Ana. A todos los efectos, parece que hay un «problema» con Ana.

La información intencionadamente limitada que proporciona el narrador permite a los lectores interpretar esta versión truncada de la vida familiar de Ana a la luz de otros pasajes bíblicos similares. Adele Berlin capta adecuadamente esta idea: «Con unas pocas pinceladas hábiles, el autor bíblico, junto con la imaginación de su lector, construye un cuadro que es más "real" que si lo hubiera dibujado con todo detalle».[2] Los lectores se adentran en el mundo de Ana en la introducción de su historia imaginando su dolor perpetuo, su trauma y su drama doméstico gracias al juicioso uso de los detalles por parte del narrador.

El comportamiento desconcertante de Elcana y Elí

¿Por qué Elcana tiene dos esposas?

Leer 1 Samuel 1:2 y 1:3 en yuxtaposición crea un problema para los lectores atentos y sucesivos de la Biblia. En 1 Samuel 1:2 se informa a los lectores que Elcana tiene dos esposas. El hecho de que Elcana sea polígamo podría percibirse como un indicio de que, como otros en su época, se ha alejado del Señor y hace lo que le parece bien. Sin embargo,

2. Berlin, *Poetics and Interpretation*, 137.

1 Samuel 1:3 cuestiona esta impresión de Elcana, ya que parece ser respetuoso con sus deberes cultuales, subiendo a Silo al menos una vez al año para adorar y sacrificar. ¿Por qué en un versículo se describe a Elcana rechazando el orden creado por Dios y en el versículo siguiente honrando al Señor?

El hecho de que se considere a Elcana otro malhechor de la época de los jueces puede cuestionarse aún más si se tiene en cuenta que el narrador lo describe como una persona que se esfuerza por cuidar de Ana. Elcana da a Ana una «parte escogida»[3] de su sacrificio y parece muy preocupado por su bienestar emocional (1 Sam. 1:5 y posiblemente en el v. 8). Estos detalles de la narración no sugieren que diagnostiquemos a Elcana con el trastorno que infectó a Israel durante la época de los jueces. Más bien, estos detalles en la introducción de la narración de Ana sugieren un posible escenario que podría explicar su situación familiar cuando se lee a la luz de otras experiencias de esterilidad en la Biblia.

Un estudio de la Torá muestra que tener descendencia era un valor profundamente arraigado en el antiguo Israel. Este principio está arraigado en el relato de la creación y en las reiteradas órdenes a los seres humanos de multiplicarse (Gén. 1:28; 9:1,7; 48:4; ver también 17:20; 28:3). Por ejemplo, Dios se encuentra con Israel (también conocido como Jacob) en Padan-aram y le dice: «Yo soy el Dios omnipotente: crece y multiplícate; una nación y conjunto de naciones procederán de ti, y reyes saldrán de tus lomos» (Gén. 35:11). Así pues, desde sus orígenes, el pueblo de Israel consideró que tener hijos era una forma de perpetuar su comunidad y cumplir la promesa divina de que llegarían a ser una multitud.

Este deseo de generar progenie trascendía a la comunidad en general e impregnaba la vida de cada una de las familias israelitas. En un mundo sin fotografías digitales ni redes sociales, tener un heredero era la única forma de garantizar que el nombre y la memoria de uno no se borraran de la historia al morir. A medida que avanzaba la antigua tradición israelita, borrar el nombre y la memoria de uno de la historia se reconocía como una consecuencia de la maldad: «La memoria del justo será bendita; mas el nombre de los impíos se pudrirá» (Prov. 10:7). Como resultado de esta sabiduría tradicional, no tener descendencia era a veces entendido como un signo de maldad.

3. La traducción literal al hebreo de esta difícil frase es «a Ana le dio una porción, dos caras». Parece como si Ana recibiera el doble de la cantidad que Elcana da al resto de su familia (representada en 1 Sam. 1:4).

Era un temor legítimo en el antiguo Israel. Las personas que no tenían hijos parecían perecer para siempre, y sus recuerdos se perdían permanentemente. Preservar el nombre y la memoria de los parientes muertos fue también una de las razones por las que se implementó la costumbre del levirato en Israel (ver Deut. 25:5-10; Rut 4:1-12; ver cap. 7 de este libro). En el Antiguo Testamento, la esterilidad no era solo una lucha contra la infertilidad; era una lucha para que la familia de uno fuera recordada después de la muerte y, en algunos casos, una lucha entre ser percibido como justo y ser percibido como malvado.

La Torá presenta escenarios en los que las matriarcas experimentan una gran angustia como resultado de la falta de hijos y llegan a extremos para remediar esta dificultad. En los relatos relativos a la infertilidad de Sara y Raquel, las sirvientas de estas matriarcas son entregadas a sus maridos para que tengan hijos. Añadir parejas de hecho para que sirvan de madres de alquiler para tener hijos en nombre de las esposas legítimas no solo es escandaloso a la luz del orden de la creación de Dios, sino que también causa problemas a los implicados en este escenario.

La infertilidad de Raquel, en particular, proporciona un escenario que permite comprender la situación de Ana. Raquel es la esposa elegida por Jacob, a quien ama más que a su otra esposa, Lea (Gén. 29:18,30). Dios permite que Lea tenga un hijo como consuelo por no haber sido amada por su marido (29:31-35). Dios no se limita a consolar a Lea con los hijos, sino que también le proporciona una esperanza futura. A través de Lea, el nombre de Jacob y el legado prometido a él y a su familia se perpetuarán (28:14).

El hecho de que Lea tenga varios hijos provoca los celos y la angustia de su hermana estéril, Raquel (Gén. 30:1-2). Al igual que su abuela Sara (16:1-6), el descontento de Raquel por no tener hijos la lleva a ofrecer a su sierva, Bilha, a su marido como madre de alquiler. Para Raquel, ofrecer a Bilha es una táctica de batalla que le da ventaja en la disputa con su hermana (30:3,8). Lea no se deja vencer por su hermana y sigue su ejemplo, dando a Jacob a su sierva Zilpa como madre de alquiler para que tenga más hijos en su nombre (30:9-13). No es hasta que Lea concibe seis hijos y al menos una hija (Dina) cuando Dios se acuerda por fin de Raquel, quitándole su «desgracia» (30:22-23).

Aunque el narrador de la historia de Ana proporciona a los lectores escasos detalles relacionados con la difícil situación de ella, este breve repaso de la infertilidad en otras partes de la Biblia establece precedentes e imágenes vívidas del tipo de situación problemática que se presenta en esta narración. En las dos historias protagonizadas por las matriarcas, los hombres se casan inicialmente, pero posteriormente toman a otras mujeres como madres de alquiler para que den a luz en nombre de sus esposas legítimas, pero estériles. Los relatos descriptivos de las consecuencias domésticas negativas de este tipo de uniones retratan el desagrado de Dios hacia el acto de tomar nuevas parejas en el hogar con el fin de tener hijos. Estos escenarios van acompañados de dolor, celos y juegos de poder. En una sociedad en la que la gente temía ser olvidada o considerada malvada si no daba a luz, la concepción significaba poder. A la luz de los relatos de la Torá, quizás Elcana se casó en un principio con Ana, pero al darse cuenta de que la esposa a la que amaba era estéril (1 Sam. 1:5), tomó a otra mujer en su casa, como hicieron Abraham y Jacob. La situación de Ana no es inusual desde el punto de vista cultural, pero sigue siendo bastante problemática.

¿Qué pasa con Elí?

Elcana no es el único israelita cuyo comportamiento confuso complica la situación de Ana. El sacerdote Elí actúa de manera desconcertante con Ana cuando esta sube al tabernáculo de Silo para orar. Mientras Ana derrama su corazón ante el Señor con gran angustia, Elí observa que mueve los labios y la acusa falsamente de estar borracha (1 Sam. 1:13-14). Se trata de un malentendido bastante absurdo de la situación de Ana, y retrata al sacerdote Elí como un personaje impetuoso.

Hay al menos dos puntos irónicos en la acusación de Elí. En primer lugar, el sacerdote Elí aparece sentado en el umbral del tabernáculo cuando llega Ana, pero no se da cuenta de que ella está orando fervientemente (1 Sam. 1:9). Dado que el tabernáculo era el lugar donde la gente iba a adorar, uno podría pensar que el sacerdote debería estar familiarizado con el aspecto de la oración ferviente. En segundo lugar, Ana está tan terriblemente afligida que no puede ingerir alimentos (1:7). Sin embargo, el sacerdote Elí la acusa de excederse en el consumo de alcohol mientras está en la casa de Dios para buscar al Señor. Podemos identificar la indiscreción de la acusación de Elí porque el narrador nos dice más de lo que Elí sabe. Así, podemos burlarnos de los comentarios sin sentido de Elí[4] e identificarnos aún más con el dolor de Ana, al ser incomprendida en la narración (ver también 1:8). El grito de Ana ante el Señor y la posterior acusación errónea del sacerdote Elí nos obligan a admirar a Ana y a sospechar de Elí.

4. Sternberg, *Poetics of Biblical Narrative,* 164.

Los siguientes comentarios de Elí son igual de desconcertantes que los primeros, pero tienen un tono humorístico opuesto al de su acusación contra Ana. Cuando Ana implora a Elí que reconozca que está profundamente turbada y no intoxicada, Elí cambia repentinamente de tenor y desea amablemente que se cumpla la petición de Ana, sin ser informado en ningún momento de la naturaleza de su petición (1 Sam. 1:17). Los lectores se ríen del juicio ignorante y desconcertante de Elí. El carácter de Elí no se describe como malvado en sí, sino más bien como simplemente confuso (ver también 2:22-25).

La sorprendente maternidad de Ana: Una respuesta a la oración

Elcana, confusamente, tiene dos esposas. El sacerdote Elí habla a Ana con absurda ignorancia. Los hijos de Elí, Ofni y Finees, son descritos como sinvergüenzas de sangre fría (1 Sam. 2:12-17,22,27-36; 4:10-18). El narrador contrasta a estos hijos con Samuel, que es la respuesta a la oración de Ana y el único varón israelita al que se describe positivamente en los primeros relatos de 1 Samuel (2:18-21; comp. 2:22-25 con el v. 26).

El carácter ejemplar de Ana queda demostrado cuando lleva su caso ante el Señor, llorando y clamando a Dios por misericordia. La oración de Ana es sencilla pero ferviente: «Jehová de los ejércitos, si te dignares mirar a la aflicción de tu sierva, y te acordares de mí, y no te olvidares de tu sierva, sino que dieres a tu sierva un hijo varón, yo lo dedicaré a Jehová todos los días de su vida, y no pasará navaja sobre su cabeza» (1 Sam. 1:11).[5] Dios responde a la plegaria permitiendo que Ana conciba, pero el narrador se esfuerza por ofrecer tanto la perspectiva humana como la divina del cumplimiento. El hecho de que Elcana «se llegó a Ana su mujer» presenta la forma natural en que se conciben los hijos (1:19). Sin embargo, esta información no es suficiente, ya que los lectores han sido informados de que el Señor fue inicialmente el responsable de la esterilidad de Ana, causándole una gran angustia (1:6). Así, el narrador fusiona la razón natural con la información privilegiada y comunica lo que ocurre tras bastidores: el Señor se acuerda de Ana y

5. No es del todo seguro que Ana esté pidiendo a Dios un «hijo varón» a través de la frase que normalmente se traduce como tal (literal «la semilla de los hombres»). Además, el voto que hace Ana podría haberse aplicado tanto a hombres como a mujeres (Núm. 6:2), sobre todo teniendo en cuenta que las mujeres servían en el recinto del tabernáculo (comp. 1 Sam. 2:22).

le permite concebir a Samuel (1:20; ver también Gén. 30:22). Dios se compadece de Ana igual que se compadeció de Raquel y la alivió de la pena que acompañaba a su infertilidad.

El voto de Ana de dedicar el niño al Señor todos los días de su vida y su promesa de que ninguna navaja tocará (lit. «irá por sobre») la cabeza del niño nos recuerda el voto nazareo de la narración de Sansón. A los padres de Sansón también se les ordenó que ninguna navaja pasara «sobre» la cabeza de su hijo (Jue. 13:5). Esta conexión retórica vincula a Sansón con Samuel e incita al lector a comparar y contrastar a ambos. Ambos nacen como resultado de la intervención divina tras un período de infertilidad, y ambos reciben el encargo especial de Dios para una tarea específica. Sin embargo, Sansón inicia un período de agitación en la tierra de Israel, mientras que «el joven Samuel iba creciendo, y era acepto delante de Dios y delante de los hombres» (1 Sam. 2:26). Finalmente, Samuel introduce una de las épocas más prósperas en Israel al ungir como rey a David.

El camino de Ana hacia el rey David

Tras el nacimiento de Samuel, Ana regresa a Silo con su hijo pequeño a su lado. Allí comunica finalmente a Elí que su hijo es lo que le pidió al Señor en la ocasión en la que Elí la acusó de estar ebria (1 Sam. 1:26-27). Llegados a este punto, el escenario está preparado para que los focos se dirijan hacia Samuel como protagonista mientras sirve al Señor en el tabernáculo de Silo. Pero antes, el narrador hace una breve digresión para registrar una de las oraciones de Ana. La parte final de esta oración es clave para comprender la trayectoria de la siguiente narración. Ana concluye afirmando: «Jehová juzgará los confines de la tierra, dará poder a su Rey, y exaltará el poderío de su Ungido (*mashíakj*)» (2:10b). La mención de un rey por parte de Ana es curiosa, ya que nunca ha habido un rey en Israel. Sin embargo, el motivo de la realeza se menciona repetidamente en el libro de Jueces, presagiando un día en el que un gobernante será una realidad (ver también Deut. 17:14-20). La oración de Ana, que indica que el Señor dará poder a un ungido (*mashíakj*) sobre Israel, continúa el tema de la realeza.

En este punto, Ana desaparece de la narración, pero su huella en el pueblo de Israel queda patente a través de su hijo Samuel. Samuel emerge como el personaje principal de la historia: el que tiene el oído de todo Israel, juzga al pueblo, lo llama a abandonar a los dioses extranjeros de la tierra y lo conduce a adorar al Señor, su Dios (1 Sam. 4:1; 7:3-6; 15–17). Sin embargo, cuando los hijos de Samuel no siguen los pasos de su padre, se recuerda la referencia de Ana a un rey. «Entonces todos los ancianos de Israel se juntaron, y vinieron a Ramá para ver a Samuel, y le dijeron: He aquí tú has envejecido, y tus hijos no andan en tus caminos; por tanto, constitúyenos ahora un rey que nos juzgue, como tienen todas las naciones» (8:4-5). A pesar del gran disgusto de Samuel por esta petición, el Señor le ordena a Samuel que obedezca la voz del pueblo y les nombre un rey. El deseo de Israel de tener un rey no es un rechazo a Samuel ni a sus hijos en sí. Más bien, Israel ha rechazado al Señor como su rey (8:7).

La obediencia de Samuel lo lleva a ungir (*mashákj*) a Saúl, el primer rey de Israel (1 Sam. 9:16; 10:1). Sin embargo, la desobediencia de Saúl, en dos ocasiones, a la palabra del Señor que llega a través de Samuel hace que el Señor lo rechace como rey de Israel (13:8-15; 15:1-35; ver cap. 12 más adelante). Samuel comunica a Saúl que «Jehová se ha buscado un varón conforme a su corazón» y «Jehová ha rasgado hoy de ti el reino de Israel, y lo ha dado a un prójimo tuyo mejor que tú» (1 Sam. 13:14; 15:28; ver también Hech. 13:22). A continuación, Dios conduce a Samuel al territorio de Judá, a Belén, a la casa de Isaí, para ungir (*mashákj*) a su hijo menor, David, el segundo rey de Israel (1 Sam. 16:3,13). A través de David, Israel experimenta una de sus mayores estabilidades nacionales y religiosas. La fidelidad de Ana, que se manifestó en su voluntad de dedicar a Samuel al servicio del Señor, desempeña un papel crucial en la transición política de Israel desde la agitación de los jueces a un período de relativo orden.

El predicamento de Rut

Como dice el refrán, al principio de la narración de Rut todo está en su contra. No solo es extranjera en Israel, sino que es moabita. Los moabitas eran los antiguos parientes de Israel a través de Lot (Gén. 19:36-38). Sin embargo, Israel y Moab tienen sus propios problemas. Durante el peregrinaje de Israel por el desierto, el rey de Moab entorpeció el viaje de Israel al no permitir que el pueblo atravesara Moab en su camino hacia Canaán (Jue. 11:17-18). Además, Balac, rey de Moab, contrata al profeta Balaam para que maldiga a Israel (Núm. 22-24). Al parecer, a Balac le sale el tiro por la culata, ya que Balaam bendice repetidamente al pueblo de Israel en lugar de maldecirlo. Sin embargo, esta situación provoca una de las escenas más infames de la Torá, en la que los hombres de Israel cometen infidelidad física y espiritual con las mujeres moabitas y su dios, Baal-peor. Este incidente provoca la muerte de 24 000 israelitas en una plaga que resulta del gran disgusto del Señor con Israel (Núm. 25:1-9).

Por consiguiente, Israel no debía permitir la entrada de ningún moabita en su comunidad. El Señor ordena a Israel que «No entrará amonita ni moabita en la congregación de Jehová, ni hasta la décima generación de ellos; no entrarán en la congregación de Jehová para siempre, por cuanto no os salieron a recibir con pan y agua al camino, cuando salisteis de Egipto, y porque alquilaron contra ti a Balaam hijo de Beor, de Petor en Mesopotamia, para maldecirte. [...] No procurarás la paz de ellos ni su bien en todos los días para siempre» (Deut. 23:3-4,6). Israel y Moab son enemigos perpetuos.

Rut es moabita.

El hecho de que su historia aparezca en la Biblia es interesante desde el principio.

Rut no tiene la culpa de las fechorías de sus antepasados contra Israel. En cierto sentido, ella sufre los daños colaterales de un conflicto anterior al suyo. De todos modos, como mujer extranjera de la tierra de Baal-peor, Rut encarna la perenne caída de Israel durante la época de los jueces. Sin embargo, en lugar de ser descrita como un peligro para el pueblo de Israel, Rut es descrita como vulnerable desde el principio de la narración: una viuda pobre que se traslada de Moab a Israel con su suegra, Noemí. Sin marido, recursos económicos ni hijos, Rut se encuentra en una situación especialmente problemática como extranjera en Israel durante el turbulento período de los jueces.

¿Cómo llegó esta moabita a encontrarse en esta situación?

Para responder a esta pregunta, debemos rastrear el desconcertante comportamiento de los hombres israelitas descritos al principio de la narración de Rut.

Deshaciendo el éxodo: el desconcertante comportamiento de la familia de Elimelec

El libro de Rut presenta un antídoto para el caos descrito en Jueces mediante el planteamiento de una paradoja. Los lectores de Jueces rememoran la anarquía en Israel, y se les recuerda que el remedio al que alude el libro es un gobernante justo. Luego, paradójicamente, se dirige a los lectores a una historia protagonizada por un grupo de mujeres, de las cuales una moabita viuda es la protagonista que conduce a la perdurable monarquía israelita. Esta historia suena demasiado incongruente para ser cierta. Pero la verdad es más extraña que la ficción.

Al igual que la narración de Ana, la historia de Rut presenta a hombres israelitas cuyas curiosas decisiones precipitan su difícil situación. En este caso, un israelita llamado Elimelec abandona Belén en Judá durante una época de hambruna para residir en el país de Moab con su mujer, Noemí, y sus dos hijos, Mahlón y Quelión. Durante su estancia en Moab, Mahlón y Quelión se casan con las moabitas Rut y Orfa. Trágicamente, Elimelec, Mahlón y Quelión mueren en Moab, dejando tres viudas: Noemí, Rut y Orfa.

Cuatro detalles mencionados en la introducción a la narración de Rut son particularmente importantes para comprender cómo los hombres israelitas influyeron en su situación.

1. Hay hambre en la tierra (Rut 1:1). El hambre se presenta en la Torá como una de las consecuencias de que Israel no honre a Dios (Lev. 26:3-4,18-20; Deut. 11:14; 32:24). La narración de Rut sitúa su historia en la época de los jueces, una época en la que los israelitas se apartan repetidamente del Señor, su Dios, lo que provoca que su tierra, antes fértil, se vuelva estéril como piedra (Lev. 26:19). Esto nos lleva al segundo rasgo curioso de la introducción.
2. Elimelec lleva a su familia a Moab en busca de alimento. Los moabitas no solo eran enemigos de Israel (Núm. 22:1–25:9) sino que, al parecer, su tierra era tan propensa al hambre como la de Israel, o más.
3. Elimelec y su familia son identificados como efrateos de Belén de Judá. Belén está geográficamente en el centro de la tierra prometida, que es donde los israelitas deberían residir durante este período de tiempo. La decisión de trasladarse fuera del corazón de Israel va en contra de todo lo que comunica la Torá sobre el destino del pueblo del pacto. Dios prometió la tierra a Abraham, Isaac y Jacob cientos de años antes de la época de Elimelec. El pueblo de Israel residió en Egipto durante 400 años; vagó por el desierto durante cuarenta años; el río Jordán se dividió milagrosamente y el pueblo cruzó a Canaán; soportó numerosos conflictos militares antes de establecerse finalmente en la tierra. Después de todo esto,

el hecho de que Elimelec abandone el corazón de la tierra prometida para cruzar el río Jordán y regresar a Moab es desconcertante.

4. Los hijos de Elimelec y Noemí, Mahlón y Quelión, se casan con mujeres moabitas, Rut y Orfa. Casarse con no israelitas no estaba estrictamente prohibido en el antiguo Israel siempre y cuando los no israelitas fueran adoradores del Señor, el Dios de Israel. (Incluso Moisés se casó con una no israelita; ver Núm. 12:1). Sin embargo, no hay indicios de que Rut u Orfa fueran realmente adoradoras del Señor cuando se casaron con israelitas. De hecho, el contexto parece sugerir lo contrario (por ej., Rut 1:15). Los matrimonios de Mahlón y Quelión con mujeres moabitas son desconcertantes, dado que este tipo de matrimonio iba en contra de la antigua sabiduría tradicional de casarse dentro de la comunidad (por ej.: Gén. 24:2-4; 28:1-2; ver también 26:34-35) y dados los recientes problemas que Israel ha tenido con el pueblo de Moab.

Noemí se encuentra todavía en Moab cuando se entera de que el Señor, el Dios de Israel, ha acabado con la hambruna de Judá, y decide entonces regresar a Israel (Rut 1:6-7). Al regresar Noemí a Belén, los lectores pueden percibir las tristes consecuencias de las cuestionables decisiones que tomaron los hombres israelitas. En Belén, la viuda indigente Rut reside como extranjera con su suegra, Noemí. Noemí culpa al Señor de su sufrimiento y preferiría estar sola en su amargura y que Rut volviera a la idolatría, adorando a los dioses de Moab (1:11,13,15,19-22).

La curiosa decisión de Elimelec de deshacer el éxodo y volver a vagar por tierra extranjera es desconcertante. El matrimonio de Mahlón con una moabita es confuso. Estas desconcertantes decisiones que tomaron los hombres israelitas son las razones principales del dilema de Rut.

La sorpresiva maternidad de Rut

Sea como fuere, las decisiones de los hombres israelitas no conducen únicamente a resultados negativos. A pesar de que Noemí insta a Rut a regresar a su país, a su pueblo y a sus dioses, Rut se aferra a su suegra. Es una decisión que Rut expresa maravillosamente al afirmar: «No me ruegues que te deje, y me aparte de ti; porque a dondequiera que tú fueres, iré yo, y dondequiera que vivieres, viviré. Tu pueblo será mi pueblo, y tu Dios mi Dios. Donde tú murieres, moriré yo, y allí seré sepultada; así me haga Jehová, y aun me añada, que solo la muerte hará separación entre nosotras dos» (Rut 1:16-17).

La determinación de Rut de ir a Belén con Noemí está ligada a su aceptación del pueblo israelita de Noemí y de su Dios. La retórica que utiliza Rut para expresar su compromiso con Noemí, su pueblo y su Dios es singularmente similar al tipo de lenguaje que Dios emplea en la Torá en referencia a Su pueblo de la alianza, Israel: «y os tomaré por mi pueblo y seré vuestro Dios; y vosotros sabréis que yo soy Jehová vuestro Dios...» (Ex. 6:7; ver también Deut. 29:13).

El compromiso de Rut con Noemí y de llamar a Belén su hogar la somete a las leyes y tradiciones de su nueva tierra y del Dios de Israel. La antigua ley israelita establecía disposiciones para las personas menos afortunadas que vivían entre ellos. Por ejemplo, el Señor ordena a los israelitas: «Cuando siegues la mies de tu tierra, no segarás hasta el último rincón de ella, ni espigarás tu tierra segada. Y no rebuscarás tu viña, ni recogerás el fruto caído de tu viña; para el pobre y para el extranjero lo dejarás. Yo Jehová vuestro Dios» (Lev. 19:9-10; ver también 23:22; Deut. 24:19). Parece como si Rut ejerciera esta disposición legal al llegar a Belén, porque no tiene suficiente comida. Sin nadie que la mantenga a ella y a su suegra, Rut toma la iniciativa de espigar en lo que le parece un campo cualquiera. El campo resulta ser propiedad de Booz, pariente de la familia de Elimelec.

De todos los episodios que podrían haberse relatado sobre la vida de Rut y Noemí después de salir de Moab, el narrador salta a los acontecimientos de un día concreto en la vida de Rut en Belén: el día en que Rut conoce a Booz. Rut y Noemí acaban dándose cuenta de que Rut ha tropezado con el campo de Booz, quien, por ser pariente de la familia de Elimelec, puede redimir a las mujeres (Rut 2:19-20). Los lectores ya conocen esta posibilidad, puesto que el narrador les avisó antes de que Rut llegara al campo de Booz (2:1). Así pues, esperamos con expectación que se produzca esta redención a lo largo de los acontecimientos que siguen.

Ahora que Rut vive entre el pueblo de Israel, puede optar por la redención según las costumbres de la comunidad israelita. Noemí se esfuerza por encontrar una situación doméstica adecuada para Rut y, al parecer, la anima a proponer una especie de matrimonio a Booz (Rut 3:1-5). La vaguedad de la orden de Noemí a Rut debería llamarnos la atención como lectores. Nos queda la duda de si Noemí anima a Rut a abordar a Booz y realizar un acto sugestivo descubriéndole los «pies», un posible eufemismo.[6] Además, nos preguntamos por qué Rut pediría a Booz que la redimiera en mitad de la noche. ¿Por qué le descubriría los pies mientras estaba acostado? ¿Por qué le diría Booz explícitamente a Rut que no dejara que nadie supiera que había venido a su era (3:14)? Es difícil interpretar las acciones de Rut en la era. Sin embargo, a través de su conversación con Booz, Rut comunica su deseo de ser redimida por él, y él expresa su voluntad de llevar a cabo la redención.

Pero, ¿qué es exactamente lo que Booz va a redimir?

Los lectores están familiarizados con el concepto de redención de la Torá. Por ejemplo, la tierra puede ser redimida: «Cuando tu hermano empobreciere, y vendiere algo de su posesión, entonces su pariente más próximo vendrá y rescatará lo que su hermano hubiere vendido» (Lev. 25:25). La ley israelita establecía disposiciones para que los miembros de la familia rescataran las propiedades de quienes se veían obligados a venderlas debido a una situación económica precaria. En el libro de Rut, Noemí vende una parcela de tierra por este motivo. Sin embargo, la situación es un poco más complicada que la simple venta de una propiedad debido al matrimonio de Mahlón con Rut. Parece que Israel había desarrollado una costumbre relativa a la redención de la tierra a la muerte de un miembro de la familia. Esta costumbre requería que la persona que redimía la tierra también cuidara de la esposa de la persona fallecida. Esto significa que la persona que redime la propiedad de Elimelec tiene que casarse con Rut.

En la escena en la que Booz redime la propiedad de Elimelec a través de Noemí, el lenguaje de la redención se combina con la idea de levantar un nombre para el muerto. Esto suena sorprendentemente parecido a la costumbre del levirato, aunque aparentemente se practica de forma diferente en esta situación (Rut 4:10; ver también Deut. 25:5-6; ver cap. 7 anteriormente). Al menos en el caso de Rut y Booz, las leyes relacionadas con la redención de la propiedad y el levirato parecen haberse mezclado para exigir que la persona que redime la tierra también conserve la familia del vendedor. Booz, en consecuencia, toma a Rut por esposa, la tierra pasa a ser legítimamente suya, y también hace surgir un nombre para los muertos. De este modo, Booz no se limita a tomar posesión de las tierras de la familia de Elimelec, sino que también da continuidad a la línea familiar de él y libera a Rut de la angustia de quedarse sin marido, sin hijos y en pobreza.

6. Tal vez, como afirma Adele Berlin, «Noemí envió a [Rut] en una misión romántica, pero [Rut] la convirtió en la búsqueda de un redentor». Berlin, *Poetics and Interpretation*, 90.

El proceso de redención a las puertas de la ciudad conduce a la culminación de la narración, que se expone con toda naturalidad: «Booz, pues, tomó a Rut, y ella fue su mujer; y se llegó a ella, y Jehová le dio que concibiese y diese a luz un hijo» (Rut 4:13). Con el nacimiento de Obed, Rut y Booz insuflan nueva vida a la familia de Elimelec. Este niño perpetúa el nombre y la memoria de la casa de Elimelec, mediante la unión inesperada de un judío y una moabita (Rut 4:14,16).

El camino de Rut hacia el rey David

La narración de Rut lleva a buen término un plan que se puso en marcha mucho antes de su «encuentro fortuito» con Booz. En la feliz ocasión en que Booz toma a Rut por esposa, los presentes en la puerta de la ciudad bendicen a Booz diciendo: «... Testigos somos. Jehová haga a la mujer que entra en tu casa como a Raquel y a Lea, las cuales edificaron la casa de Israel; y tú seas ilustre en Efrata, y seas de renombre en Belén. Y sea tu casa como la casa de Fares, el que Tamar dio a luz a Judá, por la descendencia que de esa joven te dé Jehová» (Rut 4:11b-12).

Las mujeres aquí mencionadas se remontan a una narración que viene desarrollándose desde la época de los patriarcas. Jacob tuvo doce hijos con cuatro mujeres, pero en la conclusión de Rut solo se mencionan las dos esposas «legítimas». Sin duda, esto no se debe a que el narrador no conociera a Bilha y a Zilpa. Más bien, la mención de las esposas legítimas de Jacob es necesaria para destacar a Judá, el hijo de Lea. A la inversa, al mencionar la relación ilícita que Judá mantuvo con Tamar, el narrador recuerda a su vástago, Fares. Fares es el meollo de esta parte del libro de Rut, ya que el narrador comienza la genealogía final con Fares, que perpetúa la línea real de David.

Los sucesivos lectores de toda la Biblia recuerdan las bendiciones singularmente positivas que su padre, Jacob, concedió a Judá cuando el libro de Génesis llega a su fin (Gén. 49:8-10). Ese pasaje es complejo, pero a todos los efectos describe a Judá siendo especialmente honrado por los demás y portador de una autoridad única. Rut se casa con un miembro de la tribu de Judá y perpetúa la línea genealógica que, en última instancia, hace que el pueblo de Israel salga del caos de los jueces y entre en la estabilidad de la realeza de Judá que se había presagiado anteriormente.

Dónde se encuentran Ana y Rut

Las historias de Ana y de Rut se encuentran en David. El orden social es introducido en Israel por una moabita inmigrante en Judá que se casa en la línea davídica y por una mujer «estéril» que da a luz al niño (Samuel) que unge a David como rey de Israel. David, como descendiente de Judá, recibe finalmente la promesa de una realeza perpetua que trascenderá sus días (2 Sam. 7:16). Ana y Rut son las madres de la línea monárquica que trae esperanza de orden y prosperidad al pueblo de Israel señalando a David.

Ana y Rut son ejemplos genuinos de fe en el Dios de Israel en tiempos de vulnerabilidad y dolor. Demuestran cómo es confiar en Dios en circunstancias difíciles y son ejemplos relevantes para todos los lectores. A través de estas narraciones, los lectores observan cómo el plan divino incluye de forma única a mujeres en grandes apuros para traer el orden civil y la esperanza, tanto para las mujeres personalmente como entre el pueblo de Israel, que se había desviado mucho de su llamado. Pasemos ahora a la monarquía para analizar su desarrollo, apogeo y eventual caída.

DOCE

El verdadero legado del rey David

> Las paredes estaban cubiertas de tapices... y, en todo caso, representaban la historia bíblica de David y Betsabé, y Natán, el profeta, en colores aún sin desteñir, pero que hacían a la bella mujer de la escena casi tan sombríamente pintoresca como el vidente.
>
> —Nathaniel Hawthorne, *The Scarlet Letter* [La letra escarlata]

La cita anterior de *La letra escarlata* desarrolla vívidamente un detalle aparentemente minúsculo del estudio casero de uno de los personajes principales del libro, el reverendo Dimmesdale. No se aclara cómo debe visualizar el lector las imágenes del tapiz que reflejan las escenas de 2 Samuel 11–12 (en las que aparecen David, Betsabé y el profeta Natán), excepto para comparar la representación «sombríamente pintoresca» de Natán, reprensor del rey David, con la de Betsabé, víctima del rey David. No se dan más detalles, ya que imaginar la obra de arte ficticia del tapiz no es lo importante para el narrador. Más bien, lo importante es que los lectores de *La letra escarlata* interpreten aspectos de su escandalosa trama a la luz de su conocimiento de la narración bíblica protagonizada por estos personajes.

El rey David comparte múltiples puntos de afinidad con el reverendo Dimmesdale. Tanto David como Dimmesdale ocupan puestos de autoridad en sus respectivas comunidades; ambos participan en escándalos con mujeres casadas; ambos hacen un esfuerzo concertado por ocultar sus fechorías mediante el engaño; ambos mantienen encuentros con los maridos de las mujeres con las que participan en aventuras extramatrimoniales; ambos utilizan a las mujeres para proteger sus fachadas de nobleza y devoción religiosa y se esfuerzan por dar la impresión de ser honorables ante sus comunidades.

La mala conducta de David y de Dimmesdale constituyen heridas autoinfligidas que provocan consecuencias drásticas y conducen a un mayor comportamiento autodestructivo. Dimmesdale se siente abrumado por la culpa y la vergüenza hasta el punto de que su angustia le provoca una verdadera herida autoinfligida, lleva esta herida en el pecho, oculta bajo la ropa, para representar los sufrimientos de su conciencia hasta el día de su muerte. Aunque David no se inflige una herida física, sus actos de adulterio, engaño y asesinato conducen a la ruptura de su vida pública y familiar.

Al menos una diferencia importante distingue a David de Dimmesdale. Este es también el contraste más notable entre David y su predecesor real, el rey Saúl: el arrepentimiento de David. Después de todo lo que el rey David logra durante su reinado, deja una impresión duradera en los lectores de la Biblia al demostrar confesión y quebrantamiento ante Dios. En este capítulo, prepararemos el escenario para la historia de David examinando primero el reinado de Saúl, el primer rey de Israel. Luego repasaremos brevemente el ascenso al poder del rey David y su épica caída en desgracia, derivada de sus despiadados tratos con Betsabé y su marido, Urías. Durante este repaso, prestaremos especial atención a cómo algunas partes de las narraciones protagonizadas por Saúl, David, Betsabé, Urías y Natán destacan la confesión, el arrepentimiento y el quebrantamiento del rey David como aspectos clave de su legado perdurable.

Saúl: El tapiz de la narración de David

Como se aludió en el capítulo anterior, el ascenso de David al poder está ligado al mandato del profeta Samuel, que unge a Saúl y a David como los primeros reyes de Israel. Samuel unge a Saúl como líder de Israel tras una prueba en la que se cruzan fortuitamente cuando Saúl buscaba las asnas perdidas de su padre (1 Sam. 8–10). A la unción privada, a la que solo asisten Samuel y Saúl, sigue una coronación pública en Mizpa. Durante la coronación pública de Saúl se produce una interesante secuencia de acontecimientos, que arroja luz sobre la forma en que los lectores deben entender las posteriores representaciones de los personajes de la narración.

Cuando el pueblo de Israel se reúne en Mizpa antes de la investidura pública de Saúl, Samuel reprende a la comunidad en nombre del Señor por haber despreciado a su Dios en favor de un rey terrenal (1 Sam. 8:7,19; 12:12). Samuel procede entonces obedientemente con el protocolo de coronación durante el cual Saúl, el hijo Cis, de la tribu de Benjamín, va a ser elegido como primer rey de Israel. Sin embargo, mientras Israel espera el nombramiento de su principal líder, el rey electo no aparece por ninguna parte. La comunidad se ve obligada a preguntar al Señor dónde está su nuevo comandante supremo. Dios comunica que Saúl, el recién designado rey de Israel, se esconde, aparentemente porque tiene miedo (comp. Gén. 3:10; Jos. 10:16-17; Jue. 9:5). La gente de la comunidad se ve obligada a sacar a Saúl de su escondite y presentarlo ante Israel para que sea coronado como rey (1 Sam. 10:20-23).

Sabiendo que Samuel ya había ungido a Saúl como líder del pueblo de Israel (1 Sam. 10:1), los lectores se encuentran en una posición única para preguntar sobre esta escena: ¿Por qué se esconde Saúl cuando *ya sabe* que es el elegido para dirigir a Israel? Este incidente también nos impulsa a criticar al profeta Samuel, quien en otros momentos de su ministerio ha denunciado con dureza acciones insensatas que desafían las instrucciones de Dios (por ej.: 8:10-18; 12:17-18; 13:13-14; 15:14-23; ver también la siguiente sección). Sin embargo, en esta situación, Samuel guarda un llamativo silencio sobre Saúl ocultándose, a pesar de saber que el plan del Señor era que fuera coronado como líder de Israel (9:15-16). ¿Por qué Samuel no reprende a Saúl por esconderse en el momento más importante de su vida y en un momento tan trascendental en la historia de la comunidad? En Mizpa, Samuel hace caso omiso del hecho de que Saúl parece completamente dispuesto a evitar su llamada al liderazgo.

Cuando Saúl es finalmente llevado ante el pueblo de Israel para ser coronado como rey, el narrador menciona que sobresale por encima del resto del pueblo. La estatura y el carácter agradable de Saúl se reiteran a lo largo de la narración (1 Sam. 9:2; 10:23), y curiosamente su aspecto acaba siendo el centro de la presentación que Samuel hace de él: «¿Habéis visto al que ha elegido Jehová, que no hay semejante a él en todo el pueblo?» (10:24). Los lectores reflexivos se ven obligados a cuestionar: «¿Por qué Samuel preguntaría si la comunidad de Israel "ve" a Saúl, cuando el narrador nos dice que es más alto que todos los demás?». La respuesta parece estar en el énfasis de Samuel en que Dios eligiera a alguien que tuviera la apariencia de un líder bueno y fuerte.

Samuel está aparentemente cautivado por el momento, centrándose en la apariencia externa del rey electo y enfatizándola por encima del carácter de Saúl.

Estas observaciones dejan a los lectores con la percepción de que Saúl no quiere ser rey tanto como Israel quiere tener un rey. Además, parece como si el propio Samuel facilitara y luego se viera absorbido por el bombo del rey electo. Estas consideraciones nos llevan a preguntarnos cómo se desarrollará el reinado de Saúl. ¿Será el imponente rey, al que todo Israel *debe* admirar, el líder resuelto de carácter fuerte al que todos *podrán* admirar? ¿O acaso el hecho de que se esconda de su coronación presagia sus debilidades, su inseguridad y su falta de capacidad de liderazgo? En pocos capítulos tendremos las respuestas a estas preguntas. El resultado de estas respuestas influirá directamente en nuestra percepción de David a la luz de Saúl.

La caída de Saúl

En algunos momentos de su vida, Saúl muestra matices del tipo de liderazgo necesario para unificar al pueblo de Israel y liberarlo de las manos de quienes lo angustiaron durante el período de los jueces (1 Sam. 14:47-48). Además, el profeta del Señor, Samuel, actúa favorablemente hacia Saúl, apoyándolo y animándolo a seguir al Señor al principio de su reinado. La capacidad de liderazgo de Saúl y el respaldo de Samuel a su reinado quedan patentes en la primera campaña militar de Saúl. Cuando los amonitas asedian la ciudad de Jabes de Galaad, Saúl, impulsado por el Espíritu de Dios, convoca tropas de Israel y de Judá y derrota a los opresores de su pueblo. El éxito militar de Saúl lleva a Samuel a convocar al pueblo de Israel en Gilgal y a reafirmar a Saúl como líder de su pueblo (11:1-15). Gilgal se convertirá en un lugar de gran importancia en la narración de Saúl. Es aquí donde se establece finalmente el reinado de Saúl. Israel se regocija porque por fin han encontrado al líder que los protegerá, el líder que han estado esperando, que saldrá delante de ellos y luchará en sus batallas (8:20; 12:1-2).

Al menos, eso es lo que piensan.

El sacrificio de Saúl en Gilgal

La segunda campaña militar de Saúl es significativamente diferente. Aunque al final es una campaña exitosa para Israel, Saúl no obtiene la victoria (1 Sam. 14:1-23). De hecho, los acontecimientos de Gilgal que conducen a la batalla contra los filisteos precipitan la caída del rey Saúl. Esto es lo que sucede: el eterno enemigo de Israel, los filisteos, reúne 30 000 carros[1] y 6000 soldados en Micmas para luchar. Saúl y sus tropas están estacionados no muy lejos, en Gilgal. Cunde el pánico y se atemorizan hasta el punto de que algunos de los combatientes de Saúl se esconden de su llamado al servicio en cuevas y cisternas; otros abandonan a su jefe y a sus compañeros y huyen a las zonas de Gad y Galaad (13:7-8; 14:11). El número de personas en el campamento de Saúl disminuye de 2000 hombres a solo 600 debido a la amenaza filistea (13:2,15). Saúl contempla con temor y desesperación cómo las tropas le abandonan, y llega a la conclusión de que debe hacer algo para detener la perdición de Israel. Esto le acarrea grandes problemas.

En un momento no revelado, Samuel ordena a Saúl que viaje a Gilgal y lo espere allí para sacrificar una ofrenda (1 Sam. 13:8). Después de llegar a Gilgal, esperar siete días y observar cómo una parte considerable de sus tropas se ausentaba sin permiso, Saúl decide que ya ha visto suficiente y lleva a cabo el holocausto sin que Samuel esté presente. Esta acción es especialmente problemática porque hacer sacrificios estaba reservado para los sacerdotes, que debían pertenecer a la tribu de Leví (Núm. 18:6-7). Saúl pertenecía a la tribu de Benjamín, por lo que no estaba autorizado a ejercer tales responsabilidades sacerdotales. Samuel, que era levita, sirvió en el tabernáculo desde niño y fue adiestrado en la actividad cultual del antiguo Israel (1 Sam. 1:21-28; 1 Crón. 6:33-34). Sea como fuere, el miedo de Saúl lo lleva a la impaciencia; la impaciencia lleva a Saúl a desdeñar la orden del profeta Samuel; desdeñar a Samuel lleva a Saúl a actuar fuera de lugar y a violar la orden de Dios.

En cuanto Saúl sacrifica el holocausto, Samuel vuelve a la narración y pregunta por las acciones impulsivas de Saúl. Saúl se esfuerza rápidamente por justificar su ofensa. Hay tres componentes importantes en la racionalización equivocada de Saúl.

1. Saúl culpa a otros. Según Saúl, otros tienen la culpa de *obligarlo* a sacrificar el holocausto: el pueblo se estaba dispersando; Samuel no llegó a tiempo; los filisteos se reunieron (1 Sam. 13:11; comp. Gén. 3:8-13). El rey Saúl no libra las batallas del pueblo como

1. Este número refleja la lectura del Texto Masorético. Se trata de un grupo de carros bastante numeroso en relación con el número de soldados (comp. 1 Sam. 13:5). Una reseña de la Septuaginta y de la versión siríaca indica que había 3000 carros frente a 30 000. El número más pequeño parece encajar mejor con la cantidad de gente que acompañaba a los carros en la batalla. En cualquier caso, Saúl está en inferioridad numérica.

Israel deseaba y esperaba. Más bien, Saúl se contenta con pasar las consecuencias de sus fechorías a otros miembros del pueblo a los que se suponía que debía liderar.

2. Saúl añade un toque religioso a su respuesta. Según Saúl, la *verdadera* razón para sacrificar el holocausto era buscar el favor del Señor ante la inminente batalla con los filisteos (1 Sam. 13:12).
3. Saúl no se arrepiente. En lugar de admitir su ofensa y expresar arrepentimiento por haber desobedecido la palabra del Señor que llegó a través de Samuel (13:13), Saúl se queda mudo. En su autojustificación ante Samuel, Saúl no asume ninguna responsabilidad por sus actos.

Samuel se da cuenta de los pretextos de Saúl y señala que sacrificar el holocausto fuera de turno era emblemático de rechazar el mandato del Señor. Es extremadamente problemático que el primer rey de Israel rechace deliberadamente la palabra de Dios, ya que al hacerlo, la comunidad vuelve a la época de los jueces, en la que cada uno hacía lo que bien le parecía. Por lo tanto, el reino de Saúl no se establecerá. Irónicamente, el reinado de Saúl fue confirmado en Gilgal, y en Gilgal, Samuel confirma que terminará.[2]

Saúl salva a Amalec

Aunque Saúl es rechazado por el Señor en Gilgal, todavía no es expulsado de su cargo. De hecho, Saúl recibe una especie de segunda oportunidad. Samuel recuerda a Saúl su vocación de ser el líder de Israel y le ordena, en nombre del Señor, que lleve a cabo otra singular misión militar: «Ve, pues, y hiere a Amalec, y destruye todo lo que tiene, y no te apiades de él; mata a hombres, mujeres, niños, y aun los de pecho, vacas, ovejas, camellos y asnos» (1 Sam. 15:3). Saúl debe combinar su capacidad de liderazgo con la humildad de obedecer.

Las instrucciones divinas para la misión de Saúl son fácilmente inteligibles. El Señor incluso proporciona a Saúl una razón para la operación: Amalec perturbó al pueblo de Israel cuando salió de Egipto (Ex. 17:14-16; Núm. 14:41-45; Deut. 25:17-19). Además, los lectores sabemos que los amalecitas se opusieron a Israel en la tierra prometida formando coaliciones con los moabitas (Jue. 3:13) y los madianitas (6:3). Dada esta historia, los lectores entendemos que los amalecitas

2. Good, *Irony in the Old Testament*, 70.

comprometen la seguridad nacional de Israel. Por ello, difícilmente podríamos cuestionar una ofensiva militar contra los amalecitas.

Sin embargo, es seguro que algunos de nosotros podríamos preguntarnos: ¿Por qué *tiene* que morir *toda* persona y animal amalecita? Los que nos hacemos esta pregunta podríamos estar pensando lo mismo que el rey Saúl. Saúl derrota a los amalecitas, aparentemente sin cuestionar la dirección para combatir a ese grupo étnico en particular (1 Sam. 15:7). El problema para Saúl es que realmente no cree que toda persona y todo animal *tengan* que ser ejecutados. Esto es particularmente evidente cuando preserva la vida de Agag, el rey de los amalecitas, así como lo mejor de su ganado (15:8-9). Saúl rehúye intencionalmente la palabra de Dios por segunda vez, lo que le acarrea consecuencias más explícitas que su prueba inicial en Gilgal (15:22-29).

El profeta Samuel es avisado por el Señor de la desobediencia de Saúl y se entristece profundamente cuando se encuentra con el rey al día siguiente, de nuevo en Gilgal. Sin que Samuel mencionara nada sobre la orden del Señor relativa a los amalecitas, Saúl establece rápidamente un informe falso sobre sus acciones. Una vez más, es importante notar tres aspectos de la declaración de Saúl que son sorprendentemente similares a los de sus palabras anteriores a Samuel en Gilgal.

1. Saúl culpa a otros: Una vez más, Saúl echa la culpa de su mal proceder a sus propias tropas. Saúl se asegura de señalar que «ellos» fueron los que confiscaron el ganado de los amalecitas; «ellos» fueron los que perdonaron a las mejores ovejas y bueyes para sacrificarlos al Señor. A continuación, Saúl se incluye a sí mismo en la parte de su informe que refleja la obediencia al mandato de Dios, al afirmar: «pero lo demás lo destruimos» (1 Sam. 15:15).
2. Saúl comienza su respuesta con un giro religioso. En cuanto Saúl ve que Samuel se acerca a él en Gilgal, grita: «Bendito seas tú de Jehová». Saúl declara entonces una media verdad: «yo he cumplido la palabra de Jehová» (15:13). Samuel responde haciendo a Saúl una pregunta retórica: «¿Pues qué balido de ovejas y bramido de vacas es este que yo oigo con mis oídos?» (15:14). La pregunta de Samuel ofrece a Saúl la oportunidad de arrepentirse por desobedecer el mandato del Señor. No lo hace.
3. Saúl «se arrepiente». Samuel rechaza las excusas de Saúl e inmediatamente pronuncia el juicio final de Dios sobre él: Dios rechaza a Saúl como rey de Israel (15:22-23). Al oír las consecuencias,

> Saúl finalmente se quiebra y admite ante Samuel: «Yo he pecado; pues he quebrantado el mandamiento de Jehová y tus palabras, porque temí al pueblo y consentí a la voz de ellos. Perdona, pues, ahora mi pecado» (15:24). Saúl sigue culpando al pueblo incluso en su «arrepentimiento». Saúl se «arrepiente» porque le interesa proteger su fachada política (15:24-25,30). Edwin Good resume: «La motivación aparente de Saúl ni siquiera llega al nivel de la piedad. Se ha preocupado más por su "imagen pública" que por su responsabilidad real».[3]

Hay una tremenda incongruencia entre lo que Saúl está llamado a ser y lo que llega a ser. Saúl utiliza su posición de privilegio y autoridad como rey de Israel para comprometer a aquellos a quienes se supone que debe guiar y proteger. Es un líder alto, que da la apariencia de una persona fuerte, pero no posee el carácter admirable que motivaría a los israelitas (o a los lectores) a admirarle. En lugar de eso, Saúl desprecia la palabra del Señor, da un giro religioso a sus justificaciones, cambia las culpas y rechaza el arrepentimiento auténtico. La negativa de Saúl a aceptar la responsabilidad de sus actos le conduce a una inestabilidad personal que se manifiesta a lo largo del resto de su vida.

El rechazo de Saúl a la Palabra del Señor sella su destino. Samuel profetiza que Dios le arrebatará el reino a Saúl y se lo dará a otra persona más apta para el cargo (1 Sam. 15:28). Dios elegirá a una persona que sea afín, según el corazón de Dios («conforme a su corazón» [13:14]).

La unción de David

Al igual que el tapiz de David, Betsabé y Natán sirven de telón de fondo al calvario del reverendo Dimmesdale, la narración de Saúl sirve de telón de fondo a importantes aspectos de la vida del rey David. Particularmente cuando consideramos los errores de Saúl y los consiguientes rechazos descritos en 1 Samuel 13 y 15. Una vez consumado el rechazo de Saúl, anticipamos cómo se resolverá el problema del rey de Israel: Samuel le dice específicamente a Saúl que Dios le dará el reino a un prójimo (es decir, un conciudadano) que sea mejor que Saúl (1 Sam. 15:28). Este lenguaje comparativo nos lleva a preguntarnos: ¿Qué quiere decir Samuel con «prójimo»? ¿Quién es esta persona, y cómo será el próximo líder mejor que Saúl? Samuel inaugura la sucesión del poder después

3. Good, *Irony in the Old Testament*, 72.

del segundo fracaso de Saúl, lo que permite a los lectores comparar y contrastar al recién nombrado rey David con su predecesor.

Samuel está afligido por el rechazo de Saúl cuando recibe la orden del Señor de ungir a otro rey. Cuando Dios ordena a Samuel que viaje a la casa de Isaí en Belén de Judá, Samuel teme que Saúl se entere de su misión y lo mate. Esto aclara por qué al sucesor de Saúl se le llama «prójimo». No solo el rey electo será un compatriota israelita, sino que Judá y Benjamín son tribus vecinas. El sucesor de Saúl no es un israelita cualquiera; procederá de una región adyacente a Benjamín, el lugar de origen y residencia de Saúl (1 Sam. 15:34).

Samuel obedece la orden de Dios, llega a la casa de Isaí en Belén y, sin demora, invita a Isaí y a sus hijos a un sacrificio. En este punto, el narrador comparte información que (1) es crucial para entender la unción del rey electo en esta escena y (2) nos ayuda a comprender las acciones de Samuel en la coronación pública de Saúl (1 Sam. 10:17-27). El narrador nos dice que cuando Samuel ve al primogénito de Isaí, Eliab, Samuel piensa que el ungido del Señor está sin duda ante él (16:6). Esta información nos permite entender que Samuel juzga el potencial de liderazgo basándose en la apariencia. Así es precisamente como se lo representa a Samuel en la coronación de Saúl, cuando anima al pueblo a contemplar a su alto rey (10:23-24). El aspecto de Saúl da la impresión de que será un líder fuerte, al igual que el de Eliab. Sin embargo, esta vez Dios prohíbe expresamente a Samuel que se fije en el aspecto o la estatura de Eliab y subraya que «Jehová no mira lo que mira el hombre; pues el hombre mira lo que está delante de sus ojos, pero Jehová mira el corazón» (16:7). Ahora Samuel está llamado a ordenar a la persona que el Señor ha elegido específicamente, independientemente de su apariencia.

Samuel no objeta a Dios; responde adecuadamente a la palabra del Señor. Isaí hace desfilar a siete de sus hijos ante Samuel, quien, ahora sensible a la orden divina, se abstiene de juzgar sus capacidades de liderazgo basándose en la apariencia. Samuel les comunica uno por uno que el Señor no ha elegido a ninguno de ellos. Sintonizado con la guía de Dios, Samuel sospecha finalmente que no todos los hijos de Isaí están presentes. Si fuera por Samuel, ungiría al mayor, al más guapo y al más alto, como en el caso de Saúl. Sin embargo, como Samuel es sensible y obediente a la palabra de Dios, es capaz de aceptar que Dios le dirija hacia un líder mejor, cuya apariencia puede ser diferente de lo que él espera.

Esto es precisamente lo que sucede. Cuando llaman a David para que venga de cuidar las ovejas, Samuel no reflexiona sobre su aspecto como hizo durante la coronación pública de Saúl, sino que el narrador nos habla de la belleza de David. A diferencia de Saúl, David no es alto y distinguido, sino joven y apuesto (1 Sam. 16:12). De este modo, los lectores saben que la unción de David no se basa en su apariencia. David es el rey divinamente designado sobre Israel, aunque su propia familia no lo considere digno de presentarse ante Samuel. La opinión de los demás no importa en esta situación. Las siguientes palabras de Dios a Samuel son lo único que importa: «Levántate y úngelo, porque este es» (16:12).

David: de pastor a fugitivo, de rey a asesino

El hecho de que David sea retratado como un hombre apuesto es importante para la percepción que tenemos de él a medida que avanza la narración. Como afirma Adele Berlin, «el rasgo sobresaliente de David no es la estatura, sino su buen aspecto (apuesto y rubicundo). Esto crea una imagen diferente en la mente del lector, una imagen que no se limita a la apariencia física, sino que se extiende a una personalidad con atractivo popular (como confirma la narración)».[4] La «personalidad» y el «atractivo popular» acaban siendo los salvavidas de David a lo largo de su ascenso al poder tras su unción clandestina por Samuel. Con el tiempo, Saúl desarrolla unos celos enfermizos hacia David, que le llevan a un estado de locura en el que intenta asesinarlo en repetidas ocasiones (1 Sam. 18:6-16; 19; 23:15–24:22; 26). A partir de esta época, David se casa con la hija de Saúl, Mical, que le salva la vida (18:17–19:24); la amistad de David con Jonatán, hijo de Saúl, adquiere una importancia crucial para su supervivencia (1 Sam. 20); David confraterniza con los filisteos, entre quienes encuentra asilo (1 Sam. 27); y David reúne a cientos de guerreros fieles para que lo protejan (23:13; 25:13; 27:2). David sobrevive estos años porque es capaz de conectar con el pueblo. Tras la muerte de Saúl a manos de los filisteos, el pueblo de Judá —el propio pueblo de David— lo reconoce formalmente como su rey (2 Sam. 2:4).

David reina en Hebrón, Judá, durante un total de siete años y medio (2 Sam. 2:1; 5:5). No se le reconoce inmediatamente como rey de todo Israel porque Is-boset, hijo de Saúl, ha sido nombrado jefe de grandes zonas del norte del país y de la región de Transjordania (2:8-11). Is-boset

4. Berlin, *Poetics and Interpretation*, 137.

es asesinado, lo que facilita el reconocimiento de David como rey de todas las tribus (5:1-5). Posteriormente, David conquista Jerusalén, se instala en la ciudad de David y establece la ciudad como centro de la actividad religiosa y política de Israel (5:7,9; 6:1-15).

Es en Jerusalén donde Dios promete a David que su casa y su reino perdurarán para siempre (2 Sam. 7:16). Mientras vive en Jerusalén, David guía a Israel hacia su época de mayor éxito como pueblo hasta el momento, dirigiendo campañas militares, derrotando a los enemigos de Israel y expandiendo el reino (2 Sam. 8). Al quedarse en Jerusalén cuando debería estar en la batalla, David se ve envuelto en otro tipo de batalla, una que causará muchas bajas y pondrá en peligro el legado de su familia (2 Sam. 11–12).

¿Qué hace David en Jerusalén?

La batalla de David contra los amonitas comienza por un error de juicio insensato. Cuando el rey amonita Nahas muere, David envía a sus siervos a consolar al hijo del rey, Hanún. Los consejeros de Hanún confunden las intenciones de los siervos y afirman que han llegado para espiar la tierra. Hanún cree en la palabra de sus consejeros y avergüenza a los israelitas haciendo que les afeiten la barba y les corten las vestiduras. Los amonitas se dan cuenta de que avergonzar a los israelitas provocará represalias, así que toman medidas preventivas, formando una coalición con los arameos. Joab, el comandante militar israelí, conduce a las fuerzas israelíes a la batalla contra los arameos, infligiéndoles una brutal derrota y obligándoles a retirarse a la ciudad de Helam. El rey David viaja entonces a Helam y derrota a los arameos de tal manera que temen volver a formar una coalición con los amonitas contra Israel (2 Sam. 10:1-19). En este punto, el conflicto entre los israelitas y los amonitas aún no está resuelto y debe esperar a otro día.

La primavera trae consigo mejores condiciones para la batalla, como se sugiere en 2 Samuel 11:1: «Aconteció al año siguiente, en el tiempo que salen los reyes a la guerra, que David envió a Joab, y con él a sus siervos y a todo Israel, y destruyeron a los amonitas, y sitiaron a Rabá; pero David se quedó en Jerusalén». A primera vista, este versículo podría parecer simplemente una larga introducción a un cambio de escenario. Sin embargo, la frase final «pero David se quedó en Jerusalén» sugiere que algo no está bien. La permanencia de David en Jerusalén es incongruente con el comportamiento que se esperaría, dada la información de la primera parte del versículo:

- David, el poderoso guerrero desde su juventud (por ej., 1 Sam. 17), que anteriormente dirigió múltiples campañas militares con éxito, incluida la conquista de Jerusalén, envía a Joab a librar su batalla mientras él permanece en Jerusalén.
- Otros israelitas se sacrifican en nombre del rey. «Todo Israel» acude a la batalla contra los amonitas, pero David permanece en Jerusalén.
- Los israelitas asolan la ciudad amonita de Rabá, pero David permanece en la pacífica ciudad de Jerusalén.

En cuanto a la permanencia de David en Jerusalén, Meir Sternberg afirma: «La norma dinámica pone en primer plano la excepción estática; la frase que habla de reyes que van a la guerra centra la atención en el rey que "está sentado" en casa».[5] La incongruencia entre lo que los lectores esperan que esté haciendo el rey David y el hecho de que esté tumbado en su cama incita a los lectores a preguntarse: «¿Qué hace David en Jerusalén?». Esta es precisamente la pregunta que el narrador provoca al contrastar a David con otros que salen a la batalla.

El privilegio del rey David

Mientras Israel está en la batalla, el gran guerrero David está recostado en su cama al atardecer (2 Sam. 11:2). Es irónico que David se hiciera famoso luchando, pero su éxito y prosperidad le llevaron a la autocomplacencia. Ahora son otros los que libran las batallas de David por él.[6] Esto también es irónico, ya que el pueblo de Israel deseaba tanto un rey que saliera a librar sus batallas por ellos (1 Sam. 8:19). Ahora que Israel necesita que su rey guerrero esté en la batalla, él está en casa, recostado en su cama. David sale de la cama para dar un paseo por la azotea a media tarde. Desde allí, se fija en una hermosa mujer no identificada que está bañándose.

Nunca se explica exactamente qué está haciendo la mujer cuando David la observa «bañándose». Los lectores contemporáneos deben abstenerse de importar percepciones modernas de «bañarse», como «ducharse» bajo una regadera o «tomar un baño» en una tina, sin ropa. Es poco probable que el rey David esté mirando a Betsabé desnuda o que ella esté cometiendo algún tipo de acto provocativo mientras se

5. Sternberg, *Poetics of Biblical Narrative*, 195.
6. Good, *Irony in the Old Testament*, 36.

baña. Es probable que Betsabé esté parcialmente vestida y lavando, o incluso enjuagando, una parte concreta de su cuerpo.[7] Esta imagen coincide mejor con el hecho de que Jerusalén, en la época del rey David, no contaba con un sistema de drenaje contemporáneo. Como David estaba en lo alto de su tejado, quizás no pudo evitar fijarse en ella. Sin embargo, no le da la espalda, permitiéndole intimidad. Al contrario, opta por utilizar su elevada posición de privilegio, representada por el hecho de estar en el tejado de la residencia del rey, para codiciar a esta mujer y posteriormente aprovecharse de ella.

El rey David sigue sin saber el nombre de esta mujer.

A continuación, indaga abiertamente en la identidad de la mujer. Un interlocutor anónimo responde a la pregunta de David: «Aquella es Betsabé hija de Eliam, mujer de Urías heteo» (2 Sam. 11:3). El nombre de la mujer es Betsabé, y hay dos componentes importantes en su identidad: (1) Es hija de Eliam. Eliam es uno de los treinta guerreros especiales de David y es hijo de Ahitofel, el consejero de David (23:34; ver también 15:12). (2) Betsabé es la esposa de Urías el hitita. También forma parte de las tropas especiales de David (23:23-24).

Tal vez en la identificación de Betsabé se esperaba que David supiera la respuesta a su propia pregunta. David *debería* haber estado familiarizado con los nombres de las personas a las que se refería la respuesta. David *debería* haber considerado las implicaciones devastadoras de una nueva relación con Betsabé: la nieta de su consejero, Ahitofel, la hija de uno de sus oficiales de las fuerzas especiales, Eliam, y la esposa de Urías el hitita, su soldado y vecino. David *debería* haber conocido a estas personas y *debería* haberse preocupado por ellas.

A David no le importa.

David responde procediendo fría y rápidamente hacia su objetivo deseado de apoderarse de Betsabé.

El poder del rey David

El abuso del poder real por parte del rey David se manifiesta plenamente cuando envía a varios mensajeros a «buscar» a Betsabé y llevarla a su residencia. Esta es la única razón por la que Betsabé acude a la residencia real. David comete adulterio con Betsabé mientras ella se ve obligada a estar con él. Ella es forzada a esta situación por el hombre con más poder y privilegio en todo Israel (2 Sam. 11:4). Inmediatamente después

7. El objeto directo del verbo «lavar» falta en algunas versiones de 2 Sam. 11:2, y por lo tanto es difícil precisar exactamente lo que estaba haciendo Betsabé. Ver más adelante.

del acto inicuo de David, el narrador proporciona un detalle conciso que indica que Betsabé ha estado limpiándose de su impureza (2 Sam. 11:4). Esta nota aparentemente aleatoria es otro ejemplo de cómo el narrador omnisciente proporciona detalles específicos para comunicarnos información que quizás no conocieran los personajes de la narración. El hecho de que Betsabé haya estado limpiándose de su impureza hace referencia a los rituales de purificación tras el ciclo menstrual (Lev. 15:19,28; 18:19). Evidentemente, Betsabé acaba de pasar por el período de siete días de impureza después del ciclo menstrual antes de que David se acostara con ella. Por lo tanto, cuando Betsabé informa que está embarazada (2 Sam. 11:5), solo cabe una conclusión: David es el padre del niño. Meir Sternberg afirma: «Este detalle, aparentemente tan inútil en el contexto, permite al lector deducir y concretar la paternidad de David».[8]

David utiliza sus privilegios y su poder para apoderarse de Betsabé y abusar de ella. El embarazo de Betsabé es una prueba inequívoca de las horribles acciones de David. David no tarda en tramar un plan de encubrimiento. David empieza a enmascararse, intentando enterrar su transgresión cometiendo más transgresiones.

La farsa del rey David

Cometer adulterio con una mujer casada se castigaba con la pena de muerte en el antiguo Israel (Lev. 20:10; Deut. 22:22). Esta costumbre social es anterior a la Torá y trasciende las fronteras de Israel. Por ejemplo, Génesis recoge una situación en la que Dios estuvo a punto de matar a Abimelec, rey de Gerar, por haber tomado sin saberlo a la mujer de Abraham, Sara (Gén. 20:1-7). Las leyes de Hammurabi sugieren que el antiguo Israel se encontraba como en casa en el mundo del antiguo Cercano Oriente, con leyes tan estrictas relacionadas con el adulterio: «Si sorprenden a la mujer de un hombre acostada con otro varón, los atarán y los echarán al agua».[9] Teniendo en cuenta este contexto, David ha cometido un acto que sería considerado reprobable por el pueblo de Israel y las naciones de su entorno.

David se ve obligado a cubrir sus huellas para evitar las repercusiones del adulterio. Aunque David es culpable de emplear un razonamiento terriblemente poco sólido hasta el momento en la narración, su plan es lógico: si consigue que Urías el hitita tenga relaciones con su mujer, todo el mundo, incluido Urías, pensará que Urías es el padre del hijo de Betsabé.

8. Sternberg, *Poetics of Biblical Narrative*, 198.
9. Las leyes de Hammurabi 129, citadas en Roth, *Law Collections*, 105.

David manda llamar a Urías desde el frente de batalla. Cuando llega, David se hace pasar por un rey preocupado. Sus interacciones con Urías son banales teniendo en cuenta la encarnizada batalla con los amonitas: «Cuando Urías vino a él, David le preguntó por la salud de Joab, y por la salud del pueblo, y por el estado de la guerra» (2 Sam. 11:7). Uno podría cuestionar apropiadamente el hecho de llamar a un soldado de las fuerzas especiales fuera del campo de batalla para hacer preguntas tan comunes que cualquier otro mensajero podría ser capaz de comunicar (11:19-25). Convocar a Urías no tiene sentido a menos que su presencia en Jerusalén sea necesaria para ocultar un grave escándalo. Solo David y los lectores saben que esta es exactamente la situación.

Tras la breve conversación entre David y Urías, el rey envía a Urías a su casa para que «lave sus pies» (2 Sam. 11:8). El narrador proporciona juiciosamente este detalle para aclarar la escena en la que David observa inicialmente a Betsabé. La palabra *(rakjáts)* que el narrador utiliza para representar a Betsabé bañándose en el versículo 2 es la misma que David utiliza para ordenar a Urías que se lave los pies en el versículo 8. Parece como si el narrador estuviera haciendo saber a los lectores que Betsabé estaba participando en una actividad tan normal como lavarse los pies cuando David se aprovechó de ella.

En lugar de ir a casa a lavarse los pies, Urías estropea el plan de David, pasando la noche junto a los criados del rey (2 Sam. 11:8-10). El hecho de que Urías sea un soldado de las fuerzas especiales que evidentemente posee una fuerza física y una disciplina mental únicas obliga al rey a disfrazarse de nuevo, esta vez como un líder preocupado por su soldado. David pregunta: «¿No has venido de camino? ¿Por qué, pues, no descendiste a tu casa?» (11:10). Los lectores conocen ahora las únicas palabras de Urías que aparecen en la Biblia: «El arca e Israel y Judá están bajo tiendas, y mi señor Joab, y los siervos de mi señor, en el campo; ¿y había yo de entrar en mi casa para comer y beber, y a dormir con mi mujer? Por vida tuya, y por vida de tu alma, que yo no haré tal cosa» (11:11).

A través de las pocas palabras de Urías, los lectores perciben que Urías es drásticamente diferente de David, el rey de Israel. En su escueta declaración, Urías, sin saberlo, ironiza sobre varios puntos.

- Urías demuestra preocupación por el pueblo de Israel y Judá, por Joab y por sus compañeros soldados. El rey David solo se preocupa por sí mismo.

- Urías está luchando en la batalla de Israel. El pueblo de Israel quería un rey que los dirigiera en la batalla (1 Sam. 8:19-20). Sin embargo, el rey David está en casa, abusando de su poder contra su propio pueblo.
- Urías no considera correcto comer, beber y acostarse con su mujer cuando sus compañeros israelitas están en la batalla. Sin embargo, mientras él estaba en la guerra, el rey guerrero David estaba en casa, acosando y acostándose con la mujer de Urías.[10]

Las palabras de Urías inician el plan B de encubrimiento, ya que no hay forma de que David oculte su transgresión a menos que Urías regrese a casa. Por lo tanto, David retiene a Urías en Jerusalén un día más. El plan de David, una vez más, es perverso, pero es simple y lógico: si puede bajar las inhibiciones de Urías con alcohol para que la disciplina exhibida la noche anterior pueda disiparse, entonces tal vez Urías regrese con su esposa. El narrador no tarda en informar que David lo embriagó esa noche y, con la misma prontitud, afirma que Urías volvió a dormir entre los siervos del rey (2 Sam. 11:13). La ironía es mordaz: Urías refrena sus anhelos naturales por el bien de la batalla de Israel, mientras que David, rey de Israel, no tiene control sobre sus deseos fuera de lugar y debería estar luchando.

Urías ha rechazado públicamente la oferta del rey de refugio temporal en la comodidad de su hogar. Todos sabrán que no es el padre del hijo de Betsabé. Además, los allegados al rey David (por ej., los que saben que David preguntó por la identidad de Betsabé) sospecharán que el niño es suyo. El conocimiento público de que David había violado la Torá cometiendo adulterio y engendrando un hijo con la esposa de uno de sus poderosos soldados sería devastador para la imagen de David, su atractivo popular y sus relaciones personales (por ej., las que mantenía con sus otras esposas y su consejero, Ahitofel). Sin darse cuenta, Urías no está dispuesto a seguir el plan A o el plan B de David, por lo que solo queda un acuerdo que validará a David como padre del hijo de Betsabé: David tiene que tomar a Betsabé como esposa «legítima». Esto solo puede suceder si Urías muere.

La siguiente fachada de David es la de comandante en jefe «incompetente» del ejército israelita. Irónicamente, David es en realidad un comandante militar de primera categoría. Sin embargo, esta vez se hace

10. Ver Berlin, *Poetics and Interpretation*, 40, para observar más puntos de contraste entre David y Urías.

pasar por el jefe del ejército con instrucciones que precipitan la muerte de sus propias tropas. David trama un plan perverso para matar a Urías y hacerlo pasar por una ofensiva militar que sale mal. Envía una carta a Joab con estos planes de la mano del hombre al que planea asesinar, Urías el hitita (2 Sam. 11:14-17).

David implica a Joab en su fechoría dándole órdenes militares que asegurarán la muerte de Urías en la batalla. Joab pone en práctica estas órdenes, y Urías muere trágicamente junto con otros soldados israelitas inocentes en el subsiguiente combate contra los amonitas. La forma en que se cumplen las órdenes de David conduce a resultados tan terribles que Joab espera que el rey reaccione con dureza al oírlas. Habiendo descifrado aparentemente el objetivo de David, Joab se esfuerza por revelar estratégicamente en el mensaje que la derrota militar supuso la muerte de Urías. Joab da instrucciones al mensajero para que informe de las noticias de la batalla, espere a que el rey se enfade y luego le diga a David que Urías ha muerto. El sirviente evita la ira del rey yendo al grano y declarando explícitamente la información más crucial: «y murió también tu siervo Urías heteo» (2 Sam. 11:24; ver también 11:17-23). Por la forma en que el mensajero comunica las palabras de Joab, percibimos que tal vez incluso el enviado de Joab sabe exactamente lo que el rey intenta conseguir.

David no ha terminado de disfrazarse. Su última farsa en esta narración es hacerse pasar por un rey benévolo. Tras la muerte de Urías, David vuelve a llamar a Betsabé. Esta vez, sin embargo, David toma a Betsabé como esposa «legítima» (2 Sam. 11:26-27). Desde fuera, *parece* como si el compasivo rey hubiera consolado a la viuda de uno de sus poderosos soldados. Para los que no conocen la situación, *parece* como si David amara de verdad a Betsabé, y ella no tarda en concebir un hijo. Llevar a Betsabé a la residencia real *parece* una medida extraordinariamente piadosa por parte del rey.

Pero los lectores saben que las cosas no siempre son lo que *parecen*.

David es descubierto

La condena del narrador

El narrador bíblico es omnisciente, pero no omnicomunicativo. A veces, el narrador indica lo que ocurre en la mente y el corazón de los personajes. En otras ocasiones, el narrador deja ambiguos muchos de los pensamientos y sentimientos de los personajes. En la narración de 2 Samuel 11, la vida interior de los personajes se nos oculta casi por completo; el narrador se limita a comunicar un hecho tras otro. Contar la historia de este modo convierte al narrador en invisible. Por eso resulta impactante que el narrador intervenga con una condena de las acciones de David al final de la narración (11:27).

Sabiendo que el asesinato de Urías se ha llevado a cabo, David ordena al mensajero de Joab que le anime a no insistir en el revés. «Y David dijo al mensajero: Así dirás a Joab: No tengas pesar por esto, porque la espada consume, ora a uno, ora a otro; refuerza tu ataque contra la ciudad, hasta que la rindas. Y tú aliéntale» (2 Sam. 11:25). Las palabras de David, que retratan inquietantemente el corazón insensible de un hombre que ha perdido todo sentido de la moralidad, brindan al narrador la oportunidad de entrar en escena desde detrás del telón y hacer valer la opinión divina sobre la situación. El narrador juega con las palabras de aliento de David a Joab para que no permita que «esto» le desagrade (lit.: «que "esto" no sea malo en tus ojos»). Al concluir esta sección de la narración, el narrador básicamente comenta: «¡No tan rápido! David no se saldrá con la suya»: «Mas esto que David había hecho, fue desagradable ante los ojos de Jehová» (11:27).

Mientras David le dice a Joab: «Oye, no te preocupes por "esto"», el narrador le dice al lector: «¡Oh, más vale que David se preocupe por "esto"!». Adele Berlin resume: «Este es el punto de vista conceptual del narrador, la perspectiva de su actitud hacia la historia que está contando. Desaprueba las acciones de David y, al expresar así su desaprobación, confirma que tiene razón y presagia que no quedarán impunes».[11] Este presagio se convierte en realidad cuando el profeta Natán se enfrenta a David por sus graves fechorías.

La parábola de Natán

La escena de David, Betsabé y Natán en el tapiz funciona para los lectores de *La letra escarlata* porque provoca el recuerdo de un líder venerado que guarda un secreto destructivo que podría destruirle si se revela. Los lectores conocen el secreto y siguen leyendo, esperando el momento en que el protagonista quede al descubierto. En la historia de David y Betsabé, ese momento llega cuando David se enfrenta a una parábola del profeta Natán.

La historia de Natán, que presenta a un hombre rico con muchos animales y a un hombre pobre con un cordero, es patética. El hombre

11. Berlin, *Poetics and Interpretation*, 47.

pobre ama profundamente a su animal, lo cría como si fuera su hijo e incluso le permite beber de su vaso. Cuando un viajero viene a visitar al rico, roba injustamente el único animal del pobre, lo mata y lo prepara como comida en lugar de tomar de su propio ganado. En este escandaloso escenario, el hombre rico se comporta de forma contraria a las costumbres sociales adecuadas en el antiguo Israel: el hombre rico es codicioso, se aprovecha del pobre, roba y comete una grave injusticia al matar al amado compañero del pobre. David lo reconoce y se enfurece por el comportamiento inhumano del rico. Declara que el rico es digno de muerte y le ordena que devuelva cuatro veces lo que ha robado. Natán se enfrenta entonces al rey asesino, proclamando una denuncia que cambiará la vida de David: «Tú eres aquel hombre» (2 Sam. 12:7).

La parábola de Natán es un enigma, no para David, sino para los lectores contemporáneos. Intuitivamente, entendemos que el hombre rico es David. En efecto, es el depredador rico, abusivo y codicioso que robó a una persona más vulnerable que él. Algunos intérpretes suponen entonces que el pobre representa a Urías. Sin embargo, Betsabé es el personaje que sobrevive a la injusticia mientras le roban y asesinan al compañero de su vida. Natán comunica a través de esta parábola el grave maltrato que David ha llevado a cabo contra Betsabé. En un arrebato de egolatría y deseo codicioso, David la ha despojado del objeto de sus afectos.

Los lectores no saben qué esperar cuando Natán confronta a David con su horrible pecado. Considerando esta historia en el contexto de los acontecimientos recientes y el reinado de Saúl, los lectores tienen motivos para preguntarse: ¿Actuará David como el rey asesino una vez más? ¿Se esforzará por encubrir sus fechorías y proteger su imagen como ya han hecho él y Saúl? ¿Pondrá David excusas y culpará a otros de sus actos como hizo su predecesor Saúl cuando fue desafiado por sus transgresiones? Sentimos una tensión legítima tras leer la parábola de Natán. Plenamente conscientes de la conducta de David durante la prueba con Betsabé y Urías, no estamos seguros de hasta dónde llegará David para camuflar su imagen y hacerse pasar por un rey piadoso.

David a la luz de Saúl

La respuesta de David a la reprimenda es diferente de la de Saúl en todos los sentidos. No hay un giro religioso. No culpa a nadie. David confiesa inmediatamente su pecado. Está verdaderamente quebrantado y dispuesto a admitir: «Pequé contra Jehová» (2 Sam. 12:13). Después de un largo período de engaño, viviendo una mentira tras otra, David está listo para establecer una parte crucial de su legado. El legado del arrepentimiento.

A través del quebrantamiento y la confesión de David ante Natán, se muestra a los lectores cómo arrepentirse auténticamente. La admisión del pecado por parte de David, sin pretextos ni culpas, deja un legado para los lectores que podría decirse que trasciende sus otros logros. Muchos lectores del texto bíblico a lo largo de la historia nunca habrían podido identificarse con David como rey, guerrero o incluso pastor. Sin embargo, todos los lectores sienten afinidad con David cuando admite que ha pecado ante el Señor.

El ejemplo de arrepentimiento de David va acompañado de su capacidad para expresar su contrición a través de los salmos. El rey David es recordado como salmista al final de su vida:

> Estas son las palabras postreras de David.
>
> Dijo David hijo de Isaí,
> Dijo aquel varón que fue levantado en alto,
> El ungido del Dios de Jacob,
> El dulce cantor de Israel. (2 Sam. 23:1)

Como David está en la última etapa de su vida, se le llama «ungido», pero no «rey». Más significativo que la realeza terrenal, su legado nos proporciona un ejemplo de vulnerabilidad ante Dios.

El legado de David se desarrolla, en parte, debido a su terrible experiencia con Betsabé. Las palabras del Salmo 51 se atribuyen tradicionalmente a David reflexionando sobre esta situación. En estas palabras, podemos observar el tipo de arrepentimiento que demuestra tras la reprimenda de Natán:

> Porque yo reconozco mis rebeliones,
> Y mi pecado está siempre delante de mí.
> Contra ti, contra ti solo he pecado,
> Y he hecho lo malo delante de tus ojos;
> Para que seas reconocido justo en tu palabra,
> Y tenido por puro en tu juicio. (Sal. 51:3-4)

Mientras que el arrepentimiento de David es decisivo para que se convierta en el renombrado salmista de Israel, Saúl nunca se arrepiente de verdad. Al final de la narración en 1 Samuel 11–12, los lectores observan el marcado contraste entre el rey David, el rey eterno cuyos cánticos se utilizan en el culto hasta nuestros días, y Saúl, el rey temporal cuya épica caída es su legado.

Los daños colaterales del rey David

El arrepentimiento de David no elimina las consecuencias reales de sus terribles fechorías. Sugerir esto sería ignorar la continuación de la narración y sería una afrenta a Betsabé, la víctima de David. Hay graves repercusiones para David y para sus allegados, tal y como Dios comunica a través del profeta Natán: «Así ha dicho Jehová: He aquí yo haré levantar el mal sobre ti de tu misma casa, y tomaré tus mujeres delante de tus ojos, y las daré a tu prójimo, el cual yacerá con tus mujeres a la vista del sol» (2 Sam. 12:11). Como se preveía, la vida personal de David se vuelve bastante caótica en muchos aspectos:

- El primer hijo de David y Betsabé muere (12:15-25).
- Amnón, el hijo de David, viola a Tamar, la hija de David (2 Sam. 13). Este incidente recuerda las propias pasiones violentas de David y su comportamiento revoltoso y abusivo para conseguir lo que quiere.
- Absalón, el hijo de David, acaba asesinando a Amnón por violar a Tamar (13:22,28-29). Al igual que David, Absalón recurre al asesinato para resolver una situación.
- Absalón se rebela contra David y toma a sus mujeres. En este acto se cumple con precisión la palabra del Señor a través del profeta Natán (16:22).
- Ahitofel, uno de los consejeros de David y pariente de Betsabé, se une a la rebelión de Absalón y acaba suicidándose al darse cuenta de que Absalón rechazó su consejo (15:12; 16:20; 17:1,14,23).
- Absalón es finalmente ejecutado a causa de su rebelión (18:15).

Esta lista muestra algunas de las graves ramificaciones de la mala conducta de David. Estos hechos notorios ocurren después de los pecados de David registrados en 2 Samuel 11–12, y las personas involucradas están todas conectadas de alguna manera con David. Parece como si el rey David ya no fuera capaz de administrar su casa después de sus fechorías con Betsabé. Sea como fuere, admitió su pecado a pesar de que

Natán le dijo que habría consecuencias inminentes para él y su familia. La capacidad de David para admitir su pecado, sabiendo que habría graves repercusiones, es señal de que estaba verdaderamente arrepentido ante el Señor.

Posdata: El consuelo de Betsabé

David y Betsabé finalmente tienen otro hijo, al que llaman Salomón. Salomón es presentado como un consuelo para Betsabé. El Señor ama a Salomón. El Señor le dice a Natán que llame al niño Jedidías, que significa «el amado del Señor» (2 Sam. 12:24-25). Sin embargo, Salomón también traerá graves males a la casa de David (2 Sam. 12:11).

De hecho, el pecado de Salomón es tan atroz que el pecado de David ni siquiera se menciona en el contexto de las atrocidades que comete Salomón. Las infames aventuras amorosas de Salomón con innumerables mujeres le conducen finalmente a la apostasía.

Ahora nos centraremos en las lealtades divididas de Salomón.

TRECE

Alianzas divididas para un reino dividido

La tragedia del rey Salomón

Es el trato del mago: entregar nuestra alma, obtener poder a cambio. Pero una vez entregada nuestra alma, es decir, nosotros mismos, el poder así conferido no nos pertenecerá. De hecho, seremos esclavos y marionetas de aquello a lo que hemos entregado nuestra alma.

—C. S. Lewis, *The Abolition of Man*
[La abolición del hombre]

Hacia el principio de *El Hobbit* de J. R. R. Tolkien, los enanos caen en manos de tres trols —Tom, William y Bert— mientras viajan hacia Erebor. Estos trols están hartos de comer cordero y pretenden hacer una buena comida con los enanos. De forma polémica, discuten sobre si deben consumir a los enanos asados, hervidos o en gelatina. Tras muchas discusiones, los trols deciden asar a los enanos y comérselos después.

Entonces, de la nada, alguien contradice su resolución: «No es bueno asarlos ahora. Llevaría toda la noche».

Sin saber de dónde venía la voz, William y Bert empiezan a discutir sobre quién está hablando. Tras una breve discusión, vuelven a centrar su atención en la comida y llegan a la conclusión de que lo mejor sería picar y hervir a los enanos.

Entonces, por segunda vez, una voz contradice su decisión más reciente: «No es bueno hervirlos».

Después de haber discutido entre ellos por el comentario anterior, Bert y William suponen ahora que Tom es el que hace el comentario. Tom y William comienzan una fuerte discusión, que no concluye con un juicio definitivo sobre quién está en lo correcto. Más bien, los trols dejan de discutir cuando deciden comerse esta vez a los enanos aplastados y hervirlos en la próxima ocasión.

Entonces, alguien pregunta: «¿Sobre quién nos sentamos primero?».

Después de acordar sentarse primero sobre el último enano que capturaron, estalla otra disputa sobre el color de los calcetines del último enano capturado. Bert afirma que son amarillos, pero una voz que suena como la de William dice que son grises. William confirma entonces que los calcetines son amarillos, pero Bert le reprende por decir que son grises, afirmación que él niega fervientemente.

En ese momento empieza a salir el sol y William, Tom y Bert se convierten en piedra. Se dice a los lectores que los trols no pueden exponerse a la luz del día. Una vez que los trols se convierten en piedras, el mago Gandalf emerge de detrás de un árbol para que todos reconozcan que fue él quien comentó la conversación de los trols para instigar peleas entre ellos.[1] Los comentarios antagónicos de Gandalf caricaturizan las tendencias polémicas de los trols y dan pistas al lector de que los enanos podrían ser rescatados.

Los comentarios interpuestos que parecen incongruentes con el curso de una historia nos llevan a preguntarnos hacia dónde se dirige la narración. En 1 Reyes, el narrador comienza a contar la historia de Salomón de un modo positivo. Salomón demuestra el carácter y la fuerza necesarios para luchar contra la adversidad hasta alcanzar la realeza (1 Rey. 1–2); Salomón desea la sabiduría del Señor más que ninguna otra cosa (1 Rey. 3:1-15); Salomón tiene el privilegio de dedicar el primer templo del Señor en Jerusalén (1 Rey. 8). Sin embargo, al igual que Gandalf, el narrador intercala de vez en cuando breves comentarios que son incongruentes con la trayectoria aparente de la narración. Estos comentarios informan al lector de las lealtades divididas de Salomón, presagiando su eventual declive e insinuando el día en que Israel se fracturará. En este capítulo analizaremos cómo el narrador bíblico presagia

1. El resumen y las citas proceden de Tolkien, *Hobbit*, 36-38.

la apostasía final del rey Salomón proporcionándonos sutiles pistas en la narración precedente.

El destino de un reino dividido

Jesús dijo una vez: «Si un reino está dividido contra sí mismo, tal reino no puede permanecer» (Mar. 3:24; comp. Mat. 12:25). Jesús utiliza una metáfora, argumentando que un grupo de demonios no puede lograr sus objetivos colectivos si se destruyen unos a otros, del mismo modo que un reino no puede prosperar si hay luchas internas. Jesús, como maestro, utiliza metáforas que sus oyentes habrían entendido, cosas con las que pueden relacionarse en la vida real. La narración de Salomón en 1 Reyes, cuando se lee junto con las otras secciones del Antiguo Testamento que describen a los pueblos de Israel y Judá hasta sus respectivos exilios, demuestra claramente que la metáfora de Jesús se basa en la realidad. Una vez que el reino de Israel está dividido contra sí mismo, está destinado a la ruina. Para Israel y Judá, su disolución conduce finalmente a su salida de la tierra de su herencia.

El camino hacia la división del reino y, en consecuencia, el exilio del pueblo de la tierra comienza durante el reinado de Salomón. Resulta irónico, ya que Salomón parece haber contribuido a unificar Israel. Por ejemplo, Salomón parece ser, al menos en parte, el responsable de centralizar la actividad cultual del antiguo Israel en Jerusalén mediante la construcción e inauguración del templo (1 Rey. 8; ver también 2 Sam. 7:12-16). El momento durante el cual se consagra el templo en Jerusalén y se traslada el arca a la casa de Dios es un momento cumbre en la historia de Israel. Durante estos acontecimientos, Salomón bendice al Señor en presencia de todo el pueblo. La oración de Salomón, la dedicación del templo y la bendición no tienen parangón en cuanto a su teología y belleza. La lealtad y el amor de Salomón por el Señor quedan demostrados por el sacrificio de más de 142 000 animales el día de la dedicación (1 Rey. 8:22-64). Ese día, el pueblo de Israel aparece unido mientras adora al Señor en Jerusalén.

La sabia petición de Salomón

Además, el relato de la eventual caída de Salomón podría resultar sorpresivo por el cuidado y la atención personales que el Señor demuestra a Salomón al aparecérsele en dos ocasiones. La primera vez que el Señor se le aparece a Salomón es al principio de su reinado, en Gabaón

(1 Rey. 3:5-15). Salomón contempla al Señor en un sueño en el que Dios le promete proporcionarle todo lo que pida. El joven rey reflexiona sobre la bondad de Dios para con su padre David y reconoce su propia responsabilidad para dirigir al pueblo. En consecuencia, la petición de Salomón consiste en una cosa: un «corazón entendido». «Da, pues, a tu siervo corazón entendido para juzgar a tu pueblo, y para discernir entre lo bueno y lo malo; porque ¿quién podrá gobernar este tu pueblo tan grande?» (1 Rey. 3:9). Salomón se preocupa por permanecer atento, desarrollar el entendimiento y gobernar bien. Esta humilde respuesta complace al Señor, que a su vez concede a Salomón las riquezas y honores que Salomón no había pedido, además del corazón sabio y perspicaz que tanto deseaba.

Al final del sueño de Salomón, el Señor promete alargar los días de la vida de Salomón si camina por Sus caminos, lo que se evidenciaría guardando Sus leyes y mandamientos tal y como hizo su padre David (1 Rey. 3:14). Cuando Salomón despierta, alaba al Señor. Inmediatamente se presenta ante el arca de la alianza, consagra ofrendas y celebra la ocasión con sus siervos. En este momento, Salomón parece ser un líder joven y capaz de aprender, que reverencia al Señor y comprende la importancia de su responsabilidad de servir bien al pueblo de Israel (3:12-15).

Las oraciones de Salomón son recibidas

La segunda vez que el Señor se le aparece a Salomón es justo después de la dedicación del templo de Jerusalén (1 Rey. 8:22-66). El Señor escucha las oraciones que Salomón ofrece durante la convocación y le asegura que el favor y la atención divinos estarán perpetuamente sobre el lugar que ha consagrado (9:3). A continuación, el Señor desvía Su atención del proyecto de construcción hacia Salomón y le hace una promesa condicional, similar a la de Gabaón (ver 3:14). Esta vez, el Señor hace hincapié en que la obediencia personal de Salomón será decisiva para el establecimiento del trono davídico sobre todo Israel para siempre: «Y si tú anduvieres delante de mí como anduvo David tu padre, en integridad de corazón y en equidad, haciendo todas las cosas que yo te he mandado, y guardando mis estatutos y mis decretos, yo afirmaré el trono de tu reino sobre Israel para siempre, como hablé a David tu padre, diciendo: No faltará varón de tu descendencia en el trono de Israel» (9:4-5).

La promesa condicional de Dios tiene al menos dos implicaciones significativas. En primer lugar, Dios espera que Salomón tenga un corazón como el de su padre David. Este corazón producirá el tipo de obediencia a la Palabra de Dios necesaria para dirigir al pueblo de Israel durante un largo período de tiempo (ver más sobre Salomón frente a David más adelante). En segundo lugar, el Señor le asegura a Salomón que su trono se establecerá sobre todo Israel para siempre *solo* si Salomón camina con el Señor como lo hizo David. Al mencionar a Israel, Dios especifica la promesa que le hizo a David e indica que alguien de la línea davídica reinará sobre todas las tribus si Salomón es obediente (1 Rey. 6:12).

Las promesas condicionales que el Señor hace a Salomón tienen su otra cara. Si Salomón se aparta del Señor y guía a Israel hacia otros dioses, dejando así de dar el ejemplo, el Señor garantiza que todo el pueblo acabará sufriendo las consecuencias. El pueblo será desterrado y el templo será destruido: «Mas si obstinadamente os apartareis de mí vosotros y vuestros hijos, y no guardareis mis mandamientos y mis estatutos que yo he puesto delante de vosotros, sino que fuereis y sirviereis a dioses ajenos, y los adorareis; yo cortaré a Israel de sobre la faz de la tierra que les he entregado; y esta casa que he santificado a mi nombre, yo la echaré de delante de mí, e Israel será por proverbio y refrán a todos los pueblos; y esta casa, que estaba en estima, cualquiera que pase por ella se asombrará, y se burlará, y dirá: ¿Por qué ha hecho así Jehová a esta tierra y a esta casa?» (1 Rey. 9:6-8).

A Salomón se le presenta, sin duda, una oportunidad única para dirigir al pueblo de forma que garantice la presencia tangible del Señor en Israel. Salomón debe sentar un precedente de obediencia para el pueblo de Israel, implicado también en las promesas condicionales del Señor al hablar Dios a Salomón en plural. Israel y su rey se juegan mucho: ¿Mantendrá Salomón la lealtad al Señor, dando ejemplo a Israel y facilitando la solidaridad religiosa y nacional? ¿O las lealtades de Salomón se dividirán y llevarán a su pueblo a la apostasía, la inseguridad nacional y, finalmente, al exilio?

La respuesta inmediata de Salomón a la segunda aparición del Señor es el silencio. Mientras que Salomón responde al Señor con adoración tras el primer encuentro con Dios (1 Rey. 3:15), el narrador no registra tal reacción ante la segunda aparición.

Tal vez este silencio sea una pista de lo que está por venir.

Salomón se desvía

En algún momento del camino, la lealtad de Salomón al Señor decae y se desvía de la senda que Él le había trazado. A medida que el compromiso de Salomón con el Señor se debilita, pierde la capacidad de gobernar y reinar con entendimiento. Salomón lleva a Israel al sincretismo y, finalmente, a la apostasía, que culmina con la división de Israel y el exilio del pueblo de la tierra. En unos pocos capítulos, Salomón cambia de unificador y líder del culto en la dedicación del templo de Jerusalén (1 Rey. 8) a apóstata y causa principal de la división de Israel y del exilio final (1 Rey. 11).

Entonces, ¿qué ocurrió?

Una lectura superficial de 1 Reyes 1–10 nos prepara para una conmoción cuando llegamos a las declaraciones condenatorias de 1 Reyes 11. Sin embargo, si prestamos atención a la voz del narrador, observaremos sutiles pistas durante los relatos de los «buenos tiempos» de Salomón que presagian su caída final. El narrador nos da información desde detrás del escenario, señalando acontecimientos preocupantes en la evolución del drama de la vida de Salomón.

Presagio de la caída de Salomón

El narrador revela la trayectoria de Salomón hacia el alejamiento del Señor antes de la fatídica denuncia de su colapso intercalando comentarios sobre sus acciones a lo largo de las primeras secciones de su narración. Estos comentarios tienden a ser rápidos, lanzados como si fueran simplemente información adicional para el lector. En realidad, la adición de detalles «incidentales» por parte del narrador, entendidos a la luz de los requisitos de la Torá para un rey, presagian claramente la catástrofe inminente.

Hacia el final de la Torá, el Señor sabe que el pueblo de Israel pronto pedirá un rey que gobierne sobre ellos como las demás naciones (1 Sam. 8). Por lo tanto, Dios proporciona a Israel directrices que harán al rey responsable de su conducta. El Señor ordena a través de Moisés: «Pero él no aumentará para sí caballos, ni hará volver al pueblo a Egipto con el fin de aumentar caballos; porque Jehová os ha dicho: No volváis nunca por este camino. Ni tomará para sí muchas mujeres, para que su corazón no se desvíe; ni plata ni oro amontonará para sí en abundancia» (Deut. 17:16-17). La Torá prohíbe explícitamente al futuro rey de Israel (1) acumular caballos, (2) hacer que los israelitas regresen a Egipto para adquirir caballos, (3) acumular para sí excesiva plata y oro, y (4) adquirir muchas esposas.

Salomón viola cada uno de estos mandamientos.

Así es como el narrador avisa a los lectores desde el principio de la narración.

El amor de Salomón por los caballos

Puesto que Salomón pide humildemente un corazón entendido para gobernar al pueblo en lugar de solicitar posesiones mundanas, el Señor promete bendecirle con grandes riquezas. Por lo tanto, es de esperar que el narrador, en algún momento, detalle las tremendas bendiciones que el Señor proporciona a Salomón. Esto es precisamente lo que hace el narrador en 1 Reyes 4:20-34 y 10:14-29. En estas secciones, el narrador habla de la abundancia de provisiones que había en Israel, de la abundante riqueza de Salomón, del expansivo reino que se desarrolló bajo su reinado y de su profunda sabiduría, entre otros temas.

En estas listas de bendiciones relatadas por el narrador se menciona la colección de caballos de Salomón, como en el siguiente ejemplo sobre la sorprendente cantidad de caballos que poseía el rey: «Además de esto, Salomón tenía cuarenta mil caballos en sus caballerizas para sus carros, y doce mil jinetes» (1 Rey. 4:26).[2] Leído rápidamente, esto podría parecer solo un elemento más en la tabulación de la opulencia del rey Salomón. Sin embargo, si vamos más despacio y leemos teniendo en cuenta las restricciones de la Torá establecidas por Dios, recordaremos que el rey no debía acumular caballos (Deut. 17:16).

Se podría sugerir que la abundancia de caballos enumerada en 1 Reyes 4:26 podría ser simplemente otra manifestación de la abundancia prometida por el Señor. Sin embargo, al leer sucesivamente, los lectores observan que el narrador proporciona un comentario sutil e ingenioso sobre las acciones de Salomón cuando se vuelven a mencionar

2. El texto masorético de 1 Reyes 4:26 indica claramente que Salomón tiene 40 000 establos de caballos. Este número de caballos se refleja en algunas traducciones modernas de la Biblia. Sin embargo, 40 000 establos de caballos parece mucho en relación con los 12 000 jinetes. El pasaje paralelo de 2 Crónicas 9:25 indica que Salomón tenía 4000 establos. La diferencia entre 4000 y 40 000 en hebreo depende de la adición o sustracción de dos letras al final de la palabra hebrea para «cuatro». Ya sea que Salomón tuviera 4000 o 40 000 establos de caballos, el punto sigue en pie: Salomón acumula caballos, que es algo que está prohibido en la Torá. Para otros pasajes similares relacionados con la vasta colección de caballerizas, carros y jinetes de Salomón, ver 1 Rey. 10:26; 2 Crón. 1:14,16; 9:25,28.

los caballos. En 1 Reyes 10:28-29, el narrador inserta hábilmente datos importantes que antes faltaban: «Y traían de Egipto caballos [...]. Y venía y salía de Egipto, el carro por seiscientas piezas de plata, y el caballo por ciento cincuenta; y así los adquirían por mano de ellos todos los reyes de los heteos, y de Siria» (ver también 2 Crón. 1:16). El rey no solo adquiere caballos, sino que se los compra a Egipto, lo cual está explícitamente prohibido por la Torá; Salomón no solo adquiere caballos a Egipto, sino que envía comerciantes que actúan como intermediarios para exportar caballos de Egipto a otros reinos.

Estos comentarios, aparentemente menores, son totalmente incriminatorios. El narrador comunica todas estas cosas realmente buenas que tiene Salomón, al tiempo que susurra al oído del lector: «¿Son todos esos caballos *realmente* necesarios?»; «Oye, Salomón adquirió sus caballos en Egipto. También envió israelitas a Egipto»; «Ey, lector, sigue leyendo. Salomón tendrá que rendir cuentas».

El amor de Salomón por las joyas

Las riquezas parecen ser lo último en lo que piensa Salomón cuando el Señor se le aparece por primera vez. Sin embargo, como ya se ha dicho, Dios proporciona a Salomón abundantes riquezas. Lo que es inesperado y debería alarmar a los lectores es cómo él utiliza sus recursos. Al relatar detalles específicos sobre cómo Salomón usa su abundancia de riquezas, el narrador insinúa que el rey se enamora de la opulencia hasta el punto de que le distrae de aplicar la sabiduría que Dios le ha dado.

Cuatrocientos ochenta años después de que el pueblo de Israel saliera de Egipto, Salomón tiene por fin la oportunidad de edificar un templo permanente para el Señor. Salomón parece esforzarse seriamente en la construcción de este lugar de culto. Importa cedro del Líbano y lo utiliza para construir las paredes, el techo y otras partes del templo. Luego recubre de oro el santuario interior, donde habita el arca del Señor. Salomón también es responsable de la elaboración de los componentes esenciales del culto en el templo, como el altar de oro, la mesa de oro para el pan de la proposición, los querubines, los candelabros y muchas otras decoraciones elaboradas dentro del complejo. Después de viajar por el desierto, luchar contra sus enemigos en Canaán y adorar durante tantos años en una tienda móvil, el pueblo de Israel por fin tiene un templo duradero para el Señor en su tierra prometida. El elaborado proceso de construcción del templo tarda más de siete años en completarse (1 Rey. 5:1-12; 6:1-10,14-38).

Naturalmente, este magnífico templo necesitaba otros muebles por dentro y por fuera, así como vasijas para que la actividad cultual pudiera llevarse a cabo en el complejo. En 1 Reyes 7:13-51, el narrador detalla la fabricación de estos importantes objetos. Sin embargo, justo después de mencionar que el templo tardó siete años en construirse (6:38), y justo antes de proceder a detallar la elaboración del resto de los objetos que se fabricaron para el culto del templo (7:13-51), el narrador inserta un sutil comentario que nos da una idea de cuáles eran realmente las prioridades de Salomón: «Después edificó Salomón su propia casa en trece años, y la terminó toda» (7:1). El narrador podría haber contado la construcción de la residencia personal de Salomón en otro lugar. Pero conviene a los propósitos literarios y teológicos del narrador colocar el hecho de que Salomón pasa siete años construyendo la casa del Señor junto al hecho de que pasa trece años (¡casi el doble de tiempo!) construyendo su propia casa. Esta yuxtaposición nos hace preguntarnos por las principales preocupaciones de Salomón como rey.

Para que los lectores no lleguen a la conclusión de que Salomón simplemente trabajó más despacio en su propia residencia, el narrador explica inmediatamente que la residencia real, con todas las partes que la componen (es decir, el palacio del bosque del Líbano, el pórtico del trono, un palacio para la hija del faraón; 1 Rey. 7:2-8), es significativamente mayor que el complejo del templo (comp. 6:2 con 7:2). Salomón no es nada frugal con los materiales que utiliza para construir su complejo habitacional, que consta de valiosas piedras (7:9-12). Quizás uno de los objetos más impresionantes que Salomón se fabrica es un gran trono de marfil recubierto de oro y acompañado de una docena de leones decorativos en seis escalones que conducen hasta él (10:18-20). Salomón invierte en la construcción de la casa del Señor en Jerusalén hasta cierto punto, pero al describir la forma ostentosa en que gasta su riqueza en su propia residencia, el narrador pone a la vista de los lectores el corazón dividido del rey.

El hecho de que «hizo el rey que en Jerusalén la plata llegara a ser como piedras, y los cedros como cabrahígos de la Sefela en abundancia» (1 Rey. 10:27; ver también 2 Crón. 1:15, «plata y oro»), demuestra el cumplimiento de las abundantes bendiciones que el Señor concedió a Salomón y a Israel. Sin embargo, al leer sobre la abundancia de metales preciosos y cedro, los lectores no pueden evitar recordar lo incongruente que es esto con las advertencias deuteronómicas contra la acumulación de plata y oro por parte del rey (Deut. 17:17).[3] La cuestión no es que Israel se convierta en una nación rica; el problema acaba siendo que el rey Salomón utiliza esta riqueza para servirse a sí mismo más que al Señor. Mientras lo hace, el narrador susurra: «Mira lo que Salomón construye con la riqueza que Dios le ha proporcionado a él y a Israel. ¿Dónde están *realmente* las prioridades de Salomón en su uso de la abundancia de bienes que Israel ha recibido del Señor?». Escuchar al narrador nos permite ver una enorme bandera roja en un momento en el que las cosas parecen ir bastante bien para Salomón y para Israel.

El amor de Salomón por las mujeres

Nada presagia más la caída en desgracia de Salomón que su infame amor por las mujeres. Salomón notoriamente «toma» para sí una miríada de mujeres de los pueblos que rodean a Israel. La toma de mujeres de otras naciones que no adoraban al Dios de Israel estaba explícitamente prohibida por la preocupación de que estas mujeres importaran su religión extranjera a Israel (Ex. 34:11-16). De hecho, esta resultó ser la causa principal de la trágica caída de Salomón (1 Rey. 11:1-8).

Desde el principio, el narrador también presagia el amor de Salomón por muchas mujeres, sobre todo las que no pertenecían al pueblo de Israel y no seguían al Dios de Israel. Tan pronto como se informa que el reino de Israel está plenamente establecido bajo Salomón, el narrador interpola un peculiar comentario en la historia: «Salomón hizo parentesco con Faraón rey de Egipto, pues tomó la hija de Faraón, y la trajo a la ciudad de David, entre tanto que acababa de edificar su casa, y la casa de Jehová, y los muros de Jerusalén alrededor» (1 Rey. 3:1). El hecho de que Salomón, con fines políticos, se case con una mujer egipcia que no se identifica como seguidora del Señor es problemático (Deut. 7:4). No obstante, la observación del narrador se intercala entre dos acontecimientos muy buenos en la vida de Salomón —la consolidación del reino bajo su gobierno (1 Rey. 1–2) y la primera aparición del Señor a Salomón en Gabaón (3:14)—, lo que hace que la incongruencia sea aún más perceptible. Aunque la historia relata los acontecimientos de un período afortunado de la vida de Salomón, el narrador nos dice: «¿Es este matrimonio *realmente* una buena idea, dado que Israel ha sido advertido repetidamente contra el mestizaje con otros grupos étnicos que no son adoradores del Señor? ¿Está abriendo

3. Compárese con el manejo que David hizo de la plata y el oro que se había obtenido de las naciones que sometió en 2 Sam. 8:8–12.

Salomón su corazón para dejarse llevar por el mal camino tan pronto en su reinado?».

La esposa egipcia de Salomón hace otras dos importantes apariciones a lo largo de la narración. Mientras el narrador vuelve a contar cuánto tiempo pasó Salomón construyendo su residencia personal y los edificios adyacentes, el narrador desliza el siguiente hecho: «Edificó también Salomón para la hija de Faraón, que había tomado por mujer, una casa de hechura semejante a la del pórtico» (1 Rey. 7:8). Así que una de las razones por las que Salomón dedica más tiempo a los edificios relacionados con su residencia que al templo, es que está construyendo la casa de su esposa egipcia.

¿Cómo podemos estar tan seguros de que casarse con la hija del faraón fue una mala idea? Después de todo, las dos primeras veces que se la menciona, el narrador no indica explícitamente que haya importado el culto a dioses extranjeros. Además, las relaciones internacionales con los reinos vecinos siempre han sido un aspecto importante para gobernar bien a un pueblo. Sea como fuere, la siguiente aparición de la esposa egipcia de Salomón es especialmente importante para comprender la prefiguración anterior. El narrador transmite toda la gravedad de la situación en 1 Reyes 11:1-2: «Pero el rey Salomón amó, además de la hija de Faraón, a muchas mujeres extranjeras; a las de Moab, a las de Amón, a las de Edom, a las de Sidón, y a las heteas; gentes de las cuales Jehová había dicho a los hijos de Israel: No os llegaréis a ellas, ni ellas se llegarán a vosotros; porque ciertamente harán inclinar vuestros corazones tras sus dioses. A estas, pues, se juntó Salomón con amor».

En este punto, los lectores comprenden que la esposa egipcia de Salomón representa el tipo de vida doméstica que Salomón ha estado viviendo. Ha estado coleccionando esposas de diferentes grupos de personas que no adoran al Señor. La esposa egipcia forma parte del grupo de esposas que introducen en Israel los dioses abominables de las naciones vecinas. Salomón es culpable de que su corazón se haya apartado del Señor, por haberse casado con 700 esposas y haber acogido a 300 concubinas (1 Rey. 11:3; comp. Neh. 13:26). Al afirmar específicamente que «sus mujeres inclinaron su corazón tras dioses ajenos» (1 Rey. 11:4), el narrador demuestra que las advertencias de la Torá se han hecho realidad. Anteriormente, el Señor había advertido al pueblo de Israel de que su rey «Ni tomará para sí muchas mujeres, para que su corazón no se desvíe» (Deut. 17:17).

El relato de la trágica caída de Salomón que se narra en 1 Reyes 11 es duro, pero no sorprende a quienes han seguido las pistas del narrador, ingeniosamente insertadas en la historia de su ascenso. Mucho antes de que el corazón de Salomón se desviara hasta el punto descrito en 1 Reyes 11:1-8, ya se había dividido gradualmente. El rey Salomón que encontramos hacia el final de su reinado es difícilmente reconocible si lo comparamos con el líder humilde que pedía a Dios sabiduría para gobernar al pueblo o con el rey adorador que dedicó el templo.

El corazón dividido de Salomón

El hecho de que el Señor se le aparezca dos veces a Salomón para reiterarle las promesas hechas a David es importante para ilustrar hasta qué punto se desviará Salomón y para aclarar por qué se enfada el Señor (1 Rey. 11:9). La repetida mención de David en la comunicación de Dios con Salomón sugiere que los lectores deben entender la respuesta de Salomón a Dios a la luz de la dedicación de David a Dios (3:14; 6:12; 9:4-5). De hecho, el narrador los compara a lo largo de 1 Reyes 11, que sirve como resumen del mal que Salomón acaba cometiendo.

Primero, en 1 Reyes 11:4 el narrador compara el corazón de Salomón, alejado del Señor, con el corazón de David, totalmente entregado al Señor. Luego, en 11:5 y 7, el narrador relata la terrible historia de Salomón adorando a dioses extranjeros. Entre estos dos versículos, el narrador ofrece esta denuncia incriminatoria: «E hizo Salomón lo malo ante los ojos de Jehová, y no siguió cumplidamente a Jehová como David su padre» (11:6).

El hecho de que Salomón hiciera el mal «ante los ojos del Jehová» recuerda a los lectores la valoración del grave pecado de David con Betsabé, que «fue desagradable ante los ojos de Jehová» (2 Sam. 11:27). De este modo, la caída de Salomón se presenta a la luz de la lealtad de David al Señor, a pesar de los graves pecados de David, en particular la maldad de violar a Betsabé. El pecado de David contra Betsabé fue sacado a la luz y condenado por el profeta Natán, el narrador y, posteriormente, por Dios. David se arrepiente de su pecado y posteriormente sufre las consecuencias de este (ver cap. 12 más arriba). El arrepentimiento de David no alivia las ramificaciones de su comportamiento, pero lo lleva a adorar al Señor (2 Sam. 23:1; Sal. 51). Independientemente de lo oscura que se vuelve la vida de David como resultado de la profundidad de sus transgresiones, nunca recurre a adorar a los dioses de las naciones que rodean a Israel, a pesar de que no hay constancia de que el Señor se le apareciera personalmente.

La vida de Salomón, por el contrario, carece del escándalo engañoso, adúltero y asesino en el que está sumida la de David. Sin embargo, Salomón adora a dioses extranjeros incluso al concluir su vida, y no hay ninguna indicación explícita en 1 Reyes de que alguna vez se arrepienta de esta apostasía. Salomón rechaza el corazón atento y la sabiduría única que Dios le dio (1 Rey. 3:14) e inclina su corazón hacia los ídolos.

El Señor tiene especial cuidado en animar a Salomón en la dirección que asegurará la presencia y la bendición de Dios en su comunidad. Sin embargo, Salomón no hace caso de la advertencia que le hace personalmente el Señor (1 Rey. 9:6-9). Salomón desobedece a Dios deliberada y voluntariamente y se casa con mujeres moabitas cuya deidad es Quemos, mujeres amonitas cuya deidad es Milcom, y mujeres sidonias cuya deidad es Astoret, además de mujeres hititas, mujeres edomitas y, al menos, una mujer egipcia. Salomón hace un lugar alto para Quemos y Moloc en la montaña al este de Jerusalén, que está frente al templo que ha construido para el Señor (1 Rey. 11:7; comp. Ex. 20:3). Moloc se asociaba tradicionalmente con el sacrificio de niños (ver Lev. 18:21; 20:2-5; 2 Rey. 23:10; Jer. 32:35). Por lo tanto, está justificado que los lectores se pregunten: «¿Sacrificó Salomón a los hijos que tuvo con las esposas que adoraban a este dios?». El simple hecho de que esta pregunta pueda plantearse demuestra hasta qué punto Salomón se apartó del Señor.

La lectura de 1 Reyes 11:1-8 teniendo en cuenta lo que nos dice narrador a lo largo del comienzo de la historia de Salomón nos muestra que este acaba sufriendo las consecuencias de sus decisiones. Salomón multiplica los caballos, acumula riquezas y se casa con muchas mujeres. Mientras está ocupado en conseguir lo que cree que quiere, su corazón dividido le lleva a dividir su lealtad al Señor, lo que a su vez conduce a la apostasía de Salomón y de Israel, con consecuencias tangibles para todos. Los efectos de la apostasía de Salomón afectan al pueblo de Israel para siempre.

Lealtades divididas conducen a un reino dividido

Las lealtades divididas de Salomón llevan a Israel a una ruptura del orden social y a una división irreparable entre las tribus del norte (Israel) y las del sur (Judá). De hecho, el Señor afirma que esta será una de las consecuencias del grave pecado de Salomón: «Y dijo Jehová a Salomón: Por cuanto ha habido esto en ti, y no has guardado mi pacto y mis estatutos que yo te mandé, romperé de ti el reino, y lo entregaré a tu siervo» (1 Rey. 11:11). Sin embargo, como Dios ya ha prometido a David una casa y un reino eternos (2 Sam. 7:16; 1 Crón. 17:3-15), un hijo de David permanecerá reinando sobre una tribu (1 Rey. 11:13). Tras la muerte de Salomón, estas promesas establecen un escenario en el que el pueblo de Israel se dividirá en dos reinos.

El proceso de división comienza con la perturbación de la paz de Israel tanto desde dentro como desde afuera. En un momento de su reinado, Salomón está rodeado de vecinos pacíficos (1 Rey. 5:4). Como consecuencia de su alejamiento del Señor, esa paz se rompe y surgen adversarios que se le oponen. Tres enemigos principales se levantan contra Salomón durante este tiempo.

1. Hadad el edomita: el padre de Salomón, David, había estacionado anteriormente tropas en Edom, sometiendo a los edomitas al control israelita (2 Sam. 8:14). Evidentemente, el comandante del ejército de David, Joab, se queda en Edom y da muerte a mucha gente en el transcurso de seis meses (1 Rey. 11:15-16). Durante este período en que los israelitas los sometieron, muchos edomitas, entre ellos Hadad, escaparon a Egipto. Al enterarse de que David y Joab han muerto, Hadad regresa a Edom y agita a Israel desde el sureste (11:14-22,25).
2. Rezón hijo de Eliada: la historia del surgimiento de este adversario podría estar relacionada con la derrota por el rey David de Hadad-ezer de Soba en su camino para restablecer su dominio hasta el Éufrates (2 Sam. 8:3-4). En algún momento después de la victoria de David y durante el reinado de Hadad-ezer, Rezón establece su propio ejército y se traslada a Damasco, donde es reconocido como rey. En Damasco, inquieta a Israel desde el noreste del país (1 Rey. 11:23-25).
3. Jeroboam hijo de Nabat: La mayor amenaza para la unidad de Israel acaba por venir de dentro. Jeroboam fue una vez un asociado del rey Salomón, habiendo sido nombrado por él para supervisar el trabajo de la casa de Jacob (por ej., Efraín y Manasés) en Jerusalén. Un día, al salir de Jerusalén, fue abordado en un campo por un profeta llamado Ahías. Ahías procede a rasgar las vestiduras de Jeroboam en doce pedazos (1 Rey. 11:11, 30-39; comp. 1 Sam. 15:27-28) y profetiza que el Señor le dará diez tribus de Israel a causa de la idolatría de Salomón. Al enterarse

del encuentro de Ahías con Jeroboam, Salomón intenta matar a Jeroboam porque amenaza el reinado de Salomón, al igual que Saúl intentó matar a David (1 Rey. 11:40).

Hacia el final de la vida de Salomón, la realeza está ocupada por un loco impenitente que prefiere asesinar cuando se ve amenazado antes que admitir su maldad y pedir perdón. El corazón entendido para gobernar al pueblo por el que suplicó al Señor se ha endurecido al volverse hacia dioses extranjeros. A la muerte de Salomón, este tiene enemigos en el noreste, el sureste y el suroeste. La paz concedida al pueblo de Israel a principios de su reinado ha llegado a su fin. Salomón ha colocado a Israel en una situación de confusión interna y conflicto externo después de su muerte, al sufrir las consecuencias de su pecado.

La decisión de división de Roboam

Tras la muerte de Salomón, el pueblo de Israel se reúne en Siquem para coronar al hijo de Salomón, Roboam, como nuevo rey (1 Rey. 12:1; comp. Jos. 24:1-28; Jue. 9:6). Sin embargo, el profeta Ahías ya había prometido a Jeroboam una porción del reino. Cuando Jeroboam se entera de la muerte de Salomón, regresa a Israel desde su exilio en Egipto. Inmediatamente lleva una asamblea de israelitas a Roboam, pidiéndole que aligere el duro trabajo que Salomón impuso durante su reinado. La propuesta es sencilla: o el rey sirve a sus ciudadanos como no lo había hecho su padre, aprendiendo de los errores del pasado y unificando al pueblo, o puede continuar por el camino que conduce a la división, alienando a su pueblo e imponiéndole trabajos forzados como había hecho su padre (1 Rey. 12:2-4).

Los principales consejeros de su padre aconsejan a Roboam que atienda al pueblo con más esmero para que este, a su vez, le sirva a él. Sin embargo, los amigos de Roboam le aconsejan lo contrario, instándole a que aumente la carga de los ciudadanos y demuestre su autoridad sobre su jurisdicción (1 Rey. 12:3-10). Desgraciadamente, Roboam hace caso de los consejos equivocados y decide endurecer su trato con el pueblo, empeorando su situación aún más que en tiempos del rey Salomón. Jeroboam y los que están con él renuncian a cualquier lealtad a la casa de David y se retiran hacia el norte y a las zonas transjordanas de Israel, mientras que Roboam continúa reinando sobre la zona sur, Judá. En consecuencia, Roboam se esfuerza por matar a los que amenazan su soberanía como rey, como hizo Salomón antes que él, y como hizo Saúl antes que él, pero una palabra del Señor que llega a través de Semaías, un hombre de Dios, le impide provocar esta guerra civil (1 Rey. 12:11-24).

Así se completa la división del reino de Israel, y se cumple la palabra del Señor que fue pronunciada por medio del profeta Ahías (1 Rey. 12:15; ver también 11:26-39). No hay «ganadores» en esta disolución. Judá es gobernada por el insensato rey Roboam, mientras que Jeroboam lleva inmediatamente a Israel a la apostasía. Al hacerlo, Jeroboam arruina su oportunidad de que la divinidad lo respalde a él y a su linaje. La ruptura entre el norte y el sur tiene consecuencias generacionales, ya que los reinos resultantes de Israel y Judá se debilitan espiritual y militarmente, lo que finalmente conduce a su exilio.

La apostasía de Jeroboam

Durante su encuentro fuera de Jerusalén, el profeta Ahías comunica a Jeroboam una promesa condicional del Señor, diciendo: «Y si prestares oído a todas las cosas que te mandare, y anduvieres en mis caminos, e hicieres lo recto delante de mis ojos, guardando mis estatutos y mis mandamientos, como hizo David mi siervo, yo estaré contigo y te edificaré casa firme, como la edifiqué a David, y yo te entregaré a Israel» (1 Rey. 11:38). Si tomamos al pie de la letra la promesa del Señor, parece que está dando a Jeroboam la oportunidad de establecer una línea real sobre Israel, además del reino davídico que se conserva en Judá. Ahías presenta a Jeroboam la oportunidad de rescatar a su pueblo de la opresión y conducirlo a un reino en el que se cumpla la palabra del Señor. Jeroboam tiene una oportunidad única de construir el legado al que Salomón renunció cuando apartó su corazón del Señor.

Lamentablemente, Jeroboam lleva a Israel a la apostasía. En una maniobra política para impedir que el pueblo de Israel regrese a la casa de David (es decir, Roboam, rey de Judá), Jeroboam fabrica dos becerros de oro y los coloca en lugares del norte, en Dan y Betel. A continuación, disuade al pueblo de Israel de volver a Jerusalén para rendir culto con palabras que le resultan familiares: «he aquí tus dioses, oh Israel, los cuales te hicieron subir de la tierra de Egipto» (1 Rey. 12:28). Observemos lo inquietantemente parecida que es esta frase a la alarmante proclamación hecha por Aarón cuando modeló el becerro de oro: «Israel, estos son tus dioses, que te sacaron de la tierra de Egipto» (Ex. 32:4).

Jeroboam crea una nueva religión sincretista en un esfuerzo por mantener el poder en el norte, falsificando partes del orden religioso del

Señor. Jeroboam no solo erige altares en Betel y Dan, sino que también nombra sacerdotes a personas que no son levitas y crea una nueva fiesta, similar a la fiesta de los Tabernáculos, que no estaba descrita en la Torá. En lugar de establecer la casa de Jeroboam siguiendo los mandamientos del Señor como hizo David, Jeroboam maniobra para proteger su reino y, de este modo, desobedece la palabra del Señor y destruye la posibilidad de un reinado duradero (1 Rey. 12:28-33).

Las lealtades divididas conducen al exilio

El Señor advierte al pueblo de Israel de dos consecuencias importantes que se producirán si se apartan y adoran a otros dioses: Israel será desterrado de la tierra y el templo será destruido (1 Rey. 9:7-8). Como se había prometido, ambas consecuencias se cumplen a su debido tiempo.

El exilio de Israel se produce en dos etapas. En primer lugar, las tribus del norte, debilitadas por su división de Judá y comprometidas por su culto a los ídolos, caen presas del Imperio neoasirio en el año 722 a. C. Jeroboam, el rey que reinó tras el alejamiento de Salomón del Señor, establece una trayectoria en el norte que lleva a Israel al exilio debido a su adoración de ídolos. La idolatría de Jeroboam se menciona repetidamente a lo largo de 1 Reyes (15:30; 16:2,7,19,26,31). En 2 Reyes 17:21-23 se resumen las consecuencias: «Porque separó a Israel de la casa de David, y ellos hicieron rey a Jeroboam hijo de Nabat; y Jeroboam apartó a Israel de en pos de Jehová, y les hizo cometer gran pecado. Y los hijos de Israel anduvieron en todos los pecados de Jeroboam que él hizo, sin apartarse de ellos, hasta que Jehová quitó a Israel de delante de su rostro, como él lo había dicho por medio de todos los profetas sus siervos; e Israel fue llevado cautivo de su tierra a Asiria, hasta hoy».

A medida que la religión en Judá se corrompe cada vez más, la gloria del Señor abandona el templo (Ezeq. 10:18-19). Esto prepara el escenario para que Judá sea exiliada y para que el templo sea destruido por el Imperio neobabilónico en el año 586 a. C. Estos acontecimientos se resumen en 2 Reyes 25:8-11: «En el mes quinto, a los siete días del mes, siendo el año diecinueve de Nabucodonosor rey de Babilonia, vino a Jerusalén Nabuzaradán, capitán de la guardia, siervo del rey de Babilonia. Y quemó la casa de Jehová, y la casa del rey, y todas las casas de Jerusalén; y todas las casas de los príncipes quemó a fuego. Y todo el ejército de los caldeos que estaba con el capitán de la guardia, derribó los muros alrededor de Jerusalén. Y a los del pueblo que habían quedado en la ciudad, a los que se habían pasado al rey de Babilonia, y a los que habían quedado de la gente común, los llevó cautivos Nabuzaradán, capitán de la guardia».

Es evidente que el pecado de Salomón tiene consecuencias que lo trascienden a él y a su vida. Establece una trayectoria que afecta para siempre a los pueblos de Israel y Judá, tanto política como espiritualmente. Aunque las cosas parecen irle muy bien a Salomón, el narrador nos hace saber hacia dónde se dirige realmente la historia susurrando repetidamente a lo largo de 1 Reyes 1–10: «Atención. Las lealtades de Salomón están divididas».

CATORCE

Cómo escribían poesía los poetas bíblicos

La importancia del paralelismo

> La escena era el alojamiento privado del Sr. Cruncher en el callejón Hangingsword, Whitefriars: la hora, las siete y media de una ventosa mañana de marzo, *Anno Domini* mil setecientos ochenta. (El Sr. Cruncher hablaba siempre del año de nuestro Señor como *Anna Dominoes*: aparentemente tenía la impresión de que la era cristiana se remontaba a la invención de un juego popular por una dama que le había otorgado su nombre).
>
> —Charles Dickens, *A Tale of Two Cities*
> [Historia de dos ciudades]

Esta cita humorística de *Historia de dos ciudades*, de Charles Dickens, es un ejemplo revelador de cómo el distanciamiento de palabras y frases puede facilitar la evolución de graves malentendidos relacionados con sus significados. Es evidente que el Sr. Cruncher no tiene estudios de latín y está a siglos de distancia de la lengua que se utiliza como *lingua franca* en gran parte del mundo. Así, malinterpreta terriblemente la frase «*Anno Domini*» (en el año del Señor) como la frase «*Anna Dominoes*», cuyo significado, según el narrador, podría decir más sobre las habilidades interpretativas del Sr. Cruncher que sobre el significado real de la expresión. El grave mal manejo que hace el Sr. Cruncher de la frase «*Anno Domini*» hace que le resulte casi imposible comprender el significado real del dicho o incluso utilizarlo correctamente.

El mal uso que hace el Sr. Cruncher de la frase «*Anno Domini*» es una ilustración del daño interpretativo que los lectores modernos pueden llevar a cabo al malinterpretar los recursos estéticos utilizados en la poesía hebrea bíblica. La poesía bíblica está repleta de palabras, frases e imágenes antiguas que pueden ser fácilmente malinterpretadas y mal aplicadas si no se tratan con cuidado. Además, la poesía bíblica está compuesta estilísticamente de una manera única que, por un lado, transmite notablemente poesía a los lectores, pero, por otro, resulta exasperantemente difícil de delinear con precisión. Sin tener en cuenta un par de hechos sencillos relativos a las figuras retóricas y a cómo se compone la poesía bíblica, los lectores experimentarán repetidamente el efecto «*Anna Dominoes*», es decir, nos inclinaremos a superponer ideas contemporáneas a textos que fueron concebidos para ser entendidos en un contexto literario antiguo y ajeno. Si hacemos esto, puede que, como el Sr. Cruncher, desarrollemos interpretaciones divertidas del lenguaje y el estilo antiguos, pero difícilmente participaremos en la poesía culta de los autores bíblicos.

En este capítulo y en el siguiente, nos centraremos en dos rasgos destacados de la poesía del Antiguo Testamento —el paralelismo y la proliferación de metáforas— y estudiaremos cómo los poetas bíblicos utilizan creativamente estos recursos para contribuir al significado de su poesía. Si nos interesamos por estos poemas, podremos apreciar el arte y extraer significado de los textos poéticos bíblicos. Al acercarnos a la poesía bíblica, debemos dar prioridad a varios principios básicos de la lectura. En los dos capítulos siguientes se expondrán estos principios junto con sugerencias prácticas sobre cómo podemos leer bien la poesía bíblica.

¿Qué es la poesía bíblica?

Las expresiones artísticas de la música y la poesía pueden haber surgido «en fuentes históricas comunes de oración primitiva, cantos de trabajo y similares, y... las historias de ambas han permanecido en muchos aspectos mutuamente contingentes».[1] Coincidiendo con su supuesto ori-

1. *Enciclopedia Princeton de poesía y poética*, s.v. «Música y poesía», 533.

gen común, la música y la poesía parecen igualmente difíciles de definir con precisión para quienes no son especialistas. Los laicos reconocen cuándo están escuchando música en contradicción con otros sonidos o cuándo se acercan a la poesía en contraste con una colección de palabras aleatorias. No obstante, estos mismos oyentes y lectores pueden tener dificultades para definir correctamente lo que son *realmente* la música y la poesía y las diferencias entre ellas. En consecuencia, resulta aún más difícil delimitar subgéneros de poesía y música, aunque la experiencia humana común corrobore su indudable existencia. Es, pues, tarea de los entusiastas de la poesía y la música detallar lo que se observa en estas diferentes expresiones del arte.

Entonces, ¿qué es la «poesía bíblica» y cómo se supone que deben reconocerla los lectores? Esta pregunta podría responderse adecuadamente con una ilustración del ámbito afín de la música. La expresión «poesía bíblica» es similar en su uso a la categoría musical denominada «música salsa». Los aficionados a la música salsa serían los primeros en admitir que el apelativo «música salsa» puede no describir con precisión las alegres canciones que suenan en el radio. La expresión «música salsa» se utiliza con frecuencia hoy en día para describir varias categorías de música exuberante y bailable que, a menudo, se basa en un género musical cubano específico llamado el «son». El son fue desarrollado por artistas que incorporaron elementos de otros tipos de música (por ej.: jazz latino, ritmos afrocubanos) y una serie de instrumentos (por ej.: congas, bongó, cencerros, una variedad de cuernos). Algunas de estas combinaciones dieron lugar a la «música salsa», cuyos estilos se etiquetan como guaracha, guaguancó y otros. Existen múltiples leyendas sobre la aparición de la expresión «música salsa», pero, al fin y al cabo, «música salsa» se refiere en general a varios estilos de música latina que se solapan y que un músico experto tendría que delimitar correctamente.

La clasificación de «poesía bíblica» es similar, en este sentido, a la categoría musical «música salsa». En todo el Antiguo Testamento hay múltiples tipos de poemas con distintas clasificaciones. Por ejemplo, solo en el libro de los Salmos se mencionan los siguientes tipos de piezas: *shir, tefilá, mizmor, sheminit, sigaión, gitit, mictam, masquil* y varios otros. Todas estas composiciones son «poesía bíblica».

En el Antiguo Testamento aparecen otras obras poéticas que no están asociadas a ninguna clasificación específica (por ej.: Ex. 15:1-15; Jue. 5:2-31; 1 Sam. 2:2-10). Sin embargo, estas también se clasifican como «poesía bíblica».

Es evidente que muchas composiciones bíblicas estaban pensadas para ser cantadas en sus escenarios originales (por ej.: Sal. 4–9). Las palabras *shir* (canción) y *mizmor* (salmo) aparecen juntas en los títulos de los Salmos 65–68, 88, 92 y 108, mientras que la frase *shir hamma'alot* (canción de ascensión) describe los Salmos 120–134. Todas estas composiciones diferentes se incluyen en el término «poesía bíblica».

A pesar de las estrechas conexiones entre la poesía bíblica y la música, solo quedan las palabras escritas del texto bíblico para que las analicen los lectores contemporáneos. Como afirma Murray Lichtenstein: «La poesía bíblica, por muy estrechamente vinculada que estuviera en su día al acompañamiento musical, era ante todo un medio de palabras, no de melodía, y lo sigue siendo tanto más ahora que solo han sobrevivido sus palabras».[2] No parece haber una sola palabra hebrea bíblica que lo englobe todo y que unifique claramente todos estos tipos de piezas artísticas en una sola categoría. A pesar de los múltiples títulos asociados a los poemas de la Biblia, estas composiciones altamente estilizadas se identifican ampliamente como «poesía bíblica». Así, la «poesía bíblica» se asemeja a la «música salsa» en el sentido de que diferentes tipos de piezas artísticas se clasifican bajo un título común para un género considerablemente diverso.

Sea como fuere, estos textos tienen algo en común. Cuando nos acercamos a este grupo diverso de canciones, oraciones y otras composiciones expresivas, interactuamos con un grupo de textos que son fundamentalmente similares. Estas obras son particularmente imaginativas, conmovedoras y considerablemente distintas de la prosa narrativa. Cuando nos relacionamos con ellas, reconocemos sus diferencias con la prosa de forma similar a como entendemos que la música salsa difiere de la música *country*. ¿Qué características comunes mantienen unidas a todas estas obras de arte literario? La respuesta a esta pregunta, en términos generales, consta de dos partes: ritmo y retórica.

Si bien es cierto que «la poesía bíblica... era ante todo un medio de palabras, no de melodías», los textos poéticos siguen teniendo un ritmo característico. Al referirme al «ritmo», no pretendo comunicar «métrica» y sugerir que es posible determinar la correspondencia de los versos poéticos mediante la cantidad de sílabas y la colocación de los acentos. Algunos versos de la poesía bíblica pueden corresponderse de este modo, pero esto no constituye la esencia de la poesía bíblica. Más bien, el ritmo, entendido como un patrón repetido en cualquier composición

2. Lichtenstein, *Biblical Poetry,* 107.

dada, está en el corazón de la poesía bíblica a través del fenómeno del paralelismo.

A medida que nos adentramos en la literatura poética del Antiguo Testamento, observamos una disposición sistémica de enunciados concisos que juegan entre sí. Adele Berlin afirma: «Un poema destila y condensa su mensaje, eliminando las palabras "innecesarias" y dejando solo el núcleo del pensamiento. Al mismo tiempo, sin perder su brevedad, construye relaciones entre sus partes, de modo que el producto final queda unificado».[3] Estos enunciados nucleares, concisos y relacionados entre sí, que en última instancia conforman un producto final unificado, suelen organizarse en líneas adyacentes (por ej., «cola»; ver más adelante «Correspondencia de significados»), formando paralelismo. Esta disposición funciona como el latido rítmico de la poesía bíblica y sirve como fuerza unificadora de estos textos artísticos.

Además, la poesía bíblica parece deleitarse con la naturaleza desafiante de palabras, frases e imágenes complejas, retando a los lectores a descifrar su retórica para experimentar los mensajes transformadores que contiene. Lichtenstein afirma que «una posible respuesta al "por qué" de la poesía bíblica es más probable que proceda de nuestra apreciación de su peculiar genio para lograr la implicación directa e inmediata de su audiencia en una especie de diálogo emocional tanto con su forma como con su contenido».[4] Tanto el estilo como la retórica de un poema son sumamente importantes en términos del significado del poema y de cómo atrae a sus lectores.

Una de las principales formas en que los poetas bíblicos cautivan a sus lectores es mediante la proliferación de un lenguaje figurativo muy estilizado, especialmente metáforas. Al representar repetidamente un objeto en lugar de otro, los poetas bíblicos se aseguran de que el lector se comprometa intelectualmente a descifrar el poema y comunican un mensaje vigorizante y divino al alma del lector. Volveremos a las metáforas en el siguiente capítulo, pero es importante mencionar su importancia en este momento, ya que van de la mano con el paralelismo de la poesía bíblica. El ritmo de la poesía bíblica es el paralelismo; la técnica retórica de utilizar un lenguaje muy estilizado y figurado para implicar a los lectores en un discurso emotivo se ejemplifica mediante el uso frecuente de metáforas.[5]

3. Berlin, *Dynamics of Biblical Parallelism*, 6.
4. Lichtenstein, *Biblical Poetry*, 120.
5. Berlin define la poesía bíblica como «un tipo de discurso elevado, compuesto de versos breves y que emplea un alto grado de paralelismo e imaginería». Berlin, *Reading Biblical Poetry*, 2185.

El paralelismo y las metáforas, aunque fundamentales para la poesía bíblica, no son exclusivos de la poesía.[6] También aparecen en la prosa narrativa (ver Lev. 21:8 para el paralelismo, y Rut 2:12 para la metáfora).[7] Por esta razón, hay textos en los que las líneas idealistas y nítidas entre poesía y prosa son borrosas (por ej., Gén. 1:1-2:3). Típicamente, los poemas bíblicos constan de características observables compartidas que los lectores pueden reconocer al comprometerse deliberadamente con los textos. Como afirma Lichtenstein: «en la mejor de las poesías tradicionales, la técnica poética no es un conjunto arbitrario de reglas que deben seguirse porque sí, sino un verdadero reflejo de valores estéticos compartidos y un recurso probado para llevar a cabo su realización».[8] El paralelismo y el lenguaje figurativo ejemplificado a través de metáforas son los principales valores estéticos compartidos de la poesía bíblica, como demuestra la frecuencia con que se utilizan y lo esenciales que son para el significado de las composiciones poéticas de la Biblia.

Los poetas bíblicos escribieron para que sus lectores acabaran entendiendo sus mensajes y reconocieran la estructura de sus textos como poemas, ya que «los poetas, después de todo, utilizan el mismo lenguaje y las mismas reglas lingüísticas que su público, pero es la forma en que los utilizan lo que los convierte en poetas».[9] El problema para los lectores modernos de la Biblia es que, en su mayor parte, ya no hablamos ni escribimos como lo hacían los autores de la poesía bíblica. Para apreciar la belleza de las composiciones y beneficiarnos plenamente del impacto espiritual de la poesía bíblica, debemos esforzarnos por reflejar el modo en que los lectores originales entendían la escritura de los poetas bíblicos. Para ello es necesario estudiar la estructura (es decir, el paralelismo) y la retórica poética (por ej., las metáforas) que emplean.

6. Berlin afirma: «El paralelismo parece ser el principio constructivo sobre el que se construye un poema, mientras que un pasaje en prosa puede tener igual cantidad de paralelismo, pero no parecer estar construido sobre esa estructura». Berlin, *Dynamics of Biblical Parallelism*, 6.

7. En cuanto al paralelismo que se da en las secciones legales de la Torá (Ex. 21:11; Lev. 21:8; Deut. 21:3-4), Assnat Bartor concluye que «el paralelismo es un vehículo estético estándar en todos los géneros del discurso bíblico. Pero cuando se puede entender que el paralelismo sirve a un propósito particular, no es solo un ornamento retórico, sino que puede y debe considerarse como una expresión significativa de la intervención del legislador». Bartor, *Reading Law as Narrative*, 63.

8. Lichtenstein, *Biblical Poetry*, 115.

9. Berlin, *Dynamics of Biblical Parallelism*, 80.

El paralelismo: el latido de la poesía bíblica

Los textos pueden impactar a los lectores de una manera que trasciende el habla, ya que la estructuración de las palabras escritas puede contribuir de forma única a sus significados. La disposición de un texto facilita al lector la percepción de su significado, sobre todo si la composición contiene un patrón interno. Ed Greenstein afirma con razón: «Nuestras mentes perciben siguiendo patrones; forma parte de nuestra naturaleza [...]. La experiencia viene organizada, y el sentido nos llega solo a través de la forma. El significado que transmite el lenguaje cambia con cualquier cambio en la configuración lingüística, y el escritor cuidadoso —por no hablar del artista literario— vigilará sus palabras, sonidos, cadencias y sintaxis».[10]

Cuando nos encontramos con un texto con un patrón perceptible, comenzamos a leerlo buscando su disposición intencional, la correlación relevante de los materiales y sus significados.[11] En la poesía bíblica, el patrón más extendido y rítmico es el paralelismo: la yuxtaposición de líneas sucintas e interrelacionadas que se corresponden marcadamente entre sí. Las líneas adyacentes de la poesía bíblica pueden encajar en términos de significado (semántica), sonido en hebreo (fonología), conjugaciones compartidas (morfología), uso de las palabras en relación con otras (sintaxis), otras correspondencias o una combinación de correspondencias. No se trata en absoluto de una lista exhaustiva de las posibles correspondencias en el arte del paralelismo, en el que los poetas bíblicos eran expertos. Controlaban la percepción que el público tenía de su mensaje y suscitaban el interés del lector mediante la creación de líneas poéticas que se correspondían entre sí, al tiempo que exigían al lector una profunda reflexión para captar el significado del poema.

Una de las tareas fundamentales de la traducción bíblica es transmitir la esencia de los enunciados que componen la poesía bíblica, por lo que la correspondencia semántica sigue siendo una forma evidente de paralelismo para quienes leen traducciones de la Biblia. Sin embargo, la poesía bíblica es una forma de arte compleja que trasciende el simple

10. Greenstein, *How Does Parallelism Mean?*, 41.

11. *Ibid.*, 64. Este es especialmente el caso de los poemas acrósticos, cuyos versos se ordenan de acuerdo con el orden del alfabeto hebreo. Ver, por ej., los Sal. 9–10; 25; 34; 37; 111; 112; 119; 145; Prov. 31:10-31; Lam. 1–4. Esto explica, en parte, la frustración de algunos lectores contemporáneos al encontrarse con poemas acrósticos «incompletos», en los que las letras pueden faltar en los lugares esperados (por ej., la *dalet* «que falta» entre Sal. 9:5 y 9:6).

conocimiento cognitivo de lo que significan las palabras y las frases. Los poetas son artistas que maniobran intencionadamente el ritmo y la retórica de sus composiciones para cautivar y, en consecuencia, implicar a sus lectores en el proceso de interpretación. Esto se manifiesta en la poesía bíblica a través de otros tipos de paralelismo en los que las líneas adyacentes se corresponden de diversas maneras que podrían perderse en la traducción. Veamos algunos ejemplos de paralelismo semántico, seguidos de un ejemplo en el que el paralelismo fonológico, morfológico y sintáctico son evidentes en hebreo, pero se pierden sobre todo en la traducción. A continuación, reflexionaremos brevemente sobre cómo el paralelismo aumenta la participación del lector en la poesía.

Correspondencia de significados: paralelismo semántico

La poesía bíblica se compone generalmente de breves segmentos de pensamiento a los que los eruditos se refieren con frecuencia como «cola» (la forma singular es «colon»); un «bicolon» es un conjunto de dos pensamientos, y un tricolon es un conjunto de tres pensamientos. En las traducciones de la poesía del Antiguo Testamento, estas «cola» suelen aparecer como dos o más líneas alternas marcadas por verso. Esta disposición de las líneas suele representar frases distintas en la composición hebrea y nos ayuda a ver las correspondencias entre líneas adyacentes. No es una ciencia perfecta. Sin embargo, la colocación de las líneas en las secciones poéticas de nuestras Biblias nos ayuda a comparar sus significados que, en su mayor parte, pueden trasladarse de un idioma a otro.

Una técnica habitual en la poesía bíblica es la articulación de una cláusula gramaticalmente completa para iniciar un grupo de frases relacionadas, seguida de un verso (o más) que se corresponde con ese primer enunciado. En muchos casos, las líneas siguientes se corresponden por ser similares en significado, ser antitéticas o responder a las líneas anteriores. El Salmo 1 es un ejemplo de afirmación en la primera línea de un versículo, seguida de dos líneas de significado similar.

> Bienaventurado el varón que no anduvo en consejo de malos,
> Ni estuvo en camino de pecadores,
> Ni en silla de escarnecedores se ha sentado. (Sal. 1:1)

El salmo comienza con tres afirmaciones paralelas que se corresponden semánticamente en relación con las acciones de la persona «bienaventurada» (es decir, feliz). La persona bienaventurada se menciona en el primer verso del versículo 1 y se entiende como el sujeto de los dos versos siguientes. Esta persona está representada por frases que presentan imágenes similares para conceptualizar un punto de vista común, es decir, la persona bienaventurada no se asocia (es decir, camina, está de pie, se sienta) con el comportamiento (es decir, consejo, camino, compañía) de los pecadores (es decir, los malvados, impíos, burladores). Aunque estas líneas son similares en significado, la imaginería en ellas se intensifica de andar, a estar, a sentarse con los pecadores. Esta escalada de imágenes ofrece un cuadro vívido de la persona bienaventurada que se aleja de todo lo que tenga que ver con la impiedad al no andar, estar o sentarse cerca de pecadores.

El siguiente versículo describe antitéticamente a la persona bienaventurada al describirla deleitándose activamente en la Palabra del Señor. Esto se comunica a través de otra declaración semánticamente paralela en el Salmo 1:2:

> Sino que en la ley de Jehová está su delicia,
> Y en su ley medita de día y de noche.

Estas líneas actúan conjuntamente con el versículo anterior, pero responden de tal manera que crean un paralelismo favorable. El paralelismo semántico dentro de las dos líneas del Salmo 1:2 refuerza la distinción entre las maneras de vivir del pueblo bienaventurado y piadoso y las de los pecadores, a los que se alude en el versículo 1. Estos versículos contienen dos casos distintos de correspondencia semántica que juegan entre sí para retratar creativamente la conducta de los «bienaventurados».

La correspondencia semántica no indica necesariamente igualdad de significado entre varias líneas. En muchos casos, el juego semántico dentro de un poema es el resultado de que las líneas poéticas sean esencialmente contrapuestas entre sí. Aunque los versos opuestos de un poema puedan tener sentido cuando se leen de forma independiente, acaban dependiendo unos de otros para que el verso tenga sentido. Este tipo de paralelismo es frecuente en la literatura proverbial israelí. Por ejemplo:

> Las palabras de los impíos son asechanzas para derramar sangre;
> Mas la boca de los rectos los librará. (Prov. 12:6)

El impacto completo de estas declaraciones concisas y dramáticas no se percibe plenamente a menos que las líneas se lean una a la luz de la otra. Las «palabras» mencionadas en la primera línea están en paralelo con la correspondiente sustitución «boca» (es decir, es una metonimia) de la segunda línea. Sin embargo, la parte final de las dos líneas muestra tipos de discurso opuestos. Los malvados dañan a otras personas con sus palabras; los rectos, que se distinguen, utilizan sus palabras para servir a sus semejantes. El paralelismo entre los dos versos en esta estrofa crea un contraste que pone de relieve las caracterizaciones de los rectos y los malvados por igual.

Con frecuencia, en la poesía bíblica, los versos participan unos de otros cuando las afirmaciones siguientes presentan los resultados de los versos precedentes, los elaboran o los desarrollan. Un ejemplo directo y conciso de este tipo de paralelismo aparece en el Salmo 23:1: «Jehová es mi pastor; nada me faltará».

El salmista presenta una afirmación declarativa en la primera mitad del versículo, a la que sigue en la segunda mitad una aseveración concisa que presenta el resultado de la afirmación del salmista. Debido a quién es el Señor para el salmista, a este no le faltará de nada.

Un tipo similar de elaboración viene en forma de líneas sucesivas que responden a una pregunta que el salmista plantea. Por ejemplo:

> ¿Quién podrá entender sus propios errores?
> Líbrame de los que me son ocultos. (Sal. 19:12)

Y también:

> ¿Quién es este Rey de gloria?
> Jehová el fuerte y valiente,
> Jehová el poderoso en batalla. (Sal. 24:8)

Los ejemplos presentados aquí no hacen sino mostrar la diversidad del paralelismo semántico. Los poetas bíblicos aprovecharon los significados de las frases yuxtapuestas para expresar artísticamente lo que querían transmitir a sus lectores. De este modo, los poetas orientaban hábilmente a sus lectores hacia el significado de sus composiciones. Los estudiantes modernos que leen la Biblia en lenguas distintas del hebreo pueden estar agradecidos de que el arte ejemplificado a través de la correspondencia semántica pueda, en su mayor parte, observarse en la traducción. No obstante, algunas otras obras artísticas de los poetas bíblicos no se observan tan fácilmente cuando se traducen de un idioma a otro.

El paralelismo perdido en la traducción: sintaxis, morfología, fonología

Los poetas bíblicos hablaban hebreo y eran muy hábiles a la hora de utilizar los recursos lingüísticos de su lengua materna en sus proyectos de arte verbal. Los lectores modernos de poesía bíblica, por tanto, deben tener en cuenta el hecho de que siempre se pierden elementos del arte verbal cuando una composición se traduce a otro idioma. Esto es especialmente cierto en el caso de la poesía, ya que los poemas consisten en un lenguaje elevado que se elabora intencionadamente para que sea estéticamente agradable, convincente y dirigido a las emociones de los lectores de la lengua original. En consecuencia, siempre ha sido, y sigue siendo, responsabilidad permanente de los lectores de poesía bíblica hacer un esfuerzo adicional para descifrar cómo los poetas bíblicos utilizaron creativamente sus habilidades en lengua hebrea para cultivar sus piezas artísticas y atraer a sus lectores.[12]

Los poetas hebreos organizaban con frecuencia paralelismos que reflejaban la posición de las palabras entre sí dentro del verso (sintaxis), la forma de las palabras (morfología) y las correspondencias dentro de versos adyacentes relativas al sonido de las palabras (fonología). El genio creativo de los poetas bíblicos en estos ámbitos se pierde con frecuencia en la traducción. No obstante, intentaré mostrar y explicar un ejemplo de poesía bíblica en el que aparecen todas estas correspondencias paralelas. En el siguiente ejemplo, he proporcionado mi traducción en un intento de imitar los tipos de paralelismos evidentes en el texto hebreo.[13]

> No según nuestros pecados nos trata,
> ni según nuestras iniquidades nos paga. (Sal. 103:10, traducción personal)

No solo coinciden semánticamente estas dos líneas, sino que las correspondencias también son evidentes en otras áreas de la lengua hebrea.

12. Quienes no leen hebreo bíblico pueden aprender a apreciar los fenómenos poéticos. Muchas Biblias en español ayudan a escalonar los versos poéticos de forma que muestren el fenómeno del paralelismo. Los comentarios exegéticos también pueden ayudar a los lectores a identificar líneas, frases y palabras que son paralelas entre sí. Sin embargo, en la traducción siempre hay un elemento de interpretación, sobre todo en las composiciones poéticas, donde abundan las figuras retóricas, especialmente las metáforas (ver el cap. 15). Matizar la lectura de pasajes elaborados del Antiguo Testamento es uno de los valores de estudiar hebreo y arameo bíblico.

13. El siguiente ejemplo se ofrece en Berlin, *Dynamics of Biblical Parallelism*, 31-32. Mi presentación de este versículo se ha simplificado y diferenciado algo de la explicación que Berlin da del mismo.

Correspondencia sintáctica. Las palabras de estos dos versos están dispuestas de forma análoga. Ambos versos comienzan con una negación («no/ni») seguida de una frase preposicional («según nuestros pecados/ iniquidades»). A continuación, los versos siguen con un verbo («trata/ paga») y un objeto.

Correspondencia morfológica. La forma hebrea de las palabras de ambos versículos concuerda perfectamente. La misma forma hebrea de la palabra «no/ni» aparece al principio de ambas cláusulas. Las preposiciones («según») van seguidas de objetos plurales (pecados/iniquidades). Ambos objetos tienen sufijos de primera persona del plural en hebreo, que indican posesión (es decir, «nuestro»). En hebreo, los verbos de ambas líneas aparecen en tercera persona masculina del singular (es decir, «él»). El objeto, que es la última palabra de cada línea («nos»), es un sufijo de primera persona del plural en hebreo.

Correspondencia fonológica. Las relaciones entre los sonidos de las dos líneas en el hebreo de este versículo son sorprendentes. A continuación, he incluido una transcripción del verso hebreo al lado de mi traducción, y he puesto en negrita las partes de las líneas que suenan de forma similar. Los lectores pueden observar fácilmente que las similitudes fonológicas aparecen en los mismos lugares de sus respectivos versos.

No según nuestros pecados nos trata	*lo’ kacheta’enu ‘asah lanu*
ni según nuestras iniquidades nos paga	*ve*___lo’ ka___*‘avono*___tenu___ *gamal ‘ale*___nu___

En hebreo, cuando las palabras tienen formas similares, suelen sonar también de forma parecida. Así, los verbos *asá* («reparte») y *gamál* («paga») tienen vocales fonéticamente similares, aunque sus consonantes son diferentes. Los dos verbos están en el mismo tiempo en hebreo, por lo que ambos tienen dos *a* en los mismos lugares de las palabras y en partes paralelas de cada línea.

La terminología de esta sección puede parecer un poco compleja para los que leemos una traducción de la Biblia y no el idioma original, pero esa es precisamente la cuestión. Para apreciar plenamente la brillantez de los poetas bíblicos, debemos profundizar en los matices de su lenguaje. Las ingeniosas maniobras que los poetas en lengua hebrea llevaron a cabo en sus contextos literarios van más allá de los límites de lo que puede entenderse razonablemente y, por tanto, apreciarse en la traducción. Con este tipo de paralelismos, los poetas bíblicos atrajeron, cautivaron e influyeron claramente en su público: los lectores originales de las composiciones hebreas.

El paralelismo y la experiencia del lector

Para concluir este capítulo, es importante reflexionar sobre cómo el paralelismo atrae de manera única al lector de poesía bíblica. Como ya se ha mencionado, los lectores observan el paralelismo en secciones no poéticas de la Biblia (2 Sam. 7:6), pero el uso constante y distintivo del paralelismo es fundamental en la poesía bíblica. Como afirma Adele Berlin: «La poesía utiliza el paralelismo como su dispositivo constitutivo o constructivo, mientras que la no poesía, aunque contiene paralelismo, no estructura su mensaje sobre un uso sistemático del paralelismo».[14] Concediendo esto, ¿cómo utilizan los poetas bíblicos el paralelismo para involucrarnos en la poesía bíblica? Mencionaré brevemente solo un par de formas únicas en que la proliferación del paralelismo contribuye a la experiencia de la lectura.

En poesía, las líneas adyacentes se construyen unas sobre otras y afectan al lector al ofrecer una descripción más completa de los pensamientos del autor de lo que podría expresarse en una sola línea o incluso en un lenguaje prosaico. La capacidad de crear un efecto poderoso, mayor que la suma de las partes que componen el texto, es uno de los aspectos del paralelismo que lo convierten en una herramienta muy valiosa para los poetas bíblicos. Cuando frases sucintas se colocan juntas en paralelo, se pueden crear imágenes elocuentes y convincentes que estimulan la imaginación del lector e impactan profundamente en nuestras emociones de una manera que los discursos largos y prosaicos no están equipados para hacer.

Desde la perspectiva del lector, los distintos tipos de correspondencias cercanas facilitan la búsqueda de conexiones entre los versos cortos y adyacentes.[15] Estos paralelismos pueden ser semánticos, morfológicos, fonológicos o sintácticos, y estas categorías pueden solaparse en un verso determinado o incluso cambiar a lo largo del poema. Esto crea una experiencia para los lectores en la que podemos entender la esencia de las frases poéticas, pero debemos buscar perpetuamente cómo interactúan los versos con otras palabras, expresiones y sonidos en el contexto circundante para captar sus significados integrados. Así, el paralelismo

14. Berlin, *Dynamics of Biblical Parallelism*, 16.
15. *Ibid.*, 2.

nos mantiene atentos al obligarnos a leer con paciencia y atención si queremos comprender el significado global de una palabra, frase o verso del poema. Los buenos lectores de poesía a menudo analizan y vuelven a analizar los textos antes de apreciar plenamente las correspondencias entre las líneas paralelas, disfrutar plenamente de la experiencia de la lectura y reconocer plenamente el genio del autor.

Esta breve introducción al paralelismo en la poesía bíblica presenta lo central que es este fenómeno literario para nuestra interpretación de los poemas bíblicos. Considerar cómo están estructurados los poemas va de la mano con el análisis de la retórica empleada en ellos. En el próximo capítulo seguiremos enfocándonos en el modo en que los escritores bíblicos escribieron poesía, centrándonos en uno de los principales recursos retóricos utilizados en la poesía bíblica: la metáfora. Discutiremos qué son las metáforas, cómo funcionan y la importancia de rastrearlas a lo largo del texto bíblico.

QUINCE

Cómo escribían poesía los poetas bíblicos

La proliferación de metáforas

> Los grandes poetas, como los maestros artesanos, utilizan básicamente las mismas herramientas que nosotros; lo que los diferencia es su talento y habilidad para utilizar esas herramientas, que adquieren con atención, estudio y práctica constantes. [...] Los grandes poetas pueden hablarnos porque utilizan los modos de pensamiento que todos poseemos.
>
> —George Lakoff y Mark Turner,
> *More Than Cool Reason* [Más que una razón fría]

La cómica confusión del Sr. Cruncher del capítulo anterior vuelve a ser relevante cuando abordamos el tema de las metáforas en la poesía bíblica. «*Anno Domini*» es un dicho literal que representa un intento de fechar acontecimientos relativos al nacimiento de Jesús. Las figuras retóricas, por definición, no son literales. Por lo tanto, si la distancia del Sr. Cruncher de la acuñación de la frase «*Anno Domini*», que tiene sus orígenes en la era contemporánea, puede dar lugar a una confusión absurda, ¿cuánto más podríamos maltratar expresiones en lengua hebrea de cientos de años antes del nacimiento de Jesús?

Es cierto que la confusión del Sr. Cruncher es ficticia, pero la ilustración demuestra cómo leer expresiones antiguas sin considerar seriamente su significado puede llevar a malentendidos y a reapropiaciones caóticas de los modismos. Esta cuestión es problemática en la poesía, porque su lenguaje elevado está repleto de expresiones figuradas. Los lectores cristianos modernos de poesía antigua en lengua hebrea tendrán dificultades para aplicar los principios comunicados a través de las composiciones poéticas si no comprenden (o si malinterpretan) su esencia. El lenguaje figurado antiguo debe discernirse con cuidado. Debemos considerar el contexto antiguo y abstenernos de imponer conjeturas privadas, para no correr el riesgo de repetir el error de «*Anna Dominoes*».

Los poetas bíblicos utilizaron deliberadamente un lenguaje creativo para estimular la imaginación de los lectores e influir en su sensibilidad. En este capítulo analizaremos cómo leer la poesía teniendo en cuenta la metáfora, un recurso retórico de uso frecuente. Se trata de una continuación del capítulo anterior, en el que analizamos el uso del paralelismo como ritmo en la poesía bíblica. Después de explorar brevemente cómo funcionan las metáforas, analizaremos cómo su seguimiento nos ayuda a rastrear motivos a través de los textos bíblicos. El capítulo concluye con recordatorios prácticos sobre cómo acercarse a la poesía bíblica a partir de sus rasgos predominantes.

Metáforas: el «corazón» de la poesía bíblica

La metáfora es la figura retórica más utilizada en la poesía bíblica. Esto significa que es de primordial importancia para el intérprete localizar y descifrar las metáforas dentro de las composiciones poéticas individuales y rastrear su uso a lo largo del texto bíblico. En cuanto a la importancia y la proliferación de la metáfora en la poesía, he señalado anteriormente que «la metáfora es omnipresente en la poesía. [...] El establecimiento de la metáfora y sus iteraciones coherentes a lo largo de un poema es una obra de arte en sí misma. En muchas ocasiones, el uso de metáforas conectadas dentro de una obra literaria presenta al lector un rompecabezas; sus partes componentes deben encontrarse, ordenarse y conectarse para que el lector pueda apreciar el significado de la composición. En este sentido, discernir las metáforas forma parte del placer de leer poesía».[1]

1. Hernández, *Metaphor and the Study of Job*, 391-92.

El lenguaje metafórico es la retórica que compone en gran medida el ritmo del paralelismo; ambos fenómenos están en el «corazón» de la poesía bíblica, por utilizar una metáfora.[2] El paralelismo proporciona las «pulsaciones» constantes que vigorizan las composiciones al proporcionar movimientos predecibles y regulares a lo largo del texto. Las metáforas son la «fuerza vital» que recorre los vasos y da vivacidad a la composición. Para acercarse al «corazón» de la poesía bíblica, el lector debe esforzarse por comprender estas antiguas figuras retóricas.

Cómo se reconocen las metáforas

Adele Berlin afirma con razón que «gran parte de la dificultad para entender la poesía surge de la dificultad para reconocer lo que es metafórico (y lo que no lo es) y para percibir el significado de la metáfora».[3] Los lectores de poesía bíblica se encuentran frecuentemente con un lenguaje no literal (figurado), en el que las palabras y frases no se utilizan en su sentido más básico. Una de las figuras del lenguaje más comunes, la metáfora, en su esencia promueve «entender y experimentar una cosa en términos de otra».[4] En muchos casos, procesamos intuitivamente estas metáforas. Sin analizar conscientemente la figura retórica, reconocemos que un concepto se presenta, al menos hasta cierto punto, en términos de otro concepto. Por ejemplo, al hablar de la protección del Señor a Sus seguidores, el salmista comenta:

> Con sus plumas te cubrirá,
>   Y debajo de sus alas estarás seguro. (Sal. 91:4)

No necesitamos ser expertos en zoología para reconocer que «plumas» y «alas» pertenecen a las aves. Sin embargo, «sus» en el primer verso se refiere al Señor (ver Sal. 91:2). Así pues, los lectores del poema tienen dos opciones para interpretar estos versos: (1) o bien el Señor asume el cuerpo de un pájaro, despliega Sus alas y anima a sus seguidores a reunirse bajo ellas para protegerse, o (2) el poeta utiliza creativamente un lenguaje no literal para ilustrar un concepto difícil de concretar, empleando una imagen tangible adoptada del reino animal. Como los lectores difícilmente creerían que el Señor asume el cuerpo de un pájaro para proteger a los seres humanos, instintivamente utilizamos

2. Berlin, *Dynamics of Biblical Parallelism*, XII, ver también pág. 4.
3. Berlin, *Reading Biblical Poetry*, 2189.
4. Lakoff y Johnson, *Metaphors We Live By*, 139.

nuestro conocimiento previo de Dios y de los pájaros para discernir la expresión.

Pero, ¿cómo comprender el significado de la metáfora? ¿Cómo desciframos la metáfora y cómo podemos utilizar este proceso para comprender metáforas que no son tan intuitivas como esta? Conocer los fundamentos del funcionamiento de las metáforas nos permite acercarnos a ellas con una estrategia de lectura que facilita la comprensión de sus significados originales y sus aplicaciones actuales comparables. De este modo, podemos permanecer fieles al significado de la figura retórica y evitar interpretaciones extravagantes de un lenguaje no literal.

Cómo funcionan las metáforas

No todos los eruditos están de acuerdo en cómo la mente humana procesa las metáforas. Por lo tanto, en esta sección tengo la intención de proporcionar una introducción superficial al modo en que algunos académicos que se suscriben a la Teoría de la metáfora conceptual (TMC) postulan que los seres humanos descifran estas figuras retóricas. Existe una gran diversidad entre quienes estudian la TMC pero, en términos generales, estos académicos sugieren que los seres humanos tienden a pensar en términos de metáfora, es decir, que muchas de las metáforas que utilizamos y entendemos reflejan formas en las que los seres humanos conceptualizan de forma natural sus experiencias.

Las metáforas comunes que se adoptan y disciernen por intuición se denominan «metáforas convencionales» o «metáforas conceptuales generales». Estas metáforas «estructuran el sistema conceptual ordinario de nuestra cultura, que se refleja en nuestro lenguaje cotidiano».[5] Lakoff y Turner comentan el uso de metáforas conceptuales generales en la poesía, afirmando: «Las metáforas conceptuales generales no son una creación exclusiva de los poetas, sino que forman parte de la manera que tienen los miembros de una cultura de conceptualizar su experiencia. Los poetas, como miembros de sus culturas, utilizan de forma natural estas metáforas conceptuales básicas para comunicarse con otros miembros, su público».[6]

Las metáforas comunes no son una invención exclusiva de los poetas, son recursos retóricos estéticamente agradables que los poetas pueden utilizar para sus fines. En el caso de la poesía bíblica, los poetas utilizaron muchas metáforas para expresar imágenes de palabras de forma concisa, retratando conceptos que podrían requerir una extensa

5. Lakoff and Johnson, *Metaphors We Live By*, 139.
6. Lakoff y Turner, *More Than Cool Reason*, 9.

elaboración en la prosa ordinaria. Dado que los seres humanos conceptualizan sus experiencias de manera similar y expresan sus conceptualizaciones mediante metáforas, es entendible que metáforas comparables se materialicen en diversas culturas, a través de múltiples lenguas y en distintos tipos de composición. En consecuencia, los estudiantes contemporáneos de la Biblia son capaces de reconocer algunas figuras retóricas y procesar metáforas básicas en la poesía bíblica. La base de experiencias conceptualizadas que los lectores modernos comparten con los poetas bíblicos emerge a través de muchas metáforas convencionales de la poesía del Antiguo Testamento.

Un ejemplo por excelencia y muy utilizado de cómo la metáfora convencional se estructura en el sistema conceptual humano es la forma intuitiva en que la gente compara los argumentos con la guerra. Considera cómo el concepto GUERRA es aludido por las cursivas en los siguientes dichos relacionados con un ARGUMENTO:

- Tus argumentos son *indefendibles*.
- *Atacó todos los puntos débiles* de mi argumento.
- Sus críticas *dieron en el blanco*.
- *Derribó* todos mis argumentos.[7]

Este tipo de refranes se repiten una y otra vez en distintos idiomas y lugares geográficos para referirse a personas que se involucran en una discusión, un «conflicto verbal» que un «combatiente» «gana» o «pierde». En la metáfora EL ARGUMENTO ES LA GUERRA, el concepto menos estructurado ARGUMENTO se entiende parcialmente en términos del concepto más delineado por la experiencia humana compartida GUERRA. El concepto más concreto GUERRA es el DOMINIO DE ORIGEN de la metáfora, que sirve como patrón utilizado para ilustrar el concepto más abstracto. El concepto abstracto que se entiende (al menos parcialmente) en términos del DOMINIO DE ORIGEN se denomina DOMINIO OBJETIVO. «Mapear» la metáfora consiste en trazar el conjunto de correspondencias por las que entendemos un dominio en términos de otro. En general, la imagen proporcionada a través del DOMINIO DE ORIGEN mapeado sobre el DOMINIO OBJETIVO facilita una comprensión matizada del concepto abstracto en términos del concepto concreto basado en la experiencia humana común.

7. Los ejemplos proceden de Lakoff y Johnson, *Metaphors We Live By*, 4. Todas las cursivas son originales.

Ahora volvamos brevemente a nuestro ejemplo del Salmo 91 y esbocemos cómo podríamos procesar la metáfora que contiene:

> Con sus plumas te cubrirá,
> Y debajo de sus alas estarás seguro. (Sal. 91:4)

Dios (es decir, el Señor) es el DOMINIO OBJETIVO de la metáfora, que aclara un aspecto abstracto del carácter divino. La forma exacta en que el Señor protege a Sus seguidores rara vez se visualiza de manera tangible, por lo que este rasgo del carácter divino se representa en términos comúnmente observables que son más fáciles de delinear (es decir, el DOMINIO DE ORIGEN) —a saber, un pájaro que cuida de sus crías con sus alas. La metáfora resultante, DIOS COMO UN PÁJARO, expresa de forma única el amoroso cuidado del Señor por Sus seguidores, al trasladar la clara imagen de lo que un pájaro hace por sus crías a la vaga noción de cómo el Señor preserva y defiende a Su pueblo. Del mismo modo que un ave se preocupa por sus crías hasta el punto de extender sus alas sobre ellas para protegerlas, así el Señor protege a los que lo siguen.

Los poetas bíblicos emplean con frecuencia la metáfora como táctica retórica para representar imágenes ilustrativas y compactas de palabras que enganchen críticamente a sus lectores. Este uso frecuente de un lenguaje lacónico e ilustrativo contrasta generalmente con la prosa narrativa. Cuando los lectores modernos leemos poesía bíblica, es importante que nos esforcemos por descifrar sus metáforas para apreciar lo que el texto poético pudo significar para el público original y, a su vez, comprender su significado para los lectores contemporáneos.

Además, es importante reconocer las metáforas y saber cómo funcionan para evitar inventar interpretaciones peculiares que nunca pretendieron los poetas. Los lectores que disciernen cuidadosamente el lenguaje figurado evitarán el error común de desarrollar lecturas extrañas de los pasajes bajo el auspicio de tener una visión elevada de la Escritura. Tomar la Biblia en serio sin reconocer la metáfora conceptual del Salmo 91:4 podría dar lugar a pensar que el Señor asume el cuerpo de un pájaro, con alas emplumadas y todo.

¿Por qué es importante rastrear las metáforas?

En muchos casos, descifrar las metáforas de la poesía bíblica permite comprender cómo percibieron ciertos conceptos los autores bíblicos y cómo los entendió su público. Sin embargo, examinar metáforas individuales es solo el principio cuando se trata de observar el impacto que una metáfora puede tener en todo el texto bíblico. A veces, los autores bíblicos utilizan la misma metáfora en distintos lugares de la Biblia para abordar temas similares y exponer puntos de acuerdo o de contraste. Rastrear las metáforas a lo largo de la Escritura nos permite observar cómo se desarrollan los motivos y seguir los temas a lo largo del texto bíblico. Las metáforas relacionadas ofrecen a los lectores modernos una visión más completa de cómo los autores bíblicos se refirieron a un tema en general o de cómo participaron en la conversación sobre un tema concreto en el mundo que les rodeaba.

Es cierto que seguir el curso de una metáfora y su uso plantea algunos problemas. Por ejemplo, la perceptibilidad de las metáforas no siempre es la misma. Además, a veces los lectores no disponen de suficiente información sobre el DOMINIO DE ORIGEN de una metáfora para comprender cómo esta facilita la comprensión del DOMINIO OBJETIVO. En otros casos, los poetas bíblicos crearon metáforas poco convencionales (y también nuevas) que pueden presentar formas de pensar sobre conceptos que no formaban parte del sistema conceptual natural del público original. Este tipo de metáforas son difíciles de descifrar para los lectores contemporáneos, ya que el conjunto de correspondencias entre el DOMINIO DE ORIGEN y el DOMINIO OBJETIVO puede no ser fácilmente perceptible. Sin embargo, discernir metáforas poco convencionales es muy valioso porque nos permite adentrarnos en el mundo del autor, en la fuente de la metáfora. Cuanto más rara o creativa sea la metáfora, más difícil será discernirla, pero mayor será su potencial para comunicar de forma única en nombre del autor.

Tanto si el lenguaje metafórico es convencional como no convencional, su prevalencia significa que rastrearlo en la poesía bíblica puede ser una clave para seguir lo que ocurre en las distintas partes de la Biblia. Las metáforas repetidas funcionan, a veces, como los puntos que se conectan a lo largo del texto, permitiendo a los lectores ver el genio de los autores bíblicos y la unidad de las composiciones en toda la Biblia. Por ejemplo, seguir la metáfora de DIOS COMO UN PÁJARO facilita la comprensión de una afirmación que Jesús hace en el Nuevo Testamento. Veamos brevemente cómo ocurre.

Al parecer, el DOMINIO DE ORIGEN de la metáfora de que DIOS ES UN PÁJARO se entendía comúnmente en el antiguo Israel. Dado que los antiguos israelitas habrían podido observar a las aves y su comportamiento, generalmente entendían que las aves protegían a sus crías con sus alas. Esto se puede concluir razonablemente observando con qué frecuencia se utiliza esta metáfora en el libro de Salmos. Por ejemplo:

- Guárdame como a la niña de tus ojos; escóndeme bajo la sombra de tus alas. (Sal. 17:8)
- ¡Cuán preciosa, oh Dios, es tu misericordia! Por eso los hijos de los hombres se amparan bajo la sombra de tus alas. (36:7)
- Ten misericordia de mí, oh Dios, ten misericordia de mí; porque en ti ha confiado mi alma, y en la sombra de tus alas me ampararé hasta que pasen los quebrantos. (57:1)
- Porque has sido mi socorro, y así en la sombra de tus alas me regocijaré. (63:7; ver también «Estaré seguro bajo la cubierta de tus alas» en 61:4)

La frecuencia de esta expresión metafórica sugiere que no se trataba simplemente de un dicho ilustrativo que inventaron los poetas israelitas. Más bien, su uso repetido implica que la experiencia israelita hizo que les resultara relativamente natural trazar cómo el DOMINIO DE ORIGEN (es decir, el pájaro) ilustra cómo el Señor protege a las personas. Al observar las correspondencias entre el uso de la imagen de un pájaro y su representación de Dios en la antigua poesía israelita —es decir, la transferencia de información entre los DOMINIOS FUENTE y OBJETIVO—, los lectores contemporáneos adquieren conocimientos sobre la antigua concepción israelita de los pájaros (DOMINIO FUENTE), así como sobre su percepción de Dios (DOMINIO OBJETIVO).

La importancia de descifrar las metáforas se hace cada vez más evidente cuando aparece un lenguaje similar en distintos tipos de literatura bíblica. Por ejemplo, en el libro de Rut, Booz alude a la metáfora de DIOS COMO PÁJARO, al afirmar: «Jehová recompense tu obra, y tu remuneración sea cumplida de parte de Jehová Dios de Israel, bajo cuyas alas has venido a refugiarte» (Rut 2:12). Booz, un israelita, utiliza esta metáfora al elogiar a Rut por abandonar su tierra natal de Moab y establecerse en Israel con su suegra desamparada, Noemí. La declaración de Booz muestra no solo que los antiguos israelitas habrían utilizado y entendido esta alusión a Dios como pájaro, sino también que podría haber sido entendida por los que vivían en los alrededores y hablaban lenguas afines (es decir, los moabitas).

El hecho de que la metáfora quede registrada en la prosa narrativa de Rut proporciona un ejemplo de cómo las metáforas similares pueden ser una herramienta valiosa en distintos discursos, dependiendo de los propósitos retóricos del orador o autor. Se trata de un punto importante, ya que metáforas similares reaparecen o se alude a ellas en diversas composiciones bíblicas para plantear cuestiones específicas de cada contexto. Este es precisamente el caso de la metáfora de DIOS COMO PÁJARO en los Evangelios. Entender la metáfora en el Antiguo Testamento es clave para comprender las imágenes a las que alude Jesús. Al reconocer, descifrar y rastrear esta metáfora, los lectores observan el genio poético desplegado en los salmos, ven el alcance de su uso a través de la prosa narrativa de Rut y también disciernen cómo Jesús hace referencia a la metáfora de DIOS COMO PÁJARO y amplía las concepciones previas de Dios (el DOMINIO OBJETIVO).

Mateo y Lucas recogen la alusión de Jesús a la metáfora en cuestión (Mat. 23:37; Luc. 13:34). En ambos relatos evangélicos, Jesús aparece hablando cerca de Jerusalén en presencia de los fariseos (Mat. 23:2–24:1; Luc. 13:22,31). Es probable que los oyentes de Jesús, religiosos y conocedores de la Torá, estuvieran familiarizados con la imaginería utilizada repetidamente por los escritores del Antiguo Testamento (comp. Deut. 32:10-11). En el contexto de este discurso, Jesús afirma: «¡Jerusalén, Jerusalén, que matas a los profetas, y apedreas a los que te son enviados! ¡Cuántas veces quise juntar a tus hijos, como la gallina a sus polluelos debajo de sus alas, y no quisiste!» (Luc. 13:34).

Jesús, el maestro, aprovecha la familiaridad de Su auditorio con la metáfora de DIOS COMO PÁJARO para animar a Sus oyentes a darse cuenta de la naturaleza trascendental de Su enseñanza. Al hacerlo, Jesús ha modificado ligeramente las imágenes para ilustrar facetas de Su carácter y ministerio, sustituyendo el DOMINIO OBJETIVO original (Dios) por Él mismo. La metáfora de DIOS COMO PÁJARO se utiliza con frecuencia en el Antiguo Testamento para subrayar el carácter amoroso y protector del Señor. Al afirmar: «Cuántas veces quise juntar a tus hijos», Jesús cambia la metáfora por la de JESÚS COMO PÁJARO. Jesús, entonces, se sitúa donde todos Sus oyentes habrían esperado que la metáfora se refiriera a DIOS (es decir, el Señor, el Dios de Israel). Jesús alude a esta metáfora en una situación en la que Sus oyentes habrían entendido que reflejaba un aspecto del carácter del Señor. Luego se aplica a sí mismo este rasgo del carácter del Señor, sugiriendo implícitamente Su unidad con Dios. Mediante la alusión a la metáfora de DIOS COMO PÁJARO, Jesús afirma que podría haber cuidado de los habitantes de Jerusalén igual que el Señor, el Dios del pacto, protege a Sus seguidores.

Recordatorios para la lectura de la poesía bíblica

Las implicaciones teológicas del uso que Jesús hace de la metáfora de Dios como pájaro ilustran la importancia de reconocer, analizar y rastrear las metáforas a lo largo del texto bíblico. El modo en que Jesús alude a esta metáfora para dar a entender Su unidad con el Señor nos brinda la ocasión de detenernos a considerar nuestra atención a los detalles de la poesía bíblica y cómo pueden servir de base para comprender otra literatura bíblica. Es una buena ocasión para retomar nuestros compromisos básicos de lectura, matizándolos específicamente para la poesía bíblica, de modo que podamos apreciar el texto y extraer enseñanzas personales de los principios que contiene.

Como se mencionó en el capítulo 2, los cristianos que se involucran con el Antiguo Testamento de manera humilde, sucesiva y completa progresan en la dirección correcta en términos de comprometerse holísticamente con la Biblia como Escritura. Este libro también ha hecho hincapié en la lectura deliberada del texto bíblico; nos hemos esforzado conscientemente por prestar especial atención a cómo, qué y por qué se comunicaban los escritores bíblicos para provocar una respuesta en sus lectores. El análisis de la poesía bíblica en este capítulo y en el capítulo 14 nos regresa a la conversación, pero esta vez con la mirada puesta en cómo comprometerse deliberadamente con la poesía bíblica. En este punto se podrían mencionar múltiples consejos de lectura, pero la revisión del paralelismo y la metáfora bíblicos traen dos sugerencias: (1) *Realmente* necesitamos abstenernos de precipitarnos al leer poesía bíblica. (2) Debemos ser intencionados a la hora de leer «por el afecto».

No te precipites al leer

La idea de leer más despacio no es nueva para nosotros. En el capítulo 2 hablamos brevemente de leer despacio cuando se aborda deliberadamente el texto bíblico. Sin embargo, leer despacio es especialmente importante en la poesía. Para empezar, las prisas son muy desaconsejables, pero las consecuencias son aún mayores cuando nos encontramos con la poesía. Esto se basa en el hecho de que a veces es difícil reconocer la poesía cuando se lee deprisa. La lectura rápida puede plantear dificultades si no discernimos que estamos ante poesía, debido a las palabras extrañas, las expresiones floridas y las imágenes ingeniosas que aparecen con frecuencia en las páginas de las secciones poéticas de la Escritura. Otros recursos estéticos característicos de la poesía se pierden a menudo en la traducción, y otras veces, sencillamente, pasan desapercibidos. No darse cuenta de que un autor se expresa de forma poética puede tener enormes consecuencias en la interpretación.

Leer verdaderamente despacio ayuda a los intérpretes contemporáneos a cometer menos errores en la comprensión de las palabras reales de la poesía bíblica y en la interpretación del significado de estos textos para sus comunidades. Algunas lecturas erróneas pueden atribuirse, al menos hasta cierto punto, a una lectura rápida que pasa por alto las claves que indican la poesía. Las desafortunadas consecuencias de esta precipitación pueden incluir aplicaciones erróneas de los textos bíblicos entre la comunidad de fe. Ya hemos mencionado lo absurdo de sugerir que el Señor asume el cuerpo de un pájaro, como podría ser la interpretación del Salmo 91:4 si los lectores pasaran apresuradamente los ojos por este versículo sin reconocer la metáfora. Pero quizás un ejemplo más frecuente y aplicable de las consecuencias de leer apresuradamente la poesía sea la conocida lectura de Proverbios 31:10-31 como una mera lista de todo lo que debe hacer una mujer para ser considerada una mujer de valor.[8] Este tipo de interpretación es errónea. Una de las razones por las que este pasaje suele leerse erróneamente puede estar relacionada con el hecho de que los lectores se apresuren a leer el primer verso del poema:

> Mujer virtuosa, ¿quién la hallará?
> Porque su estima sobrepasa largamente a la de las piedras preciosas.
> (Prov. 31:10)

Hay algunos indicadores en el primer verso de este poema que nos ayudan a reconocer que la sección no consiste exclusivamente en una lista de cosas que las mujeres tienen que hacer para ser consideradas virtuosas. Estos indicios apenas pueden advertirse cuando nos apresuramos en el proceso de lectura.

- En primer lugar, el versículo utiliza el paralelismo. Como se mencionó en el capítulo anterior, a veces las líneas de los versos se corresponden entre sí planteando una pregunta retórica y respondiéndola a continuación. Los lectores lentos y deliberados observan que esto es precisamente lo que hace el autor en Proverbios 31:10.

8. El siguiente ejemplo es una adaptación de Hernández, *Proverbs: Pathways to Wisdom*, 105-30.

- En segundo lugar, el lenguaje figurado aparece en la segunda línea del versículo, en la que se compara a la mujer con piedras preciosas. La metáfora aquí podría entenderse como UNA MUJER VIRTUOSA ES UNA MERCANCÍA CARA, a través de la cual los lectores son capaces de entender las características de la mujer virtuosa basándose en el valor de otro objeto costoso (las piedras preciosas). Los lectores pueden procesar esto intuitivamente, porque es relativamente común hablar del valor de alguien en ciertos contextos sin considerar que esa persona se pueda adquirir literalmente mediante el intercambio de moneda. Sin embargo, los lectores cuidadosos reconocen que están tratando con un lenguaje no literal, sin necesidad de delinear exactamente cómo la metáfora transmite su mensaje.
- En tercer lugar, la primera línea de Proverbios 31:10 comienza con la primera letra del alfabeto hebreo (*alef*). Al seguir leyendo, nos damos cuenta de que el segundo verso comienza con la segunda letra del alfabeto hebreo (*bet*). Este patrón acróstico continúa durante los veintidós versículos del poema, y cada verso comienza con la siguiente letra del alfabeto hebreo hasta completar la secuencia. Un acróstico es un indicador inequívoco de que el poeta está empleando a propósito un recurso estético para proporcionar un diseño y aumentar el deleite de la lectura. Así pues, según la petición del autor, el lector de este poema *debe* preocuparse por su belleza. El contenido del poema no puede considerarse al margen de sus recursos estéticos, lo que significa que el lector no tiene derecho a cambiar la belleza de un acróstico por una lista idealizada que solo sea aplicable a las lectoras mujeres.

Es cierto que el acróstico en hebreo se pierde en la traducción, pero la cuestión sigue ahí: los lectores no pueden apreciar el nivel de arte intencionado presente en el poema si pasan por alto el paralelismo y la metáfora evidentes en la traducción de su primer verso. A los pocos versos, los lectores son capaces de reconocer que se encuentran ante un poema muy estilizado. Cuando nos damos cuenta de esto, nuestras interpretaciones del pasaje pueden reflejar que el autor se comunica a través de su estilo poético, en lugar de reflejar una imposición de nuestros propios paradigmas sobre la información extraída de las palabras del texto.

La interpretación de la «lista de requisitos» es sintomática de un problema más amplio. En realidad, evidencia una lectura rápida de todo el libro de Proverbios como para prestar atención a la retórica y los motivos de Proverbios 31:10-31 que se abordan en otras áreas del libro. Por ejemplo, Proverbios 31:10 habla de la mujer virtuosa, que vale más que las piedras preciosas. Hay una conexión entre cómo se presenta a esta mujer virtuosa en Proverbios 31:10 y cómo se presenta la sabiduría en otras áreas del libro. Por ejemplo, la misma palabra para «piedras preciosas» que aparece en Proverbios 31:10 también aparece en los versículos siguientes para hablar de la sabiduría:

- Más preciosa es [la sabiduría] que las piedras preciosas; y todo lo que puedes desear, no se puede comparar a ella. (3:15)
- Porque mejor es la sabiduría que las piedras preciosas; y todo cuanto se puede desear, no es de compararse con ella. (8:11)

Lo que se discierne a través de estas conexiones en el lenguaje es que el concepto de sabiduría se asocia cuidadosamente con lo que el poeta estaba tratando de comunicar en Proverbios 31:10-31. Más concretamente, la mujer de este poema es la encarnación de la sabiduría, y los principios del pasaje se aplican a todas las personas que desean ser sabias. Esta interpretación se corrobora cuando comparamos algunos de los principales motivos relacionados con la sabiduría a lo largo del libro de Proverbios con la forma en que se representa a la mujer virtuosa a lo largo del poema.

- Se representa hablando con sabiduría: «Abre su boca con sabiduría, y la ley de clemencia está en su lengua» (31:26). Proverbios subraya repetidamente que el uso de la lengua para edificar a los demás es sabio, mientras que la disputa indica insensatez (ver, por ej., la referencia a la palabra como «joya preciosa» [como la sabiduría] en 20:15; ver también 10:21,31; 12:17-19; 15:2,4,7; 16:24).
- Se describe como una mujer que trabaja duro: «Busca lana y lino, y con voluntad trabaja con sus manos» (31:13; ver también vv. 15, 18-19). Proverbios promueve repetidamente el trabajo duro como una vida sabia y avergüenza a los perezosos (ver, por ej., la conexión retórica con «manos» en 21:25-26a; ver también 10:4; 12:15,27; 13:4; 19:15; 20:13; 26:16; 28:19).
- Se representa comprometida con la unidad familiar: «Se levanta aun de noche y da comida a su familia y ración a sus criadas» (31:15; ver también vv. 18, 21, 27a). Proverbios subraya repetidamente

que las personas sabias cuidan de su unidad familiar (4:3-4; 13:24; 19:18,26; 20:7; 22:15; 23:13-14; 30:11).

Podrían citarse otros ejemplos (como la humildad, el cuidado de los vulnerables, etc.), pero estos tres motivos del habla sabia, el trabajo duro y las relaciones con la familia ilustran la cuestión: leyendo el libro de Proverbios lenta, atenta y enteramente, los lectores son capaces de captar las imágenes del poema de la mujer virtuosa que se mencionan repetidamente a lo largo del libro. La lectura apresurada de Proverbios transforma la composición en un simple libro de breves adagios que ofrecen consejos. Este tipo de lectura pasa por alto inevitablemente gran parte de la retórica y la imaginería importantes del libro, y por lo tanto malinterpreta el clímax del libro como una lista glorificada de tareas pendientes que es exclusivamente relevante para las mujeres.

Ralentizar la lectura tiene un efecto tranquilizador; reduce el ruido de nuestros propios artificios interpretativos. Hace que nuestros oídos escuchen el latido de la poesía bíblica y perciban así la savia vital de las composiciones. Permitimos que los poetas antiguos impacten en nuestras mentes y corazones tomándonos el tiempo necesario no solo para recibir lo que tenían que decir, sino también para apreciar cómo lo hacían.

Leer «por el afecto»

Hay que reconocer que animar a los lectores a leer más despacio es un arma de doble filo. Acabamos de hablar de las ventajas de no precipitarse en la lectura, pero leer demasiado despacio puede ser síntoma de exceso de análisis. Por un lado, se necesita tiempo para hacer observaciones agudas; por otro, los estudiantes entusiastas de la Biblia corren el riesgo de divagar sin fin en discursos relativos a morfología, fonología, sintaxis, DOMINIO DE ORIGEN, DOMINIO OBJETIVO y cartografía metafórica. Sumirse en el fango del escrutinio poético no es necesariamente sinónimo de desarrollar interpretaciones y aplicaciones razonables de los principios del texto. Al contrario, un examen excesivo de este tipo puede llevar a descartar la capacidad del poeta para comunicarse con el corazón del lector. Mientras que algunos de nosotros podemos quedarnos cortos a la hora de analizar la belleza de las composiciones, otros que son expertos en análisis pueden olvidar que la belleza fue elaborada por el poeta por razones específicas: una de las cuales era impactarnos apelando a nuestro afecto.[9]

9. Para aclarar, me refiero a la forma sustantiva de la palabra «afecto», que se refiere esencialmente a las emociones humanas.

A menudo, la poesía bíblica permite al lector entrar en un encuentro íntimo entre el escritor y Dios, ya sea relatando una conversación real entre ambos o invitando al lector a entrar en los espacios privados de la oración, la alabanza y el lamento, revelando la reflexión teológica del escritor sobre Dios. Así, al leer poesía, nos vemos obligados a permitir que influya en nuestro afecto y a responder con emociones, deseos y comportamientos adecuados. Comencemos a desarrollar este punto citando por última vez nuestro versículo ejemplar:

> Con sus plumas te cubrirá,
> Y debajo de sus alas estarás seguro. (Sal. 91:4)

En el núcleo de este versículo está la idea de que el Señor es protector de Su pueblo. Así lo pone de manifiesto la segunda línea, que indica que las alas de Dios proporcionan refugio. Si el autor hubiera querido comunicar claramente que Dios protege a Sus seguidores, podría haberlo afirmado con una declaración simple, indicativa y sin lenguaje figurado. Sin embargo, el salmista no lo hizo así. El salmista utilizó imágenes de aves para que los lectores pudieran comprender la protección de Dios a través del modo en que las aves cuidan instintiva y atentamente de sus crías. Esta imagen hace algo más que comunicarse con nuestras cabezas; nos provoca a considerar cómo Dios podría cuidarnos y protegernos cuando necesitamos refugio en la vida. La imagen permite al poeta influir en nuestras emociones de un modo que no consiguen las simples afirmaciones no figurativas.

Otro ejemplo muy conocido puede ser útil para describir cómo los poetas bíblicos utilizaban recursos estéticos para estimular los sentimientos de sus lectores. El Salmo 23:1 dice: «Jehová es mi pastor; nada me faltará».

Mencionamos este versículo en el capítulo anterior como ejemplo del tipo de paralelismo en el que las declaraciones subsiguientes presentan los resultados de las líneas anteriores, las elaboran o desarrollan pensamientos a partir de ellas. Lo que no señalamos entonces es el lenguaje claramente metafórico que compara al Señor con un pastor. Puesto que el Señor no es literalmente un pastor que cría ovejas, los lectores consideran naturalmente cómo un pastor que cuida de sus ovejas refleja el cuidado de Dios por el autor y, por extensión, por el lector. Así pues, en la primera línea del Salmo 23:1 están implícitas dos metáforas: DIOS ES UN PASTOR, Y EL SEGUIDOR DE DIOS ES UNA OVEJA. A continuación, el salmista alude a la relación que Dios mantiene con Sus seguidores ampliando la relación pastor-oveja en los versículos siguientes:

> En lugares de delicados pastos me hará descansar;
> Junto a aguas de reposo me pastoreará.
> Confortará mi alma;
> Me guiará por sendas de justicia por amor de su nombre.
> Aunque ande en valle de sombra de muerte,
> No temeré mal alguno, porque tú estarás conmigo;
> Tu vara y tu cayado me infundirán aliento. (23:2-4)

El autor ilustra la tierna relación que mantiene un pastor con sus ovejas con imágenes vívidas como la de un pastor que hace descansar a sus ovejas en los pastos, que acompaña a sus ovejas junto a las aguas tranquilas y que utiliza su vara y su cayado para consolarlas. Los versículos llevan implícito el hecho de que las ovejas dependen del pastor para que las guíe, las proteja y las cuide. Esta descripción del cuidado del pastor, combinada con la confianza de las ovejas en el pastor, refleja un intenso afecto entre ambos. Ese sentimiento de afecto es precisamente una de las cosas que el autor se propuso retratar para causar un impacto holístico en los lectores. Para el autor, no bastaba con que los lectores supieran que el Señor cuida del autor e incluso de ellos. El salmista utilizó un lenguaje metafórico en el primer verso seguido de una afirmación indicativa (es decir, «nada me faltará») que presenta el resultado de la metáfora para que los lectores *sientan* que el Señor cuida de sus seguidores como un pastor cuida de sus ovejas.

En la poesía bíblica, el foco de atención suele desplazarse de la comunicación de hechos en el discurso a la afectación de los sentimientos de los lectores mediante la retórica. Prueba de ello es que algunos relatos en prosa se narran de forma concisa y poética. Por ejemplo, el Salmo 136 relata partes de la historia del éxodo de una forma concisa y memorable que insta explícitamente al lector a percibir estos acontecimientos pasados como una prueba del amor inquebrantable del Señor:

> Al que hirió a Egipto en sus primogénitos,
> *Porque para siempre es su misericordia.*
> Al que sacó a Israel de en medio de ellos,
> *Porque para siempre es su misericordia.*
> Con mano fuerte, y brazo extendido,
> *Porque para siempre es su misericordia.*

Al que dividió el Mar Rojo en partes,
Porque para siempre es su misericordia;
E hizo pasar a Israel por en medio de él,
Porque para siempre es su misericordia;
Y arrojó a Faraón y a su ejército en el Mar Rojo,
Porque para siempre es su misericordia.
Al que pastoreó a su pueblo por el desierto,
Porque para siempre es su misericordia. (136:10-16;
ver también Ex. 15:1-18)

El lector se ve rápidamente arrastrado e inundado por afirmaciones compactas con las que el autor se esfuerza por influir en las emociones del lector presentando repetidamente la razón de lo que el Señor hizo por Israel. La prosa de la narración del éxodo incluye detalles relativos a los acontecimientos, mientras que el relato poético del Salmo 136 utiliza imágenes de palabras concisas para ilustrar el propósito de las hazañas del Señor por Israel. Los poetas bíblicos podrían haberse limitado a repetir los hechos: Dios protegió sobrenaturalmente a Israel y lo liberó de Egipto. En lugar de eso, este autor hace lo que hacen los poetas: provoca la emoción del lector y espera que se involucre abiertamente con su afecto. Después de leer —o, tal vez, repetir audiblemente— que el éxodo de Egipto se llevó a cabo gracias al amor inquebrantable del Señor por Su pueblo, se suponía que los lectores originales debían *sentir* lo que su Dios del pacto había hecho por ellos y responder en consecuencia.

Al abstenernos de precipitarnos en la lectura, permitimos que nuestras emociones se vean influidas por el estilo y la retórica del poeta bíblico. Los lectores que reconocen el lenguaje metafórico, rastrean las metáforas a través de los textos bíblicos, van más despacio y se involucran con su afecto permiten que los poetas antiguos continúen hablando a sus lectores y evitan que los momentos «*Anna Dominoes*» reemplacen al arte antiguo. Seguiremos analizando la poesía bíblica en el próximo capítulo, pero nuestro enfoque cambiará a lo que dicen los textos poéticos sobre un tema que prevalece en muchos de ellos: la cuestión de la retribución justa.

DIECISÉIS

Metáforas y justicia retributiva en la poesía de Job

En cuanto a Job, nadie ha terminado nunca con él.

—Edwin M. Good, *Irony in the Old Testament* [Ironía en el Antiguo Testamento]

El cuerpo de Danny se hundió al perder la tensión. Me miró, su rostro era una mezcla de sorpresa y alivio, y me di cuenta con asombro de que yo también acababa de pasar una especie de prueba.

—Reuven Malter, en Chaim Potok, *The Chosen* [Los elegidos]

Un sábado por la tarde, un concurrido servicio religioso en una sinagoga de Brooklyn era el escenario en el que Reuven Malter no solo pasa un examen de sus conocimientos de gematría (es decir, el valor numérico de las palabras hebreas), sino que también experimenta un episodio educativo formativo junto a su amigo, Danny Saunders. Danny y Reuven se conocen en una liga de *softball* del vecindario, y los dos se hacen amigos poco probables... poco probables porque Danny es miembro de una estricta comunidad judía ultraortodoxa dirigida por su padre, el tzadik Reb Saunders. Ese día en la sinagoga, Reuven está nervioso por conocer por primera vez al conocido rabino Saunders porque, a pesar de ser judío practicante, no forma parte de la comunidad jasídica. La tensión aumenta en la sinagoga cuando el rabino Saunders —una figura similar a un profeta para esta comunidad— dirige su atención a su hijo después de impartir sus habituales y sagaces enseñanzas a sus congregantes, y pregunta a Danny si tiene algo que decir. El lector de la novela se pregunta: ¿Por qué iba este tzadik (en hebreo: «hombre justo») a preguntar a su hijo adolescente si tiene algún comentario sobre su lección?

Como los lectores llegarán a descubrir, el rabino Saunders introduce intencionalmente errores intermitentes en sus enseñanzas. Su astuto hijo y supuesto sucesor, Danny, se encarga de llamar la atención sobre las incongruencias mientras el resto de la comunidad observa y aprende de su animado intercambio. Los discursos del rabino Saunders son tan amplios, y la retórica tan contundente y convincente, que hace falta conocer innumerables textos rabínicos y la historia judía de cientos de años para discernir y corregir los errores del discurso del rabino. Ese día, en la sinagoga de Brooklyn, Danny discierne brillantemente todo, excepto un error relacionado con la gematría, una prueba que el rabino insertó en su discurso para que fuera resuelta por el recién descubierto amigo de Danny, Reuven Malter.

Un diálogo atractivo y polémico entre interlocutores eruditos en presencia de espectadores es un ingenioso método de instrucción, constructivo para todos los implicados. En el mejor de los casos, los participantes se acercan a la verdad al descubrir y criticar los fallos de los argumentos de sus interlocutores o al refinar sus puntos de vista basándose en la solidez de los argumentos de sus amigos. Los espectadores del público participan indirectamente, no solo recibiendo información de los oradores, sino también aprendiendo cómo los participantes verbales utilizan la retórica para proponer argumentos convincentes. Reb Saunders enseña a todos los presentes en la sinagoga durante el servicio vespertino de sábat poniendo a prueba los conocimientos de sus principales interlocutores, Danny y Reuven. El intercambio verbal entre los tres oradores cumple la tarea de implicar e informar a toda la comunidad.

Del mismo modo, el libro de Job cautiva e ilumina a los lectores contemporáneos al presentar la disputa de los personajes sobre la explicación teológica del sufrimiento de Job. En la primera ronda de discursos, los compañeros de Job —Elifaz, Bildad y Zofar— lo animan inicialmente a confesar a Dios algún pecado para ser restaurado. Job, a su vez, argumenta que no ha hecho nada para recibir el tipo de penuria que le ha sobrevenido y que Dios no tiene un sistema de justa retribución. De hecho, Job afirma que la realidad de su situación y sus observaciones de la conducta de los que le rodean demuestran lo que antes era impensable: Dios favorece a los malvados (Job 10:3). Al final de la segunda ronda de discursos, al oír los comentarios poco ortodoxos de Job sobre la injusticia y la incoherencia de Dios en la retribución, los amigos de Job cuentan a este entre los malvados. Esta conclusión lleva a una ruptura de la comunicación y a un punto muerto en la conversación en la tercera ronda de discursos. La tercera ronda de discursos (caps. 22–27) parece desordenada, pero en realidad está dispuesta de un modo que demuestra la desintegración de una comunicación eficaz.

En ella, los lectores aprenden cómo *no* ser interlocutores eficaces. Reconocemos que todos los discursos de los personajes se basan, al menos en parte, en la ignorancia, ya que desconocen la escena celestial narrada en Job 1–2, durante la cual se narra la razón del sufrimiento de Job (ver más adelante). Los lectores que conozcan el prólogo deben prestar mucha atención al contenido de la discusión para detectar los desacuerdos de los personajes entre sí, así como las afirmaciones erróneas que hacen sobre las razones del sufrimiento de Job.

El contenido retórico continúa teniendo su forma estilística. Así, el lector no solo toma nota de las afirmaciones propuestas por Job y sus amigos, sino también de la presentación de sus argumentos. El lector aprende de *lo que* dicen Job y sus amigos y de *cómo* lo dicen. En el intercambio entre Job y sus amigos, los personajes emplean la mejor poesía bíblica, saturada de metáforas comunes y novedosas. En el debate, Job y sus amigos utilizan un lenguaje y unas imágenes que trascienden el contexto inmediato del libro de Job. Esto nos trae a la memoria otras secciones de la Biblia que reflexionan sobre la justa retribución e incluso un lenguaje que recuerda a composiciones extrabíblicas que describen cómo otros en el mundo antiguo evaluaban cuestiones similares. Cuando analizamos a Job en su contexto literario, observamos un exquisito ejemplo de argumentación retórica del mundo de la Biblia en su antiguo entorno del Cercano Oriente.

Rastrear las metáforas en los diálogos poéticos de Job es crucial para seguir los argumentos entre los participantes y, finalmente, rastrear su conversación hasta su eventual callejón sin salida. Cuando prestamos atención a las metáforas utilizadas en las comunicaciones de Job y sus amigos, podemos entender el contenido de sus desacuerdos y apreciar la genialidad en la presentación de la composición general. Al leer los diálogos de Job, somos como la multitud en la sinagoga de Brooklyn: algunas veces nos divertimos y otras nos inquietamos. Sin embargo, como espectadores, siempre nos cautiva el contenido y la presentación de los argumentos de los personajes en el debate sobre la retribución justa. Este capítulo se centrará en un hilo específico de la imaginería metafórica (la dicotomía luz/oscuridad) empleada por Job y sus amigos a medida que el tema de la justicia retributiva se desarrolla en los diálogos.

El trasfondo del debate sobre la retribución

La cuestión de la retribución justa es posiblemente el tema que más aparece en los diálogos entre Job y sus compañeros. Este es especialmente el caso en las dos primeras rondas de discursos, en las que Job, Elifaz, Bildad y Zofar se turnan para hablar de las trágicas circunstancias que han sobrevenido a Job. A lo largo del discurso, los personajes se explayan poéticamente, recurriendo a imágenes particularmente vívidas en un esfuerzo por comunicarse entre sí.

Sin embargo, no todo el libro de Job está escrito en poesía. La composición comienza con una sección de prosa a través de la cual el lector obtiene información que los personajes nunca poseen. Esto es significativo para la lectura de Job, ya que el contexto narrativo del libro enmarca la historia y nos ayuda a entender los diálogos poéticos. En otras palabras, la información que tenemos nos permite percibir la realidad que subyace a la historia y, a su vez, emitir juicios sobre la valoración que los personajes hacen de la situación. Este es un punto clave para leer bien el libro de Job y permitir que los diálogos tengan su impacto en nosotros como lectores. Somos como espectadores que asisten a la representación de un drama mientras los personajes discuten entre sí, desde una posición de ignorancia, sobre la significativa cuestión del castigo divino. No solo es importante conocer lo esencial del contenido de Job (lo que puede lograrse en parte leyendo el prólogo y el epílogo de la narración) sino que, para ser buenos administradores de nuestra información y llegar a conclusiones razonables sobre el libro, también debemos conocer cómo se presenta el contenido.

La narración que conduce a los diálogos se encuentra en Job 1–2. El protagonista, Job, es descrito como un hombre recto e intachable que se preocupa especialmente por su familia y por los asuntos del Señor (1:5-6). Enseguida se nos introduce en una reunión celestial en la que están presentes el Señor, otros miembros del consejo divino y Satanás.[1]

1. «El Satán» es la traducción literal del texto hebreo, en el que el artículo «el» se antepone a la palabra *satán*. La palabra hebrea *satán* significa «adversario», coincidiendo con el hecho de que el personaje descrito en Job 1 desafía a Dios y, por tanto, parece ser

El Señor se dirige a Satanás y curiosamente señala la inconfundible devoción de su siervo Job. Satanás replica que la razón obvia de la devoción de Job es que el Señor lo protege sobrenaturalmente, haciéndolo prosperar y evitando que experimente adversidades en la vida. Los comentarios de Satanás sugieren que, si Job experimenta calamidades, entonces su devoción hacia el Señor cambiará, y se volverá igual que una persona que interpreta la tragedia personal como un castigo. Job, a su vez, actuará como alguien que no teme a Dios, y maldecirá a Dios en Su cara (1:6-10).

Dios acepta el desafío y comienza por permitir que Satanás sabotee el mundo que rodea a Job, sin tocar su cuerpo. La rectitud moral de Job se pone a prueba de inmediato, pues se ve privado de su prosperidad económica (es decir, de su ganado), de sus criados y, de un solo golpe, de sus diez hijos. Sin embargo, la respuesta de Job no es exactamente la que Satanás espera: Job se postra en tierra en señal de adoración y se abstiene de proferir ofensas contra el Señor, incluso después de que todas estas tragedias se hayan abatido sobre él (Job 1:11-22).

Pero Satanás no se da por vencido.

En una segunda escena celestial casi idéntica a la primera, Satanás se presenta de nuevo ante el consejo divino. En esta ocasión, Satanás insinúa que las cosas estaban en su contra, razón por la cual el primer episodio no tuvo la conclusión esperada. Satanás razona que Job no maldijo a Dios porque él mismo salió ileso. Toda la calamidad recayó sobre otros a su alrededor. Si Job experimenta personalmente los efectos de la devastación, si Job puede sentir el dolor, la miseria y la angustia del tormento *personal*, entonces, según Satanás, Job sí maldecirá a Dios (Job 2:1-5; ver también 1:5).

Basado en este argumento, Satanás recibe permiso para afligir físicamente a Job, con la limitación de que Job no debe morir. Al salir de la presencia del Señor Satanás inflige inmediatamente a Job agonía física: raras afecciones de la piel y de los huesos, entre otros problemas físicos (Job 2:7; ver también 7:5; 19:17,20; 30:30). A través de su inmerecido sufrimiento, Job se convierte en el protagonista de un drama que se desarrolla a lo largo de los capítulos siguientes y que se refiere a si el siervo de Dios mantendrá su integridad, independientemente de su suerte en la vida. Los lectores le siguen, preguntándose cómo las personas rectas

---

una figura de tipo adversario. La inclusión del artículo definido «el» antes de la palabra *satán* deja abierta la posibilidad de que se trate del adversario que con el tiempo se conoció como «Satanás» (1 Crón. 21:1) o de algún otro desafiante celestial.

pueden mantener su integridad a pesar de ser víctimas de circunstancias trágicas inmerecidas.

Job cambia de tono

El temperamento de Job cambia una vez que su cuerpo es tocado por Satanás. Job ya no se muestra silencioso, sino que habla en voz alta y de forma sorprendente a lo largo del resto del libro. Durante una breve y desconcertante interacción con su esposa, Job parece decidido a aceptar la suerte que le depara Dios, sea buena o mala. Pero entonces entran en escena los amigos de Job, Elifaz, Bildad y Zofar, inicialmente para empatizar con él y consolarlo (Job 2:6-13). La combinación de la aflicción personal de Job, el enfrentamiento con su mujer y la presencia de sus amigos provoca un monólogo poético en el que Job cambia de tono, maldiciendo el día de su nacimiento y deseando no haber nacido nunca. Al principio del monólogo, Job proclama indignado:

> Perezca el día en que yo nací,
> Y la noche en que se dijo: Varón es concebido. (3:3)[2]

En este versículo, Job expresa vívidamente su deseo de erradicar el día en que nació para quitar su presencia del mundo. El uso que hace Job de imágenes relacionadas con la luz y las tinieblas es significativo para comunicar su deseo de eliminar el día de su nacimiento:

> Sea aquel día **sombrío,**
> Y no cuide de él Dios desde arriba,
> Ni **claridad** sobre él resplandezca.
> Aféenlo **tinieblas** y **sombra** de muerte;
> Repose sobre él nublado
> Que lo haga horrible como día **caliginoso.**
> Ocupe aquella noche la **oscuridad;**
> No sea contada entre los días del año,
> Ni venga en el número de los meses. (Job 3:4-6; ver también 3:9)

Las osadas palabras ilustran la dicotomía luz/oscuridad que Job utiliza para expresar su deseo de que se elimine el día de su nacimiento.

2. Todas las traducciones de este capítulo del libro de Job son mías y están adaptadas del libro de Hernández, *Illustrated Job*. He puesto el texto en negrita para enfatizarlo. (N. del T.: En la traducción al español se utilizó la versión RVR1960).

Las diversas expresiones relacionadas con la oscuridad no proceden de las mismas palabras en hebreo, lo que puede atribuirse a la variación estilística que muestra con frecuencia la poesía bíblica (por ej., las cinco diferentes palabras para «león» en Job 4:10-11). Aunque en este pasaje se utiliza una variedad de palabras para designar la oscuridad, los conceptos de luz y ausencia de luz representan la dicotomía existencia/inexistencia que Job pretende ilustrar. Esta dicotomía es especialmente evidente en 3:4: Job espera que el día de su nacimiento sea considerado oscuridad, y luego, en una línea paralela, Job desea que la luz no brille sobre él. Leyendo sucesivamente los versículos 3-4, observamos el desarrollo de las siguientes metáforas: si la INEXISTENCIA ES OSCURIDAD, entonces, por inferencia, LA EXISTENCIA ES LUZ.

Hay un sutil desarrollo en esta imaginería a medida que Job continúa hablando en Job 3:5-6. Las tinieblas se encarnan, y Job espera que «afeen», «hagan horrible» y «ocupen» el día de su nacimiento. Esta imagen es coherente con la idea de que ser expulsado de la existencia está íntimamente ligado al concepto de oscuridad. Reconocer la personificación es clave para seguir la progresión del uso que Job hace de esta imaginería de luz/oscuridad, ya que revela un aspecto adicional de la imaginería de la oscuridad: si la oscuridad estuviera encarnada, podría causar estragos en el cumpleaños de Job extinguiendo su luz (es decir, la existencia). A medida que Job prosigue su monólogo, la imaginería se desarrolla aún más, ya que utiliza los dominios de la LUZ y la OSCURIDAD para relacionarlos claramente con la vida y la muerte, respectivamente. Más adelante en su discurso, Job se pregunta desconcertado:

> ¿Por qué no fui escondido como abortivo,
> Como los pequeñitos que nunca vieron la luz? (3:16)[3]

En este versículo, Job alude a la dicotomía luz/oscuridad para referirse específicamente a la vida y la muerte humanas. Literalmente, los nacidos muertos no ven la luz porque no viven fuera del útero. En cambio, los muertos permanecen perpetuamente en la oscuridad, sin haber visto nunca la luz. Job utiliza estas imágenes metafóricamente para quejarse de que le obligaron a vivir recibiendo luz cuando él hubiera preferido

3. El interrogatorio del v. 16 está recogido del v. 12, a pesar de la ausencia en hebreo de la expresión interrogativa «por qué» y de la frase «por qué no fui» en ambas líneas del versículo, respectivamente. La frase interrogativa «por qué no fui» en el v. 16 se entiende a la luz del paralelismo con la línea anterior.

la muerte (es decir, la oscuridad). Job lo expresa poéticamente hacia el final de su monólogo.

> ¿Por qué se da **luz** al trabajado,
> Y **vida** a los de ánimo amargado,
> Que esperan la muerte, y ella no llega,
> Aunque la buscan más que tesoros…? (Job 3:20-21)

Job no quiere la LUZ que Dios le dio, porque representa la VIDA. El concepto LUZ se corresponde abiertamente con la VIDA en las dos líneas paralelas de Job 3:20 y alude así a la imagen del bebé que nace muerto que Job menciona en 3:16. Job desearía no haber visto la luz literal, porque significa que nació vivo y que la vida que se ve obligado a vivir le está llevando rápidamente hacia la muerte. El monólogo de Job, en parte, pretende simplemente comunicar su creencia de que estaría mucho mejor en el reino de los muertos (3:17-22). Job prefiere las TINIEBLAS porque no solo representan la INEXISTENCIA, sino también la MUERTE. La MUERTE es deseable, según Job, porque es la forma en que podría encontrar un respiro a su difícil vida. Estas metáforas más específicas se desarrollan al final de Job 3: LA MUERTE ES LA OSCURIDAD y LA VIDA ES LA LUZ.[4]

Los amigos de Job pueden identificar fácilmente este tema recurrente de luz/oscuridad, ya que es común en la literatura bíblica y extrabíblica. Los amigos de Job no están de acuerdo con la forma en que este utiliza la dicotomía luz/oscuridad para representar la vida como terrible y la muerte como portadora de descanso para su afligido ser. Pensando que pueden arreglar el razonamiento falaz de Job, los compañeros de Job responden a su monólogo animándolo a admitir alguna falta y ceder así a la sabiduría tradicional relativa a la justicia retributiva de orientación divina, que afirma que uno tiene lo que se merece.

Elifaz, el más anciano del grupo, acusa a Job de no practicar lo que ha predicado. A Elifaz le parece inquietante que Job haya ayudado a otros en el pasado, pero ahora que ha sufrido circunstancias trágicas,

4. La dicotomía luz/oscuridad no se utiliza exclusivamente para representar la vida y la muerte en la Biblia. En otras secciones del libro de Job, y en otra literatura bíblica, las imágenes de la luz y la oscuridad se utilizan para representar conceptos relacionados. Por ej., la luz se utiliza para transmitir una vida física agradable (Job 18:18; 33:28,30; 38:15,19), así como sabiduría e iluminación espiritual (22:28; 24:13,16; 28:11; 29:3). La imagen de la oscuridad también se utiliza para simbolizar el mundo de las tinieblas (10:21; 15:22-23,30; 17:13; 18:18; 20:26), así como la insensatez y la falta de guía (5:14; 12:25; 19:8; 22:11; 29:3; 38:2).

prefiera no haber nacido (Job 4:2-5). Bildad y Zofar también intervienen, animando a Job a confesar a Dios algún pecado oculto para que pueda recuperar su antigua gloria (8:5-7,20-21; 11:14-19). Job rechaza las insinuaciones de sus amigos de que ha cometido algún pecado e invoca a Dios para que comparezca en un juicio (9:32).

Lo que empieza como una diferencia de opiniones entre amigos en la primera ronda de discursos se desintegra en un altercado desagradable en la segunda ronda del diálogo. Los amigos de Job pasan de animarlo a volver a Dios a advertirle del desastre inminente que le espera por su impiedad. Por supuesto, Job y sus amigos solo tienen conocimiento parcial de sus circunstancias, mientras que los lectores tienen acceso a información extremadamente vital relacionada con el sufrimiento de Job. Seguimos los diálogos a la luz de la narración y del monólogo de Job. Esto nos crea tensión cuando los personajes empiezan a discutir sobre lo que consideran la causa principal del sufrimiento de Job: los amigos de Job creen que este soporta la aflicción por los delitos cometidos en su vida, mientras que Job se queja de la injusticia de Dios. Sabemos que la verdadera razón del sufrimiento de Job es la contienda divina entre Dios y Satanás. Esta tensa relación entre los conocimientos del lector informado y las proposiciones de los personajes, que a comparación son ignorantes, forma parte del drama de la lectura del libro. Discernir la naturaleza de las disputas de los personajes exige prestar mucha atención a la vívida imaginería que emplean a lo largo de los diálogos, ya que sus argumentos están redactados en su mayor parte en metáforas, al igual que el argumento del monólogo de Job. Veamos cómo Job y sus amigos utilizan las imágenes de la luz y las tinieblas en su segunda ronda de discursos (Job 15–21), en la que siguen discutiendo sobre la justicia retributiva.[5]

Los diálogos poéticos: una batalla de imágenes

En lugar de comunicar prosaicamente a Job que sus argumentos son ilegítimos, los amigos le informan de su funesto destino en forma poética, exactamente del mismo modo que él les comunicó en su monólogo que deseaba morir. En la segunda ronda de discursos, los compañeros de Job sugieren que la metáfora de la oscuridad que abordó en su monólogo se aplica más apropiadamente a la muerte retributiva de los malvados.

5. Algunas de las conclusiones que se exponen a continuación sobre la discusión en la segunda ronda de discursos en Job se detallan en los capítulos 3–6 de mi libro *Prosperity of the Wicked*.

Puesto que, a todos los efectos, Job parece estar muriendo la muerte de los impíos —y LA MUERTE ES OSCURIDAD—, a los amigos de Job les parece justificado advertirle de la inminente oscuridad y hacerle saber que está un poco confundido en su uso de la dicotomía luz/oscuridad.

Los compañeros de Job utilizan el simbolismo luz/oscuridad para revelarle a Job que su propia imaginería relata irónicamente las consecuencias de la maldad que él mismo ha provocado. Su uso de metáforas, especialmente relacionadas con la oscuridad, parece ser el «clavo en el ataúd» para demostrar que Job debe volver rápidamente a Dios. En Job 21, Job responde, a su vez, al uso que hacen de la dicotomía luz/oscuridad.

Elifaz: «No escapará de las tinieblas»

Aunque al principio Elifaz responde a Job en el papel de un erudito y preocupado consejero principal (Job 4–5), su segundo discurso está repleto de severas advertencias dirigidas a Job. Elifaz afirma que el castigo final por la maldad es la muerte, según el sistema divino de retribución justa. Invoca explícitamente la imagen de la oscuridad a la que Job alude en su monólogo para hacerle saber que va en camino de sufrir las consecuencias de ser malvado. Según Elifaz:

> Él no cree que volverá de las **tinieblas**,
> Y descubierto está para la espada.
> Vaga alrededor tras el pan, diciendo: ¿En dónde está?
> Sabe que le está preparado **día de tinieblas.**
> No escapará de las **tinieblas**;
> La llama secará sus ramas,
> Y con el aliento de su boca perecerá. (15:22-23,30)

La primera línea de Job 15:22 alude a la desaparición de la persona malvada utilizando la imagen de las tinieblas. Esto se hace especialmente evidente tras leer la segunda línea del versículo, en la que se hace referencia a la espada como una metonimia (es decir, un sustituto de la palabra) que relata una muerte horrible. Así, en la referencia de Elifaz a las tinieblas en el versículo 22, implícitamente notifica a Job su destino si no toma medidas rápidas y correctivas en su situación. Otra referencia a la muerte aparece en la segunda línea del versículo 23 en la frase «día de tinieblas».[6]

6. La línea paralela de Job 15:23 «Vaga alrededor tras el pan, diciendo: ¿En dónde está?» debe entenderse teniendo en cuenta la declaración de Elifaz en 4:10-11, donde

Posteriormente, Elifaz establece un paralelismo entre el concepto de oscuridad y la imagen de una rama que se marchita bajo el calor de una llama (Job 15:30). Según Elifaz, la muerte es tan segura para el malvado como la abrasión para una rama sobre el fuego. En la última línea de este versículo, Elifaz revela por qué confía en que este juicio se cumplirá: Dios castiga personalmente a los malvados. El malvado se va de la tierra de los vivos porque ha sido eliminado por el aliento de Dios. Elifaz afirmó lo mismo en 4:8-9:

> Como yo he visto, los que aran iniquidad
> Y siembran injuria, la siegan.
> Perecen por el aliento de Dios,
> Y por el **soplo de su ira** son consumidos.

El juicio de Job es seguro, según Elifaz, porque Dios ejecuta la retribución. Como confía en que Dios ejecuta la justicia de esta manera, y por tanto Dios está de su parte, Elifaz cree que su doctrina es inexpugnable. Por lo tanto, más vale que Job vuelva a Dios rápidamente antes de que Dios le dé la oscuridad que él dice que quiere, pero no la oscuridad que él espera. Job recibirá castigo y no descanso, dolor y no paz.

Job: «Haré mi cama en las tinieblas»

Como en todo buen debate, los interlocutores responden a los argumentos de sus adversarios a su debido tiempo. Job presta mucha atención a Elifaz y responde a su uso del concepto de oscuridad en su siguiente discurso. Job rebate el uso alarmista que Elifaz hace de la imaginería de las tinieblas y sugiere que acabar en las tinieblas no es un destino tan malo para quienes sufren como él. De hecho, Job recurre de nuevo a la imaginería de las tinieblas, como hizo en Job 3:17-22, para reiterar su deseo de morir para así poder descansar por fin de su confusión. En 17:13-16 Job responde a los comentarios de Elifaz diciendo:

> Si yo espero, el Seol es mi casa;
> Haré mi cama en las **tinieblas**.

---

recuerda sutilmente a Job el destino de los malvados utilizando imágenes de leones. Elifaz compara a una persona inicua con un león cuya consecuencia por sus delitos es la inanición como resultado de la «falta de presa». Elifaz utiliza «pan» como metonimia de sustento en 15:23, de forma parecida a como utiliza «presa» en 4:11 para expresar puntos similares en ambos contextos: los malvados se ven privados de alimento y, por tanto, encuentran progresivamente la muerte por inanición.

A la corrupción he dicho: Mi padre eres tú;
A los gusanos: Mi madre y mi hermana.
¿Dónde, pues, estará ahora mi esperanza?
Y mi esperanza, ¿quién la verá?
A la profundidad del Seol descenderán,
Y juntamente descansarán en el polvo.

Al afirmar que desea tender su lecho en las tinieblas (es decir, en el lugar de los muertos), Job utiliza una vez más la imaginería de las tinieblas para relacionarse con la muerte en términos de respiro de su vida calamitosa y sin esperanza. Job quiere morir para poder descansar de la angustia que ha experimentado en la tierra de los vivos, donde hay luz (es decir, vida). Así pues, no debe temer la oscuridad como consecuencia de algún pecado oculto en su situación. No hay justicia poética en la oscuridad; según Job, solo hay descanso.

Tanto Elifaz como Job utilizan las tinieblas para aludir al inframundo y, con ello, a la muerte. Que la morada de los muertos se refiera a un lugar de tinieblas parece haber sido una imagen comprensible en el mundo de la Biblia. Esto es evidente, ya que el inframundo también se representa como carente de luz en otra literatura del antiguo Cercano Oriente. Por ejemplo, la composición en lengua acadia conocida como el *Descenso de Ishtar al inframundo* utiliza la dicotomía luz/oscuridad para describir el reino de los muertos. Como sugiere el título de la composición, el relato narra una ocasión en la que la diosa Ishtar decide entrar en el mundo de los muertos. Las líneas que siguen describen brevemente el reino de los muertos en esta composición:

Ishtar, hija de Sin, se propuso entrar
en el **mundo de los muertos**, la tierra sin retorno.
En efecto, la hija de Sin fijó su mente en la casa sombría,
el asiento **del mundo de las tinieblas**,
en la casa de la que no sale nadie que entre,
en el camino cuyo viaje no tiene retorno,
en la casa cuyos entrantes están **desprovistos de luz**,
donde el polvo es su sustento y la arcilla su alimento.
No ven la luz sino que habitan en **tinieblas**.[7]

7. Foster, *Before the Muses*, 499 (negrita añadida). Otra antigua composición del Cercano Oriente llamada *Nergal y Ereshkigal* utiliza imágenes correspondientes a *Descenso de Ishtar al inframundo* al narrar el viaje del dios de la peste, Nergal, al reino de los muertos. Ver Foster, *Before the Muses*, 516.

Esta composición asemeja el lugar de los muertos a una casa, cuyos moradores están privados de luz y, por tanto, habitan en las tinieblas. Estas imágenes se utilizan de forma similar en Job para representar el lugar de los muertos y a sus habitantes. Teniendo en cuenta estas observaciones, notamos que la luz y las tinieblas eran conceptos bien conocidos en el antiguo Cercano Oriente, utilizados para referirse a la vida y la muerte. De ahí que los personajes de Job se representen comprendiéndose intuitivamente. Además, es importante señalar que el narrador no emerge para explicar estos conceptos al lector. Esto significa que la imaginería utilizada en Job habría sido comprendida por los lectores y que estos habrían podido seguir la discusión entre Job y sus amigos sobre cómo se utilizaban los dominios fuente de la LUZ y LA OSCURIDAD. Si nosotros, como lectores contemporáneos, podemos acercarnos más al texto de Job y entender cómo se utilizaban esas imágenes en la Biblia y su mundo, estaremos en condiciones de seguir mejor el hilo de la conversación en la que se emplean esas imágenes.

Job y sus amigos utilizan temas recurrentes comunes de su mundo relacionados con la luz y la oscuridad para sus fines retóricos y teológicos. Concretamente, Elifaz utiliza el concepto de oscuridad para describir el horrible final de los malvados; Job utiliza este concepto para representar lo que él percibe como el lugar ideal para el descanso. Los amigos de Job no terminan de discutir sobre cuál de los dos usos es el correcto, y Job tampoco.

Bildad: «La luz de los impíos será apagada»

Como era de esperar, Bildad no está de acuerdo con Job y se ve obligado a condenarlo por su impiedad. Bildad adopta un enfoque ligeramente diferente al utilizar las imágenes de luz y oscuridad para reiterar la sabiduría tradicional de que los malvados acaban sufriendo una muerte atroz. Bildad, al igual que Elifaz, termina impacientándose ante las afirmaciones de inocencia de Job (Job 18:2-4) y le comunica que él realmente no quiere experimentar la oscuridad que con tanta insistencia afirma desear. La oscuridad, según Bildad, debe entenderse como el destino trágico de los impíos, que es como Job está actuando desde que se niega a volver a Dios. En 18:5-6, Bildad afirma:

> Ciertamente la luz de los impíos será apagada,
> Y no resplandecerá la centella de su fuego.
> La luz se oscurecerá en su tienda,
> Y se apagará sobre él su lámpara.

En lugar de centrarse en las tinieblas como Elifaz, Bildad pasa a centrarse en la luz. Las palabras «luz», «centella» y «lámpara», que aparecen en las cuatro líneas de estos dos versículos, representan las fuentes de luz. La imagen de la lámpara es interesante en este contexto, ya que no se refiere a la luz en sí misma, sino a un dispositivo emisor de luz. Se trata de una imagen única que Bildad introduce en la conversación. Según Bildad, a los malvados se les apaga la luz de su lámpara y, por implicación, los justos poseen lámparas que proporcionan luz constantemente. La introducción de este tipo de imágenes creativas es un movimiento que un interlocutor atento observaría y utilizaría para responder.

Esto es precisamente lo que ocurre.

Sin embargo, Bildad no termina de utilizar la dicotomía luz/oscuridad para predicar la sabiduría tradicional. Como era de esperar, Bildad afirma que los malvados están destinados a la muerte. Aunque se les permita vivir un tiempo en su tienda, la luz de su morada acabará apagándose. Antes de la muerte, la inminente perdición de los malvados se manifiesta en el debilitamiento de su lámpara: sus vidas empeoran progresivamente (por ej., los comentarios de Zofar en Job 20:11,22-26). A medida que Bildad continúa en su segundo discurso, menciona explícitamente los dominios de la LUZ y las TINIEBLAS para intensificar la distinción entre los que permanecen en la tierra de los vivos y los que mueren. No cabe duda de la creencia de Bildad en el sombrío final del pecador impenitente después de que utiliza enfáticamente la dicotomía luz/oscuridad de la siguiente manera:

> De la luz será lanzado a las tinieblas [la persona malvada],
> Y echado fuera del mundo (18:18).

Aunque Bildad puede atribuirse el mérito de haber introducido la imagen de la lámpara en la conversación de Job, no puede atribuirse el mérito de haberla creado. De hecho, los conceptos de luz y oscuridad están unidos a la lámpara en otras partes del Antiguo Testamento. La imagen de la lámpara es un tema recurrente antiguo que trasciende la conversación de Job y se relaciona con un debate más amplio sobre la retribución. Por ejemplo, el lenguaje de Proverbios 13:9 corresponde a los comentarios de Bildad:

> La luz de los justos se alegrará;
> Mas se apagará la **lámpara** de los impíos.

Teniendo en cuenta cómo se utiliza la dicotomía luz/oscuridad para describir el destino de los malvados en Job, este versículo habla de la cuestión de la retribución al sugerir que las vidas de los justos son alegres mientras que las de los malvados se desintegran a medida que avanzan hacia su desaparición. En Proverbios 20:20 y 24:20 se utiliza la imagen de la lámpara que se desvanece para comunicar mensajes similares:

> Al que maldice a su padre o a su madre,
> Se le apagará su **lámpara** en oscuridad tenebrosa.
> (Ver también Ex. 21:17; Lev. 20:9; Deut. 27:16)
>
> Porque para el malo no habrá buen fin,
> Y la **lámpara** de los impíos será apagada.

Estos versículos de Proverbios parecen ofrecer la típica visión de la retribución que Bildad expresa utilizando la misma imagen de la lámpara en su segundo discurso. Bildad reutiliza e intensifica la dicotomía luz/oscuridad de Job, sacando a colación la lámpara para señalar que Job no solo ha malinterpretado su propio destino, sino que también ha hecho un mal uso de la conocida imaginería luz/oscuridad en relación con su situación. Los malvados son desposeídos de sus vidas al ser expulsados del dominio de la luz (por ej., el mundo en el que viven) hacia las tinieblas. Según Bildad (y Elifaz), Job se equivoca: la oscuridad no es reparadora, sino retributiva. Job debe comprenderlo y aceptarlo rápidamente.

Job: «¡Oh, cuántas veces la lámpara de los impíos es apagada!»

La idea de una justicia retributiva consistente y divinamente designada es una farsa para Job. Esto no se debe simplemente a que está sufriendo; una prueba aún mayor que apoya lo absurdo de la retribución justa es el hecho de que los malvados realmente prosperan, según Job. El éxito de los malvados es emblemático de la injusticia divina y socava el principio de una retribución justa. Job vuelve a desafiar la sabiduría de sus compañeros utilizando la dicotomía metafórica de luz/oscuridad. Al utilizar de nuevo esta imagen, Job demuestra que está prestando mucha atención a su argumentación y les informa que están muy equivocados.

Job también dispone ahora de una nueva imagen en su repertorio retórico: la lámpara.

Job adopta astutamente la imagen de la lámpara que Bildad introdujo en la conversación. Él utiliza esta imagen para refutar lo que Bildad intentaba afirmar. Bildad dice que la luz de la lámpara de los malvados disminuye y acaba apagándose para asegurar a Job que los malvados sufren durante su vida, lo que los lleva a una muerte deshonrosa. Job esgrime sarcásticamente la imagen de Bildad y plantea varias preguntas retóricas de confrontación:

> ¡Oh, cuántas veces la **lámpara** de los impíos es apagada,
> Y viene sobre ellos su quebranto,
> Y Dios en su ira les reparte dolores! (Job 21:17)

Al preguntarse si los malvados están *realmente* privados de luz/vida, Job parodia el uso que Bildad hace de la imagen de la lámpara y refuta su afirmación de que la luz de su lámpara va menguando hasta que finalmente se apaga. Según Job, esto rara vez sucede, lo que significa que no existe tal cosa como una retribución justa.

Job pasa la mayor parte de su discurso en el capítulo 21 tratando de respaldar su afirmación de que la lámpara de los malvados no se apaga de forma incontrovertible, señalando que los malvados en realidad prosperan. Job afirma haber observado que los impíos viven vidas de buena fortuna, sin que disminuya en absoluto su calidad, sugiriendo así que la lámpara que brilla con luz propia es la de los impíos. Para demostrarlo a sus amigos, les da ejemplos concretos de cómo ha visto prosperar a los impíos. Por ejemplo:

- Los amigos de Job argumentan que los malvados no tienen descendientes que lleven su nombre y su memoria a las siguientes generaciones (15:32b-33,34a; 18:16-17,19). Job considera que esta afirmación es absurda, ya que los malvados están rodeados de un montón de hijos alegres (21:8-9,11-12).
- Los amigos de Job argumentan que los malvados se ven privados de su prosperidad económica (15:27-29; 20:10, 15-18). Esta afirmación resulta absurda para Job, que señala que el ganado de los malvados es fértil (21:10). La abundancia de animales es una de las formas en que los pueblos antiguos podían mantener la abundancia a lo largo de las generaciones (1:3).
- Como hemos observado, los amigos de Job afirman repetidamente que los malvados mueren de forma horrible y deshonrosa (ver los comentarios de Zofar en 20:6-8,16,23,26,28, además de las citas anteriores). Job considera esto erróneo y afirma que los malvados viven vidas largas y productivas e incluso son honrados en su muerte (21:7,13a,32-33).

En este punto, la disputa entre los personajes cierra el círculo. Su desacuerdo fundamental sobre si existe una retribución consistente y divinamente designada no ha llegado a ninguna parte en cuanto a que se convenzan de sus opiniones. Sin embargo, los lectores ven que la batalla teológica se convierte rápidamente en una batalla de imágenes a lo largo de los diálogos, con la LUZ y la OSCURIDAD entre los dominios que los personajes utilizan para ilustrar sus posiciones. Hemos estado examinando un hilo de la disputa sobre la retribución justa en el que los interlocutores debaten sobre la correcta comprensión teológica y el uso de la dicotomía luz/oscuridad. Este hilo puede resumirse alegremente de la siguiente manera:

- Job: «Ojalá nunca hubiera visto la luz. Quiero oscuridad porque quiero descansar en el lugar de los muertos» (Job 3).
- Elifaz: «Ah, no es cierto, Job. La oscuridad representa la muerte, pero en la medida en que es un castigo para los malvados» (cap. 15).
- Job: «¡Quiero oscuridad porque quiero descanso!» (cap. 17).
- Bildad: «Ah, no, de verdad que no, Job. Las tinieblas están reservadas para los malvados, que son expulsados de la tierra de los vivos. La luz de la lámpara de los malvados mengua hasta apagarse» (cap. 18).
- Job: «¡Sí, claro! ¿Con qué frecuencia has visto que ocurra esto? No muy a menudo... Sí, ¡eso es lo que pensaba! Por cierto, ¿has observado lo prósperos que son *en realidad* los malvados? Esto significa que no existe un sistema de justa retribución» (cap. 21).

Tras los comentarios de Job sobre la prosperidad de los malvados en Job 21, la conversación se interrumpe en la tercera ronda de discursos (caps. 22–27). Finalmente, Dios se aparece a Job en medio de una tormenta y lo tranquiliza a él y a sus amigos, irónicamente sin responder a ninguna de las preguntas de Job sobre su sufrimiento o la justicia retributiva (caps. 38–41). Es de suponer que Job y sus compañeros terminan su calvario sin haber recibido una respuesta definitiva relacionada con el porqué del sufrimiento de Job y, por tanto, nunca acuerdan en su discusión sobre el uso adecuado de los dominios de la LUZ y la OSCURIDAD.

Este vacío en el discurso divino puede resultar desesperanzador si el lector espera que la composición responda a las preguntas que Job plantea con tanta pasión. Pero, ¿y si la composición se hubiera escrito para los lectores del mismo modo que el diálogo de Reb Saunders y

Danny ante la multitud en la sinagoga? ¿Y si al menos uno de los propósitos fuera implicar al lector en el argumento animándonos a pensar críticamente sobre las cuestiones abordadas en los diálogos mientras observamos a los personajes esforzándose por corregirse mutuamente?

Cómo enseña Job

En este capítulo, hemos analizado solo un grupo de imágenes relacionadas utilizadas en los diálogos poéticos de Job. Esto nos ha permitido rastrear un solo tema en esta composición polifacética. Comprender y rastrear cómo los personajes adoptan, reutilizan y revisan las metáforas MUERTE ES OSCURIDAD y VIDA ES LUZ nos permite seguir un aspecto del argumento relativo a la justicia retributiva. Nosotros, lectores de Job, somos privilegiados al tener el conocimiento que nos permite rastrear los problemas en los argumentos de los personajes cuando discuten la cuestión de la retribución justa en los diálogos.

Como hemos advertido al echar un vistazo a Proverbios y a otros ejemplos del antiguo Cercano Oriente, ni la dicotomía luz/oscuridad ni la imaginería de la lámpara eran novedosas en su entorno literario. Por lo tanto, no nos sorprende que Job y sus compañeros comprendan cómo sus interlocutores utilizan y reelaboran la imaginería común para sus fines. La forma en que matizan esta imaginería hace que la lectura sea atractiva, dado que la disputa es animada, lógica y muy culta. Este tipo de conversación erudita, en la que debemos seguir los hilos para captar la esencia del drama, puede ser un reto, pero también conlleva una importante recompensa: a medida que captamos las figuras retóricas que se utilizan para plantear cuestiones significativas, la conversación entre Job y sus amigos se vuelve cada vez más cautivadora y nos incita a considerar cuestiones como la retribución justa, la soberanía de Dios y el sufrimiento, entre otros temas significativos.

El autor de Job es aquí un maestro muy sagaz.

El autor de Job podría haber relatado sin rodeos las conversaciones entre Job y sus amigos de modo que los lectores recibieran la esencia teológica, utilizando comentarios narrativos para responder sin rodeos a los temas más apremiantes en el antiguo contexto israelita. Sin embargo, en lugar de narrar insípidamente normas aceptables de pensamiento sobre Dios y de comportamiento hacia Dios, el autor deja los errores teológicos de los personajes en los diálogos poéticos altamente estilizados, al tiempo que proporciona a los lectores información privilegiada en prosa directa. Este ingenioso método pedagógico obliga a los lectores a prestar mucha atención a las figuras retóricas de los diálogos para rastrear los motivos importantes y el mensaje de la composición. Nos quedamos mirando cómo los personajes de Job se equivocan en sus desacuerdos, sabiendo que sus errores de juicio y sus disputas son por nuestro bien.

De la poesía a la profecía

En los dos capítulos anteriores, hemos analizado cómo escriben los poetas bíblicos y cómo acercarse bien a sus composiciones centrándonos en el modo en que los poetas utilizaban el paralelismo y las metáforas. En este capítulo, el tema se ha desplazado a cómo partes de Job y otros textos bíblicos poéticos selectos y del antiguo Cercano Oriente utilizan de forma similar los dominios de la LUZ y la OSCURIDAD y cómo esta imaginería común es utilizada por los personajes de Job para comunicar sus puntos de vista sobre la retribución justa. Se podrían haber seguido muchas metáforas en Job y otras poesías bíblicas para demostrar un hilo de conversación relacionado con una serie de motivos bíblicos predominantes. Sin embargo, en este capítulo hemos podido ver lo crucial que es leer bien la poesía para seguir los temas de un libro bíblico y más allá.

La poesía impregna todos los ámbitos de la literatura bíblica. Como vemos en el libro de Job, la Biblia contiene largas composiciones poéticas en las que aparecen comentarios narrativos (por ej.: Job 1–2; Prov. 25:1). Además, hay extensas secciones de la narrativa bíblica en las que aparecen estratégicamente poemas de longitud variable (por ej.: Gén. 49; Núm. 23:7-10,18-24; 24:3-9,15-24; Deut. 32–33; 1 Sam. 2; 1 Crón. 16:8-36). Hay otro uso de la poesía junto a la narrativa que no puede pasarse por alto: la profecía bíblica. Los profetas bíblicos son comúnmente reconocidos como personajes que lanzan fuego y predicen el futuro. Sin embargo, los profetas, tal como los leemos en nuestras Biblias, no son solo predicadores, sino también poetas. En la próxima sección, observaremos cómo leer bien la narrativa y la poesía nos ayuda a entender algunos de los personajes más dinámicos y la poesía más poderosa de la Biblia.

DIECISIETE

Cómo profetizan los profetas

Se ha hecho tanto, exclamó el alma de Frankenstein: más, mucho más lograré; pisando los pasos ya marcados, seré pionero en una nueva forma, exploraré poderes desconocidos y desplegaré al mundo los misterios más profundos de la creación.

—Mary Shelley, *Frankenstein*

El nombre «Frankenstein» suele entenderse en el inglés contemporáneo como una alusión a un monstruo colosal y siniestro que encarna la morbosidad. «Frankenstein» puede evocar la inquietante imagen de una criatura mitológica que personifica las espeluznantes consecuencias de jugar con la vivificación sintética de tejidos y materiales muertos. Esta interpretación de Frankenstein se ha desarrollado en el folclore popular para referirse a cualquier ser sobredimensionado y aterrador. Sin embargo, quienes emplean el término de este modo pueden no estar familiarizados con los detalles de la novela clásica de Mary Shelley de 1818. En *Frankenstein*, Mary Shelley narra la historia de un científico, Víctor Frankenstein, que se esfuerza por dejar una huella indeleble en su disciplina recopilando y animando materia muerta. Tras ensamblar piezas diversas, Frankenstein las anima, dando unidad y movilidad a una criatura compuesta, antes sin vida.

El científico responsable de animar el *collage* humano, Víctor Frankenstein, es el verdadero Frankenstein, no la criatura. La esencia de la criatura, sin embargo, es de vital importancia para captar la atención del lector, lo que probablemente sea un factor primordial que facilita el uso contemporáneo del título «Frankenstein» para referirse al monstruo compuesto. El vínculo entre el científico Víctor Frankenstein y la intrigante criatura que crea explica por qué a veces se confunde inapropiadamente al monstruo con el diseñador.

Los rasgos estéticos de la profecía bíblica hacen que las composiciones se confundan a veces con sus protagonistas de forma similar a como se llama por el nombre del científico a la creación de Frankenstein. Cuando los lectores contemporáneos se ocupan de las secciones proféticas de la Escritura, solemos referirnos a ellas por el nombre del protagonista de las composiciones o por el nombre del profeta profeso (por ej.: «las narraciones de Elías/Eliseo» o Nahum, Habacuc y Sofonías). Sin embargo, al igual que Víctor Frankenstein organizó y fusionó su obra de forma imaginativa, los autores bíblicos planificaron, esbozaron y modelaron expresiones artísticas de la comunicación divina. La mano profética, inspirada y artística responsable de compilar y componer la obra bíblica (es decir, el escritor) es el verdadero «Frankenstein». En este capítulo analizaremos cómo profetizan los profetas bíblicos, señalando que las composiciones que tradicionalmente llevan sus nombres son creaciones de varios Víctor Frankenstein literarios e inspirados, artistas dotados que trabajaron tras bastidores para moldear la literatura profética bíblica y darle vida en su forma actual.

Los profetas funcionan como Frankenstein

La opinión tradicional sugiere cierto solapamiento en la autoría entre los profetas históricos y quienes escribieron las composiciones proféticas bíblicas. Seguramente, algunos de los autores y de los personajes proféticos representados en las composiciones podrían ser las mismas personas, sobre todo en los casos en que se representa a los profetas escribiendo y ofreciendo relatos en primera persona (Ezeq. 1:1; 43:10-11). Sin embargo, es curioso que estos textos rara vez ofrezcan información clara y detallada sobre quiénes son los autores reales. Esta falta de información sobre las figuras históricas que hay detrás de las composiciones sugiere que el autor quiere que el lector considere estas composiciones como la palabra divina; la propia composición es la voz profética para el lector.

Independientemente de si sabemos exactamente quién escribió los materiales proféticos, tenemos una colección sistemática e ingeniosamente organizada de historias que relatan la actividad profética y las palabras divinas comunicadas a través de los profetas. Al igual que el monstruo en la novela *Frankenstein* de Mary Shelley, la literatura profética del Antiguo Testamento demuestra que se ha aplicado una ciencia a la hora de seleccionar y reunir cuidadosamente estos textos. El científico literario ha dado vida a esta materia de un modo que hace que el compuesto sea más poderoso que sus partes por separado. El autor real e inspirado (el Víctor Frankenstein) compuso selectiva y artísticamente la profecía y los acontecimientos vitales (si se incluyen) de los personajes que pronuncian palabras de Dios.

No disponemos de relatos exhaustivos de la vida de los profetas ni de todas sus profecías. Por ejemplo, en 1 Reyes 22, Micaías es representado como profeta del Señor que entregó otros mensajes divinos, aunque desfavorables, al rey Acab de Israel. El narrador registra la interacción del rey Acab con el rey Josafat de Judá: «El rey de Israel respondió a Josafat: Aún hay un varón por el cual podríamos consultar a Jehová, Micaías hijo de Imla; mas yo le aborrezco, porque nunca me profetiza bien, sino solamente mal. Y Josafat dijo: No hable el rey así» (22:8).

Para el autor de 1 Reyes no era importante registrar todas las profecías de Micaías. Más bien eligió esta interacción concreta con los reyes de Israel y Judá porque el autor la consideró importante para la narración (22:13-28). Esta recopilación y orden selectivos de los materiales proféticos tiene un efecto calculado en el lector. La composición final afecta ahora a los lectores de una manera que supera el efecto de las partes individuales que la componen. Cuando nos referimos a los libros proféticos por los nombres de los profetas, estamos llamando al producto «Frankenstein», sin recordar que la compleja creación de cada composición que relata la vida y el ministerio de un profeta del Antiguo Testamento tuvo su propio científico loco tras bastidores.

Entonces, ¿qué es un profeta?

En pocas palabras, la palabra «profeta» en el Antiguo Testamento se refiere generalmente a alguien que afirma hablar en nombre de la divinidad.[1] El contenido de la palabra de la divinidad es en gran medida irre-

1. La Torá sugiere que un profeta habla en nombre de la divinidad, pero también puede actuar como portavoz de otra persona (Ex. 7:1). Es importante señalar que el título de la persona que comunica el mensaje divino cambia a lo largo de la Biblia. Por ejemplo, Samuel y Gad son llamados «videntes» en el mismo contexto en el que Natán es

levante en términos de categorizar al intermediario como «profeta». Más bien, el mensaje del profeta es importante para determinar si el profeta es un «verdadero profeta». Los verdaderos profetas transmiten exclusivamente la palabra del único Dios verdadero de Israel, el Señor. El hecho de que otros profetas afirmaran haber oído a Dios (Jer. 14:14; 21:21-23; Ezeq. 13:1-7; Miq. 3:11) y de que algunos magos fueran capaces de producir señales extraordinarias (Ex. 7:8–8:7) hizo que determinar quiénes eran los verdaderos profetas fuera de particular importancia para el pueblo de Israel, sobre todo al principio de su formación como comunidad.

La Torá describe a Dios comunicándose verbalmente a través de la voz divina, así como a través de su mensajero, Moisés, antes de que la palabra divina fuera escrita (ver Ex. 3–4). Esta primera comunicación contenía instrucciones específicas para ayudar a los israelitas a determinar qué profetas eran falsos y cuáles verdaderos. Estas directrices para evaluar la profecía auténtica eran necesarias durante la formación del pueblo de Israel como pueblo del Señor, ya que cualquiera podía pretender ser profeta y desviar a la comunidad. En consecuencia, el pueblo de Israel no debía hacer caso a nadie que hablara en nombre de otro dios, ya que no debía haber otro dios más que el Señor, que era celoso con el pueblo del pacto (Ex. 20:3-5; 34:14; Deut. 4:24; 5:7; 6:15; Jos. 24:19; Nah. 1:2).

La Torá narra las graves consecuencias para los profetas de dioses ajenos entre el pueblo de Israel:

> «Cuando se levantare en medio de ti profeta, o soñador de sueños, y te anunciare señal o prodigios, y si se cumpliere la señal o prodigio que él te anunció, diciendo: Vamos en pos de dioses ajenos, que no conociste, y sirvámosles; no darás oído a las palabras de tal profeta, ni al tal soñador de sueños [...]. Tal profeta o soñador de sueños ha de ser muerto, por cuanto aconsejó rebelión contra Jehová vuestro Dios que te sacó de tierra de Egipto y te rescató de casa de servidumbre, y trató de apartarte del camino por el cual Jehová tu Dios te mandó que anduvieses; y así quitarás el mal de en medio de ti». (Deut. 13:1-3a,5)

Según este texto, una señal o prodigio de un supuesto profeta no es indicativo de *verdadera* profecía. Esto es evidente si se tiene en cuenta

---

llamado «profeta» (1 Crón. 29:29). Además, el mensaje divino recibido por el profeta se clasifica de forma diferente en diversos textos (por ej.: oráculo, profecía, visión, palabra del Señor). Las distinciones entre estos términos no son relevantes para los objetivos de este capítulo. Aquí, un «profeta» es cualquier persona que recibió un mensaje divino y lo comunicó a otras personas.

que en este pasaje se advierte a Israel que no se deje engañar por una señal o prodigio si va acompañado de una incitación a seguir a otro dios que no sea el Señor, el Dios de Israel. Los signos y prodigios deben ir acompañados de una teología adecuada, que consiste en orientar al pueblo hacia el Señor. Si no es así, se ordena al pueblo que expulse esta maldad de entre ellos. Tratar de persuadir al pueblo de Israel a seguir a un dios que no sea el Dios del pacto es una ofensa capital. Ese «profeta» debe ser ejecutado; su mensaje es una rebelión contra el Señor, y sus artimañas trastornan intencionadamente los caminos del Señor.

En Deuteronomio 18:20-22 también se pide a la comunidad que se muestre cautelosa ante las afirmaciones de quienes pretenden comunicar una palabra profética del Señor:

> «El profeta que tuviere la presunción de hablar palabra en mi nombre, a quien yo no le haya mandado hablar, o que hablare en nombre de dioses ajenos, el tal profeta morirá. Y si dijeres en tu corazón: ¿Cómo conoceremos la palabra que Jehová no ha hablado?; si el profeta hablare en nombre de Jehová, y no se cumpliere lo que dijo, ni aconteciere, es palabra que Jehová no ha hablado; con presunción la habló el tal profeta; no tengas temor de él».

El pasaje describe dos tipos de suplantadores proféticos: uno que atribuye al Señor una palabra que Dios no ha pronunciado y un segundo que está bajo el engaño de hablar en nombre de un dios falso. Cuando una persona afirma hablar en nombre del Señor, la comunidad debe comprobar la veracidad de esa palabra esperando ver si el mensaje es verdad y si se cumplen todas las indicaciones asociadas al mensaje. Si esto no sucede, Moisés reitera que tal profeta debe sufrir la pena de muerte.

Como vemos en estos dos textos de Deuteronomio, el título «profeta» se utiliza para referirse a (1) los que afirman ser intermediarios del Señor y pronuncian una palabra verdadera de su parte, (2) los que afirman representar al Señor y pronuncian una palabra falsa que no procede de Él, y (3) los que afirman hablar en nombre de otro ser divino.

Comúnmente se entiende por literatura profética bíblica los pasajes que se centran en los verdaderos profetas del Dios de Israel. Sin embargo, a lo largo del Antiguo Testamento aparecen varios relatos de «falsos profetas» (por ej.: Sedequías en 1 Rey. 10–12; los profetas de Baal en 1 Rey. 18:19-40; un grupo de profetas en 1 Rey. 22:6 y 2 Crón. 18:5; Hananías, el falso profeta de Jer. 28).

Varios relatos sobre falsos y verdaderos profetas aparecen en narraciones, lo que sugiere que estas secciones también podrían considerarse «literatura profética», ya que presentan relatos de los profetas y/o de la palabra divina comunicada a través de ellos. La profecía bíblica no está ligada a un estilo de escritura, ya que los relatos de los profetas y los mensajes divinos que recibieron se registran en una variedad de composiciones.[2]

Unidad en la diversidad: los profetas y los textos proféticos

La literatura profética bíblica, según nuestra definición, tiene dos vertientes: (1) está formada por la Escritura que recoge relatos de los auténticos profetas, y/o (2) está compuesta por la palabra divina comunicada a través de ellos. Esta amplia definición lleva a entender como «profético» un abanico de material bíblico que podría sobrepasar los límites de lo que los cristianos han considerado tradicionalmente como literatura profética. El Antiguo Testamento se divide generalmente entre los libros históricos (de Josué a Ester) y los libros proféticos (de Isaías a Malaquías). Por lo tanto, algunos cristianos entienden que la literatura profética incluye solo los textos que llevan los nombres de los profetas (por ej.: Jeremías, Ezequiel, Miqueas). No obstante, se pueden encontrar conocidos relatos proféticos en libros históricos en gran parte narrativos que tradicionalmente no llevan los nombres de los profetas que aparecen en ellos (por ej., las narraciones de Elías y Eliseo en 1 y 2 Reyes). En los libros bíblicos proféticos que tradicionalmente llevan el nombre de un profeta, la palabra profética tiende a expresarse en poesía elocuente, mientras que, en los libros históricos, el material bíblico profético se relata en prosa. En algunos casos, en la literatura profética aparece una combinación de narrativa y poesía (por ej.: Jonás). Independientemente de cómo se presente la literatura profética, estas diversas composiciones están unidas en que presentan a un personaje que recibe una palabra divina, habla en nombre del Señor y se convierte en el centro de atención de (al menos una sección de) un libro bíblico.

2. La denominación tradicional de los profetas también podría implicar que el papel era exclusivo de los hombres. Sin embargo, en varias ocasiones aparecen mujeres como profetisas en el Antiguo Testamento. María (Ex. 15:20), Débora (Jue. 4:4), la mujer de Isaías (Isa. 8:3) y Hulda (2 Rey. 22:14; 2 Crón. 34:22) son profetisas. Compárese con la falsa profetisa Noadías, que, según Nehemías, estaba entre las que intentaron asustarle (Neh. 6:14).

Los cristianos tienden además a dividir las composiciones proféticas en libros proféticos «mayores» y «menores», cuyos nombres revelan el personaje profético principal que aparece en el libro. Los profetas mayores y menores están escritos principalmente en poesía, con secciones narrativas que van desde breves comentarios explicativos (por ej., Amós 7:12-14) hasta escenas más largas escritas principalmente en prosa narrativa (por ej.: Isa. 36; 39; Jer. 27–29; 32–45; Os. 1; Jon. 1; 3–4; Hag.; Zac. 1–8). Como resultado de esta similitud en el estilo, podríamos tender a comprender la literatura bíblica profética a la luz del género predominante de los profetas mayores y menores. Sin embargo, la denominación de profetas «menores» y «mayores» solo abarca una parte de la literatura profética bíblica que entra dentro de nuestra definición, ya que no incluye todos los relatos de verdaderos profetas que comunican la palabra divina que les fue revelada.

La división tradicional de la Biblia hebrea es útil para comprender toda la literatura profética. En la Biblia hebrea, la literatura profética se divide en profetas primeros y profetas segundos; y los profetas primeros consisten esencialmente en lo que muchos cristianos llaman libros históricos (es decir, Josué, Jueces, 1 y 2 Samuel y 1 y 2 Reyes). Dejando de lado por un momento las designaciones cristianas tradicionales, consideremos brevemente cómo estos libros narrativos, en su mayoría en prosa, se comunican proféticamente, es decir, los casos en los que el centro de la composición gira en torno a un personaje que se comunica en nombre de Dios.

- *Josué:* Josué, hijo de Nun, protagonista de gran parte del libro, es el único consagrado como sustituto de Moisés al frente del pueblo de Israel. En la Torá, Moisés es llamado profeta y representado como portavoz de Dios (Deut. 34:10). El pueblo debe escuchar a Josué igual que escuchó a Moisés, y Dios promete estar con Josué igual que estuvo con Moisés (Jos. 1:5,17; ver también Ex. 33:11; Núm. 14:14; Deut. 31:1-8; 34:9-10). Josué no solo debe guiar al pueblo de Israel en su conquista de la tierra, sino también servir de voz profética al pueblo, animándolo a seguir la Palabra de Dios revelada (Jos. 1:1-11).
- *Jueces:* Varios de los personajes principales de Jueces tienen voz profética. Por ejemplo, a Débora se la llama explícitamente jueza y profetisa (Jue. 4:4). Mediante una pregunta retórica, Débora revela a Barac la voluntad del Señor y profetiza acontecimientos futuros (4:6-9). En otra situación, cuando el pueblo cae bajo la opresión de

los madianitas, el Señor envía a un profeta anónimo para reprender al pueblo por no haber obedecido la palabra de Dios (6:7-10). Este acontecimiento se produce justo antes de que Gedeón se convierta en juez de Israel y, al parecer, también en profeta (ver 7:2-18).

- *1 y 2 Samuel:* El homónimo del libro de Samuel (según la designación de la Biblia hebrea) es descrito como alguien que oye repetidamente a Dios y habla en Su nombre (por ej.: 1 Sam. 3:1–4:1; 9:9; 10; 15:10). La actividad profética del principio de Samuel prepara el terreno para la narración que comienza tras la muerte del profeta (25:1). En Samuel se registra otra actividad profética del profeta Gad (1 Sam. 22:5; 2 Sam. 24:11,18-19). Por último, Samuel recoge los conocidos casos en los que el profeta Natán se aparece a David con una palabra del Señor: en el primero, para proporcionarle una promesa divina, y en el segundo, infamemente, para reprenderlo (2 Sam. 7:4-17; 12:1-25).
- *1 y 2 Reyes:* La actividad profética de los renombrados profetas Elías y Eliseo se extiende a lo largo del libro de los Reyes según la Biblia hebrea (ver 1 Rey. 17–19; 2 Rey. 1–13). Además, se menciona a varios profetas más dentro de la composición, lo que corrobora la noción de que la profecía constituye una parte considerable del libro (1 Rey. 1; 11:29; 13; 14:2,18; 16:7,12; 18:4,13).

Estas observaciones sugieren que el orden y la denominación de la Biblia hebrea siguen siendo útiles a la hora de considerar la literatura profética. Las composiciones que algunos lectores consideran libros meramente históricos contienen, en realidad, una cantidad significativa de profecía bíblica. El contenido narrativo y poético de los primeros y los últimos profetas (es decir, los libros históricos y los profetas mayores y menores) puede entenderse como literatura profética, en la medida en que relata las palabras y las actividades de los profetas, aquellos que reciben un verdadero mensaje del Señor y cuyas actividades y mensaje coinciden con las normas y la teología establecidas en la Torá.

De vuelta del futuro

Una definición amplia de la literatura profética nos ayuda a abordar mejor este material diverso en los términos del texto, en lugar de imponer nuestras suposiciones sobre lo que debe ser la profecía. Reconocer que la literatura profética se compone de una amplia gama de materiales nos ayuda a interpretar los libros proféticos y las profecías, poniendo en tela de juicio la práctica de interpretarlos como una recopilación de declaraciones futuristas. Ciertamente, los profetas pretenden anticipar el futuro (por ej., Zac. 14). Sin embargo, gran parte del material profético resulta ser mundano y aplicable a los lectores contemporáneos (tanto de entonces como de hoy), en lugar de ser declaraciones sobre el futuro que permanecen latentes, a la espera de ser descifradas. Peter Gentry afirma: «La mayor parte del mensaje de los profetas bíblicos no tiene nada que ver con la predicción del futuro... La mayoría de lo que tenían que decir constituye la proclamación de un mensaje que explica cómo la Palabra de Dios, ya revelada y recibida en el pasado, se aplica a las circunstancias y situaciones presentes».[3]

La idea errónea de que la profecía se refiere principalmente al futuro puede conducir a una lectura equivocada de estos textos. La expectativa de los lectores de que los profetas hablen siempre del futuro hará que el significado y la aplicación de algunos de los principios actualmente relevantes que contienen estos textos se trasladen inevitablemente al futuro. Por lo tanto, como lectores contemporáneos tenemos que alejar nuestras percepciones del futuro, lejos de la suposición de que la profecía significa necesariamente predecir el futuro. En primer lugar, debemos considerar los profetas como material literario elaborado para instruir a la comunidad de Dios que los recibió. En el momento en que las palabras de los profetas fueron inscritas por su Dr. Frankenstein, la Palabra de Dios escrita y profética se fijó para perdurar, de modo que todos los lectores posteriores pudieran conocer el carácter de Dios. Así, cuando el autor registra los acontecimientos vitales y las palabras de los profetas mediante narraciones, debemos recordar cómo narran los autores (ver cap. 6). Del mismo modo, cuando el autor registra la palabra divina en poesía, debemos tener presente cómo los poetas bíblicos utilizan la poesía para comunicarse con sus lectores (ver caps. 14 a 16). Ciertamente, el acercamiento a la profecía bíblica puede matizarse aún más, pero clasificar a grandes rasgos la literatura profética en estas dos categorías y aplicar los principios interpretativos para la narrativa y la poesía nos sirve como punto de partida para leer la profecía en su contexto literario y escuchar la Palabra de Dios a través de los profetas.

Dos realidades nos ayudan a leer estos textos en sus contextos y a aplicar sus mensajes en nuestras comunidades. En primer lugar, recordemos que detrás de las palabras reveladoras pronunciadas (algunas de las

3. Gentry, *How to Read and Understand the Biblical Prophets*, 30.

cuales están recogidas en la Escritura) están los profetas como personas. Estas personas se convirtieron en personajes literarios cuando un autor los hizo protagonistas de una composición e hizo de sus palabras el tema de al menos una parte de un texto profético. Todo lo que hicieron y dijeron los profetas se cumplió en diversos contextos. Estudiar todo lo que podamos sobre los profetas como personas nos permite captar la mayor parte posible de ese contexto e incorporar esa información a nuestra lectura de las palabras del profeta.

En segundo lugar, un estudio responsable de los libros proféticos reconoce que los autores bíblicos narraron y compusieron relatos selectos de la vida y las palabras de los profetas con el fin de ilustrar sus propósitos teológicos. Estas narraciones y esta poesía presentan el mismo tipo de ingenio que hemos analizado anteriormente en relación con este tipo de escritos. Normalmente, la vida de los profetas se relata mediante narraciones selectivas, mientras que sus profecías suelen relatarse en forma de poesía. Este punto es crucial para los lectores contemporáneos, porque debemos tener siempre presente que todos los relatos de palabras y hechos que se escribieron estaban necesariamente estilizados. Así, a través de una lectura deliberada podemos observar tanto el genio del escritor bíblico como la aplicación perdurable de los profetas del antiguo Israel.

En el resto de este capítulo expondremos cómo se presenta a los profetas como personas, centrándonos en cómo y cuándo las composiciones proféticas permiten comprender los contextos de los personajes proféticos. El siguiente capítulo se centrará en los recursos estéticos utilizados en la poesía por los profetas para animar a los lectores a volver al Dios de Israel. El último capítulo de esta sección ofrecerá un ejemplo de compromiso deliberado con un texto poético profético concreto (Isa. 52:13–53:12). Esta palabra profética en particular proporcionó esperanza a la comunidad que la recibió, predijo un tiempo de restauración y sigue siendo aplicable a los lectores contemporáneos de la Biblia.

Los profetas como personas

Los contextos de los profetas

Los profetas fueron personas cuyas palabras y acciones se produjeron en diversos contextos (histórico, social, político, religioso, etc.). Cuando los profetas aparecen en prosa, el narrador suele crear el telón de fondo de la palabra del Señor relatando algunas de las circunstancias relevantes para el advenimiento del profeta. Por ejemplo, justo antes de la aparición del profeta Elías en la escena bíblica, el narrador hace los siguientes comentarios que son cruciales para entender el ministerio de Elías:

> Comenzó a reinar Acab hijo de Omri sobre Israel el año treinta y ocho de Asa rey de Judá. Y reinó Acab hijo de Omri sobre Israel en Samaria veintidós años. Y Acab hijo de Omri hizo lo malo ante los ojos de Jehová, más que todos los que reinaron antes de él. Porque le fue ligera cosa andar en los pecados de Jeroboam hijo de Nabat, y tomó por mujer a Jezabel, hija de Et-baal rey de los sidonios, y fue y sirvió a Baal, y lo adoró. E hizo altar a Baal, en el templo de Baal que él edificó en Samaria. Hizo también Acab una imagen de Asera, haciendo así Acab más que todos los reyes de Israel que reinaron antes que él, para provocar la ira de Jehová Dios de Israel. En su tiempo Hiel de Bet-el reedificó a Jericó. A precio de la vida de Abiram su primogénito echó el cimiento, y a precio de la vida de Segub su hijo menor puso sus puertas, conforme a la palabra que Jehová había hablado por Josué hijo de Nun. (1 Rey. 16:29-34)

Esta sección del relato puede parecer mundana a los lectores contemporáneos de la Biblia, porque parece limitarse a proporcionar los hechos relacionados con otra transición de la realeza de Israel. Además, podríamos tender a interesarnos más por la emoción de la narración profética de Elías, que contiene escenas que relatan duros enfrentamientos, fuego que cae del cielo y una persecución acalorada, entre otras emociones. Así, textos como los seis versículos de transición de 1 Reyes 16:29-34 son especialmente propensos a ser omitidos, saltados u olvidados rápidamente porque estamos más interesados en la emoción de los textos que describen la acción. Sin embargo, estos versículos resultan ser sumamente importantes para las secciones de «acción» de la narración de Elías, ya que proporcionan los contextos histórico, geopolítico y religioso del reino del norte de Israel justo antes de la aparición del profeta.

La situación religiosa de Israel durante la época de Elías que describe el narrador es especialmente relevante al comienzo del ministerio del profeta. Elías irrumpe en escena afirmando una promesa polémica: «Vive Jehová Dios de Israel, en cuya presencia estoy, que no habrá lluvia ni rocío en estos años, sino por mi palabra» (1 Rey. 17:1). Mientras que, por un lado, la falta de agua se entiende universalmente como una amenaza para la vida humana, por otro, el lector se pregunta: «¿Por qué Elías amenaza con la sequía en lugar de con otra plaga? ¿Qué significa específicamente la falta de agua en el contexto de Elías, y por qué dirigiría estos comentarios al rey Acab?».

Este tipo de preguntas interpretativas facilitan la apreciación de los contextos que presentan a Elías como una persona profundamente arraigada en los contextos histórico, religioso y social de su época. Los detalles esbozados justo antes de la presentación de Elías, que apenas podrían parecer parte de la narración profética, son esenciales para comprender el significado del enfrentamiento de Elías con el rey Acab. Elías no amenaza al azar con una sequía retributiva porque Israel sea infiel. Más bien, Elías se dirige al tipo específico de apostasía que el rey Acab ha permitido que entre en la tierra a través de su matrimonio con su esposa sidonia, Jezabel.

El narrador señala que el rey Acab «tomó por mujer a Jezabel, hija de Et-baal rey de los sidonios, y fue y sirvió a Baal, y lo adoró. E hizo altar a Baal, en el templo de Baal que él edificó en Samaria» (1 Rey. 16:31-32). Parece que la deidad mencionada en este pasaje es más específicamente Baal Hadad, el dios de las tormentas cananeo que se creía que gobernaba las lluvias y, por tanto, la fertilidad de la tierra.[4] John Day comenta lo siguiente en relación con el hecho de que los antiguos israelitas se sintieran atraídos a adorar a esta deidad: «Leyendo el Antiguo Testamento, queda claro que fue el culto a Baal el que supuso la mayor y más duradera amenaza para el desarrollo del culto exclusivo a Yahvéh en el antiguo Israel. El hecho de que los israelitas estuvieran asentados entre los cananeos, para quienes el culto a Baal era tan importante, y que Palestina fuera una tierra cuya fertilidad dependía totalmente de la lluvia, que se consideraba el ámbito de influencia especial de Baal, explica la naturaleza tentadora de este culto, así como la fuerza de la polémica del Antiguo Testamento contra él».[5]

Teniendo en cuenta esta información, podemos desarrollar una imagen basada en el contexto religioso de la época de Elías. Retener la lluvia era una espectacular atestación de que el Dios de Elías (el nombre de Elías significa «mi Dios es Yahvéh») era en realidad el verdadero Dios de las tormentas. Inmediatamente después de anunciar esta palabra de juicio a Acab, Elías recibe la orden del Señor de ir al este del río Jordán y esconderse en el barranco de Querit. Allí, Dios provee para él

4. «Con el descubrimiento de los textos ugaríticos quedó claro que había una gran deidad cananea de la tormenta y la fertilidad, Baal-Hadad, de estatura cósmica, por lo que debemos suponer que estas alusiones del Antiguo Testamento se refieren a manifestaciones locales particulares de este único dios» (Day, «Baal», 547). La palabra «Baal» significa simplemente «señor» o «amo». Es cierto que Elías parece oponerse a todas las formas de culto a Baal, lo que resulta evidente por el hecho de que la palabra está en plural en 1 Reyes 18:18.

5. Day, «Baal», 547.

enviando cuervos que le traen pan y carne por las mañanas y por las tardes (1 Rey. 17:3-6). Curiosamente, el mismo Dios que retiene la lluvia en Israel envía al profeta donde hay agua y le ordena que confíe en el Señor para su provisión.

Si prestamos atención a los contextos en los que viven los profetas (cuando se dan estos detalles), es más probable que percibamos el impacto de las palabras proféticas. En el caso de Elías, los contextos de su narración señalados antes de su llegada nos muestran que sus primeras palabras al rey Acab comunican un juicio sobre el culto a Baal y aluden al hecho de que el Dios de Israel es Señor sobre las lluvias y la fertilidad de la tierra. La proclamación de Elías es una garantía de que todos los que se entrometen con Baal, la falsa deidad que supuestamente controla la lluvia y la fertilidad, verán que el Dios de Israel es el verdadero Soberano y, por ello, sufrirán las consecuencias de su apostasía (ver 1 Rey. 18).

La ordenación de los profetas

Cuando los profetas son llamados a sus ministerios, el narrador proporciona detalles importantes que retratan a los profetas bíblicos como portavoces de Dios. Nos enteramos de su «ordenación» y, a veces, de otros aspectos significativos de sus vidas. Algunos profetas tienen una historia formal de llamado, mientras que otros son confrontados con una palabra, oráculo o visión del Señor. Cada una de estas introducciones confiere al profeta la voz de Dios, comunicando a los lectores que estamos ante la palabra divina en forma escrita.

No todos los profetas son llamados con dramatismo o grandeza. En muchas composiciones proféticas, los profetas son presentados bruscamente; en otras composiciones, se proporciona tan poca información que apenas sabemos quiénes son los profetas. Por ejemplo, los libros proféticos Nahum, Habacuc y Sofonías presentan diferentes cantidades de información personal durante la introducción de sus respectivos profetas:

- Nahum proporciona algunos detalles a los lectores, pero no muchos. Nahum no se llama explícitamente profeta al principio de la composición. Más bien se le describe como si hubiera recibido una visión que (al menos en parte) fue posteriormente escrita en un libro (Nah. 1:1). El libro comunica un oráculo (es decir, una carga) relativo a Nínive en nombre del Señor a través de Nahum, lo que convierte a Nahum tanto en profeta como en responsable de los mensajes del libro que lleva su nombre. Además, Nahum es identificado como elcosita. Los eruditos no están seguros de la ubicación de «Elcos», pero este detalle también describe al profeta como una persona que habla sobre las circunstancias geopolíticas de su época.

- Habacuc es el profeta con menos información introductoria. No se dice casi nada de él como personaje histórico, salvo que vio un oráculo y fue nombrado profeta (Hab. 1:1). Más adelante en la composición, encontramos un comentario superficial que probablemente lo describe como músico (3:1). Este detalle nos ayuda a entender el salmo de Habacuc (cap. 3). Sin embargo, el oráculo de Habacuc (caps. 1–2) se registra únicamente en forma de diálogo entre el Señor y el profeta. La falta de información del profeta desplaza el énfasis de la persona profética a la palabra profética. Debido a la relativa falta de información introductoria, se nos introduce inmediatamente en una animada discusión entre el profeta y Dios, y se nos deja recurrir a pistas internas para discernir el contexto histórico en el que se aplicó originalmente la palabra profética. Por ejemplo, el hecho de que Dios proclame que los caldeos están siendo levantados en 1:6 sugiere que la palabra profética fue pronunciada probablemente poco antes de la invasión babilónica de Judá.
- Sofonías proporciona la información más detallada de estas tres composiciones y esboza al profeta como persona. El libro comienza afirmando que es «Palabra de Jehová que vino a Sofonías hijo de Cusi, hijo de Gedalías, hijo de Amarías, hijo de Ezequías, en días de Josías hijo de Amón, rey de Judá» (Sof. 1:1). A través de este versículo, se informa a los lectores de la línea familiar de Sofonías y se observa que pudo ser descendiente de Ezequías, rey de Judá. Además, los lectores se hacen una idea del contexto y el período de tiempo aproximado en el que el profeta recibió y pronunció esta palabra del Señor.

Los libros de Nahum, Habacuc y Sofonías sirven de ejemplo de cómo se presenta brevemente a los profetas en el desarrollo de sus ministerios en el espacio y el tiempo. Algunas composiciones proféticas ofrecen información específica sobre los profetas (Amós 1:1; 7:14; Hag. 1:1-3; Zac. 1:1), mientras que otras los presentan en función de su lugar de origen (1 Rey. 17:1; Miq. 1:1). Algunos proporcionan un poco de la línea familiar de los profetas (Joel 1:1; Jon. 1:1), mientras que otros apenas proporcionan información aparte de referirse a los profetas como personas (Abd. 1; Mal. 1:1). Independientemente de la cantidad de información proporcionada, estos breves comentarios nos animan a recordar que las composiciones proféticas bíblicas son representaciones estilizadas y selectivas de la palabra divina, que partieron de personas reales en contextos diversos.

Toda la información que podamos obtener sobre los profetas como personas nos ayuda a comprender la palabra profética transmitida a ese profeta y registrada por el autor de la composición. Cuanto mejor seamos capaces de situar la palabra profética en su contexto, prestando atención a la información facilitada en la introducción del profeta, mejor podremos discernir el significado de los oráculos para la comunidad que los recibió y aplicar el mensaje profético a nuestros días.

El llamado de los profetas

Varios de los libros proféticos revelan mucha información personal sobre los profetas, principalmente al describir su llamado profético al ministerio, pero también a través de detalles incluidos a lo largo de las composiciones. Las extensas escenas que describen el llamado de los profetas al ministerio son fundamentales para comunicar cómo, qué y por qué Dios se comunica con las comunidades de los profetas en sus respectivas épocas. Algunos de los relatos de llamado más conocidos, que representan a los profetas como personas, constituyen partes significativas de los libros de Isaías (6:1-13), Ezequiel (1–3:15) y Jeremías (Jer. 1). Sin embargo, es posible que ninguna otra historia de llamado sea tan famosa e inquietante como la de Oseas.

Oseas comienza como otras composiciones proféticas que proporcionan detalles personales relativos a la vida del profeta: «Palabra de Jehová que vino a Oseas hijo de Beeri, en días de Uzías, Jotam, Acaz y Ezequías, reyes de Judá, y en días de Jeroboam hijo de Joás, rey de Israel» (Os. 1:1). A través de esta introducción, los lectores se enteran de que Oseas dice una palabra del Señor (es decir, es un profeta), conocen el linaje de Oseas y descubren que probablemente actuó como figura profética en el norte. Sin embargo, en lugar de que el libro se dirija directamente a la palabra que el profeta recibe del Señor, sigue una extensa sección narrativa en la que se detalla el llamado de Oseas al ministerio público. Este llamado consiste en una directiva contraintuitiva: se ordena a Oseas que se una a una esposa promiscua, a una persona cuyo estilo de vida repudia las enseñanzas de la Torá (Ex. 20:14; Lev. 20:10; Deut. 22:22).

Oseas obedece y se casa con Gomer, con la que tiene tres hijos. En este punto de la narración, el lector observa que la convocatoria divina del profeta no se limita a repetir las circunstancias históricas que conducen al ministerio público de Oseas, sino que también sirve de lección objetiva a través de la cual Dios enseñará al pueblo. Los tres nombres de los hijos de Gomer representan la condición espiritual de Israel y las consecuencias de su extravío: «Jezreel» representa el hecho de que la casa del rey Jehú de Israel va a sufrir el castigo divino en el valle de Jezreel; «Lo-ruhama» (que en hebreo significa «no haber recibido misericordia») representa que Dios no tendrá misericordia de la casa de Israel; y «Lo-ammi» (que en hebreo significa «no es mi pueblo») representa que el pueblo del pacto del Señor ya no es el pueblo de Dios. Sea como fuere, Dios juega posteriormente con estos mismos nombres para dar esperanza de restauración a la comunidad de Israel:

> «En aquel tiempo responderé, dice Jehová, yo responderé a los cielos, y ellos responderán a la tierra. Y la tierra responderá al trigo, al vino y al aceite, y ellos responderán a Jezreel. Y la sembraré para mí en la tierra, y tendré misericordia de Lo-ruhama; y diré a Lo-ammi: Tú eres pueblo mío, y él dirá: Dios mío» (Os. 2:21-23; ver también 1:10–2:1)

La introducción descriptiva del libro de Oseas, que incluye los detalles íntimos del llamado del profeta al ministerio, prepara el escenario para las palabras del profeta en los capítulos 4–12, en los que el Señor, a través de Oseas, critica duramente al pueblo de Israel por su infidelidad al pacto (por ej., 4:10-19), al tiempo que ofrece intermitentemente la esperanza de la restauración de su relación exclusiva (1:10-11; 2:14-23; 11:8-11; 13:14; 14:4-7).[6]

6. En los libros proféticos se recogen otras experiencias personales excéntricas con fines ilustrativos. Por ejemplo, al profeta Isaías se le ordena deambular desnudo por Jerusalén durante tres años como demostración de cómo el rey de Asiria llevará cautivos egipcios y cusitas (Isa. 20:1-4). A Ezequiel se le ordena dormir sobre su lado izquierdo durante 390 días, lo que representa los 390 años de castigo que soportará la casa de Israel. Luego se cambia al lado derecho durante cuarenta días, cada uno de los cuales representa de nuevo un año (Ezeq. 4:4-6). Además, la esposa de Ezequiel muere, lo que resulta ser un acontecimiento divinamente orquestado para que él pudiera tener la oportunidad de profundizar en su mensaje profético (24:15-25).

Conclusión

Leer correctamente la literatura profética implica una integración sostenida de múltiples aspectos de la lectura narrativa y poética. En este capítulo, nos hemos centrado en las palabras pronunciadas *sobre* los profetas y sus contextos. Sin embargo, las palabras reales de los profetas difícilmente se relatan en obsoletas presentaciones de hechos. Más bien, las palabras de los profetas tienden a expresarse en composiciones poéticas que demuestran un arte literario que impresiona a los lectores atentos y los llama a la acción incluso hoy en día.

Las secciones poéticas de los libros proféticos llevan las marcas de sus autores —sus Dr. Frankenstein literarios—; es decir, están unidas por declaraciones coordinadas que introducen la palabra profética, tienden puentes entre distintas profecías o concluyen secciones. Además, las secciones poéticas de la profecía llevan las marcas de la poesía hebrea bíblica. Ya hemos tratado los aspectos fundamentales de la poesía en la literatura bíblica en los capítulos 14 y 15, pero centrarnos en la profecía nos brinda la oportunidad de explorar otras características de la poesía que aparecen específicamente en las composiciones proféticas. Los respectivos autores de los libros proféticos se esforzaron por comunicar fielmente los mensajes del Señor que llegaban a través del profeta y, al hacerlo, fomentaron una poesía estéticamente agradable y teológicamente impactante. En el próximo capítulo, nos centraremos en los profetas como poetas, observando la expresividad de las palabras proféticas en sus formas escritas.

DIECIOCHO

Cómo abordar la profecía poética

> Los mensajes de los profetas se comunicaban no solo por lo que decían, sino —lo que es más importante— por cómo lo decían. [...] A pesar de su excentricidad, los profetas eran genios artísticos, que elaboraban sus palabras para maximizar la eficacia de su mensaje.
>
> —Al Fuhr y Gary Yates, *Message of the Twelve* [El mensaje de los doce]

El desgarrador pero humorístico poema *On Turning Ten* [Al cumplir diez] del poeta Billy Collins relata las desconsoladas cavilaciones de un niño de nueve años que está a punto de cumplir diez años. El niño atrae al lector comparando hiperbólica y metafóricamente la idea misma de envejecer con el malestar físico: es comparable a un dolor de estómago o un dolor de cabeza que uno adquiere cuando lee sin suficiente luz, o como «sarampión», «paperas» y «varicela» al «espíritu», la «mente» y el «alma», respectivamente. En la segunda estrofa, el niño se dirige a un interlocutor y lo acusa de no entender:

> Tú me dices que es demasiado pronto para mirar atrás,
> Pero eso es porque has olvidado
> la perfecta sencillez de tener un año.[1]

1. Collins, *On Turning Ten*, 63.

Según el joven abatido, el interlocutor mayor no puede comprender la difícil situación del niño: es demasiado viejo para recordar cada dígito: la complicada belleza de los dos años, las fantasías y la magia que acompañaron al niño al cumplir los cuatro, las aspiraciones militares de los siete, las proezas reales de los nueve. La inauguración de los diez es el comienzo de la tristeza, se da cuenta el pequeño niño mientras atraviesa el universo en zapatillas. A medida que uno se acerca a la edad de diez años, la vida se vuelve más seria, presentando un punto de inflexión irreversible en el que la candidez del pasado se deshace y se intercambia con las desalentadoras realidades de la maduración.

Al cumplir diez representa la asombrosa destreza de Billy Collins en el uso del lenguaje expresivo para captar el afecto y la imaginación de sus lectores. El poema revela los selectos pensamientos y experiencias del niño para provocar que los lectores *disciernan* el malestar percibido por él, *sientan* la turbulencia emocional de él y *muevan* a los lectores a recordar su propia aversión a la edad adulta y a empatizar con el niño. Los lectores entran en el mundo del chico a través de los coloridos comentarios del poeta, consistentes en hipérboles, metáforas y vívidas imágenes con las que los lectores pueden identificarse.

Así es *cómo* funciona el poema. Esta es la razón *por la cual* el poema funciona.

La información realista del poema (por ej.: la edad del niño, sus aspiraciones, sus propiedades e incluso sus amigos imaginarios) no es *solo* un relato de pensamientos, sucesos o hechos conectados. Más bien, el poeta incluye estilísticamente estos detalles de la vida real para instar al lector a la acción a medida que se involucra con el poema.

El lector se convierte en interlocutor del niño.

Abordadas de este modo, las palabras del protagonista pueden leerse, por un lado, como dirigidas a un público concreto que el niño tenía en mente y, por otro, como trascendiendo la composición e imponiéndose abruptamente a la inesperada vulnerabilidad del lector: «Tú me dices que es demasiado pronto para mirar atrás».[2] El «tú» se convierte de repente en «nosotros» al cautivarnos las emociones de cumplir diez años a través del encanto del poema.

La poesía contemporánea de Billy Collins muestra características y resultados similares a la poesía que apareció miles de años antes en composiciones bíblicas proféticas. Los lectores atentos de la profecía bíblica reconocen que en la poesía aparece información factual, pero

2. Collins, *On Turning Ten*, 63.

que está estilísticamente dispuesta para maximizar el impacto que las composiciones proféticas tienen en los lectores. Si la información *puede* ser estilizada en la literatura bíblica profética, lo *es* con el propósito de instar a los lectores a discernir el significado del texto, a percibir los sentimientos provocados por el autor y a ser movidos a la acción. En la medida en que las composiciones proféticas fueron escritas y luego conservadas como palabra divina pronunciada por medio de los profetas, las sucesivas generaciones de lectores se han convertido en interlocutores contemporáneos de los profetas. El nuevo público somos nosotros, cautivados por los recursos estéticos de los profetas poéticos e impulsados a interiorizar los puntos principales de sus composiciones.

Existen múltiples estilos de composiciones proféticas escritas en poesía que originalmente se extendían a multitud de contextos. Del mismo modo, las funciones de las composiciones poéticas en la vida de los lectores modernos son variadas y sin duda están influidas por las circunstancias del lector. No obstante, los poetas nos inspiran al elaborar sus palabras de un modo que no solo es auténtico en sus contextos, sino que también aspira a conmover a todos los que se acerquen a sus composiciones en generaciones posteriores. En el resto de este capítulo, evaluaremos las aplicaciones contemporáneas de las composiciones bíblicas proféticas que fueron escritas en poesía. Observaremos cómo estos escritos fueron elaborados estéticamente para que todos los lectores pudieran discernir los principios elocuentemente comunicados en ellos, sentir los sentimientos evocados por la composición y ser movidos a la acción en sus respectivos contextos.

Profecía poética para Israel, las naciones y el lector

Este llamado a discernir, sentir y actuar comienza con comprometerse *realmente* con los profetas poéticos en sus términos. Los lectores de los libros proféticos no pueden dejar de notar similitudes en la composición y el contenido de sus secciones poéticas. Por un lado, en la poesía hebrea bíblica los profetas comunican mensajes del Señor que les llegan de formas comparables: una profecía/oráculo (Isa. 14:28; Zac. 9:1), una visión (Isa. 1:1; Abd. 1), una parábola (Ezeq. 17:2; Miq. 2:4), una simple «palabra» (Jer. 1:4) o una combinación de modos de comunicación (Nah. 1:1; Hab. 1:1; 2:2-3). A pesar de las distinciones técnicas que existen entre estos tipos de mensajes, se deduce que los temas y las entregas de los mensajes de los profetas tienen semejanzas, ya que los profetas escribieron para un grupo de hebreos que tenían una historia común y vivían en la misma región. Es lógico que los profetas abordaran temas afines y redactaran sus mensajes de forma similar en la poesía.

Por otra parte, no es razonable reducir el significado y/o el propósito de *todas* las composiciones proféticas escritas en poesía a una sola idea principal. A pesar de las similitudes generales, las profecías poéticas representan una comunicación diferente de Dios para diferentes personas, en diferentes lugares y en diferentes momentos. Todas las profecías eran mensajes contextualizados que el Señor comunicaba a través del profeta. Esta diversidad sugiere que simplemente no tiene sentido plantear objetivos estrechos y simplistas para todos los profetas que escribieron en poesía basándose en sus semejanzas entre sí.

Irónicamente, la contextualización de las composiciones proféticas individuales es lo que aporta un poco de armonía al carácter distintivo de los profetas poéticos y facilita su lectura como aplicables a nuestros días. Los hilos comunes que surgen de los profetas poéticos, originalmente contextualizados para diferentes entornos, pueden ser contextualizados aún más por los lectores modernos. Los lectores que busquen una aplicación actual observarán que al menos dos grandes temas se materializan al leer los profetas poéticos: (1) el llamado al pueblo del pacto (por ej., Israel, luego Israel y Judá) a responder a Dios de todo corazón y (2) el llamado a las naciones a prestar atención a la palabra del Señor, el Dios de Israel. Estos motivos son directamente relevantes para la lectura de esta literatura poética de sentimientos a veces misteriosos.

Una respuesta del corazón

A través de la poesía, los profetas exhortan a sus lectores a responder realmente con el «corazón» a sus mensajes. El lenguaje del corazón es evidentemente metafórico, pero también es claramente bíblico, pues aparece por primera vez en la Torá. Moisés ordena al pueblo de Israel que responda adecuadamente a la palabra revelada de Dios mediante un corazón cambiado: «Circuncidad, pues, el prepucio de vuestro corazón, y no endurezcáis más vuestra cerviz» (Deut. 10:16; ver también 30:6). El lenguaje relativo a la circuncisión recuerda el pacto del Señor con Abraham y sus descendientes, en el que la circuncisión servía como signo de que habían sido apartados para los propósitos de Dios (Gén. 17:1-14; Lev. 12:3). La circuncisión del corazón, por tanto, se relaciona con un concepto similar: debía funcionar como una indicación de que la comunidad interiorizaba el llamado de Dios sobre ellos y respondía con devoción.

La orden de Moisés de circuncidar el prepucio del corazón estaba escrita en prosa narrativa en una sección de la Torá que contextualmente proporciona una idea de cómo debe ser la respuesta del corazón del pueblo de la alianza. Poco antes de la orden de circuncidar el corazón de Israel, Moisés recuerda al pueblo de Israel los pasos prácticos que deben dar para permanecer en comunión con el Señor: «Ahora, pues, Israel, ¿qué pide Jehová tu Dios de ti, sino que temas a Jehová tu Dios, que andes en todos sus caminos, y que lo ames, y sirvas a Jehová tu Dios con todo tu corazón y con toda tu alma; que guardes los mandamientos de Jehová y sus estatutos, que yo te prescribo hoy, para que tengas prosperidad? He aquí, de Jehová tu Dios son los cielos, y los cielos de los cielos, la tierra, y todas las cosas que hay en ella» (Deut. 10:12-14).

Las exigencias impuestas a Israel dependen del cumplimiento de los mandamientos y decretos del Señor. En otras palabras, la circuncisión del corazón se manifestará cuando la comunidad del Señor obedezca la palabra divina revelada. La respuesta del corazón de Israel consiste en permitir que la Palabra de Dios influya en su esencia hasta el punto de que amarán a Dios y sus acciones lo demostrarán. Esta idea de que Israel interiorice la palabra de Dios y actúe por devoción al Señor se remonta a los días en que Israel vagaba por el desierto.

Sin embargo, Israel desobedece. No son devotos al Señor. Finalmente, sufren las consecuencias de su rebelión al perder la soberanía sobre su pueblo y sobre su tierra. Sin embargo, los profetas poéticos recogen el llamado a una respuesta del corazón, y utilizan recursos poéticos para señalar a la comunidad la Torá e instarles a volver a su Dios. Por ejemplo, Jeremías reitera el llamamiento a los lectores para que respondan a Dios con obediencia en un lenguaje similar al de la Torá:

> Circuncidaos a Jehová, y quitad el prepucio de vuestro corazón, varones de Judá y moradores de Jerusalén; no sea que mi ira salga como fuego, y se encienda y no haya quien la apague, por la maldad de vuestras obras. (Jer. 4:4)[3]

En el contexto de Jeremías 4, el profeta sugiere que circuncidar el corazón equivale a responder adecuadamente a Dios mediante la obediencia y corresponder a la comunión de su Creador. Jeremías afirma que la desobediencia y la apostasía del pueblo son el resultado de no

3. Este concepto fue recogido posteriormente por el apóstol Pablo para abrir el mensaje evangélico a quienes lo acogieran en su corazón (comp. Rom. 2:28-29; Col. 2:10-11).

escuchar la voz del Señor (3:24-4:1). Esto implica que una respuesta adecuada del corazón incluye atender a la comunicación de Dios. El profeta proclama graves consecuencias si el pueblo de Judá y Jerusalén sigue repudiando la voz del Señor y, por tanto, ignora el llamado a circuncidar su corazón (4:4b). El llamado a una auténtica comunión con el Señor a través de un cambio interior es un tema tratado frecuentemente por los profetas (9:25-26; Ez. 44:7).

La poesía es un medio particularmente eficaz para llamar a la gente a un cambio de corazón, ya que las composiciones poéticas conceden un lugar importante a la expresión de la emoción, alentando a los lectores a aprender por el sentimiento. Tal vez por eso la poesía y la profecía bíblica están vinculadas en el Antiguo Testamento: porque la poesía proporcionaba a los profetas la capacidad única de alentar al pueblo a un cambio integral pintando imágenes que afectaran sus emociones en nombre de lo divino. La *Enciclopedia Princeton de poesía y poética* establece esta conexión:

> La poesía [hebrea] está íntimamente ligada a la profecía, que no tiene paralelo entre los pueblos orientales u occidentales. A pesar de las semejanzas superficiales con las prácticas extáticas del antiguo Oriente, se trata de un fenómeno único. [...] Lo que hace de los profetas poetas únicos es la creencia y la afirmación de que sus palabras están inspiradas por un poder que todo lo ve y todo lo sabe y que trasciende la sabiduría humana: Dios. [...] Los profetas, que eran poetas y plasmaban las ideas sencillas en imágenes y visiones, ejercieron una influencia perdurable en su pueblo y, a través de él, en el mundo entero. Puede decirse que dieron forma a una nación, tal vez el único ejemplo de un pueblo transformado por el toque mágico de la poesía.[4]

Aunque no es exclusivo de la poesía, el uso metafórico de la imagen gráfica de la circuncisión (es decir, cortar el prepucio) es clave en la exigencia de Jeremías de que su pueblo vuelva al Dios del pacto. Dios, a través del profeta, pide al pueblo que responda en consecuencia «cortando» todo lo que sea injustificado o innecesario en sus vidas, todo lo que les haga parecerse a las naciones de su entorno que no tienen la relación única del pacto con el Señor (por ej., la adoración de ídolos; Jer. 4:1). La circuncisión del corazón en Jeremías es característica de la apelación de los profetas al afecto del pueblo a través de la vívida imaginería ejemplificada en la poesía.

4. *Enciclopedia Princeton de poesia y poética*, s.v. «Poesía hebrea», 338.

Parecía estar de moda entre los profetas llamar al pueblo a una respuesta interna y sincera al Señor, y remontarse a la palabra de Dios revelada anteriormente. Miqueas utiliza los recursos poéticos del paralelismo, la repetición y la hipérbole para proclamar el deseo de Dios de que el pueblo de la alianza responda en obediencia amorosa a la revelación de Dios:

> ¿Con qué me presentaré ante Jehová, y adoraré al Dios Altísimo? ¿Me presentaré ante él con holocaustos, con becerros de un año? ¿Se agradará Jehová de millares de carneros, o de diez mil arroyos de aceite? ¿Daré mi primogénito por mi rebelión, el fruto de mis entrañas por el pecado de mi alma? Oh hombre, él te ha declarado lo que es bueno, y qué pide Jehová de ti: solamente hacer justicia, y amar misericordia, y humillarte ante tu Dios. (Miq. 6:6-8)

Esta sección está repleta de recursos estéticos poéticos. En Miqueas 6:6 destaca la repetición por medio del paralelismo. En las líneas de este versículo, el profeta formula dos preguntas retóricas que requieren respuestas similares. La repetición de las preguntas es un recurso poético utilizado para dar una respuesta esperada. En este caso, el profeta afirma que no puede ofrecer nada que merezca una respuesta favorable del Señor. La misma técnica se repite en el versículo siguiente, combinada con los recursos del paralelismo y la hipérbole. El profeta expone las posibles ofrendas de «millares de carneros», «diez mil arroyos de aceite» y la exagerada sugerencia de sacrificar a su «primogénito» a causa de sus transgresiones. ¿Estaría complacido el Señor con estas extravagantes ofrendas? No, da a entender el profeta mediante el uso de recursos estéticos. Esto, naturalmente, lleva al lector a preguntarse qué tipo de ofrenda quiere *realmente* el Señor.

El profeta responde que el Señor comunicó previamente las expectativas para el pueblo del pacto. El Señor exige que la gente responda a la revelación divina con obediencia, para llevar a cabo correctamente la justicia y la bondad, y para comportarse con humildad. Estas respuestas son disposiciones del corazón basadas en la encarnación de las instrucciones de Dios; reflejan una interiorización del carácter del Dios al que Israel ha de servir.

Este cambio en la disposición del corazón también se aborda en la profecía poética de Joel:

> Por eso pues, ahora, dice Jehová, convertíos a mí con todo vuestro corazón, con ayuno y lloro y lamento. Rasgad vuestro corazón, y no vuestros vestidos, y convertíos a Jehová vuestro Dios; porque misericordioso es y

clemente, tardo para la ira y grande en misericordia, y que se duele del castigo. (2:12-13)

De nuevo, el lenguaje figurado es conspicuo en relación con el «corazón». En primer lugar, el profeta, hablando en nombre del Señor, llama al pueblo a volver con todo su «corazón». Corazón es claramente metafórico en este contexto, pues representa la esencia del pueblo. Se ordena al pueblo que vuelva a Dios con todo su ser. En segundo lugar, al llamar al pueblo a «rasgar [su] corazón», el profeta está jugando ilustrativamente con una frase familiar en el antiguo Israel. En otros lugares del Antiguo Testamento, rasgarse las vestiduras era señal de gran angustia (Gén. 37:29; 44:13; Núm. 14:6; 2 Sam. 1:11; 3:31; Job. 1:20). Curiosamente, en el contexto de Joel, el Señor declara que el signo físico de rasgarse las vestiduras es una respuesta inadecuada a lo que exige el Señor. Volver a Dios con todo el corazón significa rasgar el corazón: consiste en una experiencia interna de transformación que se manifiesta a través del ayuno, el llanto y la lamentación (Joel 2:13). Según Joel, este tipo de respuesta auténtica podría dar lugar a que el Señor se arrepintiera y bendijera al pueblo, ya que «misericordioso es y clemente, tardo para la ira y grande en misericordia, y que se duele del castigo» (2:13; comp. Ex. 34:6).

Este llamado a responder con el corazón puede resumirse en las palabras de despedida de Malaquías, quien, hablando en nombre del Señor, ordena al pueblo: «Acordaos de la ley de Moisés mi siervo, al cual encargué en Horeb ordenanzas y leyes para todo Israel» (Mal. 4:4; ver también Deut. 4:9-10; 5:2). Israel estaba perpetuamente llamado a responder a la Palabra de Dios con la obediencia, no solo para seguir leyes arbitrarias, sino porque su obediencia indicaría su comunión recíproca con su Dios del pacto. El cambio de corazón para Israel significaba centralizar la Palabra de Dios en la esencia de todas las personas.[5]

Moisés contextualizó la imaginería del corazón cuando el pueblo estaba a punto de entrar en Canaán; Jeremías, Miqueas y Joel utilizaron un lenguaje poético para apelar al pueblo y moverlo a cumplir genuinamente la Palabra de Dios de manera que agradara al Señor. La variada contextualización de un lenguaje y una imaginería similares en la poesía da crédito a la sugerencia de que los principios derivados de estos antiguos textos proféticos pueden seguir contextualizándose y aplicándose

5. Esta llamada a la Torá no es exclusiva de los profetas poéticos. Esdras llama al pueblo a volver a la Palabra escrita de Dios y a la obediencia (Esd. 7:6,10; Neh. 8:1-8). El punto principal de esta sección es que la poesía llama al pueblo a su Dios de una manera que juega de forma única con el afecto e invoca la imaginación del lector.

a situaciones contemporáneas para los lectores modernos. Del mismo modo que los profetas de Israel y Judá llamaban a sus comunidades a responder al Señor en obediencia a la Palabra revelada, esa voz profética emerge para los lectores contemporáneos a los que se alienta una y otra vez a volver a la Palabra revelada de Dios con obediencia. Al igual que los lectores de los profetas fueron llamados a la acción por un mensaje divino, entregado en forma poética, que apelaba a su afecto, así los lectores contemporáneos de la comunidad de fe son movilizados por la poesía inteligente de los profetas para servir de maneras que se alineen con el carácter revelado de Dios. Cada generación de lectores se convierte en una nueva generación de interlocutores de los profetas. El «tú» de los antiguos profetas es ahora «nosotros» para los miembros de la comunidad de fe que leen sus profecías.

Un llamado a las naciones

Varias secciones de las profecías poéticas bíblicas parecen estar dirigidas a naciones fuera de Israel (por ej.: Nahum, Abdías, la mayor parte de Isa. 13–19 y Amós 1–2). Dado que los mensajes de estas profecías se dirigen a personas ajenas a la comunidad del pacto, puede resultar difícil percibir cómo se aplican a los lectores contemporáneos que rastrean la historia redentora a través del pueblo de Israel. ¿Cómo abordamos estos textos?

Un primer paso para resolver esta cuestión es recordar que todas las profecías poéticas que nos ocupan fueron escritas en hebreo. Se trata de un hecho significativo, dado que Israel era un pueblo relativamente pequeño en el antiguo Cercano Oriente (es decir, desde Egipto hasta Mesopotamia). En consecuencia, es razonable sugerir que la lengua hebrea hablada por los pueblos de Israel y de Judá simplemente no era una lengua geopolítica influyente y que nunca estuvo cerca de ser el idioma principal de la región.

Muchos de los pueblos del antiguo Cercano Oriente a los que los profetas bíblicos dirigieron sus mensajes (por ej.: Egipto, Filistea, Asiria, Babilonia, Moab, Siria, Edom, Cus) podían comunicarse en lenguas afines al hebreo (por ej.: arameo, acadio, moabita, etc.). El testimonio interno del Antiguo Testamento indica que los antiguos israelitas/judíos cultos conocían bien las lenguas del antiguo Cercano Oriente, especialmente la lengua aramea, muy hablada (Dan. 2:4b–7:28; Esd. 4:8–6:18; 7:12-26; 2 Rey. 18:26). Sin embargo, los escritores de los libros proféticos no redactaron sus composiciones en las lenguas de las naciones. Más bien, las profecías poéticas sobre otros países se escribieron en una elevada jerga hebrea, que era una lengua hablada por un pequeño grupo de personas en una vasta región.

La profecía de Nahum ofrece varios ejemplos de este fenómeno.[6] El libro abre con una breve presentación de Nahum como persona (1:1) e inmediatamente pasa a una poesía elocuente que relata el mensaje que Nahum recibió sobre Nínive (es decir, Asiria). Esta transición a la poesía se manifiesta en Nahum 1:2-8 por la aparición de un acróstico alfabético parcial en hebreo. A continuación, se presentan fragmentos seleccionados de este acróstico con las letras hebreas correspondientes que comienzan cada línea en cursiva:

> *(alef)* Jehová es Dios celoso y vengador;
> *(bet)* Jehová marcha en la tempestad y el torbellino.
> *(guimel)* Él amenaza al mar, y lo hace secar.
> [dalet No está claramente representado].
> *(je)* Los montes tiemblan delante de él.
> *(vau)* La tierra se conmueve ante su presencia.
> *(zayin)* ¿Quién permanecerá delante de su ira?
> *(jet)* Su ira se derrama como fuego.
> *(tet)* Jehová es bueno.
> *(yod)* Conoce a los que en él confían.
> *(kaf)* Mas con inundación impetuosa consumirá a sus adversarios,
> y tinieblas perseguirán a sus enemigos.

Un par de observaciones sobre esta sección poética de la profecía ponen en evidencia lo específica que era para los lectores de hebreo. El acróstico, aunque presumiblemente evidente para los lectores antiguos, es algo enigmático en el texto hebreo. Las letras hebreas no aparecen al principio de cada línea en la disposición actual del texto hebreo, como cabría esperar; la letra hebrea *dalet* no está claramente representada; y el acróstico está incompleto, pues no abarca la segunda mitad del alfabeto hebreo. Sin embargo, mientras que lo ideal es disponer de acrósticos íntegros (Sal. 119; Prov. 31; Lam. 1), los poemas acrósticos discontinuos no son raros en la poesía bíblica (por ej., los Salmos 9 y 10 no están ordenados con precisión; los Salmos 25 y 34 carecen de la línea *vau*; al Salmo 37 le falta la línea *ayin*; al Salmo 145 le falta la línea *nun*). Naturalmente,

6. Algunos intérpretes no consideran que Nahum trate en su totalidad de los asirios. Además, algunas partes de la profecía, al igual que otros mensajes divinos dirigidos a las naciones, se dirigen abiertamente al pueblo del pacto (por ej.: 1:15; comp. Abd. 17-18). Lo importante aquí es que el énfasis general de Nahum se dirige a una nación distinta del pueblo del pacto.

los lectores experimentados de poesía hebrea habrían reconocido este acróstico. Parece como si el autor hubiera desafiado al lector a descifrar e interiorizar el mensaje de la profecía al tiempo que descifraba el recurso estético. El autor es brillante y la lectura resulta estimulante.

Hay varios otros lugares en la profecía de Nahum en los que el profeta utiliza recursos estéticos que habrían sido percibidos y comprendidos solo por quienes hablaban y/o leían hebreo. Por ejemplo, cuando el profeta declara la caída del pueblo de Nínive, afirma: «Aunque sean como espinos entretejidos, y estén empapados en su embriaguez...» (1:10). Aunque decir que son «espinos entretejidos» y están «empapados en su embriaguez» puede no parecer desagradable para la sensibilidad moderna, Nahum hace mucho más que esto en hebreo bíblico. La creatividad de Nahum puede apreciarse a través de la transliteración del texto hebreo (es decir, escribiendo el hebreo con las letras españolas correspondientes): *ki 'ad-<u>s</u>ir**im** <u>s</u>evuk**im** uke<u>s</u>ove'am <u>s</u>evu'**im**.*

La transliteración se subraya cada vez que se reitera el sonido «s». Las cuatro palabras principales de esta línea (excluidas las preposiciones y conjunciones) presentan el sonido «s» al principio, lo que ejemplifica claramente el recurso poético de la aliteración. Además, las sílabas finales de tres de las palabras aparecen en negrita. Como muchas palabras que terminan igual en español, todas las palabras de esta línea que terminan en «-im» riman en hebreo cuando se pronuncian. La palabra que no rima también termina en «m» (*sove'am*), lo que ejemplifica la consonancia en toda la línea. Por último, como se pudiera esperar, las palabras *sove'am* y *sevu'im* están relacionadas con la misma raíz hebrea, que significa «beber demasiado alcohol».

Esta combinación de aliteración, rima y consonancia habría llamado la atención de los lectores originales en lengua hebrea, sobre todo teniendo en cuenta el tono sombrío de la profecía hasta este punto. Nahum no trata de ser simpático inventando una canción infantil y llamando a sus enemigos con nombres infantiles. Más bien, el profeta utiliza la magia poética para captar la atención de sus lectores e informarles de las repercusiones de este estado inmoral: «... serán consumidos como hojarasca completamente seca» (Nah. 1:10b). El fin de Asiria va a ser espantoso, e Israel es aparentemente el primero en recibir esta noticia de última hora en su lengua. Esto debería haber movido a los lectores a reconocer la justicia, la misericordia y el consuelo divinos, dado cómo el tremendo poder de los asirios fue utilizado contra Israel después de que desobedecieran repetidamente la palabra del Señor (2 Rey. 17:1-18) y cómo los asirios amenazaron finalmente a Judá (18:9-37).

Dispositivos estéticos similares aparecen en otra sección poética de la profecía de Nahum que retrata la ruina de Nínive y sus dirigentes. En Nahum 2:10, el profeta proclama: «Vacía, agotada y desolada está...» en referencia al destino de la ciudad (comp. Sof. 2:13-15). La transliteración del hebreo en esta línea nos ayuda a comprender la aptitud poética del profeta y cómo este tipo de afirmación, aunque referida a los asirios, se dirige en realidad a los hablantes de hebreo: *buqah umevuqah umevullaqah*.

El desglose de la línea en sílabas individuales nos ayudará a reconocer el valor poético de la afirmación:

bu-qah	*u-me-vu-qah*	*u-me-vu-lla-qah*

Estas pocas palabras reunidas de esta manera exhiben un genio poético. En primer lugar, el uso de palabras raras o conjugaciones únicas es un recurso poético convencional utilizado en la Biblia, especialmente en libros como Job, Salmos y Proverbios. Por supuesto, las tres palabras principales (excluidas las conjunciones) de Nahum 2:10a son poco comunes, pues solo aparecen aquí en estas formas en la Biblia. Además, la correspondencia fonética (es decir, sonora) entre estas palabras es sorprendente. Además de la notable asonancia y consonancia, cada palabra (después de la primera) contiene todas las sílabas de la palabra anterior.[7] Es probable que las dos primeras palabras del versículo 10a estén relacionadas entre sí en hebreo y transmitan el concepto de «vacío». Si este es el caso, entonces el trillado «Vacía, agotada y desolada está...», es *en realidad* una articulación inteligente y elegante de la desnudez de Nínive después de haber sido saqueada. Esta propuesta parece corroborada por la tercera palabra de la línea (*mevullaqah*), que procede de una raíz utilizada en otro lugar para significar «arrasar» (Isa. 24:1). El primer verso de Nahum 2:11 es un ejemplo de cómo los profetas poéticos emplean recursos estéticos como signos de exclamación y, al hacerlo, empujan a los lectores a sentirse emocionalmente afectados.

En este mismo contexto, Nahum utiliza la poesía para mofarse de los dirigentes asirios. La burla comienza con una interrogación que insinúa la astucia del profeta. En un versículo, Nahum formula preguntas relacionadas entre sí, utilizando cuatro palabras diferentes para «león» (comp. Job 4:10-11):[8]

7. La letra hebrea *bet* se translitera con una «b» y una «v», ya que puede asumir dos sonidos diferentes.

8. Los profetas pueden utilizar la repetición como un poderoso recurso poético. Por ejemplo, Joel utiliza cuatro palabras para «langosta» en 1:4.

> ¿Qué es de la guarida de los leones, y de la majada de los cachorros de los leones, donde se recogía el león y la leona, y los cachorros del león, y no había quien los espantase? (Nah. 2:11)

La repetición de esta pregunta ayuda a los lectores a percibir que la discusión ha pasado de la destrucción de la ciudad (Nah. 2:10) a un objetivo más específico representado a través de la imagen del león. Puede haber matices en el uso de varias palabras para «león» en este versículo, pero una cosa se puede concluir con seguridad sobre los leones en general: son feroces depredadores. Sin embargo, en 2:11 el autor representa al león, normalmente salvaje, que es cazado en lugar de actuar como depredador. Nahum 2:12 retrata la típica actividad de los leones:

> El león arrebataba en abundancia para sus cachorros, y ahogaba para sus leonas, y llenaba de presa sus cavernas, y de robo sus guaridas.

Una vez más, la transliteración nos ayuda a entender lo que hace el poeta profético.

> *'aryeh toreph vede gorot**ayv***
> *umechanneq lelivot**ayv***
> *vayemalle'-tereph chor**ayv***
> *ume'onot**ayv** terephah*

Los recursos estéticos poéticos se materializan de nuevo cuando observamos el hebreo. Las secciones en negrita ejemplifican la consonancia que aparece en todos los versos de la estrofa (*-ayv*). Las palabras subrayadas en la transliteración representan tres palabras relacionadas que son ligeramente diferentes en su forma, pero que todas se originan de la misma raíz hebrea que significa «desgarrar». Los lectores hebreos habrían discernido esto, percibido el efecto de la poesía y se habrían sentido movidos a reflexionar sobre el contenido del mensaje, como es el resultado de toda poesía impactante.

Según el contexto de la profecía de Nahum, parece que el profeta describe a los dirigentes asirios como los leones de 2:11-13. Nahum 2:13 es particularmente útil para discernir este lenguaje metafórico:

> Heme aquí contra ti, dice Jehová de los ejércitos. Encenderé y reduciré a humo tus carros, y espada devorará tus leoncillos; y cortaré de la tierra tu robo, y nunca más se oirá la voz de tus mensajeros.

Los que tienen carros en este versículo son también los que tienen «leoncillos» y consumen «presas». Esto es una referencia a los militares asirios conquistando otras naciones. Sin embargo, en un giro dramático de los acontecimientos, Nahum invierte elocuentemente esa imagen y presenta a los opresores subyugados (2:11). El Señor, el Dios de Israel, los está «cazando» y hará con los asirios lo que ellos hicieron con otros. Esta inversión épica llevada a cabo en una poesía densa pretendía sin duda causar un impacto contundente en el lector antiguo.

Si estos mensajes se hubieran escrito en arameo, los lectores más antiguos habrían podido acercarse más a los textos originales en la época de la destrucción de Nínive. Sin embargo, Nahum comunica estos mensajes desgarradores en una poesía articulada que fue escrita en hebreo y no en las lenguas de las naciones. Esto hace que el lector se pregunte: ¿Por qué las profecías dirigidas a otras naciones están escritas en una lengua políticamente insignificante de un grupo étnico minoritario del antiguo Cercano Oriente? La respuesta a esta pregunta es clave para entender cómo leer y aplicar el mensaje de los profetas —especialmente los que escribieron en poesía elevada— en nuestros días.

Del profeta poético a nuestros días

Puede que Israel no fuera una potencia geopolítica en su época, pero era única en cuanto a su relación del pacto con el Señor. Israel tenía un llamado especial sobre su pueblo para ser un ejemplo vivo del Señor para las naciones, siendo apartados como seguidores de la detallada revelación que Dios les dio a lo largo de su historia a través de la Torá, los profetas y la Escritura. Todo lo que Israel hacía, desde seguir las secciones legales de la Torá que afectaban a la vida cotidiana hasta llevar a cabo los detalles de su sistema religioso, era representar al Señor como el único Dios verdadero en su mundo (Deut. 6:4-9; ver también Lev. 11:44). Ser testigos del Señor en su mundo, comunicando la verdad divina mediante la palabra y los hechos estaba ligado a ser el pueblo del pacto del Señor.

En medio de los fracasos de la comunidad del pacto, algunos profetas recogieron este llamado para que el pueblo de Dios se apartara y volviera a la Palabra del Señor con todo su corazón. Otros profetizaron sobre grupos de personas fuera de Israel. A medida que el pueblo del pacto discernía lo que se escribía sobre otras naciones y experimentaba los sentimientos provocados por el escritor, se sentía movido a ser una voz profética para los que lo rodeaban. A través de estas profecías, el pueblo descubrió aún más los atributos del Señor y fue llamado a dar testimonio de su Dios a las naciones. Los profetas poéticos alentaron al pueblo del pacto a convertirse en una voz profética que proporcionara esperanza, aliento, justicia, verdad y, cuando fuera necesario, juicio, tanto dentro como fuera de su comunidad. Al mismo tiempo, la comunidad debía ser el parangón del amor de Dios a la humanidad, ejemplificando la comunión única que tenían con el Señor, que estaba abierta a todos los que respondieran con su corazón a la Palabra de Dios.

Del mismo modo que el antiguo pueblo del pacto estaba llamado a ser una voz profética para los que estaban dentro y fuera de sus comunidades, los lectores contemporáneos de la fe pueden desarrollar una voz profética a través del compromiso y la proclamación de los mensajes de los antiguos profetas poéticos. Cuando los lectores modernos abrazan estos textos proféticos, aunque no estuvieran dirigidos principalmente a nosotros, nos convertimos en interlocutores al honrarlos y preservarlos como la Palabra de Dios escrita y transmitida a través de los profetas. La comunidad de fe está llamada a influir positivamente en el mundo que la rodea compartiendo el corazón de los profetas, llamando a todos a volverse y desgarrar sus corazones en obediencia a la Palabra de Dios. Al comprometernos y proclamar los mensajes de los profetas, nos convertimos en heraldos de la esperanza, el aliento, la justicia, la verdad y, cuando es necesario, del juicio, tanto dentro como fuera de nuestras comunidades. Al mismo tiempo, la diversa comunidad de fe contemporánea es un parangón de la humanidad del amor de Dios al ejemplificar que la comunión con el Señor está disponible para todos los que respondan con su corazón a la Palabra del Señor.

Aunque muchos de los profetas llamaron a sus comunidades a una respuesta de corazón, y aunque muchos de ellos llamaron a las naciones a escuchar la voz del Señor, el pueblo del pacto desobedeció a su Dios, y las naciones despreciaron al Dios de Israel. Sin embargo, el Señor no abandonó a la humanidad. Al contrario, el Señor utilizó más figuras proféticas y las experiencias del pueblo del pacto para dar esperanza a una futura restauración. En el próximo capítulo, analizaremos cómo los cantos poéticos del siervo de Isaías utilizan la poesía elocuente para proporcionar esperanza futura a las naciones y cómo Dios utilizó de forma única al pueblo del pacto a medida que se desarrollaba este plan de redención.

DIECINUEVE

¿Quién es el siervo sufriente de Isaías?

> Diles que no voy, ¿ves? Prefiero que me condenen antes que ir con ustedes. Vine aquí para obtener mis derechos, ¿ves?... Me iré a casa. No vine aquí para que me traten como a un perro. Me iré a casa. Eso es lo que haré. Maldita sea y que os den a todos.
>
> —El Gran hombre, en *The Great Divorce* [El gran divorcio] de C. S. Lewis

La falta de humildad puede facilitar las decisiones insensatas. Esta es una conclusión innegable que surge tras observar las decisiones tomadas por el variado grupo de personajes del clásico de C. S. Lewis, *El gran divorcio*. Esta historia narra un sueño en el que un autobús lleno de gente llega al cielo y los pasajeros se enfrentan a la decisión de quedarse allí o volver al infierno, de donde vinieron. Las personas, ahora fantasmas en el cielo, se encuentran con sólidos espíritus celestiales que se esfuerzan por persuadir a los antiguos residentes del infierno para que permanezcan en el cielo. Todo lo que los fantasmas tienen que hacer es humillarse y admitir lo obvio: que el cielo es una morada más deseable que el infierno, a pesar de las dificultades asociadas con renunciar a todo lo que les es familiar en el infierno. Como es natural, casi todos los fantasmas dan excusas para abandonar el reino celestial y volver hacia el autobús, con la intención de residir perpetuamente en la sombría e indeseable morada del infierno.

Aunque las razones de los personajes para regresar al infierno son absurdas, son, irónicamente, comprensibles para los lectores, ya que proceden de sentimientos equivocados basados en experiencias humanas compartidas. Por ejemplo, el Gran hombre desdeña el cielo porque un asesino conocido suyo es un espíritu que se empeña en que se quede. La altanería del Gran hombre no solo se debe al hecho de que el espíritu fuera un asesino, sino también a la insistencia del Gran hombre en sus «derechos», que incluyen ser reconocido como más justo que un asesino. El Gran hombre no es lo suficientemente consciente como para entrar en la dicha celestial que tiene ante sus ojos. No reconoce que la evidencia de un bien mayor que los «derechos» está justo delante de él en la forma de un asesino redimido que le invita a un lugar que le traerá una dicha sin fin. El Gran hombre no es lo suficientemente humilde como para permitir que la evidencia de lo que observa influya en su conclusión, y por eso elige volver a «casa» y ser condenado en lugar de adoptar el mejor camino que tiene ante sí. En la historia de Lewis, el autor muestra hábilmente que la asertividad basada en la arrogancia y el exceso de confianza impide a los fantasmas tomar decisiones lógicas que les permitirían madurar hasta convertirse en todo lo que podrían ser y experimentar los placeres del cielo.

La asertividad basada en la arrogancia y el exceso de confianza también puede obstaculizar la lectura de la Biblia y disuadir a una persona de convertirse en un lector maduro de los textos bíblicos. Esto ocurre sobre todo cuando nos enfrentamos a pasajes antiguos que tienen una interpretación generalmente aceptada dentro de la comunidad cristiana. Si tenemos una disposición presuntuosa hacia el material bíblico derivada de nociones preconcebidas de lo que *debería* significar a costa de lo que *realmente* dice, entonces elegimos la arrogancia en lugar de la humildad. Rehuir un sano cuestionamiento de nuestras lecturas del Antiguo Testamento es semejante a preferir las comodidades del «hogar», y sin embargo esto puede muy bien significar optar por volver al autobús conocido, rechazando la posibilidad de desarrollarnos como lectores de la Biblia.

El sentido del siervo

En la búsqueda del autoconocimiento cristiano, de la lectura humilde, y de no caer en la trampa de despreciar lo absolutamente obvio, es importante hacer un par de confesiones antes de examinar Isaías 52:13–53:12. La retórica utilizada habitualmente en las traducciones populares de la Biblia facilita la comprensión del poema de Isaías como una profecía *futurista* sobre la persona y la obra de Jesús. Hay que admitir que una de las razones por las que los lectores pasados y presentes tienen una idea de la identidad de este siervo está directamente relacionada con el hecho de que el lenguaje utilizado en las traducciones del Antiguo Testamento sugiere que el canto del siervo en 52:13–53:12 predice el sufrimiento de Jesús.[1]

Algunos intérpretes han expresado reservas sobre esta interpretación cristiana del pasaje. Benjamin Sommer opina sobre la interpretación de Isaías 52:13–53:12 desde una perspectiva judía:

> Uno de los pasajes más difíciles y controvertidos de la Biblia, estos quince versículos han atraído una enorme atención de los eruditos antiguos, medievales y modernos. En particular, la identidad del siervo es objeto de intenso debate. Aunque se habla del siervo como individuo, es posible que la referencia sea a la nación colectiva (o al remanente). Así, muchos sostienen que el siervo simboliza a todo el pueblo judío. [...] Otros sostienen que el pasaje describe a una minoría piadosa dentro del pueblo judío; esta minoría sufre como consecuencia de los pecados cometidos por la nación en general. [...] Otros eruditos sostienen que el siervo de este pasaje es un individuo concreto (comp. 50.4-11 n.). El Tárgum y varios *midrashim* identifican al siervo con el Mesías. [...] Los cristianos sostienen que este pasaje predice la venida de Jesús. Los comentaristas rabínicos medievales dedicaron considerable atención a refutar esta interpretación.[2]

Las palabras de Sommer nos ayudan a comprender que este pasaje no siempre se ha interpretado de forma coherente con la intuición cristiana. La diversa interpretación de este pasaje por parte de judíos que también consideran sagrado este texto debería bastar para que los cristianos se detuvieran a reflexionar sobre si está justificada una lectura *profética futurista* de este canto del siervo en su contexto. Admitir la inclinación a leer este pasaje de un modo u otro es fundamental para cuestionar la lectura y esforzarse por comprometerse honestamente con el texto.[3]

1. En la interpretación cristiana es común una comprensión predictiva futurista, a pesar de que muchas traducciones presentan la profecía en tiempo pasado.
2. Sommer, *Isaiah*, 872.
3. Para equilibrar las tendencias cristianas relacionadas con Isaías 52:13–53:12, todas las citas bíblicas del Antiguo Testamento de este capítulo se han adaptado de la traducción del Tanaj de la *Jewish Publication Society* (JPS). (N. del T.: Para la traducción al español se usó la versión RVR1960).

Es obvio que los escritores del Nuevo Testamento entendieron que el lenguaje del canto del siervo de Isaías se aplicaba de algún modo a Jesús; se describe a Jesús aplicando a sí mismo las palabras de Isaías 53 (Luc. 22:37), y Felipe predicó el mensaje del evangelio al eunuco etíope que estaba leyendo este pasaje (Hech. 8:26-35). Otros escritores del Nuevo Testamento también aplican este pasaje a la vida y el ministerio de Jesús de alguna manera (Mat. 8:17; Juan 12:38; Rom. 10:16; 1 Ped. 2:21-25). Dados estos hechos, no hay duda de que los cristianos *deberían* creer que Isaías 52:13–53:12 se relaciona *de alguna forma* con Jesús. No tiene sentido tratar de actuar como si pudiéramos omitir estos pasajes.

Sin embargo, sigue habiendo preguntas sobre los métodos interpretativos, a veces peculiares, de los escritores del Nuevo Testamento (por ej., el uso de Os. 11:1 en Mat. 2:15). El hecho de que el lenguaje del canto del siervo sufriente de Isaías aparezca en referencia a Jesús en el Nuevo Testamento no significa necesariamente que el pasaje del Antiguo Testamento sea una *profecía predictiva* en el sentido de que las palabras de Isaías tuvieran la intención de hacer declaraciones específicas sobre la vida de Jesús por adelantado. Es concebible que los autores se apropiaran del lenguaje de Isaías como recurso retórico para hablar del Mesías cristiano o simplemente para promover la creencia de que el incipiente movimiento cristiano surgió de ideas como las de Isaías. Así pues, para los cristianos la cuestión no es tanto si Isaías 52:13–53:12 se aplica a Jesús en la conciencia cristiana sino, más bien, si se trataba de una *profecía predictiva*.

Es imposible examinar detenidamente todas las potenciales lecturas del canto del siervo sufriente de Isaías en este capítulo. Sin embargo, sí es posible examinar si la canción se presta al tipo de profecía predictiva que abunda en las lecturas cristianas de Isaías 52:13–53:12 a la luz de los otros cantos del siervo y de otras secciones pertinentes de Isaías. En el resto de este capítulo intentaremos responder con franqueza a la siguiente pregunta: ¿Invita el texto de Isaías 52:13–53:12 a una lectura en su contexto literario que anticipe un siervo singular y futuro que acabará desempeñando un papel único en el plan divino?

Israel, el «siervo» del Señor

Isaías 40 comienza con una necesaria palabra de esperanza y consuelo para el pueblo del pacto. Justo antes de este alentador pronunciamiento,

Isaías relata una historia en la que Ezequías, rey de Judá, permite a los enviados babilonios ver todas sus riquezas. Este acto desagrada al Señor y, cuando Isaías se entera de ello, pronuncia un juicio contra el rey Ezequías y el pueblo de Judá, declarando: «Entonces dijo Isaías a Ezequías: Oye palabra de Jehová de los ejércitos: He aquí vienen días en que será llevado a Babilonia todo lo que hay en tu casa, y lo que tus padres han atesorado hasta hoy; ninguna cosa quedará, dice Jehová. De tus hijos que saldrán de ti, y que habrás engendrado, tomarán, y serán eunucos en el palacio del rey de Babilonia» (Isa. 39:5-7).

Una lectura completa del Antiguo Testamento aclara que el exilio babilónico no se produjo solo por la indiscreción de Ezequías. La comunidad sufrió colectivamente las consecuencias de alejarse del Señor al ser desterrada de su tierra. Jerusalén, la capital de Judá, fue finalmente capturada por los babilonios durante el reinado de Joaquín. El palacio del rey fue saqueado y sus objetos de valor fueron llevados a Babilonia. Muchos funcionarios políticos, entre ellos el rey Joaquín y otros, fueron llevados al exilio en Babilonia (2 Rey. 24:10-17). Además, los babilonios destruyeron el templo de Jerusalén y se llevaron consigo a Babilonia sus objetos de valor y los del palacio del rey (25:13-17; ver también Dan. 1:1-7). Judá quedó en ruinas, muchos judíos en el exilio, y finalmente no hubo rey en Judá, ni templo, ni esperanza aparente para el pueblo del pacto.

No era aquí donde la historia debía terminar para el pueblo y, por tanto, tampoco era aquí donde terminaba la palabra divina dirigida a Isaías para el pueblo. En este contexto, Isaías pronuncia una palabra profética de consuelo y esperanza:

> Consolaos, consolaos, pueblo mío, dice vuestro Dios. Hablad al corazón de Jerusalén; decidle a voces que su tiempo es ya cumplido, que su pecado es perdonado; que doble ha recibido de la mano de Jehová por todos sus pecados. (Isa. 40:1-2)

Los primeros versículos de Isaías 40 dan la impresión de consolar al pueblo como si ya hubiera experimentado las consecuencias negativas de sus actos. Parece como si el juicio descrito en Isaías 39 se hubiera cumplido y la comunidad estuviera consternada, viviendo en el exilio.[4]

4. Este drástico cambio de tono es una de las razones por las que algunos estudiosos afirman que Isaías 40 inicia una sección del libro que fue escrita por un autor distinto del responsable de los capítulos 1–39. Además, los eruditos proponen que hay otra sección distinta al final del libro que consta de los capítulos 56-66. Así, es frecuente oír hablar de

El profeta parece dirigir sus palabras a un pueblo que necesita saber que no han sido abandonados, que Dios sigue estando con ellos y que siguen siendo el pueblo del pacto, a pesar de sus circunstancias. Isaías comunica que el pueblo del pacto seguirá desempeñando un papel especial en el plan de Dios al funcionar de manera única como siervo del Señor. Isaías retoma el discurso del siervo para decir que todavía hay un futuro brillante para el pueblo, aunque haya sufrido las repercusiones de sus transgresiones:

> Pero tú, Israel, siervo mío eres; tú, Jacob, a quien yo escogí, descendencia de Abraham mi amigo. Porque te tomé de los confines de la tierra, y de tierras lejanas te llamé, y te dije: Mi siervo eres tú; te escogí, y no te deseché. (41:8-9)

«Israel», «Jacob» y la «descendencia de Abraham» (a través de Isaac [Gén. 17:19-21]) están en paralelo entre sí en las líneas de Isaías 41:8. Los descendientes de Israel siguen siendo el pueblo del pacto sencillamente porque Dios los eligió (Isa. 44:1). A pesar de su extravío y del juicio divino que pesa sobre ellos, el Señor no los ha desechado, pues son el tesoro de Dios (Deut. 7:6-11; 10:15; 14:2; Sal. 135:4). En consecuencia, Isaías afirma que el Señor fortalecerá y seguirá utilizando a Israel de una manera única (Isa. 41:10). Pero la cuestión sigue siendo qué papel desempeñará el siervo del Señor de aquí en adelante, dadas las difíciles circunstancias políticas que debilitan a Su pueblo. ¿Qué significa que Israel siga siendo el siervo del Señor, y cómo se manifestará esto, dadas las penurias a las que se enfrentará sin templo, sin rey, sin tierra y, por tanto, sin poder político en el exilio?

La lectura sucesiva proporciona más información sobre cómo el Señor seguirá utilizando al pueblo del pacto en el plan divino a pesar de su vulnerable posición como exiliado. La descendencia de Abraham, Isaac y Jacob es llamada de nuevo a su antiguo y único cargo de ser testimonio del único y verdadero Dios de Israel. Ser testigos del Señor era una de las formas en que el pueblo del pacto debía actuar como siervo de Dios:

---

una división tripartita del libro de Isaías, consistente en la sección inicial escrita por Isaías de Jerusalén (1–39), Deutero-Isaías (40–55) y Trito-Isaías (56–66). Para un análisis más detallado desde una perspectiva ampliamente evangélica, ver Block y Shultz, *Bind Up the Testimony*. En mi opinión, la voz profética que anticipa acontecimientos futuros como la invasión babilónica de Judá podría muy bien ser la misma voz que habla creativamente a un público futuro que experimentará el consuelo del Señor, ya que su posición como pueblo del pacto de Dios no había cambiado a pesar de sus problemáticas circunstancias.

> Vosotros sois mis testigos, dice Jehová, y mi siervo que yo escogí, para que me conozcáis y creáis, y entendáis que yo mismo soy; antes de mí no fue formado dios, ni lo será después de mí. (Isa. 43:10; ver también v. 12)

El pueblo era testigo del Señor en la medida en que el pueblo representaba a Dios. El ministerio del pueblo del pacto consiste en ser testigos del Señor en las naciones en las que finalmente habitarán, dando testimonio de la singularidad de su Dios. El profeta Isaías subraya repetidamente este principio central:

> No temáis, ni os amedrentéis; ¿no te lo hice oír desde la antigüedad, y te lo dije? Luego vosotros sois mis testigos. No hay Dios sino yo. No hay Fuerte; no conozco ninguno. (Isa. 44:8)

El monoteísmo fue un principio teológico fundamental que se reiteró a lo largo de la historia de Israel mientras estuvo en su tierra. Sin embargo, la idolatría fue una de las principales luchas del pueblo del pacto y formó parte de los exilios de Israel y Judá (2 Rey. 17:7-23; Jer. 44:1-6). Isaías vuelve a llamar al pueblo para que sea testigo del Señor, el Dios de Israel —el único Dios— dondequiera que se encontrara en ese momento. Representar al Señor ante las naciones en lugares distintos de la tierra de Israel será una forma de que Israel pueda desempeñar el papel de siervo del Señor, incluso en el exilio.

Un breve repaso a estos pasajes selectos en los que se menciona al siervo del Señor en Isaías muestra que el título en cuestión puede referirse efectivamente al pueblo del pacto. Los intérpretes que sugieren que «el siervo del Señor» se refiere a Israel en el pasaje de Isaías 52:13–53:12 tienen repetidos e indiscutibles precedentes que justifican esta lectura. La cuestión que queda pendiente es si los lectores deben entender que Israel es siempre el referente del siervo del Señor. A este tema dedicamos ahora nuestra atención.

¿«Siervo(s)» del Señor?

Previamente en el libro, Isaías comunica una palabra del Señor en la que el propio profeta es llamado el siervo divino: «Y dijo Jehová: De la manera que anduvo mi siervo Isaías desnudo y descalzo tres años, por señal y pronóstico sobre Egipto y sobre Etiopía, así llevará el rey de Asiria a los cautivos de Egipto y los deportados de Etiopía, a jóvenes y a ancianos, desnudos y descalzos, y descubiertas las nalgas para vergüenza de Egipto» (Isa. 20:3-4).

En el caso de Isaías 20:3, el lenguaje de siervo se refiere explícitamente al profeta Isaías, lo que demuestra que esta designación no significa *necesariamente* el pueblo del pacto sino que *puede* representar a un siervo particular (22:20; 37:35). En este pasaje, Isaías, el siervo divino, es llamado por el Señor para realizar una hazaña poco convencional que sirva como presagio de un acontecimiento sociopolítico que Dios va a llevar a cabo. La misión divina de Isaías en 20:3-4 es dar testimonio de otro acontecimiento de mayor alcance que se producirá en el futuro de acuerdo con el plan divino. Esta observación sobre los diversos significados del siervo del Señor es clave para interpretar otros pasajes de Isaías sobre el siervo. En distintos pasajes del libro, los lectores se encuentran con la ambigüedad sobre la identidad del siervo del Señor. Por ejemplo, el siervo del Señor hace una aparición enigmática al comienzo de Isaías 42. En este pasaje, el siervo del Señor se presenta de forma enigmática:

> He aquí mi siervo, yo le sostendré; mi escogido, en quien mi alma tiene contentamiento; he puesto sobre él mi Espíritu; él traerá justicia a las naciones. No gritará, ni alzará su voz, ni la hará oír en las calles. No quebrará la caña cascada, ni apagará el pábilo que humeare; por medio de la verdad traerá justicia. No se cansará ni desmayará, hasta que establezca en la tierra justicia; y las costas esperarán su ley. (Isa. 42:1-4)

Isaías 42:1 parece describir al pueblo del pacto, el siervo del Señor, llamado a representar al Señor ante las naciones. Sin embargo, la identidad exacta del siervo del Señor se vuelve ambigua a medida que se lee este pasaje en el contexto del libro de Isaías. Por ejemplo, el lenguaje de siervo de la segunda mitad de Isaías 42:1 recuerda al de Isaías 11:1-11, que habla de una ocasión en la que el Señor promete el Espíritu de Jehová. Este pasaje describe la aparición de una figura significativa sobre la que también reposará el Espíritu del Señor (11:2). Se profetiza que el «tronco de Isaí» en Isaías 11 llevará a cabo un juicio justo, prestando especial atención a los más vulnerables de la sociedad (11:4-5). Del mismo modo, el siervo del Señor en 42:3 parece estar preocupado por hacer justicia a los débiles, lo que se hace evidente a través del paralelismo de las dos primeras líneas del versículo. El siervo no «quebrará» ni «apagará» a los que se encuentran vulnerables. El siervo defenderá la integridad de todas las personas, independientemente de su fuerza y prominencia. Ejecutar la justicia y establecer un juicio justo —especialmente para los oprimidos— se entiende en otras partes de Isaías como un ministerio del Señor, el Dios de Israel (Isa. 2:1-4; 57:15; ver también Sal. 9:8; 146:7). El retrato del siervo en Isaías 42:1 corresponde con el de otra figura importante en Isaías y comparte características con el retrato bíblico de Dios, de modo que despierta la curiosidad de quienes se ocupan de 42:1-4 al leerlo por completo.[5]

Otra cuestión relativa a la identidad de la figura de Isaías 42 se deriva del alcance del ministerio del siervo. En Isaías 42:4 se describe al siervo del Señor llevando la justicia a las costas, a las naciones fuera del pueblo del pacto.[6] En Isaías 11, la raíz de Isaí traerá la paz, que también trasciende al pueblo del pacto (11:11-16). En ambos pasajes, el ministerio de este siervo sobre el que descansa el Espíritu del Señor tendrá un impacto de gran alcance en las naciones fuera de Israel. Isaías 11 sugiere que una figura singular del pueblo de Israel, a través del linaje de Isaí, llevará a cabo esta hazaña. El siervo del Señor y el tronco de Isaí comparten funciones similares, lo que plantea la posibilidad de que la figura singular de 11:1-11 pueda estar relacionada de algún modo con el siervo de 42:1-4.

A medida que los lectores continúan adentrándose en el resto de Isaías 42, se revela más información del siervo del Señor a través de una metáfora relacionada con la luz:

> Yo Jehová te he llamado en justicia, y te sostendré por la mano; te guardaré y te pondré por pacto al pueblo, por luz de las naciones, para que abras los ojos de los ciegos, para que saques de la cárcel a los presos, y de casas de prisión a los que moran en tinieblas. (42:6-7)

A primera vista, Isaías 42:6 parece aclarar la ambigüedad del siervo de los versículos anteriores. Aquí parece haber una clara referencia al pueblo del pacto[7] y a su singular tarea de ser representante del Señor, el Dios de Israel, ante las naciones mediante imágenes relacionadas con la luz. La luz puede utilizarse como agente para hacer visibles cosas que

5. En otras partes de los profetas, el lenguaje de siervo puede referirse a una figura davídica futurista (comp. Ezeq. 34:24; Zac. 3:8).

6. Es probable que el término «costas» represente a pueblos ajenos a Israel, ya que guarda paralelismo con «pueblos lejanos» en 49:1 e «hijos de lejos» en 60:9 (comp. Gén 10:5).

7. Esta frase puede traducirse literalmente «para un pacto de personas». El significado de esta frase exacta es incierto. Esta traducción en Isaías 42:6 refleja un entendimiento de que los descendientes de Israel eran el pueblo del pacto del Señor, a quienes Dios utilizó de manera única en el plan divino. Ver más adelante cómo podría traducirse esta frase.

normalmente no se verían con facilidad. Este parece ser el uso que se hace del concepto de luz en 42:6, ya que Israel es «luz de las naciones», y en la línea siguiente se hace referencia a abrir los ojos de los ciegos. Tal vez el hecho de que el pueblo del pacto sea una luz haga que la gente vea la luz, es decir, que comprenda que el Señor es el único Dios verdadero.

La imagen cambia en las dos últimas líneas de Isaías 42:7: del siervo que ilumina al siervo que libera a los prisioneros. Esta imagen es un poco más difícil de discernir si se refiere exclusivamente al pueblo del pacto en el exilio, dado que estaban sometidos a otras naciones. ¿Cómo podría el pueblo de Israel proporcionar libertad a alguien cuando ellos mismos no la tenían?

La lectura del capítulo 49 de Isaías aclara esta cuestión. En este capítulo, Isaías relaciona al siervo del Señor con la salvación del Señor. Isaías 49:5-6 dice:

> Ahora pues, dice Jehová, el que me formó desde el vientre para ser su siervo, para hacer volver a él a Jacob y para congregarle a Israel (porque estimado seré en los ojos de Jehová, y el Dios mío será mi fuerza); dice: Poco es para mí que tú seas mi siervo para levantar las tribus de Jacob, y para que restaures el remanente de Israel; también te di por luz de las naciones, para que seas mi salvación hasta lo postrero de la tierra.

Una sencilla lectura de Isaías 49:5 parece indicar que el Señor habla a un siervo específico, distinto del pueblo del pacto, cuya misión es devolver al pueblo a la comunión con su Dios.[8] Sin embargo, la lectura de este versículo en el contexto del capítulo complica esta interpretación directa. Por ejemplo, el profeta describe a Israel como siervo del Señor en 49:3: «y me dijo: Mi siervo eres, oh Israel, porque en ti me gloriaré». Dada la claridad de esta afirmación que aparece tan cerca, identificar al siervo como Israel en este capítulo parece la conclusión más razonable. Sin embargo, retroceder un par de versículos más pone en duda incluso esta conclusión. En 49:1, el profeta invoca la imagen del vientre materno, al igual que cuando se refiere explícitamente al siervo en el versículo 5. Los versículos 1-2 leídos juntos parecen describir a una persona específica que es separada para los propósitos del Señor. Cuando los lectores llegan a

8. En el manuscrito hebreo existe un problema textual en el versículo 5 («para hacer volver a él a Jacob y para congregarle a Israel»). La lectura literal de esta línea basada en el texto hebreo podría ser «Pero Israel no será reunido», dando a entender quizá que el siervo solo devolverá a «Jacob» al Señor. Otras versiones aceptan un ligero cambio del Texto Masorético tradicional para dar sentido a la aparente disparidad y coincidir temáticamente con Isaías 49:6.

49:5, parece claro que el profeta utiliza el lenguaje del siervo de diversas maneras. En los cuatro primeros versículos del capítulo, el profeta podría estar hablando de sí mismo, de todo el pueblo del pacto, de una parte del pueblo o incluso de algún otro siervo anónimo.

En cualquier caso, el siervo de Isaías 49:5 es designado por el Señor para devolver a Jacob y restaurar a Israel. Por lo tanto, parece como si el siervo del Señor en este pasaje no fuera un sustituto de Israel, sino más bien otro individuo o entidad que marcará el comienzo de una nueva época en la que el pueblo volverá a Dios. Así entendida, la mitad final del versículo 6 resulta especialmente ambigua. ¿Quién restaurará al pueblo del pacto para que sea «luz de las naciones»? Al ser luz de las naciones, ¿cómo llevará el pueblo la salvación del Señor hasta los confines de la tierra? Irónicamente, la ambigüedad no queda aclarada por la reiteración que hace el profeta de los conceptos de salvación, libertad, luz y oscuridad unos versículos más adelante, al referirse de nuevo al siervo del Señor:

> Así dijo Jehová: En tiempo aceptable te oí, y en el día de salvación te ayudé; y te guardaré, y te daré por pacto al pueblo, para que restaures la tierra, para que heredes asoladas heredades; para que digas a los presos: Salid; y a los que están en tinieblas: Mostraos (49:8-9a).

Dado que el «pueblo del pacto» *parece* ser el siervo en este pasaje, la imaginería *parece* reflejar la idea de que el Señor utilizará al grupo colectivo para participar en acontecimientos futuros importantes. El Señor promete ayuda divina al siervo para que este pueda restaurar lo destruido, liberar a los prisioneros y llamarlos a la luz. Sin embargo, la frase traducida «pacto al pueblo» en Isaías 49:8 puede traducirse literalmente «pueblo del pacto», como en 42:6.[9] El uso de la frase en este contexto deja a los lectores con la duda de si la referencia es al grupo de personas como pueblo del pacto o a otra entidad designada «por pacto al pueblo». Hay que reconocer que la interpretación de esta traducción es difícil de discernir.

A la incertidumbre relativa a la identidad del siervo se añade el hecho de que las imágenes de Isaías 49:8-9a son sorprendentemente similares a las utilizadas para la figura del «ungido» sobre el que mora el Espíritu del Señor en 61:1-4. Cabe destacar que esta figura es designada:

> ... a predicar buenas nuevas a los abatidos, a vendar a los quebrantados de corazón, a publicar libertad a los cautivos, y a los presos apertura de la cárcel. (61:1)

9. Ver nota 7 anterior.

La frase «libertad a los cautivos» contiene una palabra hebrea que normalmente se usa para abrir los ojos (*pacakj*; Isa. 35:5; 37:17; 42:7). En este versículo, el profeta presenta a un liberador que facilita la restauración y proporciona consuelo a los vulnerables, a la vez que utiliza una palabra que alude al motivo de proporcionar visión a quienes antes no podían ver. El siervo del Señor comparte estas características. El orador de Isaías 61:1-4 parece ser una persona específica sobre la que mora el Espíritu del Señor. Tal vez, entonces, el siervo del Señor podría referirse también a un individuo que llevará a cabo la salvación del Señor mostrando a la gente la luz, liberando a la gente y, al mismo tiempo, cuidando de los vulnerables.

La ambigüedad implícita en los pasajes sobre el siervo, uno junto a otro, combinada con la identificación del siervo con otros personajes de Isaías, lleva a los lectores a sospechar que la imprecisión es una estratagema intencionada del autor. El lenguaje astuto y polivalente (es decir, con más de un significado) del siervo del poeta inspirado nos lleva a preguntarnos continuamente a quién o a qué puede referirse el «siervo». Esta vaguedad nos estimula a leer deliberadamente todo el texto. Con esta disposición abordamos el célebre canto del siervo en Isaías 52:13–53:12.

El siervo sufriente en contexto

Cuando volvemos a encontrarnos con el siervo del Señor en Isaías 52:13, ya existen múltiples opciones interpretativas. Entre ellas se incluyen, pero no se limitan a:

- El pueblo del pacto de Israel (o, tal vez, una porción fiel);
- el profeta Isaías; y
- otra figura individual que comparte características con otros personajes de la profecía de Isaías, pero cuya identidad completa sigue siendo ambigua.

El principal problema para establecer una interpretación coherente del referente al siervo del Señor es que, francamente, Isaías no dota invariablemente a la frase de un significado único. El lenguaje de Isaías en relación con el siervo del Señor indica varios referentes próximos entre sí, hasta el punto de que podemos tener dificultades para distinguir cuándo el profeta pasa de un referente a otro. A nosotros, como lectores, nos corresponde ser sensibles a las expresiones estilísticas del profeta poético y, al mismo tiempo, discernir cuidadosamente el tema. Tal vez el profeta poético nos tiene exactamente donde nos quiere: lo suficientemente curiosos como para seguir reflexionando sobre el texto, pero no tan desconcertados como para volver a la desesperación.

El canto del siervo sufriente comienza destacando los humildes comienzos del protagonista. Se presenta al siervo como un ser insignificante, hasta el punto de que su aspecto y el escarnio público de que es objeto hacen pensar que nadie debería esperar ningún bien de él (Isa. 52:14; 53:2-3). Sin embargo, el siervo es exaltado por el Señor y, de forma inesperada, tiene un impacto desmesurado en las naciones fuera de Israel (52:13,15). En Isaías 53, el lenguaje del canto pasa a reflejar imágenes del siervo del Señor que no habíamos observado hasta ese momento en Isaías. Resulta especialmente llamativo el motivo de que el siervo sufrirá en nombre de las transgresiones de los demás. Isaías 53:4-6 dice:

> Ciertamente llevó él nuestras enfermedades, y sufrió nuestros dolores; y nosotros le tuvimos por azotado, por herido de Dios y abatido. Mas él herido fue por nuestras rebeliones, molido por nuestros pecados; el castigo de nuestra paz fue sobre él, y por su llaga fuimos nosotros curados. Todos nosotros nos descarriamos como ovejas, cada cual se apartó por su camino; mas Jehová cargó en él el pecado de todos nosotros.

En este pasaje, el siervo se convierte en víctima de la angustia impuesta por Dios por el bien de los demás, para conseguir la paz para ellos (Isa. 53:4-5). Esto resulta evidente en el versículo 5. Al inicio del versículo, el siervo es «herido» y «abatido» por los «pecados» y «rebeliones» de los demás. El resultado del sufrimiento del siervo se revela también en el versículo 5. El «castigo» y la «llaga» del siervo traen la integridad y la curación a aquellos por los que sufrió.

Es importante señalar que el profeta habla en primera persona del plural en esta parte de la composición («nuestros», «nosotros»). De este modo, se distingue del siervo a la vez que se incluye a sí mismo en la comunidad que recibe los beneficios de las acciones del siervo. Aunque el referente del siervo del Señor podría cambiar, el uso de la primera persona en estos versículos, y de nuevo en el versículo 8, sugiere que el profeta no habla de sí mismo como siervo del Señor en este canto. Además, los pronombres en primera persona incluyen al profeta en una comunidad más amplia que se beneficiará del sufrimiento del siervo. Así pues, es poco probable que el profeta esté indicando que la comunidad, o incluso una parte del pueblo, sufrirá por sí misma. Isaías parece hablar de un siervo, que no debe confundirse con el profeta ni con el pueblo del pacto. Este siervo individual del Señor descrito en Isaías 52:13–53:12 sufre la aflicción divinamente señalada a causa de la rebeldía de los demás (53:6). El lenguaje poético relacionado con el sufrimiento continúa cuando se compara al siervo con un cordero para el sacrificio:

> Angustiado él, y afligido, no abrió su boca; como cordero fue llevado al matadero; y como oveja delante de sus trasquiladores, enmudeció, y no abrió su boca. (53:7)

La personificación del cordero, y de la oveja paralela, es importante para interpretar este pasaje. El significado de esta imagen puede aclararse haciendo referencia a un pasaje de Jeremías en el que el profeta se compara a sí mismo con un cordero llevado al matadero. Con respecto a su propia condición de peligro, Jeremías afirma:

> Y yo era como cordero inocente que llevan a degollar, pues no entendía que maquinaban designios contra mí, diciendo: Destruyamos el árbol con su fruto, y cortémoslo de la tierra de los vivientes, para que no haya más memoria de su nombre. (11:19)

Al darse cuenta de que sus enemigos han conspirado contra él (Jer. 18:18), Jeremías se representa a sí mismo como un cordero llevado al matadero, al igual que el siervo del Señor en Isaías. Según Jeremías, el cordero personificado representa a una persona que es sacrificada a causa de la traición de otros. Los enemigos de Jeremías conspiran para tratarlo como a un malvado, apartándolo de la tierra de los vivos y borrando su nombre y su memoria (Sal. 83:4; 109:15; Prov. 10:7). Este es el tipo de trato que recibe el siervo en el cántico de Isaías.

> Por cárcel y por juicio fue quitado; y su generación, ¿quién la contará? Porque fue cortado de la tierra de los vivientes, y por la rebelión de mi pueblo fue herido. (Isa. 53:8)

El siervo del Señor en Isaías es tratado como si fuera él quien transgredió, y es cortado de la tierra de los vivos. Sin embargo, el sufrimiento del cordero de Isaías no es ineficaz como en el escenario presentado por Jeremías; es de naturaleza vicaria y sustitutiva, y es eficaz para el pueblo del pacto, entre otros. El cordero de Isaías carga con las iniquidades de los demás y, de este modo, intercede por los transgresores:

> Verá el fruto de la aflicción de su alma,[10] y quedará satisfecho; por su conocimiento justificará mi siervo justo a muchos, y llevará las iniquidades de ellos. Por tanto, yo le daré parte con los grandes, y con los fuertes repartirá despojos; por cuanto derramó su vida hasta la muerte, y fue contado con los pecadores, habiendo él llevado el pecado de muchos, y orado por los transgresores. (53:11-12)

En cierto modo, al Señor le complace que el siervo cargue con el pecado y el castigo de los demás, sufriendo por voluntad divina para hacer justos a los demás (Isa. 53:4,10). Así, hacia el final de la composición, el Señor recompensa a este cordero personificado que soporta la angustia para interceder por los pecadores, haciéndolos honorables en lugar de transgresores. El siervo del Señor, un cordero personificado, recibe «parte con los grandes».

Una vez que Isaías menciona la imagen del cordero y el hecho de que la gente se beneficia de su sufrimiento, se hace posible rastrear al siervo del Señor en la última parte de Isaías. En Isaías 39, el profeta declara que el juicio viene por medio de los babilonios. Sin embargo, la comunidad se reconforta al comunicar a los antiguos israelitas y a todos los lectores posteriores que Dios no ha desechado a Su pueblo del pacto. Israel sigue destinado a desempeñar un papel único en el plan divino como siervo del Señor, «luz de las naciones». En 52:13–53:12, el siervo es retratado como un cordero cuyo sufrimiento será de beneficio para el pueblo del pacto, para el propio profeta y para las naciones. Parece entonces que Isaías podría estar describiendo a Israel, en definitiva, como siervo del Señor y una luz para las naciones a través del siervo individual del Señor, presagiado en varios pasajes del siervo y destacado en 52:13–53:12. Tal vez uno de los objetivos de este canto al siervo sea transmitir que Israel servirá perpetuamente como luz a las naciones por medio de un siervo que ampliará el legado a la comunidad del pacto sufriendo para hacer justos a los pueblos de Israel y de las naciones.

10. Algunas versiones traducen esta línea generalmente según el Texto Masorético. El Gran Rollo de Isaías de los Rollos del Mar Muerto y las versiones griegas antiguas proporcionan la frase «verá la luz». Esta lectura podría ser teológicamente significativa para los cristianos que creen que Jesús es el siervo sufriente del Señor. Dado que la luz puede ser una metáfora de la vida, algunos podrían ver una referencia a la resurrección de Jesús en la lectura conservada por estos manuscritos.

Historia de la aceptación

La imagen de un cordero que sufre en lugar del pueblo no es nueva para quienes leen la Biblia en su totalidad. El mismo motivo aparece en el relato de la Pascua (Ex. 11-12; ver el capítulo 8). En este relato, se ordena al pueblo de Israel que sacrifique un cordero sin mancha al atardecer del día de la Pascua y que unte con su sangre el dintel y el umbral de las puertas de las casas en las que lo coman. La sangre de este cordero sin mancha libraría al pueblo de la destrucción que habría sobrevenido si el cordero no hubiera muerto (12:3-13). El cordero morirá para que el pueblo no tenga que morir, y así, el sacrificio del cordero desempeñará un papel de intercesor en favor del pueblo. El cordero pascual traerá consigo la liberación de la pena de desobedecer perpetuamente a Dios que se sufrirá aquella horrible noche en Egipto. Solo se librarán los que tengan la sangre del cordero en sus moradas. El cordero inmaculado intervendrá en favor del pueblo, salvando a los primogénitos de una muerte inminente. Después de la muerte del cordero, el pueblo será liberado de la esclavitud e involucrado en un pacto con el Señor, su Dios, en el Sinaí (Ex. 13–14; 20).

Así pues, cuando Isaías utiliza la imagen del cordero, parece jugar con un tema fundamental en la historia del pueblo de Israel. Isaías utiliza el modelo de libertad representado en la Pascua, basado en un cordero sacrificado, para denotar una liberación espiritual: liberarse de la carga de las transgresiones. El siervo del Señor, el cordero intachable, libera a otros de las consecuencias de su pecado, intercede por ellos y complace al Señor haciendo justos a muchos.

Es difícil saber cómo habrían entendido los antiguos lectores de Isaías cercanos a la época de la composición profética la imagen de un cordero personificado que representa a un individuo que carga con el pecado de otros para hacerlos justos. Sin embargo, lo que sí *es* posible ver es cómo entendieron estos pasajes los escritores del Nuevo Testamento, que creían estar perpetuando la tradición del antiguo Israel. Cuando los escritores del Nuevo Testamento interpretaron las imágenes del cordero y las aplicaron a Jesús, se unieron a Isaías en el uso y la promoción de un modelo que estaba profundamente arraigado en la historia colectiva del pueblo de Israel.

Por ejemplo, cuando Juan el Bautista observa a su primo Jesús caminando hacia él, exclama: «He aquí el Cordero de Dios, que quita el pecado del mundo» (Juan 1:29; ver también el v. 36). En la exclamación de Juan hay restos de la imagen de la Pascua recibida en Isaías 53:7 y aplicada a Jesús como siervo del Señor y cordero personificado. Con ello, los lectores del Nuevo Testamento pueden observar que Juan el Bautista participaba de una tradición de interpretación que le precedía (ver también Apoc. 5:6). Juan adapta una imaginería que no era simplemente predictiva, sino también social y teológicamente impactante, ya que habría formado parte de la conciencia de su pueblo en aquella época.

La interpretación de Pedro de la imagen del cordero es muy significativa, ya que afirma que la sangre de Jesús era eficaz como la del cordero pascual. Pedro dice a los destinatarios de esta carta: «sabiendo que fuisteis rescatados de vuestra vana manera de vivir, la cual recibisteis de vuestros padres, no con cosas corruptibles, como oro o plata, sino con la sangre preciosa de Cristo, como de un cordero sin mancha y sin contaminación» (1 Ped. 1:18-19). La sangre del cordero sin mancha, Jesús, liberó al pueblo de su anterior trayectoria equivocada. Pedro amplía esta alusión al cordero con una extensa referencia al cántico del siervo sufriente de Isaías:

> ... el cual no hizo pecado, ni se halló engaño en su boca; quien cuando le maldecían, no respondía con maldición; cuando padecía, no amenazaba, sino encomendaba la causa al que juzga justamente; quien llevó él mismo nuestros pecados en su cuerpo sobre el madero, para que nosotros, estando muertos a los pecados, vivamos a la justicia; y por cuya herida fuisteis sanados. Porque vosotros erais como ovejas descarriadas, pero ahora habéis vuelto al Pastor y Obispo de vuestras almas. (2:22-25)

Pedro conecta muchos de los puntos relacionados con la imagen del cordero para sus lectores en estos versículos. Jesús, como el cordero de Isaías, sufrió obedientemente con el propósito de hacer justos a los demás, de sanar a los demás (Mat. 8:17). Las personas son como ovejas descarriadas, según Pedro, pero pueden volver al redil gracias al sufrimiento del buen pastor (ver Juan 10:11-18).

Los escritores del Nuevo Testamento eran buenos lectores de los textos del Antiguo Testamento, y recogieron temas y motivos aplicables a su época. Tras observar y experimentar lo que Jesús hizo en favor del pueblo, aplicaron justificadamente a Jesús la imaginería asociada a la Pascua y al siervo sufriente, de forma que animaran a sus lectores a responder a sus afirmaciones de que Jesús era la encarnación definitiva del cordero personificado (que se asemeja a un siervo sufriente del Señor en Isa. 52:13–53:12). Isaías proporcionó a los antiguos lectores la esperanza de que alguien grande vendría del pueblo del pacto para soportar sus cargas y las de los demás con el fin de hacerlos justos. Los escritores del Nuevo Testamento adoptaron adecuadamente este tema y lo aplicaron a Jesús como el cumplimiento definitivo de la figura del siervo sufriente. En este sentido, los lectores del Nuevo Testamento pueden afirmar con confianza que Isaías 52:13–53:12 es una profecía predictiva.

Conclusión

Los lectores cristianos contemporáneos están obligados a acercarse a los textos del antiguo Israel con la mayor humildad, reconociendo las legítimas distancias que los separan de nosotros. Debemos esforzarnos conscientemente por abstenernos de importar lo que queremos que diga el texto solo *para que encaje con nuestras convicciones cristianas*, independientemente de lo que el texto pueda decir en realidad. Debemos esforzarnos por ser conscientes de nosotros mismos y permitir que la evidencia de lo que observamos en el texto influya en nuestras conclusiones, independientemente de las consecuencias sobre nuestros sistemas prefabricados de teología. Hacemos esto para no regresar simplemente al autobús cuando se cuestionan nuestras interpretaciones y condenarnos así a volver a nuestras comodidades teológicas en lugar de elegir el mejor camino que tenemos ante nosotros.

Las interminables discusiones sobre los pasajes del siervo del Señor en Isaías, y especialmente el poema de Isaías 52:13–53:12, son indicativas de que existe una ambigüedad legítima. No podemos rehuir las buenas preguntas sobre estos pasajes y, desde luego, no debemos confiarnos demasiado en nuestra interpretación de los pasajes ambiguos. Es precisamente a través de esta ambigüedad como Isaías presenta finalmente la imagen del cordero, vinculando la Pascua al siervo sufriente y proporcionando al pueblo la esperanza futura de restauración. Los escritores del Nuevo Testamento utilizaron este modelo para describir la persona y la obra de Jesús, ofreciendo así la esperanza de una restauración con Dios a través de la sangre de este siervo.

Posdata

> No prometo nada completo; porque cualquier cosa humana que se suponga completa, debe por esa misma razón ser infaliblemente defectuosa. [...] Mi objetivo aquí es simplemente proyectar el esbozo de sistematización de la cetología. Yo soy el arquitecto, no el constructor.
>
> —Ismael, en *Moby Dick*, de Herman Melville.

La cetología es el estudio científico de las ballenas, una rama de la zoología que trasciende mi formación como estudioso de la Biblia. No obstante, cabe afirmar que, a mediados del siglo XIX, cuando Herman Melville escribió la famosa novela *Moby Dick*, se sabía menos sobre la inmensidad de los mares y las distintas especies de ballenas que en ellos habitan. La ciencia y la tecnología contemporáneas han contribuido sin duda al estudio de las ballenas y, en consecuencia, es factible elaborar una lista más exhaustiva y detallada que la que el protagonista Ismael proporciona a los lectores en *Moby Dick*. Las palabras de Ismael son proféticas en cierto sentido. Sugiere que no es aconsejable esforzarse por ser exhaustivo ya que, en última instancia, se divulgará información que revelará deficiencias en la lista de ballenas que está recopilando. Ninguna cosa humana es completa, e incluso la propuesta de tal idea es errónea, según Ismael.

Los avances de la ciencia y la tecnología no se limitan a proporcionar más información. También amplían los límites del tema. En el caso de la cetología, los avances científicos y tecnológicos han mejorado sin duda nuestra comprensión de las ballenas que Ismael enumera en *Moby Dick*, pero también han revelado la probable vastedad imprevista de los mares y, con ello, el potencial de descubrimiento que trasciende lo que antaño podía imaginarse. La evaluación exhaustiva de las ballenas, que fue una hazaña poco práctica de llevar a cabo para Ismael cuando se escribió *Moby Dick*, probablemente todavía elude a los oceanógrafos a la luz de nuestra mejor comprensión de la inmensidad y las profundidades de los mares. De este modo, la evaluación de Ismael sobre la cetología se aplica ampliamente a muchas disciplinas: lo mejor es construir una comprensión a partir de la información conocida en un momento dado, sin dejar de ser conscientes de que con el tiempo surgirán nuevos detalles que proporcionarán más información y ampliarán nuestra conciencia de lo que aún queda por aprender.

Cualquier intento de guía exhaustiva para abordar el Antiguo Testamento debe ser «infaliblemente defectuoso por esa misma razón», como diría Ismael. El mar de los estudios sobre el Antiguo Testamento es demasiado profundo, demasiado amplio, demasiado rico y demasiado fértil como para que su interpretación se limite a una sola puesta en escena de su contenido. Más bien, a semejanza de la lista de ballenas de Ismael, el objeto de este libro era proyectar un «esbozo de sistematización» de cómo abordar bien el Antiguo Testamento para animar a los estudiantes de la Biblia a perseverar en su lectura. Aunque no es exhaustivo en ninguna de las áreas abordadas, este libro, como un arquitecto, esboza un plano de cómo erigir un marco convincente para leer cada palabra del Antiguo Testamento tan importante para nosotros como lectores cristianos contemporáneos.

Menos mal que la omnisciencia no es un requisito para leer bien el Antiguo Testamento. Por el contrario, ser conscientes de nuestras propias inclinaciones como lectores y estar dispuestos a admitir las lagunas de nuestro conocimiento engendra una curiosidad que nos impulsa a lecturas más profundas. Reconocer nuestros límites humanos y acercarnos al texto con humildad son requisitos para maximizar la eficacia de nuestro compromiso con el Antiguo Testamento. La humildad intelectual facilita una curiosidad que se presta a leer los textos deliberadamente, a formular preguntas al interpretarlos y a aprender de todas las palabras divinas del Antiguo Testamento. A medida que nos acercamos al Antiguo Testamento con humildad, de forma sucesiva, completa y deliberada, no solo nos convertimos en mejores lectores, sino que aquellos textos que antes podían parecernos absurdos pasan a ser aplicables a nuestras vidas, y nos sentimos capacitados para identificarnos con orgullo con la totalidad de la Biblia como nuestro libro.

Los lectores que creen que el Antiguo Testamento es la Palabra de Dios no solo reciben información de los textos, sino que participan en un intercambio que provoca un cambio de vida. Al responder a los principios expuestos en los textos del Antiguo Testamento ajustándonos más al carácter de Dios, «practicamos lo que predicamos»: que todo el Antiguo Testamento es la Palabra inspirada y es útil para instruir a la iglesia de hoy (2 Tim. 3:16-17). Al comprometernos con los textos del Antiguo Testamento y responder con mayor devoción a Dios, los empleamos en la práctica como Escritura inspirada. El objetivo de mis lecturas ilustrativas era demostrar cómo involucrarse bien con el Antiguo Testamento puede producir resultados que sean relevantes para los lectores modernos.

Hay una ironía evidente en un libro que anima a leer con humildad y luego ofrece lecturas seguras de los textos del Antiguo Testamento. Espero que mis lecturas sean asertivas y sensatas, pero no rígidas. Desde luego, no son definitivas. Puede que estés en desacuerdo con mis interpretaciones; de hecho, espero que algunos lectores lo estén. No estar de acuerdo conmigo, o con las lecturas de la Escritura de cualquier otro autor, está permitido. Sin embargo, cuando hay desacuerdo, es responsabilidad del lector proponer una interpretación más razonable del pasaje en cuestión. Al desarrollar y argumentar a favor de lecturas del Antiguo Testamento superiores a la mía, los lectores se verán obligados a comprometerse a fondo con el Antiguo Testamento, con lo que se seguirá cumpliendo el objetivo del libro.

Un libro que enfatice el compromiso con las Escrituras podría ser tan revelador para los lectores contemporáneos como la tecnología moderna podría haberlo sido para los marineros del siglo XIX. Revelar la inmensidad del tema que se estudia llama a los interesados a aguas de exploración más profundas. Una vez que se nos abren los ojos a cómo *podemos* mejorar como lectores, nos damos cuenta de lo mucho que *realmente necesitamos* mejorar para captar el texto y de lo mucho que nos queda por hacer. Esto es una comprensión significativa para los lectores de la Biblia, porque nos acerca a la Palabra revelada y nos permite discernir mejor el carácter y el plan de Dios.

Es imposible conocer todo lo que habita en las profundidades de los vastos mares. Sabiendo esto, el Ismael de *Moby Dick* proporciona suficiente información para que los no expertos puedan seguirle la pista mientras él y sus compañeros emprenden su viaje por las profundidades marinas en busca de una ballena. Quizás haya en un recurso como este la información suficiente para provocar a los lectores a participar en el viaje de adentrarse bien en el Antiguo Testamento. En honor a la verdad, los mares dan miedo y son intimidantes, explorar te ralentiza, tendrás que profundizar y sondear más de lo que imaginas, y siempre existe la posibilidad de encontrar algo imprevisto. De hecho, es más seguro y más fácil permanecer en tierra firme y descuidar la exploración en aras de la propia seguridad y la certeza. Sin embargo, el crecimiento y la formación personales se ven estimulados al adentrarse deliberadamente en las aguas y participar en el acto del descubrimiento. Una vez allí, nos damos cuenta de lo vastas que son las aguas, de lo mucho que nos hemos estado perdiendo y de lo mucho que nos queda por descubrir.

Bibliografía

Bartor, Assnat. *Reading Law as Narrative*. Atlanta, GA: Society of Biblical Literature, 2010.

Berlin, Adele. *Dynamics of Biblical Parallelism*. Ed. rev. y expandida. Grand Rapids, MI: Eerdmans, 2008.

———. *Poetics and Interpretation of Biblical Narrative*. Winona Lake, IN: Eisenbrauns, 1994.

———. «Reading Biblical Poetry». En *Jewish Study Bible*, ed. Berlin y Brettler, 2184–91.

Berlin, Adele y Marc Zvi Brettler, eds. *The Jewish Study Bible*. 2.ª ed. Nueva York: Oxford University Press, 2014.

Block, Daniel I. y Richard L. Shultz, eds. *Bind Up the Testimony: Explorations in the Genesis of the Book of Isaiah*. Peabody, MA: Hendrickson, 2015.

Collins, Billy. «On Turning Ten». En *Sailing Alone around the Room*, 63–64. Nueva York: Random House, 2002.

Day, John. «Baal (Deity)». En *The Anchor Bible Dictionary*, editado por David Noel Freedman, 547. Nueva York: Doubleday, 1992.

Foster, Benjamin R. *Before the Muses: An Anthology of Akkadian Literature*. 3.ª ed. Bethesda, MD: CDL, 2005.

Frame, John. *The Doctrine of the Word of God*. Phillipsburg, NJ: P&R, 2010.

Gentry, Peter J. *How to Read and Understand the Biblical Prophets*. Wheaton, IL: Crossway, 2017.

———. «The Text of the Old Testament». *Journal of the Evangelical Theological Society* 52 (2009): 19–45.

Golding, William. *The Lord of the Flies*. Nueva York: Penguin Books, 2016.

Good, Edwin M. *Irony in the Old Testament*. 2.ª ed. Sheffield: Almond Press, 1981.

Greenstein, Edward L. «Biblical Law». En *Holtz, Back to the Sources*, 83–104.

———. *Essays on Biblical Method and Translation*. 2.ª ed. Atlanta, GA: Scholars Press, 2020.

———. «How Does Parallelism Mean?». En *A Sense of Text: The Art of Language in the Study of Biblical Literature*, 41–70. Jewish Quarterly Review Supplement: 1982. Winona Lake, IN: Eisenbrauns, 1983.

———. «The Riddle of Samson». *Prooftexts 1* (1981): 237–60.

Hamilton, Mark W. *A Theological Introduction to the Old Testament*. Nueva York: Oxford University Press, 2018.

Hernández, Dominick S. *Illustrated Job in Hebrew*. Wilmore, KY: GlossaHouse, 2020.

———. «Metaphor and the Study of Job». *Hebrew Studies 61* (2020): 391–415.

———. *The Prosperity of the Wicked: A Theological Challenge in the Book of Job and in Ancient Near Eastern Literature*. Piscataway, NJ: Gorgias, 2022.

———. *Proverbs: Pathways to Wisdom*. Nashville, TN: Abingdon, 2020.

Holtz, Barry W., ed. *Back to the Sources: Reading the Classic Jewish Texts*. Nueva York: Summit Books, 1984.

Kaiser, Walter C., Jr. *Old Testament Documents: Are They Reliable and Relevant?* Downers Grove, IL: InterVarsity, 2001.

Lakoff, George y Mark Johnson. *Metaphors We Live By*. Chicago, IL: University of Chicago Press, 1980.

Lakoff, George y Mark Turner. *More Than Cool Reason: A Field Guide to Poetic Metaphor*. Chicago, IL: University of Chicago Press, 1989.

Lee, Harper. *To Kill a Mockingbird*. Nueva York: Perennial, 2002.

Lewis, C. S. *The Complete C. S. Lewis Signature Classics*. Nueva York: HarperCollins, 2002.

———. *Mere Christianity*. En *The Complete C. S. Lewis Signature Classics*, 1–118. Nueva York: HarperCollins, 2002.

———. *Reflections on the Psalms*. En *The Inspirational Writings of C. S. Lewis*, 131–209. Nueva York: Inspirational Press, 1994.

Lichtenstein, Murray H. «Biblical Poetry». En *Back to the Sources: Reading the Classic Jewish Texts*, editado por Barry W. Holtz, 105–27. Nueva York: Summit Books, 1984.

Postell, Seth, Eitan Bar y Erez Soref. *Reading Moses, Seeing Jesus: How the Torah Fulfills Its Purpose in Yeshua*. 3.ª ed. Bellingham, WA: Lexham, 2017.

Preminger, Alex, ed. *Princeton Encyclopedia of Poetry and Poetics*. Princeton, NJ: Princeton University Press, 1986.

Roth, Martha T. *Law Collections from Mesopotamia and Asia Minor*. 2.ª ed. Atlanta: Scholars Press, 1997.

Sommer, Benjamin D. «Isaiah». En *Jewish Study Bible*, ed. Berlin y Brettler, 763–899.

Sternberg, Meir. *The Poetics of Biblical Narrative*. Bloomington, IN: Indiana University Press, 1985.

Tolkien, J. R. R. *The Hobbit*. Nueva York: Houghton Mifflin, 1997.

Würthwein, Ernst. *The Text of the Old Testament: An Introduction to the Biblia Hebraica*. Traducido por Erroll F. Rhodes. Revisado y extendido por Alexander Achilles Fischer. 3.ª ed. Grand Rapids, MI: Eerdmans, 2014.

Índice bíblico

Antiguo Testamento

Génesis

Éxodo

Levítico

Números

Deuteronomio

Josué

Jueces

Rut

1 Samuel

2 Samuel

Salmos

Proverbios

Isaías

Índice temático